东南法学文库
齐树洁 主编

Research on the Application of
the Principle of Good Faith in Civil Procedure

民事诉讼诚实信用原则之适用研究

俞飞 著

厦门大学出版社 国家一级出版社
XIAMEN UNIVERSITY PRESS 全国百佳图书出版单位

图书在版编目(CIP)数据

民事诉讼诚实信用原则之适用研究/俞飞著.—厦门:厦门大学出版社,2020.12
(东南法学文库/齐树洁主编)
ISBN 978-7-5615-7966-4

Ⅰ.①民… Ⅱ.①俞… Ⅲ.①民事诉讼—信用—法律适用—研究—中国 Ⅳ.①D925.104

中国版本图书馆 CIP 数据核字(2020)第 212009 号

出 版 人	郑文礼
责任编辑	甘世恒
封面设计	李嘉彬
技术编辑	许克华
出版发行	厦门大学出版社
社　　址	厦门市软件园二期望海路 39 号
邮政编码	361008
总　　机	0592-2181111　0592-2181406(传真)
营销中心	0592-2184458　0592-2181365
网　　址	http://www.xmupress.com
邮　　箱	xmup@xmupress.com
印　　刷	厦门集大印刷厂

开本　720 mm×1 000 mm　1/16
印张　21
插页　3
字数　355 千字
版次　2020 年 12 月第 1 版
印次　2020 年 12 月第 1 次印刷
定价　75.00 元

本书如有印装质量问题请直接寄承印厂调换

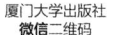
厦门大学出版社
微信二维码

厦门大学出版社
微博二维码

谨献给我的母亲吴克群女士

序

　　俞飞律师是我指导的厦门大学2002级民商法研究生。我认定他是可造之材，于是在2005年他通过答辩、获得法学硕士学位后，真诚地鼓励他再接再厉，继续深造。而他认为自己基础不够扎实，表示要做一些准备。我觉得此言有理，但没想到他的"准备"过程竟然长达十年之久。其间我多次催促他尽快下决心，他总是说"准备还不够"。2015年，他终于考取了澳门科技大学诉讼法专业博士生。2020年1月，他撰写的博士学位论文《民事诉讼诚实信用原则之适用研究》顺利通过答辩，获得法学博士学位。这本著作就是在他的博士论文基础上修改完成的。我作为他的博士论文指导教师，深知十多年来他为此而付出的努力和心血，为学生在学业上的这一巨大进步而欣喜不已。

　　本书所研究的诚实信用原则，是我国民事诉讼法的一项新制度。诚实信用原则的明文化、法定化，是2012年民事诉讼法修正案的一个引人瞩目之处，其意义十分重大，必将对我国民事司法制度产生深远的影响。俞飞从事律师工作多年，实务经验丰富，多次参加学术研讨会以及我组织的司法调研活动，对民事诉讼诚实信用原则的适用有很多独到的见解。他的博士论文紧密结合我国民事司法实践，旁征博引，言之有据，在深入分析诚实信用原则基本原理的基础上，提出完善该原则在民事诉讼中的适用机制的立法建议。据我所知，评审专家和答辩委员对于他的论文选题的意义、写作的质量都给予充分的肯定。

　　在民事诉讼领域引入诚实信用原则，经历了漫长的过程，至今仍然争议不断。长期以来，诚实信用原则被视为仅适用于实体法领域而为民商法学者研究的范畴。随着社会的变迁，私法中的私权自治、个人主义、自由主义受到了一定的限制。与此相对应，在民事诉讼领域中，以个人主义为中心的诉讼观念得到了一定的修正。社会各界普遍认为，对于当事人违反信义、不诚实进行诉讼从而影响到诉讼程序的安定和对方当事人权益保护的行为,应当予以合理的规制。在诉讼中,当事人的诉讼行为不仅要符合明确的程序法规范的要求,也应受道德规范的约束。于是,诚实信用原则在民事诉讼法中的基本原则地位得以凸显,并逐渐得到了理论上的认可和立法上的确认。

随着司法实践的发展和理论研究的深入,在民事诉讼领域引入诚实信用原则的重要性和必要性日益显现出来。诚实信用原则是适应权利本位思想从个人本位向个人本位与社会本位并重转变的必然产物。随着社会的发展,人类在追求个人利益的同时更加注重社会的利益。诚实信用原则要求民事主体在追求自身利益的同时不损害他人和社会的利益。在诉讼中,双方当事人都是自身利益的最佳判断者,为了实现其利益的最大化而进行对抗。某些当事人甚至有可能为了形成对自己有利的诉讼状态而采取不当的诉讼行为。这些诉讼行为都需要通过诚信原则予以约束,从而缓解双方当事人之间过度对抗的关系。

在当今的民事诉讼制度中,诚实信用原则具有独立存在的价值。例如,诉讼权利平等原则旨在保证当事人在诉讼中的地位平等,使当事人拥有平等的"进攻"与"防御"的"武器",从而推进诉讼程序公正地实施。在诉讼实践中,由于当事人在诸如经济实力、律师代理等多方面的差异,可能会存在实质上的不平等,这就需要通过诚实信用原则加以适当的调整,以平衡当事人双方的"攻防"力量。辩论原则和处分原则体现了当事人与法院在诉讼中的相互关系。这两项原则的主要内容是保障当事人在诉讼中的主导地位,并对法院审判权形成制约,其实质是使诉讼最大可能地按照当事人的意愿进行。但是,过分注重对当事人的意愿的尊重,可能会导致当事人权利的滥用,从而造成诉讼的结果违背实质正义。因此,诚实信用原则作为法院适度干预当事人诉讼行为的调节器,有助于促进诉讼按照立法者的意图进行。辩论原则要求法院尊重当事人之间对对方提出的事实的自认,处分原则要求法院尊重当事人对各种请求权的处分。然而,法院在诉讼中不能对可查的虚假自认和不正当的处分漠然处之,而必须对其进行必要的干预,否则将有悖诉讼的实质公正。这种必要的干预和限制只能由诚信原则来完成,从而使民事诉讼基本原则成为一个完整、协调和整合的体系。由此可见,诚实信用原则是通过调整诉讼主体之间的相互关系,使诉讼在协作、诚实、善意的协同关系中进行,并以此实现诉讼的公正。

诉讼中的各方均应信守诚实信用原则。这就要求各方主体在诉讼中本着"公平竞赛"的精神实施诉讼行为。具体而言,它对诉讼主体提出了如下要求:第一,作为司法资源的垄断者,法官和法庭工作人员应当本着诚信的原则合理地分配正义。第二,法庭必须充分倾听各方当事人的陈述。第三,法庭必须独立于包括政府在内的任何力量,尊重当事人之间的平等关系。第四,法庭适用的诉讼规则必须能够为当事人所理解,因此它不能过于纷繁复杂、艰涩难懂。第五,审理过程和判决都必须具有公开性。第六,法庭的判决必须充分阐明理由。第七,审判程序的各阶段都不应有不合理的拖延。第八,法庭必须是被动的,它应当尊重当事人的自治权利。

在《民事诉讼法》中确立诚实信用原则,有利于规范当事人的诉讼行为和法院的审判行为,促进民事诉讼辩论原则的有效运行,协调当事人之间以及当事人与法院之间的关系朝良性的方向发展。该原则在诉讼法上的确立必将为我国民事诉讼理论和实践的发展提供新的制度资源。可以预见,随着我国司法改革的不断深化,诉讼程序制度将更加注重对当事人意愿的尊重,体现当事人的主体地位,诚实信用原则对于保证诉讼公正的作用也将更加明显。

俞飞律师少时贫寒,锲而不舍,终于学有所成,其志可嘉。近年来,他多次专程到厦门大学和澳门科技大学,向师弟师妹们讲授实务经验,并在厦门大学出版社设立出版基金,用以出版师弟师妹的学术著作。可谓不忘初心,饮水思源。得知他的大作即将出版,我特作此序,以表示祝贺之意。厦大校训曰:"自强不息,止于至善。"谨以此古语与俞律师共勉。

齐树洁[*]
2020 年 10 月 15 日
于厦门大学法学院

---

[*] 中国法学会民事诉讼法学研究会副会长、中国法学会仲裁法学研究会副会长、厦门大学法学院教授、澳门科技大学法学院兼职教授。

目 录

导论 …………………………………………………………………………… 1

第一章　民事诉讼诚实信用原则适用概述 ……………………………… 26
　第一节　诚实信用原则的语义及起源 ……………………………… 26
　第二节　德治与诚实信用原则的法律化 …………………………… 31
　第三节　民事诉讼中的诚实信用原则 ……………………………… 42
　第四节　民事诉讼诚实信用原则适用的特性 ……………………… 67
　第五节　民事诉讼适用诚实信用原则的功能 ……………………… 82

第二章　民事诉讼诚实信用原则适用的构成要素 ……………………… 89
　第一节　民事诉讼诚实信用原则适用的主体 ……………………… 89
　第二节　民事诉讼诚实信用原则适用的对象 …………………… 101
　第三节　民事诉讼诚实信用原则适用的范围 …………………… 105
　第四节　民事诉讼诚实信用原则适用的形式 …………………… 113

第三章　诚实信用原则对当事人的适用 ……………………………… 129
　第一节　诚实信用原则对当事人适用的内容 …………………… 130
　第二节　当事人违背诚实信用原则的原因 ……………………… 190
　第三节　当事人违反诚实信用原则的法律责任 ………………… 195

第四章　诚实信用原则对司法主体的适用 …………………………… 209
　第一节　诚信原则对法院和法官的适用 ………………………… 209
　第二节　诚信原则对检察机关及检察官的适用 ………………… 233

第五章　诚实信用原则对其他诉讼参与主体的适用 ········· 238
第一节　诚实信用原则对诉讼代理人的适用 ············· 238
第二节　诚实信用原则对鉴定人的适用 ················· 254
第三节　诚实信用原则对证人的适用 ··················· 264

第六章　我国民事诉讼诚实信用原则适用机制之完善 ········· 273
第一节　完善诚实信用原则对当事人适用的保障机制 ····· 274
第二节　完善诚实信用原则对司法主体适用的保障机制 ··· 297
第三节　完善诚实信用原则对其他主体适用的保障机制 ··· 303

结语 ··· 308
参考文献 ··· 316

导　论

一、研究主题

全国人大常委会于 2012 年 8 月修正了《中华人民共和国民事诉讼法》(以下简称《民事诉讼法》)，该法第 13 条第 1 款规定："民事诉讼应当遵循诚实信用原则。"这是诚实信用原则首次在我国程序法——《民事诉讼法》中明文化。民事诉讼确立诚实信用原则是协同主义诉讼模式在我国立法实践中得到贯彻的体现，该原则的确立彻底终结了长期以来关于在民事诉讼中应否适用诚实信用原则的争论，对规制审判实践中出现的虚假诉讼行为提供了有力的法律依据。

诚实信用原则被确立以后，社会各界对该原则将在审判实践中应当发挥的作用寄予厚望。人们希望诚实信用原则在程序法中所发挥的作用犹如其在实体法中所发挥的作用一样，处于"帝王"地位，统领其他一切原则。在诚实信用之光照耀下的民事诉讼，各方当事人如实向法庭陈述案件事实、提交证据，不再故意拖延诉讼进程；审判人员秉公办案，不再出现司法任性与腐败。法院作出的判决公平、正义，当事人能够从内心真正接受，并息诉服判，案结事了，从而实现民事诉讼作为纠纷解决机制的价值。如《商君书》所云："一兔走，百人追之。积兔于市，过而不顾。非不欲兔，分定不可争也。"①

然而，就在诚信原则入法之后的 2015 年，在审判过程中发生了一起令世人瞩目的"全国虚假诉讼第一案"②，该案的发生将诚实信用原则在司法实践中的适用情况推到了风口浪尖。在该案中，原告上海欧宝生物科技有限公司（以下简称欧宝公司）以企业借贷为由向辽宁省高级人民法院（以下简称辽

---

① 商鞅：《商君书》，周晓露译注，上海三联书店 2014 年版，第 218 页。
② 上海欧宝生物科技有限公司、辽宁特莱维置业发展有限公司、谢涛企业借贷纠纷案（最高人民法院〔2015〕民二终字第 324 号）。

高院)起诉辽宁特莱维置业发展有限公司(以下简称特莱维公司),欧宝公司要求特莱维公司归还借款本金人民币8650万元及相应利息,并承担本案诉讼费用。① 特莱维公司辩称:对欧宝公司起诉的事实予以认可。但借款已全部投入到特莱维国际花园房地产项目,现房屋销售情况不佳,暂时无力偿还。特莱维公司承诺将努力筹措款项,尽早归还借款本金和利息。特莱维公司虽然辩称其无力还款,但考察其答辩内容,该公司对欧宝公司的诉讼请求貌似抗辩,实则认同,双方没有形成任何实质性的对抗,其答辩具有很大的迷惑性。根据欧宝公司提交的证据及双方的陈述,辽宁高院遂于2011年3月21日作出(2010)辽民二初字第15号《民事判决书》,判令被告特莱维公司于判决生效后10日内偿还原告欧宝公司借款本金人民币8650万元及相应利息,利息按中国人民银行同期贷款利率自借款实际发生之日起计算至本判决确定给付之日止。如被告特莱维公司未按判决指定的期间履行给付义务,应当加倍支付迟延履行期间的债务利息。案件受理费人民币474300元,保全费人民币5000元,由特莱维公司承担。

该案判决后,在欧宝公司申请强制执行时,法院的执行行为引起了作为特莱维国际花园房地产项目共同投资人谢涛的怀疑。谢涛认为,自己作为合作方对该案从发生、应诉到判决一无所知,这是明显违背常理的,是特莱维公司实际控制人对自己的刻意隐瞒。正常情况下,特莱维公司被其他公司起诉,公司管理层应当及时通知其他股东和谢涛,以便共同商量对策。如果欠款属实,公司应当筹措款项予以偿还;如果欠款不属实,公司应当积极应诉,并要求法庭驳回对方的诉讼请求。本案最不该出现的情况是,特莱维公司一方面确认原告的债权,另一方面却对谢涛封锁一切消息,将谢涛蒙在鼓里。而且,如果本案欧宝公司的申请被法院执行,意味着谢涛在该项目上的投资将血本无归。谢涛认为,在该项目的经营过程中,公司的财务报表上从来没有记载该笔借款,且在涉案项目运营中也没有实际使用过该款项。谢涛推测,该借款案的发生系特莱维公司与欧宝公司恶意串通,通过虚构债务的方式,恶意侵害自己的合法权益,遂向辽宁高院提出申诉,请求查明案件事实,依法撤销原判决。辽宁高院经审查后认为该案符合再审案件的受理条件,遂决定予以再审。在再

---

① 上海欧宝生物科技有限公司、辽宁特莱维置业发展有限公司企业借贷纠纷案[辽宁省高级人民法院(2010)辽民二初字第15号]。

审过程中，欧宝公司关于案件的事实、理由与原审主张的一致，特莱维公司的答辩内容亦与原审一致，辽宁高院在再审过程中查明的如下相关事实，足以认定特莱维公司与欧宝公司恶意串通，本案属于虚假诉讼。

第一，欧宝公司虽然支付了借款，但特莱维公司未按约定用途使用借款。原、被告双方约定借款只限用于特莱维国际花园房地产项目，而特莱维公司却在收到款项后立即将该款转出。该款被挪作他用，没有按约定用途使用借款。

第二，欧宝公司提起诉讼后，仍继续向被告出借款项的行为违背常理。本案欧宝公司起诉特莱维公司后，在特莱维公司没有向欧宝公司归还任何借款的情况下，欧宝公司继续向特莱维公司支付借款人民币360万元。除非有特别原因，欧宝公司仍继续出借款项的行为明显违背常理，欧宝公司并未对此作出合理解释。

第三，王阳作为特莱维公司的股东，为欧宝公司申请查封特莱维公司的财产提供担保。欧宝公司起诉后提出财产保全申请，要求查封、扣押、冻结特莱维公司人民币5850万元的财产，特莱维公司的股东王阳却以自己的房产为有利益冲突的欧宝公司提供担保。

第四，特莱维公司与欧宝公司的股东以及工作人员高度混同。欧宝公司的股东姜雯琪是特莱维公司的法定代表人，欧宝公司的法定代表人宗惠光是特莱维公司大股东翰皇公司的工作人员。欧宝公司与特莱维公司的"开立单位银行结算账户申请书"中记载的地址及经办人均相同。特莱维公司的员工刘静君在本案原一审期间担任欧宝公司的委托代理人，授权委托书上记载的刘静君的身份系欧宝公司的员工。

第五，特莱维公司的实际控制人曲叶丽与欧宝公司的实际控制人王作新两人系夫妻关系。

该案经辽宁高院审判委员会讨论，改判撤销该院作出的(2010)辽民二初字第15号民事判决，驳回欧宝公司的诉讼请求。欧宝公司不服一审判决，向最高人民法院提起上诉。

最高人民法院经审理后认为：欧宝公司与特莱维公司虚构债权，兴讼不止，其恶意昭然若揭。两公司既同属一人，以一人而充任两造，恶意之勾连不证自明。最高人民法院判决驳回上诉，维持原判。同时，针对欧宝公司与特莱维公司的虚假诉讼行为，最高人民法院对两名当事人分别处以罚款人民币50

万元整。①

　　该案的判决及处罚结果虽然尘埃落定,但留给人们的思考仅仅是刚刚开始。该案是最高人民法院认定及处罚的第一起虚假诉讼案件,该虚假诉讼案件审理的级别最高,是名副其实的"全国虚假诉讼第一案"。欧宝公司与特莱维公司如此置司法威严于不顾,视司法智慧于无物,自新中国成立以来无有能出其右者。当事人恶意串通,虚构事实提起的虚假诉讼,何以敢于上诉到最高人民法院?诚实信用原则作为明确的法律条文已经写入了《民事诉讼法》,为何还出现"虚假诉讼第一案"?事实上,全国各级法院在审理案件的过程中频繁发现虚假诉讼案件,只不过该案由于发生在最高人民法院而备受关注。该案既是诸多虚假诉讼案件的缩影,也是虚假诉讼案件发展的必然产物。该案的发生同时暴露了诚实信用原则在司法实践中的适用危机,这种现象使我们认识到仅在立法中确立诚实信用原则是不够的,我们必须探求遏制虚假诉讼案件发生的有效机制,否则虚假诉讼现象必将层出不穷。

　　在上述虚假诉讼案件中,参与者的心态都是主观故意的,当事人为何明知案件事实虚假,却仍无所畏惧地向最高人民法院提起上诉?考察本案的处理结果或许可以得到答案。

　　欧宝公司的诉讼请求最终被驳回了,同时还受到人民币50万元的处罚。我们大胆地做一个假设,如果原告的诉讼请求获得法院的支持呢?原告的获利总额是人民币8650万元及相应的利息。收益与罚款相比,前者是后者的173倍!天底下哪里有这么高收益的买卖。马克思在《资本论》中早就指出,如果有10%的利润,资本就被到处使用;有20%的利润,资本就活跃起来;有50%的利润,资本就铤而走险;为了100%的利润,资本就敢践踏一切人间法律;有300%的利润,资本就敢犯任何罪行,甚至冒绞首的危险。② 该案可能获得的利润比冒绞首利润还要高近58倍!面对如此高的非法收益,当事人在提起民事诉讼之时,诚实信用原则对其束缚力荡然无存。为了获得不法利益,当事人上刀山、下火海亦在所不惜,何惧到最高人民法院进行诉讼!这不禁又让人深入探究,立法规定的罚款金额是否恰当?根据《民事诉讼法》的相关规定,

---

① 上海欧宝生物科技有限公司、辽宁特莱维置业发展有限公司罚款决定案[最高人民法院(2015)民二终字第324号]。

② 马克思:《资本论》,人民出版社2004年版,第871页。该言论出自Thomas Joseph Dunning,马克思系转述。

对单位罚款的最高金额为人民币100万元。本案两名被告均为单位,对其各罚款人民币50万元,该金额不可谓不高,但这点罚款对于原告可能获得的不法收益而言显然微不足道。上述罚款金额的法律规定对于虚假诉讼行为能否起到惩罚和威慑的作用？罚款的金额是否足以弥补司法资源的浪费,以及对方当事人的损失？根据法经济学的观点,成本是影响当事人诉讼行为的重要变量。成本的高低是相对于收益而言的,即使成本相同,收益越低,成本相对越高；收益越高,成本相对越低。成本相对越低,对当事人实施该诉讼行为的阻力越小,即威慑力越小。收益越高,对当事人实施该诉讼行为的吸引力越大。本案的罚款数额(人民币100万元)相对于可能获得的非法利益(人民币8650万元)可以忽略不计,相对违法成本极低。本案还有一个特别重要的情节值得注意,就是原告的不法目的在原审时曾经一度得逞,直至辽宁高院再审时才予以改判。若非谢涛执意提起再审以及辽宁高院勇于纠错,本案不可能得到改判。可见虚假诉讼案件具有混淆视听的可能性。这不禁又发人深省,欧宝公司的诉讼请求何以能够在原审时获得法院的支持？是因为其在起诉时提交了符合企业借贷的重要证据,包括双方签署的书面借款合同、银行的转款凭证等,特别是被告对此予以承认——诉讼上的自认。原审法院正是基于上述情形予以判决的,其中涉及了一项重要的法律制度——自认。自认制度是当事人在诉讼中贯彻诚实信用原则的具体表现,当事人既有权如实陈述对自己有利的事实,也应当客观承认对自己不利的事实,后者便是自认。自认的立法本意是为了提高诉讼效率,对一方当事人承认的于己不利的事实,另一方当事人可以免予举证,人民法院在诉讼中径行确认该事实的真实性。但本案根据自认制度确认的事实与客观真实恰恰相反。自认制度缘何从诚信的代言人演变为虚假诉讼发生的应和者？这是否表明现行自认制度有一定的疏漏之处？对于明显违背常理的缺乏对抗性的自认案件,审判人员如何提高辨别能力,不被表面现象所迷惑,以此减少虚假诉讼发生的可能性？本案引发的上述问题均值得理论界及实务界的反思。

民事案件公正、及时的审理离不开诚实信用原则的适用,非诚信的一定是非正义的。任何一种理论,即使十分精致和简洁,如果不真实,就必须拒绝或修正。某些法律制度,不管其效率有多高,如果不正义就必须加以改造或废除。① 对于违背诚实信用原则作出的判决,无论哪一方当事人均不可能真正接受。这是因为,胜诉方虽然一时获得有利判决,但内心清楚其获得的胜诉判决不是基于客观真实而作出的,胜诉判决一定会随着真相的披露而改判。败诉方为了使案件的真相水落石出,一定会穷尽一切手段进行上诉、信访、申诉。同时,这种判决结果不但加深了双方的矛盾,败诉方甚至会将这种不公归责于司法机关,司法机关将背负官僚、腐败的不利影响。相反,基于诚实信用原则作出的判决,无论判决结果对哪一方不利,各方内心都不得不由衷地认可法律在认定事实上的智慧。在这种情况下,尽管当事人或许可能提起上诉,但这绝不是对诚实信用原则的违背,而是一种诉讼策略。提起上诉的目的是赢得时间,以便在其可接受的范围内达成调解方案,从而减少损失。

  作为一项崇高的道德规范,诚实信用原则被民事诉讼法确立之后,可以促进实体真实与程序真实的一致性。诉讼上存在的"绝对的客观真实"(又称"实体真实")与"法律上的真实"(又称"程序真实")两个概念,理想的状态是"法律上的真实"与"绝对的客观真实"完全一致,这是诉讼法追求的对事实认定的终极目标。但基于成本、效率等因素,司法机关和当事人不可能也做不到为追求两者的一致而不惜代价。同时,基于人类认识的有限性,人们无法全部复原客观事实,必须允许两者之间存在一定的差异,但这不能作为实体真实与程序真实存在差别的借口,我们仍应当在可能的范围内追求两者的一致性。古语云:"求其上,得其中;求其中,得其下;求其下,必败。"立法的"求其上"有利于提高法律事实与客观事实的接近度,唯有如此,才有利于促进当事人对案件裁决结果的接受性。

  司法实践对善良诚信保护程度视具体情况而定,只有当善良诚信的相关性、范围以及确定性得到更明确的标识之后,这个问题才能得到很好的研究。② 民事诉讼法确立诚信原则至今已有 7 年多的时间,人民法院据此作出了一定数量的判决案例,这些案例为本书的研究提供了充足的基础材料。对于该原则适用于司法实践中的成效以及存在的问题,应当及时予以研究和总

---

① [美]约翰·罗尔斯:《正义论》(修订版),何怀宏、何包钢、廖申白译,中国社会科学出版社 2015 年版,第 3 页。
② [美]史蒂文·J.伯顿(Steven J.Burton):《诚信裁判》,宋晨翔译,中国人民大学出版社 2015 年版,第 178 页。

结,以便为进一步立法及司法实践提供依据。研究的内容应当包括当前司法实践中适用该原则存在哪些问题？发生这些问题的原因何在以及如何解决？其他国家的立法实践对我国有哪些借鉴意义？这些问题都是本书重点研究的内容。

基于以上认识,本书以诚实信用原则在民事诉讼中的适用作为研究主题。

我之所以选择这个研究主题,原因之一是本人长期作为执业律师代理民事诉讼案件,熟悉民事案件各项原则的运作机制。在代理案件的过程中,我思考的最多的问题是法院作出的判决如何才能被各方当事人从内心所接受？或者是法院作出的哪类判决最不被当事人所接受？当事人最不能接受的判决是,判决书中所认定的法律事实非客观事实。或许当事人不甚清楚法律适用问题,但对于事实问题,当事人是客观事实的亲历者,法官的权威在事实认定方面对当事人没有任何作用力。相反,当事人对法院认定的事实是否是客观事实最有判断力。因此,民事诉讼恪守诚实信用原则是当事人息诉服判的重要因素,该原则在民事诉讼中具有不可替代的重要作用。原因之二是民事诉讼法确立了诚实信用原则之后,在令人欣喜之余难免令人担忧:欣喜的是恪守诚实信用原则的民事诉讼,有利于实现法律的终极正义;担忧的是对立的充满矛盾的民事诉讼当事人,如何能够在民事诉讼中恪守诚实信用原则？在司法实践中如何避免该原则形同虚设？对于这些问题,得益于长期的律师执业经历,本人熟悉不同诉讼主体在民事诉讼中遵循诚实信用原则的实际状况,因而对此有研究的优势。此外,本人虽然从事法律实务工作,但仍保持对中外最新民事诉讼理论的关注与研究,多次参加全国民事诉讼法年会,订阅《法学家》《法学杂志》等多份法律专业期刊,定期发表相关研究文章,关注最新出版的中外专著(如2019年6月由天津大学法学院曹云吉老师翻译出版的日本伊藤真教授所著的《民事诉讼法》)。① 本人认识到,当前诉讼实践中大量存在的"谎言屡禁不止,诉权滥用不绝"现象,充分说明诚信诉讼,任重而道远。特别是单纯依靠在立法中确立诚实信用原则,并不能杜绝上述现象的发生。要达到诚信诉讼的目标,除了在民事诉讼中确立诚信原则之外,还必须设立相关配套的法律制度,以此保障该原则的有效遵循。"徒法不足以自行",配套措施的缺位使得民事诉讼活动未能有效地贯彻诚实信用原则。因此,本书以民事诉讼诚

---

① [日]伊藤真:《民事诉讼法》(第四版补订版),曹云吉译,北京大学出版社2019年版。

实信用原则的适用为研究主题具有重要的现实意义。

二、研究意义

民事诉讼中的诚实信用原则起源于罗马法的诚信诉讼。诚信诉讼是罗马人关于特定种类债的诉讼。在这类诉讼中,审判人员可以根据诚信原则确定当事人之间的权利义务。① 罗马法的诉讼分为法定诉讼与程序诉讼。法定诉讼是指原告必须根据法律规定的诉权起诉,当事人在诉讼中必须使用法定的言辞和动作,否则即致败诉。法定诉讼的诉权依法限定,不在法律规定范围内的事项不具有诉权,即当事人无权向法院起诉。法定诉讼体现了法庭对诉讼的绝对强势以及公力救济的界限。程序诉讼指诉讼当事人的陈述经过大法官审查认可后作成程序诉状(formula,简称程序),交由承审员等根据程序所载争点和指示而为的审判程序。诉讼种类因原告诉讼请求所依据的实体权利的种类不同而不同。按大法官授予承审员权限的大小,程序诉讼分为严法诉讼与诚信诉讼。在严法诉讼中,承审员的职责是仅对程序诉状中记载的事项进行审理,并据此作出对原告的请求是否支持的判决。承审员不能超越程序诉状记载的内容进行审理,对于程序诉状中没有列明的抗辩内容,即使被告此后提出抗辩,且承审员明知被告的抗辩理由成立,承审员亦不得在判决时采信这些理由而支持被告的抗辩。承审员仅仅在大法官列明事项的范围内进行审理,对大法官未列入程序诉状的内容必须视而不见,且不得擅自审理,这体现了大法官的绝对权威。在诚信诉讼中则不然,对于大法官在程序诉状中标明"按诚信"(ex bona fide)字样的案件,承审员则可以根据诚实信用原则,按查明的事实作出判决,而不是机械地适用严法诉讼。② 相对于严法诉讼,诚信诉讼有如下特点:首先,诚信诉讼的承审员对案件的审理与判决具有更大的自主权,具体表现在审理案件的范围不再局限于大法官指定的范围,而是有权对全案进行审查。即凡是与原告诉讼请求有关的事实均可以审查,包括原告的主张、被告的答辩等。其次,承审员行使更大权力的基础是诚实信用原则,即承审员必须尊重案件事实,对于没有列入程序诉状但与判决有关的事实不能视

---

① [意]彼德罗·彭梵得:《罗马法教科书》,黄风译,中国政法大学出版社2005年版,第68页。

② 周枏:《罗马法原论》,商务印书馆2016年版,第962~969页。

而不见。实行诚信诉讼的目的是更好地实现判决的公平、正义。最后,承审员可以根据案件查明的事实径行判决,而无须大法官再次审查。不是所有类型的案件均可以适用诚信诉讼,诚信诉讼受理案件的范围受到严格的限制,仅包括:买卖、租赁、无因管理、委托、寄托、信托、合伙、监护、嫁资、使用借贷、质押、遗产分割、共同财产分割等。①

诚信诉讼的确立虽然弱化了大法官的权威,但有利于实现诉讼的公平、正义。罗马人注重树立大法官的权威性,同时又认识到权威不能替代公正,在保留严法诉讼制度外确立诚信诉讼,虽然是一种妥协,但在当时不失为一种两全其美的方法。

古罗马时代诚信诉讼的确立,标志着诚实信用原则具有适用于程序法中的悠久历史,但该原则对程序法的影响并没有像对实体法的影响那么巨大和深远。这是因为在很长的一段时间内,程序法的独立价值并没有被充分认识,这种情况导致程序法的发展远滞后于实体法的发展,作为程序法中的诚实信用原则亦如此。直至19世纪末,诚实信用原则才相继在一些国家和地区的程序法中正式得到确认。1895年的《奥地利民事诉讼法》第178条规定:"当事人据以声明所必要之一切情事,须完全真实且正确陈述之。"1911年的《匈牙利民事诉讼法》第222条第2款规定:"当事人或代理人以恶意陈述显然伪造之事实,或对他造陈述之事实为显然无理由之争执提出显然不必要之证据者,法院应科以600克鲁念以下之罚锾。"②《德国民事诉讼法》第138条规定了当事人的真实义务,③该法条虽然从字面上没有直接体现适用诚实信用原则,但该法条规定的真实义务从内容上符合诚信原则的要求。此外,《德国民事诉讼法》第93条关于被告实时认诺则免交诉讼费用的规定,是对被告恪守诚信,据实自认的"奖励",实质上也是诚实信用原则在民事诉讼中得到遵循的体现。日本《民事诉讼法典》(1996年)第2条规定:"法院应为民事诉讼的公正并迅速地进行而努力;当事人进行民事诉讼应以诚实信用为之。"④日本则以法律

---

① [古罗马]盖尤斯:《盖尤斯法学阶梯》,黄风译,中国政法大学出版社2008年版,第232页。

② 奚晓明主编:《〈中华人民共和国民事诉讼法〉修改条文理解与适用》,人民法院出版社2013年版,第14页。

③ 《德国民事诉讼法》,丁启明译,厦门大学出版社2016年版,第36页。

④ 《日本民事诉讼法典》,曹云吉译,厦门大学出版社2017年版,第2页。

条款明文规定的方式在民事诉讼中确立了诚实信用原则。我国澳门地区的《民事诉讼法典》(1999年)各条款中没有直接出现诚实信用原则的文字,但该法典中多个法律条文体现的内容与诚实信用原则的内涵完全一致,可以据此认为澳门地区的《民事诉讼法典》通过多个法条的文义共同确立了诚实信用原则。该法的第8条规定:"在主导或参与诉讼程序方面,司法官、诉讼代理人及当事人应相互合作,以便迅速、有效及合理解决争议";第9条规定:"当事人应遵循善意原则;当事人尤其不应提出违法请求,也不应陈述与真相不符之事实、声请采取纯属拖延程序进行之措施及不给予上条规定之合作";第10条规定:"所有诉讼参与人均负有相互间行为恰当之义务,而律师与司法官之间有以礼相待之特别义务;当事人于文书或口头陈述中不应在不必要或不合理之情况下使用侵犯他方当事人名誉或名声之言辞,或使用不予有关机构应受尊重之言辞";[①]第385条第1款规定:"当事人出于恶意进行诉讼者,须判处罚款。"上述澳门地区的《民事诉讼法典》第8条确立了合作原则,第9条确立了善意原则,第10条确立恰当礼仪原则。合作原则、善意原则、恰当礼仪原则从内容上即诚实信用原则在程序法上的要求。善意原则又称信义原则或诚实信用原则。[②] 第385条第1款通过对恶意诉讼的惩处以确保前述原则的实施,是诚实信用原则得以适用的保障措施。虽然澳门地区的《民事诉讼法典》没有直接规定适用诚实信用原则,但上述法律条文共同体现了诚实信用原则的内涵。

在诚实信用原则得到我国《民事诉讼法》立法正式确认以前,我国相关司法解释中已经规定了该原则。2001年12月6日最高人民法院颁布的《关于民事诉讼证据的若干规定》[③](以下简称《证据若干规定》)第7条规定:"在法律没有具体规定,依本规定及其他司法解释无法确定举证责任承担时,人民法院可以根据公平原则和诚实信用原则,综合当事人举证能力等因素确定举证责任的承担。"诚实信用原则作为人民法院分配举证责任的依据。2019年修正后的《最高人民法院关于民事诉讼证据的若干规定》(以下简称《民事证据规

---

① 中国政法大学澳门研究中心、澳门政府法律翻译办公室编:《澳门民事诉讼法典》,中国政法大学出版社1999年版,第5页。

② 黎晓平、蔡肖文:《澳门民事诉讼制度改革研究》,社会科学文献出版社2016年版,第74页。

③ 该规定已于2019年被修正。

定》)第2条、第33条明确规定了当事人、鉴定人的诚实义务。① 同时,虽然该原则是我国民事诉讼从立法层面确立的一项崭新原则,但诚实信用作为社会生活的道德规范,在我国具有悠久的历史。

自我国民事诉讼立法确立诚实信用原则之后,在司法实践中的适用存在以下特点:

第一是诚信原则入法后,该原则在人民法院作出的民事判决书中迅速得到大量引用。根据2019年9月28日在中国裁判文书网上查询的结果,将查询条件设置为"民事案件"全文中含有"诚实信用",查询到含有上述文字的判决书共219646份。将上述查询结果按年份进行分别统计,统计数据表明自2001年至2012年这12年间,涉及"诚实信用"内容的判决书总计2860份。2001年到2008年,每年含有的"诚实信用"文字的判决书数量不超过百份。而从2012年民事诉讼确立诚实信用原则之后,含有"诚实信用"原则内容的判决书数量呈逐年快速增长的趋势,年度判决书总数迅速突破千份乃至万份。2013年为5236份,2014年为24845份,2015年为34863份,2016年40071份,2017年为44711份,2018年为44365份,2019年为22682份(截止到查询日期)。以2012年诚信入法为分水岭,在此之前含有"诚实信用"原则文字的民事判决书数量极少,在此之后得到迅速增加。这一现象充分说明,诚信入法姗姗来迟,民事诉讼迫切呼唤诚实信用原则,该原则的适用非常符合我国民事诉讼的实际。

抽样研读这些判决书可以发现,判决书中涉及诚实信用原则是由于原告或被告的提出,或者是人民法院适用该原则进行判决。这也进一步说明对诚实信用原则的适用持肯定态度的不仅限于原告或被告,而且是各个诉讼参与主体均认可该原则的适用,这一现象进一步解释了该原则被迅速、广泛地运用到审判实践中的原因。

第二是部分审判人员直接适用该原则判决案件,且数量呈逐年递增的趋

---

① 《最高人民法院关于民事诉讼证据的若干规定》法释〔2019〕19号第2条:"人民法院应当向当事人说明举证的要求及法律后果,促使当事人在合理期限内积极、全面、正确、诚实地完成举证。"第33条:"鉴定开始之前,人民法院应当要求鉴定人签署承诺书。承诺书中应当载明鉴定人保证客观、公正、诚实地进行鉴定,保证出庭作证,如作虚假鉴定应当承担法律责任等内容。鉴定人故意作虚假鉴定的,人民法院应当责令其退还鉴定费用,并根据情节,依照民事诉讼法第一百一十一条的规定进行处罚。"

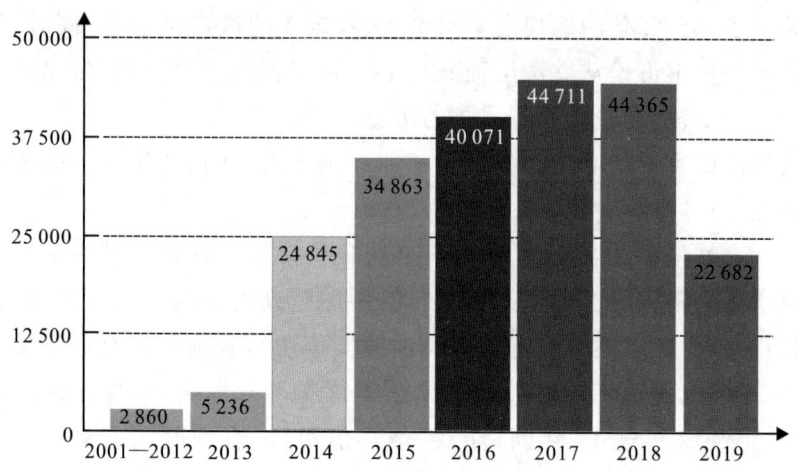

图1-1 含有"诚实信用"判决书数量柱状图(截至2019年9月28日)

势。民事诉讼法的基本原则是贯穿于整个民事诉讼法和民事诉讼中的根本性及指导性规则,具有指导诉讼主体正确地适用民事诉讼法具体规定的作用。[①] 基本原则因其根本性及指导性而不具有直接适用性。诚实信用原则是民事诉讼的基本原则,该原则同样不具有直接适用性,而是应当优先适用体现诚信原则价值的具体法律规则。目前有许多案件(包括最高人民法院审理的案件)直接依据诚实信用原则进行判决,[②] 究其根源,这是由两个方面的因素决定的。其一是该原则具有直接适用的可行性。相对于民事诉讼其他四大基本原则,诚实信用原则更具有可直接适用性。这是因为诚实信用原则是民事诉讼应遵循的一项义务,与权利的处分性不同,义务具有履行的强制性,在诉讼中一旦出现虚假陈述,即属于违背诚实信用原则,此时即可适用诚实信用原则。诚实信用原则与虚假诉讼行为是一个硬币的两面,两者从不同的侧面发挥作用。恪守诚信原则必然禁止虚假诉讼,提起虚假诉讼势必违背诚信原则,在诉讼中尤其如此。而民事诉讼的其他基本原则,如辩论原则、平等原则、调解原则等,这些均是民事主体的程序权利,不涉及实体内容,且权利既可以行使,也可以被处分或放弃,不存在对权利的违背,审判人员无须适用程序权利进行判决。

---

① 张卫平:《民事诉讼法》,法律出版社2018年第4版,第40～41页。
② 宁波广天赛克思液压有限公司、邵文军与宁波广天赛克思液压有限公司、邵文军侵害商标权纠纷申请再审案(最高人民法院〔2014〕民提字第168号)即依据诚实信用原则进行判决的。

其二是直接适用的无奈性。相对于民事诉讼的其他基本原则,诚实信用原则是最新确立的。由于确立该原则的时间较短,尚未全面制定与该原则相配套的法律规则,对于司法实践中出现的虚假诉讼案件,审判机关因没有与诚实信用原则相对应的法律规则可以引用,只得直接适用诚实信用原则进行判决。而民事诉讼的其他基本原则有相对完善的配套制度,因而无须直接适用这些原则进行判决。比如调解原则,与此相关的规则在《民事诉讼法》第八章整章的法律条文中予以规定,该章共有七个条款,对调解的程序、内容、形式等作了充分的规定,人民法院在审理涉及调解的案件中有充足的条款可以适用。

诚实信用原则由于其概括性、抽象性的特点,直接适用扩大化的弊端显而易见,这会增加适用中的模糊性、任意性,减少准确性,从而违背民事诉讼公平、正义的价值。不独我们国家如此,其他国家也存在类似的问题。例如法国最高法院以判例的形式确立诚信原则以后,引起了法国法院大量适用诚实信用原则进行裁判的司法现象。法国民诉法学界对这种滥用现象进行了批评,认为诚实信用原则在司法实践中的适用不应扩大化,而应秉承必要性、相关性、正当性的适用原则。①

其三是对虚假诉讼行为的遏制效果不明显。民事诉讼诚实信用原则规制的是虚假诉讼行为,这种规制不仅体现在对虚假诉讼行为进行制裁上,更重要的是发挥法律的教育职能,减少或杜绝虚假诉讼行为。但自立法确立诚实信用原则以来,对虚假诉讼的遏制作用不够明显,各地虚假诉讼案件发生频仍。

其四是民事虚假诉讼行为与刑事虚假诉讼罪的衔接不畅。为对虚假诉讼行为进行制裁,我国刑法规定对于捏造事实提起民事诉讼,妨害司法秩序或者严重侵害他人合法权益的,构成虚假诉讼罪。但在司法实践中,对在审理民事案件时发现的涉嫌构成虚假诉讼罪的案件,法院缺乏移送案件的积极性,很少依职权主动进行移送。即使一方当事人提出移送申请,法院一般劝导当事人自行前往公安机关报案。当事人对法院拒绝移送的行为无法申请复议,也没有其他任何救济措施。诚然,当事人是可以自行到公安机关进行举报,但当事人自行举报的效果与法院移送的效果不可同日而语。况且,在民事诉讼中发现刑事犯罪线索的,人民法院应当依职权进行移送,这既是法院的权力,也是

---

① 巢志雄:《法国民事诉讼诚实信用原则的形成与发展》,载《中国民事诉讼法学研究会2016年年会论文集》,第701~706页。

法院的义务。这种由当事人自行举报的行为不但减损了人民法院依法审判的公信力,更是对虚假诉讼行为的纵容。

其五是立法规定关于该原则得以有效适用的保障措施单一,仅以法律的威慑性作为保障依据,缺乏促进该原则适用的奖励措施。后者的作用不容忽视,两者兼顾更有利于诚实信用原则的有效适用。

其六是关于该原则的适用内容简单化。诚实信用原则的含义包括真实、善意、信守承诺。诚实信用原则适用于民事诉讼法,应将该原则的本意与民事诉讼的价值相结合。诚实信用原则中的真实适用到民事诉讼中,应表现的内容为各个诉讼主体实事求是,不弄虚作假。诚实信用原则中的善意适用到民事诉讼中,应表现的内容为各个诉讼主体促进诉讼的义务。当前对诚实信用原则在民事诉讼中的适用内容主要集中体现在真实义务上,对于促进诉讼的义务由于认识缺乏而没有得到体现。

其七是缺乏实现诚实信用原则价值的配套法律制度。对于司法实践中应适用诚实信用原则予以规制的诉讼行为,由于立法没有规定相应的法律制度而缺乏处理依据。比如对于原告起诉后没有按时缴纳诉讼费,或原告没有根据法院确定的开庭日期前往法庭参与诉讼,根据我国《民事诉讼法》的相关规定,原告这些行为的法律后果仅仅是视为撤诉,除此之外对原告没有任何其他形式的制裁措施,这样的制度设计,不得不说是一项立法制度疏漏。诉讼是公权力对私权利进行保护的一项法律制度,国家需要为此投入大量的人力、财力资源,原告启动诉讼程序将会引起一系列的法律后果,包括法院审查受理原告的起诉,制作诉讼材料送达被告,组建合议庭成员并安排开庭等。被告也会为应对原告的起诉而投入大量的人力、财力。原告不缴纳诉讼费、不按时出庭的诉讼行为对自己毫发无损,但将会给国家、对方当事人造成重大的损失。且诉讼绝非儿戏,诉讼是一项严肃、慎重的行为,任何一方提起诉讼都应当是经过认真考虑的,如果原告存在上述行为,从主观上一定是出于故意,对于这种严重违背诚实信用原则的行为,必须予以制裁。如果立法不对原告的失信行为予以处罚,这种不合理的制度无异于鼓励非诚信的诉讼行为。

与此相类似的还有管辖权异议的制度。立法设立该制度是为了防止原告滥用案件的管辖权,因而对被告从平等的角度予以保护。由于当前的法律规定未兼顾到对被告滥用管辖权的规制,管辖权异议制度常常被当作拖延诉讼的工具。根据该制度的规定,被告可以就原告的起诉提出管辖权异议,且人民法院必须对此作出书面裁定，被告对于裁定不服的还可以上诉。这导致在司法实践中只要被告提起管辖权异议，就可以长时间地拖延诉讼。短则数月，长则经年。而且，提起管辖权异议的成本过于低廉，根据《诉讼费用交纳办法》，异议成立的无须交费，不成立的交费标准为50～100元。除此以外，无论被告提出的管辖权异议理由多么没有法律依据，拖延诉讼的行为多么明显，被告均无须承担任何其他责任。按当前的社会经济水平，对于被告拖延诉讼可能获得的利益，该50～100元的成本几乎可以忽略不计。被告滥用管辖权异议的行为无疑是一种阻碍诉讼进程的行为，这种行为与民事诉讼效率的价值相违背，对这种行为不予制裁无疑是对拖延诉讼的纵容，甚至是一种变相鼓励。

在劳动合同纠纷案件中也存在同样的问题。为降低劳动者提起诉讼的司法成本，防止出现因高额的诉讼费用而将劳动者阻挡在获得司法救济的门外，《诉讼费用交纳办法》规定劳动合同纠纷案件的收费标准与案件争议的标的无关——不按财产性案件的收费标准执行，而是按照每件人民币10元的标准收取。这项规定对劳动者和用人单位同样适用，这就造成在降低劳动者诉讼成本的同时，用人单位的诉讼成本也在同步降低。在司法实践中的现象就是，资方由于诉讼成本低廉而不惜用尽所有诉讼程序，从而拖延了劳动者获得胜诉判决的时间。劳动者出于维持生计的需要，一方面要上班，另一方面还要没完没了地应对劳动仲裁、一审、二审、执行等法律程序，热情、精力、财力消耗殆尽，最终不得不同意用人单位苛刻的调解方案。这项规定实际上不利于劳动者维护权益。上述发生的种种情形，不得不说是由于立法缺陷，阻碍了诚实信用原则的适用。

其八是适用内容缺乏针对性。民事诉讼参与的主体有当事人、审判人员、证人、鉴定人、诉讼代理人等。诚实信用原则的适用内容应当因人而异。对于当事人，诚实信用的适用内容为真实义务以及促进诉讼进行的义务。对于审判人员，诚实信用的适用内容应体现在按法定期限审结案件，善意行使自由裁量权。对于证人，诚实信用的适用内容是真实陈述客观事实，对虚假作证应承担相应的责任。对诉讼代理人，诚实信用的适用内容为不得自行或与当事人串通进行虚假陈述，如果明知当事人虚假陈述，可以拒绝代理及解除代理协议。

其九是适用缺乏协调性。诚实信用原则作为民事诉讼的一项基本原则，适用于民事诉讼的各个阶段，包括一审、二审、执行等法律程序。由于各个程序有各自不同的特点,诚实信用原则在各个阶段适用的内容不尽相同,但彼此间应当具有相关性。我国司法实践表明,在民事诉讼的各个阶段中,运行时间对诚实信用原则的贯彻力度最大,措施最为全面。党的十八届四中全会专门提出了切实解决执行难,依法保障胜诉当事人及时实现权益的要求。最高人民法院为此颁布了《关于落实"用两到三年时间基本解决执行难问题"的工作纲要》《关于公布失信被执行人名单信息的若干规定》等一系列文件,与国家发改委等44家单位联合签署了《关于对失信被执行人实施联合惩戒的合作备忘录》,推出8大类55项惩戒措施。中共中央办公厅、国务院办公厅印发了《关于加快推进失信被执行人信用监督、警示和惩戒机制建设的意见》,其中规定了11类100多项惩戒措施,涉及出行、旅游、投资、置业、消费、金融、网络等经济社会生活的方方面面。这些措施不可谓不多,在司法实践中也确实取得了良好的效果。但从适用的协调性方面,没有综合发挥诚实信用原则在一审、二审阶段所应发挥的作用。综合考虑诚实信用原则在各个程序之间适用的协调性,可以更好地保护当事人的合法权益,降低司法成本。

上述司法实践中出现的问题足以说明我们尚未对诚实信用原则的有效适用做好充分的准备:一是法学理论界尚未对诚实信用原则的有效适用作充分的研究,特别欠缺对适用内容、适用保障等的研究。二是由于理论研究的欠缺导致立法中虽然规定了民事诉讼遵循诚实信用原则,但欠缺全面的保障该原则得以有效实施的法律制度。"法学乃实用之学,旨在处理实际问题。"[①]因此,要使该原则能够在民事诉讼司法实践中得到有效适用,有必要研究该原则适用的含义、适用内容、适用主体、适用对象、适用保障等,以确保发挥该原则应有的作用,解决司法实践中屡禁不止的虚假诉讼问题。

诚实信用原则的有效适用有助于增强判决的公正性,保障和推进诉讼的进行,提高诉讼效率。同时,使诉讼中高度对抗的当事人遵循诚信原则的机制,必将能够更加有效地应用于人际关系相对缓和的社会生活,使公众恪守诚信,从而有利于诚信社会的建立。诚信社会的建立对于降低交易成本,提高社会生产率,提高居民的幸福生活指数均具有积极意义。

在通常情况下,道德与法律的关系止于道德上升为法律。本书所论及的诉讼中对抗的双方恪守诚信原则的机制,可以反作用于社会生活,这是道

---

① 王泽鉴:《法律思维与民法实例》,中国政法大学出版社2002年版,"自序",第1页。

德——诚实信用原则上升为法律之后,对社会诚信生活行为准则——道德的反哺,此举不失为一项崭新的探索。

三、文献综述

文献资料的收集不仅为完成论文做准备工作,同时是一个学习他人研究成果的过程,是一个自我观点不断加强、完善的过程。阅读文献犹如与古今中外的智者对话,向他们请教困惑在内心的疑问,聆听他们对法律世界的精辟见解,丰富知识,激发思考。

诚实信用原则作为一项社会生活的道德规范,具有悠久的历史,既有国际性,也有本土性。诚实信用原则的国际性是指全世界各个国家都有诚信文化,该原则为各国所接受,是一项国际通行的社会生活规范。诚实信用原则的本土化是指未借助其他国家的力量,该原则在一国之内独立形成。考察各个国家关于诚实信用原则的形成和发展的历史,可以印证上述观点。目前没有证据表明我国的诚信文化来自其他国家,也没有任何记载表明其他国家的诚信文化来自我们国家。在我国古代典籍《尚书》《论语》《易经》中就有关于诚信内容的记载,这些书籍距今已经2000余年历史。同一时期西方的苏格拉底、柏拉图、亚里士多德的诸多言论中就有关于善、恶、诚信等内容的讨论,这些西方贤哲的言论距今也有2000余年,这说明西方国家也很早就形成了诚实信用概念。彼时由于科技的落后,东、西方世界由于遥远的距离基本没有交集,这充分说明各自独立形成诚信文化。

在民事诉讼中最早确立诚实信用原则的是罗马法,我国直至2012年才在立法中确立诚实信用原则。以2012年为界,我国学者在此之前的研究内容以确立该原则的正当性、可行性、必要性为主,在此之后以该原则适用的具体内容以及如何确保该原则的适用为主。

2019年2月,在中国知网上以"民事诉讼诚实信用"作为关键词进行检索,可以查询到167篇文章。其中共有39篇硕、博士学位论文。在这39篇学位论文中,博士论文有2篇,硕士论文有37篇。这2篇博士论文,分别是西南政法大学蔡泳曦的学位论文《论民事诉讼中的诚实信用原则》(2009年),中国政法大学杜丹的学位论文《论民事诉讼诚实信用原则》(2009年)。在同一时间段还有湘潭大学唐东楚的博士论文《诉讼主体诚信论》。从论文完成的时间进行区分,37篇硕士论文中有21篇是在2012年我国民事诉讼法确立诚实信用原则之后完成的。其中多以适用、司法运用、适用完善、适用范围等作为研究内容。这与我国民事诉讼法诚实信用原则的发展进程相符。诚信入法终结了立法正当性的争论,这类主题不再具有研究价值,在诚信入法之后的适用问题成为重点。

杜丹在其博士论文的基础上出版了《诉讼诚信论:民事诉讼诚实信用原则之理论及制度构建》一书,①其中对于民事诉讼诚实信用原则的理论、实践具有独到的见解。该书从诚实信用原则的起源入手,研究了诚实信用原则在公法(宪法、行政法、刑法)以及私法领域的发展历史,并将道德诚信与民事诉讼诚信进行比较。将民事实体法诚信与民事程序法诚信进行比较,将大陆法系民事诉讼诚信与英美法系民事诉讼诚信进行比较,在此基础上,提出了当事人的诚实信用制度论以及法官及其他诉讼主体的诚实信用制度论。最后通过研究违反民事诉讼诚实信用原则应承担的程序性责任及实体性责任,提出如何保障民事诉讼诚信原则实施的建议。

中南大学法学院唐东楚老师出版的《诉讼主体诚信论:以民事诉讼诚实信用原则立法为中心》一书,②从现实问题着手,从主体性的角度研究了诉讼主体诚信事宜,包括争讼主体诚信、审判主体诚信、协助主体诚信和监督主体诚信。

民事诉讼诚实信用原则具有既熟悉又陌生的双重特性。熟悉是因为诚实信用原则历史悠久、深得人心,即使不是专业人士,对其内涵也略知一二。陌生是因为该原则是我国民事诉讼立法的一项新原则,对该原则在民事诉讼中适用的内容尚未形成统一的认识,如何适用亦无先例可循。为了更好地适用该原则,民事诉讼领域的知名学者对诚实信用原则的适用事宜进行了相关探讨和研究。厦门大学齐树洁教授认为:诚实信用原则的明文化、法定化是2012年修改民事诉讼法的一个令人瞩目之处,其意义十分重大,必将对我国民事诉讼司法制度产生深远的影响,该原则将为我国民事诉讼理论和实践的发展提供新的制度资源。诚实信用原则对当事人的适用主要包括禁止反悔及矛盾行为,禁止以不正当的方法或手段获取有利于自己的诉讼状态,禁止滥用

---

① 杜丹:《诉讼诚信论:民事诉讼诚实信用原则之理论及制度构建》,法律出版社2010年版。
② 唐东楚:《诉讼主体诚信论:以民事诉讼诚信原则立法为中心》,光明日报出版社2011年版。

诉讼权利的行为;对法院的适用包括禁止滥用自由裁量权,尊重当事人的诉讼权利,为当事人创造平等的诉讼条件,尊重当事人程序主体地位,禁止实施突袭性裁判。[①]

清华大学法学院张卫平教授认为,诚实信用原则系民事诉讼法中的一项补充性原则,该原则的有效实施将有利于实现人们对民事诉讼的公正、迅速、经济价值的追求。由于我国缺乏这样的司法运作机制以及与理论界的互动机制,诚实信用原则直接适用的空间并没有想象得那么大。[②]

中国人民大学汤维建教授详细分析了诚实信用原则从民法领域引入民事诉讼的原因以及历史。他指出,当事人违背诚实信用原则的最突出的表现为滥用起诉权,重点表现如下:诈欺性诉讼、骚扰性诉讼、盲目性诉讼、多余性诉讼、重复性诉讼、琐碎性诉讼、对真实义务的违反、举证突袭、举证妨碍、滥用诉讼权利的行为、禁反言、扰乱诉讼秩序的行为。[③]

中国政法大学杨秀清教授则表示了对民事诉讼适用诚实信用原则的担忧。在2006年即立法尚未确立诚实信用原则时,杨老师撰文认为,在民事诉讼中确实需要确立诚实信用原则,但是,应本着客观的态度认真审视诚实信用原则的含义及其作用机制,不可擅自扩大诚实信用原则在民事诉讼中的功效,否则势必与当事人主义诉讼模式的目的背道而驰。[④] 在2013年《民事诉讼法》确立诚实信用原则之后,杨老师又撰文认为:民事诉讼诚实信用原则仅应对当事人行使诉讼权利,履行诉讼义务起到相应的制约作用,以便防止当事人滥用诉讼权利;至于法院或法官行使自由裁量权,无论从其根源即成文法的局限性和滞后性,还是从其行使的依据即合格法官的经验,均不是诚实信用原则功能所及之范围。恰恰相反,如果法院或法官依据诚实信用原则行使自由裁量权,则意味着允许情感司法,这与审判权的内容及其行使原则实乃格格不入。从文义解释考察,该原则亦不适用于法官或法院。同时,虽然我国现行《民事诉讼法》确立了诚实信用原则,由于诚实信用原则的适用主体以及违反该原则的法律责任尚未作出明确的规定,这种立法的缺位势必会因其空洞化

[①] 齐树洁主编:《民事诉讼法》,厦门大学出版社2019年第13版,第84~90页。
[②] 张卫平:《民事诉讼中的诚实信用原则》,载《西北政法大学学报》2012年第6期。
[③] 汤维建:《论民事诉讼中的诚信原则》,载《法学家》2003年第3期。
[④] 杨秀清:《解读民事诉讼中的诚实信用原则》,载《河北法学》2006年第3期。

状态而面临被搁置或者滥用的风险。① 恰值2019年10月中国民事诉讼法年会在南昌召开,本人有幸就此问题当面向杨教授请教。她进一步阐明,所谓担忧并不是指民事诉讼立法是否该确立诚实信用原则,而是指确立的时机是否成熟以及确立诚实信用原则之后,该原则能否在司法实践中得到遵循。相对而言,立法确立该原则并不难,难就难在如何确保该原则在民事诉讼中的有效实施。如果不能确保有效实施,不得不考虑该原则确立的时机是否成熟。根据近年来诚实信用原则在司法实践的适用情况,充分说明发挥该原则实现公平、正义的职能尚有很长的一段路要走。

厦门大学徐国栋教授对诚实信用原则作了深入的研究,他认为"舍利取义,谓之诚信"。徐国栋教授在其博士论文的基础上出版了《民法基本原则解释:诚信原则的历史、实务、法理研究》一书,该书是"中国研究民法基本原则和诚信原则的最好专著。"② 张卫平教授对徐国栋教授取得的学术成就作了很高的评价,他认为学者的学术成就与学者的性格密不可分,作为徐国栋教授的师弟,两人在大学期间就彼此熟悉并经常交流,正是徐国栋教授执着、认真的性格才使他取得如此高的学术成就。③ 该书的研究内容包括从诚信原则的罗马法起源,到诚信原则在各个部门法的扩张;从大陆法系的诚信到英美法系的诚信;在新版本中还增加了对诚实信用原则的中国实务研究。徐教授关于诚实信用原则的论述内容翔实,见解独到。徐国栋教授将诚信分为主观诚信与客观诚信,并详细论述了两者的内涵。这种分类方式对本书的研究具有极大的帮助。

《德国民事诉讼法》译者——厦门大学诉讼法学专业的丁启明,在其博士学位论文《民事诉讼当事人真实义务研究》中,通过研究当事人真实义务的历史,以及对香港、台湾地区真实义务的实证分析,提出了对我国民事诉讼中当事人真实义务的定位与具体构建。虽然丁启明博士的论文内容不是直接关于诚实信用原则的,但当事人的真实义务是遵循诚实信用原则的具体内容,两者有异曲同工之处。《德国民事诉讼法》第138条规定了当事人真实义务,丁启

---

① 杨秀清:《民事诉讼中诚实信用原则的空洞化及其克服》,载《法学评论》2013年第3期。

② 徐国栋:《民法基本原则解释:诚信原则的历史、实务、法理研究》,北京大学出版社2013年版,"序言",第3页。

③ 张卫平:《法学研究与教育方法论》,法律出版社2017年版,第456页。

明博士得益于翻译《德国民事诉讼法》的经历,她的论文写作对此更有独到的体会。

中国政法大学黄维力的硕士学位论文《民事诉讼诚实信用原则的适用范围》,从人性的角度分析诚实信用原则适用的特点和范围,逻辑缜密,视角独特,具有很高的实用价值。①

日本学者高桥宏志、伊藤真,以及德国学者罗森贝克、施瓦布、戈特瓦尔德出版的著作中也有关于民事诉讼诚实信用原则的研究。此外,我国许多学者还翻译出版了美国、英国、德国、日本、俄罗斯、法国、意大利等其他国家民事诉讼法典,其中有关诚实信用原则的规定值得研究和借鉴。

纵观这些研究成果,除了令人敬佩的研究结论之外,我认为尚存在一定的不足。

其一是研究的重视度不够。产生这种认识的原因是,诚实信用原则是日常生活中被普遍适用的原则,由于熟悉而容易误认为对该原则的适用显而易见,不值得研究。重视度不够容易导致对该原则的适用产生简单化的倾向。

其二是研究内容缺乏全面性。各界普遍认为,民事诉讼诚实信用原则适用的内容即实事求是——真实,这种认识是不全面的。真实仅是诚实信用原则适用的内容之一,不是全部。除此之外,诚实信用原则的适用内容还包括善意——促进诉讼。后者是民事诉讼诚实信用原则适用的重要内容。由于对民事诉讼诚实信用原则适用内容的全面性认识不足,导致理论界没有将后者作为适用内容。理论和实践紧密相连,法学理论认识的局限必然使立法内容出现缺位——立法缺乏促进诉讼的制度设计。这不得不说是一项严重的疏漏,不利于民事诉讼全面遵循诚实信用原则。

其三是研究内容的深度不够。学者的研究内容关注到在司法实践中存在违背诚实信用原则的诉讼行为(虚假诉讼的),但没有进一步全面研究引发这种行为的深层原因。对深层原因的研究有助于从源头遏制虚假诉讼行为。

其四是研究内容没有紧密联系立法实际。学者没有结合我国现行的法律制度,针对影响民事诉讼诚实信用原则适用的法律规定进行全面分析。事实上,我国现行的某些法律制度不但没有发挥促进民事诉讼诚实信用原则适用

---

① 黄维力:《民事诉讼诚实信用原则的适用范围》,知网空间,http://cdmd.cnki.com.cn/Article/CDMD-10053-1014223675.htm,下载日期:2019年5月6日。

的作用,而且产生了对虚假诉讼纵容和鼓励的作用。同时,相对于2012年我国民事诉讼立法确立该原则而言,有些国家和地区具有悠久的立法历史,在实际适用过程中总结出了丰富的经验,由于我国理论界对此研究缺乏,这些经验没有能够充分被我国立法实践所借鉴。

其五是对民事诉讼遵循诚实信用原则的保障措施研究不足。立法仅以违反诚实信用原则的法律责任——法律的威慑力作为促进诚实信用原则适用的保障,没有全面研究如何完善促进民事诉讼诚实信用原则适用的法律规则。实际上,除了威慑力之外,"奖励性"(恪守诚实信用原则的一方不承担或少承担法律责任)措施对促进诚实信用原则适用的作用不可小觑,以此可以更好地引导当事人恪守诚实信用原则。

其六是研究缺乏持续性。对民事诉讼适用诚实原则的系统、深入的研究主要集中在2012年诚信入法之前,该原则入法之后的研究就基本中断了。虽然对该原则能否入法的研究非常重要,且对该问题的研究成果卓著——诚实信用原则被立法机关所确认,但入法后如何确保该原则的适用更为重要。因为基本原则的确立不是任其束之高阁,而是为了在实践中有效适用。实际上,在司法实践中存在的大量问题急切呼唤对该原则做进一步的研究,以便指导司法实践。由于对该原则入法之后缺乏持续、动态的研究,该原则在适用过程中存在的问题长期没有得到解决,且这些问题有愈演愈烈的趋势。

四、研究方法

(一)案例分析法

要了解诚实信用原则在我国审判实践中适用的历史以及现状,最好的方式莫过于研究判例。得益于发达的互联网技术,根据《关于人民法院在互联网公布裁判文书的规定》,全国各级法院作出的裁判文书可以方便、快捷地在中国裁判文书网上查询到。该网站公布的最早的判决书可以追溯到1996年,至今长达20余年。这些数量庞大的案例为本书的研究提供了翔实的第一手资料。

(二)比较法

"他山之石,可以攻玉。"比较研究其他国家关于民事诉讼诚实信用原则适用的历史以及现状,可以分析我国立法实践的不足,以便借鉴其他国家的先进经验,完善适合我国国情的民事诉讼诚实信用原则适用机制。

(三)数据统计分析法

搜集历年适用诚实信用原则案件的数据,进行统计分析,便于量化研究诚实信用原则适用的情况。

(四)法经济学的分析法

民事案件基本均涉及财产争议的内容,以法经济学的方法对当事人的诉讼行为进行分析,可以有效地确立影响其行为的变量。明确变量,可以正确设计相应的引导当事人遵循诚实信用原则的法律制度,以制度达到促进该原则适用的实际效果。

(五)归纳法

民事诉讼中存在的违背诚信原则的行为复杂多样,有虚假陈述、伪造证据、恶意串通、滥用诉权等。通过分析归纳,可以提炼当事人诸多虚假诉讼行为的本质:追逐非法利益;拖延诉讼,以获得有利的诉讼状态。现象复杂多变,本质简单永恒,归纳研究法有利于透过现象观察本质,并根据本质对当事人进行制裁。

五、创新之处

本书有如下创新之处。

(一)以成果转化为目的,研究内容紧密联系我国司法、立法实际

法学理论研究成果的转化指该成果符合立法的目的及社会实际,而被立法机关以法条的形式确立到具体的法律规定中。理论研究的意义在于可以指导实践,表现形式是理论研究成果的实践转化,否则理论研究难免有纸上谈兵、坐而论道之嫌。融入实践之后的理论,脱离了书本、教室、实验室,更加能够焕发出强烈的生命力。法学理论的研究尤其如此,其中又以诉讼法的研究为最。因为诉讼法是公法,没有被立法所确认的理论不具有实际适用性,"法无授权则禁止"的原则要求诉讼法的理论必须被立法机关所确认,法院方才可以据此审判。为了在判决案件时有法可依,司法部门强烈呼唤法学理论的研究成果及时转化为立法规定。法学理论研究成果的转化具有悠久的历史,早在公元6世纪,东罗马帝国皇帝查士丁尼就下令古罗马五大法学家(盖尤斯、

帕比尼安、保罗、乌尔比干、莫德斯丁）的著作可以被当作法律渊源。① 这是对法学家研究成果的莫大肯定，这种肯定激发了法学家进一步研究的热情。而在私法领域的理论研究，研究成果可以直接被社会实践所运用，无须立法机关的确认，因为只要不是法律所明文禁止的，都是被许可的。比如吸取其他国家资本市场的成功经验，我国创立的对赌协议就被直接用于资本市场的实际运作，②且被司法机关所确认。③

  法学作为社会科学，与自然科学的研究成果转化相比，后者具有绝对的优势。自然科学的理论研究成果转化简单、快速，这是由后者转化主体的多元化决定的。任何商业主体只要认为该项新科学技术的研究成果有市场价值，都能够以投资的方式实现理论到实践的转化。转化的效果也非常容易验证——市场的接受度，这是验证转化正确性的直接依据。

  由于接受转化主体的唯一性——立法机关，"独此一家，别无分店"的限制性以及立法程序的繁杂性使转化之路非常困难。这容易造成虽然理论研究热火朝天，研究成果汗牛充栋，但转化成功的寥寥无几。这种现象促使理论研究必须紧密关注社会实际，充当立法可行与实际需要之间的桥梁。

  为避免理论研究与司法实践相脱节的现象，本书特别注重从便于成果转化的角度进行研究。本书首先从诚实信用原则在我国审判实践中的适用情况入手，以中国裁判文书网上公布的自2001年至2019年近18年（因中国裁判文书网公布的涉及该原则的最早判决为2001年）来涉及诚实信用原则的判决书为样本，据此分析该原则在民事判决中的适用情况及发展趋势。其次是紧密联系我国的立法实践，全面研究现行法律规定对诚实信用原则适用的作用力，从适用效果上，将其区分为促进适用的法律规定或阻碍适用的法律规定，以此作为法律制度完善的依据。再次，研究各个主体在民事诉讼中遵循诚实信用原则的内容及实际情况，有针对性地探究虚假诉讼产生的原因，借助法经济学等多种方式，分析影响各个主体诉讼行为的因素，研究促进诚实信用原则

---

① ［古罗马］盖尤斯：《盖尤斯法学阶梯》，黄风译，中国政法大学出版社2008年版，"前言"，第1页。

② 对赌协议指投资人与目标公司股东约定，目标公司应于一定时间内上市，否则退还投资人的投资。因是否上市具有不确定性，故称为对赌协议。

③ 海富投资与甘肃世恒增资纠纷案（最高人民法院〔2012〕民提字第11号），该案确认了投资人与公司股东之间对赌协议的效力。

适用的机制。

(二)将其他国家和地区的立法经验与我国诚信文化相结合

"阳光底下无新事",法律研究更是如此。法律发展到今天,立法实践已经在全世界各个国家积累了丰富的经验,我们今天遇到的法律问题在其他国家同样存在,借鉴他们的经验,吸取他们的教训可以使我们少走弯路。然"一国民族,有其历史焉,有其特殊之心理焉,不能强他国所谓善者,尽数而移植于吾国"[①],科学的借鉴应当是结合我国深厚的诚实信用文化历史,在全面研究其他国家(美国、英国、德国、日本、俄罗斯、意大利、法国、澳大利亚)和地区(香港、澳门、台湾)民事诉讼诚实信用原则适用制度的基础上,立足本土文化,挖掘诚信渊源,探求适应我国社会实际的民事诉讼诚信机制。

(三)界定诚实信用原则在民事诉讼中适用的内容

诚实信用原则在民事诉讼中的适用内容,是民事诉讼遵循诚实信用原则首先需要明确的问题。我国《民事诉讼法》确立诚实信用原则之后,理论界以及实务界关于民事诉讼中该原则适用的具体内容并没有形成统一的意见。民事诉讼诚实信用原则适用的内容应兼顾诚实信用的本意及民事诉讼的目的与价值。本书根据诚实信用原则的真实、善意的基础含义,有针对性地确立不同主体在民事诉讼适用诚实信用原则的内容。

(四)完善促进诚实信用原则适用的法律机制

为保障诚实信用原则的有效实施,我国《民事诉讼法》在确立该原则的同时,设立了相应的配套制度。7年多的司法实践表明,这些制度发挥了积极的作用,但也存在不少问题。对这些配套制度进行全面的研究,有利于发现制度中的积极因素与消极因素,特别是有利于发现制度中的盲区。通过改进不利于诚实信用原则适用的制度,增设促进适用的制度,以此完善诚实信用原则的适用机制。

---

① 王振先:《中国古代法理学》,山西人民出版社2015年版,第5页。

第一章　民事诉讼诚实信用原则适用概述

第一节　诚实信用原则的语义及起源

一、诚实信用原则的语义

诚实信用原则在我国具有悠久的历史和无与伦比的崇高地位。该原则在确立之初就被作为一项重要的道德行为规范,是儒家思想的重要内容之一。"儒"者,"人""需"也,从人从需意指儒是每个人都应当需要的价值理念。儒家思想倡导的"仁、义、礼、智、信、温、良、恭、谦、让",虽然各有特点,但这些价值观的内涵与诚实信用原则的内涵具有高度的重合性。诚实信用原则是安身立命之本、治国理家之基,对我国历史产生巨大而深远的影响。在我国现存的最早的历史文献——《尚书》中即有多处涉及诚信的论述。除直接使用"信"字之外,还用"允、孚、忱、湛、直"等文字表达诚信的含义,其中直接使用"信"字的有7处之多。据考证,《尚书》成书于公元前5世纪,记载事项的时间跨度长达1300余年,由此可见我国"信"文化的悠久历史。另外一部古代重要著作《易经》中也有许多关于诚信的记载。在该部书中,表达诚信含义的文字有"诚"、"信"、"孚"、"实"等。《易经》共64卦,其中25卦涉及"孚",即涉及诚信的卦数占总卦数的40%。益卦曰:"有孚惠心,勿问。有孚,惠我德。"中孚卦曰:"有孚挛如,无咎。""中孚以利贞,乃应乎天也。"《易经》是我国一部古老的文化典籍,通过卦象推演事物变化,在古代备受重视。其中益卦、中孚卦认为,如果人们践行诚信,必"惠我德"、必"应乎天",已经达到"勿问"的境界。即秉持诚信行事一定有益,对事务的发展预期已经无须通过卦象推演,《易经》将诚信作为吉卦的至高无上的准则。可见我国古代文化对于诚信文化的推崇。我国最早的诗歌总集——《诗经》中亦有关于诚信的内容,"永言配命,成王之孚","万邦作孚"。此处的"孚"与《尚书》《易经》中的"孚"同义,都是表示诚信的意思。儒家经典《论语》中的诚信更是比比皆是、耳熟能详:"与人谋而不忠乎。与朋友交而不信乎。""人而无信,不知其可也。""子以四教:文,行,忠,信。""自古皆有死,民无信不立。"《论语》中推崇的诚信是一种为人处世的最高标准。《中庸》曰:"诚者,天之道也;诚之者,人之道也。"意思是说天道为诚,人道是实现天道,即达到诚的目的。《大学》曰:"物格而后知至,知至而后意诚,意诚而后心正,心正而后身修,身修而后家齐,家齐而后国治,国治而后天下平。"诚与修身、齐家、治国、平天下紧密相连。《礼记》曰:"大道之行也,天下为公。选贤举能,讲信修睦。""信"是大同社会的基本要求。《孟子》曰:"是故诚者,天之道也。思诚者,人之道也。"其关于诚信的观点与《中庸》诚信的观点一脉相承。《荀子·议兵》曰:"政令信者强,政令不信者弱。"《荀子·强国》曰:"古者禹汤本义务信而天下大治,桀纣弃义背信而天下大乱。故为人上者,必将慎礼义、务忠信然后可,此君人者之大本也。"由此可见,古汉语中涉及的诚信除了具有悠久历史之外,还具有如下特点:

首先,诚实信用原则的发展具有连续性。该原则自从被确立以后,历经数千年,在中华文明历史的发展过程中从未间断,没有任何一个朝代摒弃该原则。不但如此,随着社会的发展,诚实信用原则显示出越来越旺盛的生命力。

其次,诚实信用原则具有崇高的道德地位,备受民间、政府等社会各界的推崇和遵守。诚实信用原则被认为是社会生活、国家治理的重要道德基础。根据我国古代典籍对诚信的定义,"诚者,天之道也。思诚者,人之道也"。诚作为"天道"和"人道",是天、人的本质属性,无诚即无道,无道即无天、无人。在我国古代,"天"是最高力量的象征,国家最高统治者"皇帝"为了显示其对臣民管理的正当性,自称为"天子",将"诚"与天相关联,足以说明古代"诚"的重要地位。古代先贤认为,唯有如此,才可以更好地突出诚实信用原则的地位。这种从多角度阐述诚信的作用的定义方式有利于引导人们理解、践行诚信。

诚信地位如此之高,以至于当"礼"、"信"相冲突时,守"信"大过尊"礼",对于无信之人可以不必有礼。

陈太丘与友期行,期日中。过中不至,太丘舍去,去后乃至。元方时年七岁,门外戏。客问元方:"尊君在不?"答曰:"待君久不至,已去。"友人便怒:"非人哉!与人期行,相委而去。"元方曰:"君与家君期日中。日中不至,则是无信;对子骂父,则是无礼。"友人惭,下车引之。元方入门不顾。①

儒家思想向来重视长幼有序,出入有礼。在这个故事里,元方对其父之友的无礼之举不但没有受到任何指责,相反,作者还对其机智应对赞赏有加,就是因为元方父亲的朋友无信、无礼,不值得元方的尊重。这在我国古代贯彻以"礼"治天下的理念下,更突出"信"的重要程度。

最后,我国古代的诚实信用既包括客观诚信,也包括主观诚信。"诚者,天之道也。思诚者,人之道也。"前者即为客观诚信,后者为主观诚信。客观诚信是指真实、实事求是,"知之为知之,不知为不知"。主观诚信是指内心对诚信的向往,对善的追求。

许慎《说文解字》曰:"诚,信也。从言。""信,诚也。从人,从言。"②古代的"诚"、"信"、"诚信"意思相同,指言行一致,亦即人们说的话要有信用。此处的诚信即指客观诚信。从时间上,客观诚实不仅包括对过去已经发生的事件的真实陈述,还包括将来对已经作出承诺的遵守。这是因为判断是否"诚实"的依据是言行是否一致,只有过去已经发生的事件,才可以印证是否真实,尚未发生的事件无法印证是否真实。信用是指遵守承诺,具体为对过去的承诺的遵守。

虽然主观诚信是内心对善的追求,但善并不是主观的,而是有客观的标准的。善恶的判断标准是:"因此,善恶判断的参照系应是社会,凡有利于他人或社会的,即为善;有利于自己且损害他人的,即为恶。"③由此可见,善的内涵是动态的、有差别性的。善是相对的,因"他人或社会"的不同而不同。以此作为标准判断,诸如"尾生之信"的善、恶非常容易辨别。"尾生与女子期于梁下,女子不来,水至不去,抱梁柱而死。"④故事中的尾生貌似守信,"水至不去"。但按上述善恶标准判断,尾生之信实属愚信。尾生的行为还有偏执之嫌,尾生认为既然"与女子期于梁下",遂认定不在梁下的"期"是失约的表现,即使有生命危险亦不挪步。尾生的这种"守信",丝毫不懂得根据形势变化而变通,不但没

---

① (南朝宋)刘义庆:《世说新语》,中华书局2016年版,第116页。
② (汉)许慎:《说文解字》,中华书局2019年版,第46~47页。
③ 徐国栋:《民法基本原则解释:诚信原则的历史、实务、法理研究》,北京大学出版社2013年版,第85页。
④ (汉)司马迁:《史记》,上海古籍出版社2015年版,第1476页。

有成为守信的榜样,相反却成为笑料。尾生的行为一则不利于他人或社会,使女子背负害死尾生的骂名;二则没有善待生命,对自己不利;三则为等候女子这一微不足道的事而付出无比宝贵的生命,对不起父母的养育之恩。因而"尾生之信"是恶,不是善。

诚如孟子所云:"大人者,言不必信,行不必果,惟义所在。"孟子的本意并不是"大人"可以言而无信,而是指所信之言,所果之行,均应符合义的标准,在义的统领下"言必信,行必果"。

中华文明有诚信,其他文明也有诚信。诚信无国界,诚信是人类社会共同遵循的美德。诚信基于人类的善,即使没有法律的特别规定,人类的善亦有共通之处。比如对生命权、健康权、财产权的尊重,没有任何一个国家允许随意剥夺他人的生命权、健康权,随意侵占他人财产。诚实即指言行一致,既不夸大,也不贬低,以说真话为己任。① 其他国家或地区的语言表示诚信的文字有:拉丁语"Bona fides"、法语"bonne foi"、西班牙语"Buena fe"、意大利语"Bounafede"、英语"good faith"、德语"Treu und Glauben",荷兰语以"redlijkheid en bilijkheid"表示客观诚信,以"goedetruw"表示主观诚信。② 其中英语"good faith"说明诚实信用原则是一项好的、善的理念。

二、诚实信用原则的起源

地位如此崇高,内涵如此丰富的诚实信用原则何时、何以得到确立?确立之后又如何随着人类社会的发展而发展?唯有追本溯源,方能寻找正确答案。

根据马克思主义关于社会发展的理论,在原始社会初期,氏族出现以前,人类以个体存在,人和人之间没有合作,只有竞争关系,人与人为获得食物而竞争。彼时人类展现的是动物本能,主要活动是为了生存而从大自然获取食物——采摘野果和狩猎(仅限于小型野兽)。此时,生产力水平低下,没有耕种,没有养殖,人类为生存而与猎物斗争,与人斗争,与大自然斗争。

单打独斗的生存方式不但难以捕获大型猎物,还有可能被大型猎物所伤害,这阻碍人类的生存、繁衍,甚至还影响到人类的安全。因此,人们必须进行

---

① [古希腊]亚里士多德:《尼各马可伦理学》,邓安庆译,人民出版社2010年版,第156页。

② 徐国栋:《民法基本原则解释:诚信原则的历史、实务、法理研究》,北京大学出版社2013年版,第35~36页。

合作,即合作的最直接的原因是人类的生存。人类合作后可以进行相互分工的团体作业,以便获得更多的食物,从而避免被大型猎物所伤。

人类脱离了单打独斗的生存模式,作为有利于人们交往的诚实信用原则就有机会横空出世。因为这是合作的前提和基础,只要有合作,就必须遵循该原则,否则合作将难以为继,人类又将恢复到先前的生存模式,而这是不符合每个人的利益的,因而也是大家所不愿看到的。在狩猎前各成员协商一致,同意共同打猎获得的猎物按一定的比例分配。打猎归来,各成员根据原先的约定进行分配,任何人都不能违反之前的约定,唯有如此,合作才能持续。鉴于此,诚实信用原则最初的功效就是践行承诺及作为持续合作的条件。

随着人类社会的不断发展,人们的合作更加深入,人与人之间分工更加细致。在食物满足日常所需之后有所剩余的情况下,成员间必然产生商品交换。合作的细化以及商品交换无不促使诚实信用原则的巩固和发展。因为诚实信用原则的遵循可以使成员友好相处,使物品交换各取所需、物超所值。

在国家出现以后,诚实信用原则得到进一步的扩张。该原则从私法领域扩张到公法领域,不但平等地位的民事主体间的交易需要遵循诚实信用原则,国家的治理也需要遵循诚实信用原则。法家治理国家的首要之举是宣示法律的公信力。"徙木偾表"的故事足以说明执政者的诚信对确立法律公信力的重要性。

> 商鞅变秦法,恐民不信,乃募民徙三丈之木而予五十金。有一人徙之,辄予金,乃下令。吴起治西河,欲谕其信于民,夜置表于南门之外,令于邑中曰:"有人能偾表者,仕之长大夫。"民相谓曰:"此必不信。"有一人曰:"试往偾表,不得赏而已何伤!"往偾表,来谒吴起,起仕之长大夫。自是之后,民信起之赏罚。①

这两则故事均说明执政者之信的重要性。第一个"徙木赏金"故事是商鞅为了证明其变法的可信度而策划的一个宣传噱头。显然众人皆知"徙三丈之木予五十金"是不符合常理的,这种宣传噱头是希望通过不符合常理的事件,引起人们的广泛关注。在引起人们关注以后,商鞅通过向徙木之人兑现五十金,达到使人们认为商鞅恪守承诺,其变法可信的效果。商鞅还特别希望人们得出这样一个结论:对于这种明显不符合常理的事都恪守承诺,对于符合常理

---

① (宋)洪迈:《容斋随笔》,中华书局2018年版,第544页。

的事更言行一致。宋朝宰相王安石对此有诗赞曰:"自古驱民在信诚,一言为重百金轻。今人未可非商鞅,商鞅能令政必行。"第二个"偾表而仕"的故事与此异曲同工。吴起是战国初期的人,那时的中国社会尚未实行科举制,当官的主要途径依靠世袭制,普通人很难当官,扳倒一个表杆就能当官的现象绝对不可能,这是民相谓"此必不信"的缘由。吴起通过给扳倒表杆的人封官来表示其言出必行,他以实际行动向世人证明他是信守承诺的。通过这个事件,吴起达到了让人们信任的效果。

诚实信用原则是在人类长期生活实践中形成的,其得以形成、巩固和发展不是一种偶然现象,而是人类自身生存、发展、管理的必然结果。诚信是人与人的交往之道,是人自我的身心统一之道,是人的自利规则之道。[①] 诚信原则自从形成以后,从调整私人关系的准则上升为国家治理的原则,因此该原则也是治国理政之基。

第二节 德治与诚实信用原则的法律化

德治强调对民众的道德教化,通过治理者自身的言行感化民众。"打铁尚需自身硬",德治要求治理者以身作则、道德高尚。德治的理念虽然美好,因在治理实践中缺乏具体制度,德治容易形成对治理者的过度依赖性——"治理者之治",这一局面使德治缺乏统一性及传承性。

诚实信用原则原本是一项道德规范,该项道德规范被立法所吸收,通过立法使之成为法律规范。古罗马法学家杰尔苏(Celso)认为"法(ius)乃善良与公正的艺术"[②](ars boni etaequi)。善良与公正明显具有道德属性,这进一步说明法与道德在善良与公正方面有一致性。当然,两者虽有相似之处,但区别也比较明显。法律规范的是人的行为,具有明文化、客观性、直接性、强制性。德

[①] 王淑芹、曹义孙:《德性与制度——迈向诚信社会》,人民出版社2016年版,第6~11页。

[②] [意]里卡尔多·卡尔迪利:《"善良之人"与"诚实信用"》,翟远见译,载强力主编:《罗马法与中国法的传承和发展》,法律出版社2015年版,第157页。

治规范的是人的内心,具有默认化、主观性、间接性、自律性等特点。[①] 道德原则的法律化是法律规则的重要来源,诚信原则入法体现了道德与法律的互操作性。成文法只是法律的外壳,必须具备道德的内涵方可实现。[②] 这一论述深刻阐明了道德对法律有效实施的影响力。传统观念认为,道德是法律的一种来源,当道德上升为法律之后,因法律的实施有国家强制力作后盾,道德的作用力被忽略不计,这种观点实则是片面的。国家强制力作为法律实施的根本保障毋庸置疑,这是法律得以实施的前提和基础,但国家强制力的弊端显而易见,那就是滞后性以及高成本性。法律的道德内涵可以发挥道德的自律性,使法律的实施具备主动性。

一、德治与法治

德治与法治从来不是相互排斥的,德、法共治一直是中华法系的主流。那种认为依法治国就是排斥德治或者认为法治为主、德治为辅的观点既不尊重历史,又不尊重现实。由于我国古代行政权与司法权集于各级官员,且国家出于管理的需要,重刑事轻民事,这些现象容易产生上述后者的印象。德治与法治虽然各有侧重点,但两者是互补与相互促进的关系,在治国过程中共同发挥作用,过分强调任何一面,忽略另一面都是不正确的。[③] 诚实信用原则的德、法双重属性是德、法共治理念的重要体现。民事诉讼法中的诚信原则源于道德规范,源头的同一性更加印证德、法共治的必要性、合理性,而不是相反。

我国古代思想家很早就关注到德治与法治的关系问题。以德治国,还是依法治国,抑或德、法共治?这三种模式在我国历史上均可以找到理论及实践答案。孟子主张"德治",推崇"仁政"。孟子认为:"仁者无敌""仁,人之安宅也;义,人之正路也"。在对法律与道德关系的认识上,孟子的思想倾向是重道德、轻法律。荀子主张"礼法并重""教刑并用"。荀子认为:"人之性恶,其善者伪也。"荀子因此强调"必将待师法然后正,得礼义然后治"。荀子是我国古代

[①] 张骐:《法治的"魂"与"形"——兼谈德治与法治的区别与关联》,载《华东政法大学学报》2018年第2期。

[②] [英]哈特:《法律的概念》(第二版),许家馨、李冠宜译,法律出版社2015年版,第179页。

[③] 张晋藩:《鉴古明今——传统法文化的现实意义》,中国政法大学出版社2018年版,第1页。

明确提出"德法共治"的思想家。法家代表商鞅认为:"错(通措,设立)法而民无邪者,法明而民利之也。"韩非主张,"不务德而务法""国法不可失""法者,所以敬宗庙,尊社稷"。

我国历史实践表明,德、法共治的模式最成功。脱离道德规范,法律难以实施,以违背道德规范的法律治理国家不可能获得成功。即使一时成功,也是昙花一现,不可能长久。秦王朝采纳了韩非的"法治"主张,成功兼并六国而成为我国历史上第一个统一的封建国家。韩非的"法治"主张适应了秦王朝在战争年代的治国、治军要求,为秦国取得统一六国的胜利发挥了巨大作用。尽管秦朝二世而亡的原因错综复杂,但陈胜、吴广起义与秦朝刻薄寡恩的恶法不无关联。正所谓成也萧何,败也萧何。早在2000多年前,古希腊亚里士多德一针见血地指出,优良的法制一方面指公民恪守业已颁订的法律,另一方面指公民所遵从的法律是制定得优良得体的法律,因为人们也有可能情愿遵从坏的法律。[①] 因此,被遵从的法律不一定是优良的法律,但优良的法律一定是被遵从得很好的法律。

二、德治的现实意义

德治的力量来自治理者高尚德行的感召力。这种感召力促使民众以治理者为榜样,自觉追随。所谓"德润人心"就是指在德治的感召下,民事主体无须外界的强制力即可自觉遵守相关民事义务。相对于法律的惩戒作用,德治的感召力具有柔和性、自觉性的特点,无须通过强制手段即可发挥作用。德治可以防患于未然,可以促进法治,与法治达到异曲同工的效果。

(一)法官应具有高尚的职业道德

推行德治的前提是治理之人应具备高尚的德行,无德者不可能践行德治。在民事诉讼活动中,法官既是治理者,又是民事诉讼最重要的主导者。在2019年修订的《中华人民共和国法官法》(以下简称《法官法》)中,各项新规定充分体现了对法官道德素质的重视。因此,法官之德对于司法领域的德治具有非常重要的作用。当事人没有遵循诚实信用原则进行诉讼,无非在一定程度上干扰个案的审理,但不能决定案件的裁决结果。因为对于一方当事人的

[①] [古希腊]亚里士多德:《政治学》,颜一、秦典华译,中国人民大学出版社2018年版,第132页。

虚假陈述,对方当事人必然对其谎言予以揭露并对客观真实进行陈述。若再辅之以法官的居中裁判,当事人虚假陈述得逞的可能性不大。然而,如果法官是失德之人,那么影响的不仅是个案,而且是批量案件。失德法官承办案件的数量越多,出现违法裁判案件的可能性越大。

1.总则中增加法官德行的内容

《法官法》第1条将原来的"为了提高法官的素质"修改为"为了全面推进高素质法官队伍建设",虽然"素质"改为"高素质"只添加了一个字,但含义却完全不同。新《法官法》明确规定了法官的"素质"不是一般的素质,是区别于大众甚至其他公务员的"高素质",高素质法官当然具备更加高尚的道德水平。在总则中还增加了"勤勉尽责""清正廉明"等内容。其中"清正廉明"在2017年修正的《法官法》,也有规定,当时该内容位于第二章权利义务中,而修改后该条文是在第一章总则中予以规定的。"清正廉明"的条文内容由第二章"法官的权利、义务"提前到第一章"总则",这种立法安排足以说明我国立法对于法官道德的重视性。一部法规中的总则是该法的总的原则、基本制度,是整部法律的纲领性规定,是整部法律的灵魂。① 总则具有统领地位,是制定法律的目的。② "清正廉明"中的"明"是指"明察秋毫""明辨是非"。总则中还增加了"维护社会公平正义""秉持客观公正的立场"等内容,这些内容虽然不是直接关于法官道德的规定,但通过这些内容可以显示立法对法官道德提出了更高的要求。唯有如此,才能达到上述总则的要求。

2.明确规定良好的道德品德是新任职法官的必备条件

新修改的《法官法》在第三章"法官的条件"(根据第三章法律条文的具体内容,第三章的章标题似乎应当为"法官的任职条件"更符合文义)中明确提出,担任法官必须具有"良好的道德品行"。修改之前的规定为"良好的品行"。两者相比,修改后的内容增加了"道德"两个字,这足以说明新《法官法》重视对法官任职的道德要求。对于参加法官选拔的律师,除了不少于五年的执业年限、专业知识的要求之外,特别规定"从业声誉良好",这对参加选拔的律师也提出了道德要求。

3.法官的职业保障对法官的道德水平提出更高的要求

---

① 邓世豹主编:《立法学:原理与技术》,中山大学出版社2016年版,第309页。
② 朱力宇、叶传星主编:《立法学》,中国人民大学出版社2016年第4版,第264页。

2019年修订后的《法官法》共6575个字,此前的法官法共4813个字,修订后的《法官法》增加了1762个字,增加的内容将近40%。修订后的《法官法》增加的内容集中在法官的各项职业保障中。这次新增的职业保障前所未有,力度最大、覆盖范围最广。保障的内容既包括法官的审判工作,如除非符合法定条件,法官不得被调离审判岗位,法官的独立审判不受干扰;还包括对法官人身安全的特别保护。保护对象既包括法官个人,还包括法官的近亲属。法律规定的保护措施全面而有力,包括人身保护、禁止特定人员接触等。其中禁止特定人员接触是一项新增的保护制度,这项制度在此前的保护措施中从未出现过,该制度可以防止特定人员对法官正常工作的骚扰,更好地保护法官。这种全面职业保护的立法目的是让法官不受任何干扰,以制度确保法官独立行使审判权,从而实现法律的公平、正义。全面的职业保护必然对法官的职业道德提出更高的要求。唯有如此,职业保障才能真正发挥积极作用。否则,独立审判会演变为弄权者的挡箭牌。在挡箭牌的背后,必然滋生审判人员的恣意妄为。审判人员由法律的践行者演变为法律的践踏者。即使有对审判人员违法行为的惩戒措施,但事后的责任追究也无法消除枉法裁判已经产生的恶劣影响。

(二)检察官的职业道德

2019年修订的《中华人民共和国检察官法》(以下简称《检察官法》)同样进一步增强了检察官恪守职业道德的内容,增加的内容与2019年修订的《法官法》内容相似,在此不作进一步详述。

三、道德领域的诚信

(一)熟人社会的诚信

诚实信用原则是一项道德规范,该原则在熟人社会形成,必然仅在熟人社会适用。我国古代诚信的适用范围偏窄,仅限于朋友或熟人。[①] 实际上,该原则适用于熟人社会的原因是有熟人作为适用保障,欺骗熟人一方面得不偿失,另一方面熟人间知根知底,从技术上亦难欺骗。因此,守信是熟人间应遵循的

---

① 苏亦工:《诚信原则与中华伦理背景》,载《法律科学》1998年第3期。

规则,但陌生人之间不需要守信,也无须相信陌生人。① 在陌生人之间无须遵循诚信的重要原因是缺乏国家强制力作为适用保障。这种对诚信的限制适用与诚信的道德属性,以及古代社会的生活方式紧密相连。我国古代社会的经济模式长期属于农耕经济,由于交通、通信的限制,人们活动的地理范围非常狭小。几代人长久地生活在一个地区,大家彼此熟悉。中国人的社会关系呈现出熟人社会的特点也就不足为怪(没有陌生人社会)。中国古代君主重农抑商,从客观上限制了人们的交往。农耕经济通过土地捆绑了农业人口,自给自足的经济模式使得陌生人之间的交往并不需要。这种信任文化产生了我国古代的礼治、人治、无讼的法律文化。② 当然,这种法律文化又进一步固化了熟人间的信任。即使在 20 世纪 80 年代,各种票证(粮票、油票、布票、糖票、烟票、酒票、自行车票、缝纫机票、手表票)仍在盛行,这些票证虽是购物许可凭条,但同时发挥着限制人口流动的作用。"有钱无票不买卖",仅有货币,如果没有相应票证则无法购买相应的货物。国家垄断了市场,工厂生产的货物全部交由国家出售,而国家印发上述票证发给相关居民。因此,没有票证则无法购买这些基本生存物资,这种方式阻碍了人口的流动,变相地促进熟人社会的形成。我国古代虽然也有商业,但在实行农耕经济的时代,古代商业从业人员的地位很低。商业并没有获得充分的发展,商业的地域性很强,仍表现出熟人社会的特点。即使如此,本土的商业亦表现出诚信的趋势。古时候商家的店招"货真价实,童叟无欺",这是店家守信的承诺。因为不诚信很容易得到传播,这就会极大影响其信誉及销量,此时的失信是不经济的。相反,对于陌生人,由于没有长期交易作为奖励,店家往往容易宰客,此时的失信是经济的。旅游景点的宰客现象即源于此,因为这些景点的游人普遍都是一次性消费的陌生人。阿瑟·史密斯的《中国人气质》:"中国不缺乏各种人才,然而缺乏建立在真诚基础上的互相信任。"③此处所指的缺乏建立在真诚基础上的信任即指陌生人之间缺乏信任。

---

① 徐国栋:《民法基本原则解释:诚信原则的历史、实务、法理研究》,北京大学出版社 2013 年版,第 76 页。

② 魏建国:《诚信建设与良法之治互动中的法治现代化》,法律出版社 2013 年版,第 159～165 页。

③ 苏亦工:《诚信原则与中华伦理背景》,载《法律科学》1998 年第 3 期。

（二）陌生人社会的诚信

商品经济则不同，商品经济天生具有扩张性。扩张性的特点表现在两个方面：一方面是交易地域的扩张，另一方面是交易对象的扩张。交易地域扩张是由于不同地域造成了货物种类、质量及价格的差异，这种差异是利润的来源。所以，对于商品经济而言，从业者的商业版图越大越好。对利益的追逐使商人不惜背井离乡、漂洋过海。"商人重利轻别离，前日浮梁买茶去"即商人生活的真实写照。中国近代屈辱史的发端，原因之一就是西方列强开拓中华商业版图的企图与清政府闭关锁国之间的政策冲突。市场的扩大除了依赖于地域之外，交易量的扩大也是关键之一。交易量的扩大必然要求商业主体与更多的交易对象达成商业合作。因此，商品经济不断发展的必然后果是对熟人社会的冲击，进而建立起陌生人相互交往的社会。此外，西方文明关于诚信的发展还与宗教的特点密不可分，宗教的使命促使其建立陌生人之间的诚信。

四、诚信理想之"美"与失信现实之"恶"

（一）市场经济的冲击

我国实行改革开放政策以后，经济体制由计划经济转变为市场经济。市场经济打破了熟人社会的传统结构，恪守诚信的外部监督力量不复存在。相反，不诚信的行为在短期内却可以获得较大的利益。此时，为获利而失信的内驱力空前高涨，不良商贩们不惜弄虚作假，制造大量假冒伪劣商品，以次充好。

市场对诚信的冲击只是失信的原因之一，失信的另外一个重要原因是政府管理的缺位。我国实行改革开放才短短数十年，政府的管理制度还存在不少疏漏，尚未对失信行为形成有效的管控。失信行为的繁衍、泛滥，无异于对守信行为的打击，最终将侵害整个社会。政府必须建立有效的管控机制，使诚信行为能得到相应的奖励，对失信行为要进行相应的惩罚。唯有如此，诚信社会的建立才有可能。主观诚信得到法内奖励，例如获取标的物的孳息；客观诚信得到法外奖励，例如得到良好的商誉；在持续交易中尤其应该如此。[①]

（二）官员腐败对诚信理念的影响

官本位在我国具有数千年的历史。官府通过严格的科举考试，任命具有

[①] 徐国栋：《民法基本原则解释：诚信原则的历史、实务、法理研究》，北京大学出版社2013年版，第85页。

较高文化素质及道德修养的人员作为官员,行政、军事、司法等权力集于官员一身,官员具有特权,以此达到以官为贵、以官为尊,为官者高人一等的价值理念。官本位的形成有历史的原因,古代社会民智未开,行政长官负有教化一方百姓的义务。《三国演义》中的刘备"领豫州牧",即担任豫州地区的行政长官。"牧"既是地方行政长官的官职,也形象地比喻官员对百姓的管理就像牧人放牧,官员是放牧人,百姓是被放牧的牲畜。我国历史长期以来形成了百姓对官员的强大依从性,官员的行为对公众有着巨大的引导力,行政长官被称为"父母官"。"当官不为民做主,不如回家卖红薯"是对官员任职的要求。新中国成立以后,党员干部全心全意为人民服务的理念深入人心,"干部干部,先干一步"。人民群众对党员干部的政治觉悟具有极高的认可度。如果出现官员腐败问题,群众的心理落差是巨大的,会彻底击垮群众对官员诚信的期许。人民群众无法解答内心的疑问,如果政府的官员都不可信,还有哪个阶层的行为可信?近年来官员腐败现象对社会造成的影响极其恶劣。无论是腐败官员的级别,还是腐败官员的数量,抑或贪腐的金额,都远远超过了人们的想象。这些现象严重损害了党和政府的形象,也极大地破坏了公众内心对政府诚信的向往。尽管政府打击腐败的决心和力度有目共睹,无论官员的级别有多高,只要涉及腐败问题,一律严惩不贷,但对于腐败产生的原因以及如何遏制腐败尚待寻找突破口。

(三)互联网金融的"塌方式"失信

互联网正在以前所未有的速度改变人们的生活。近年来兴起的互联网金融,其崛起与倒塌同样神速。互联网金融创造财富的神话刚落,融资平台跑路的消息甚嚣尘上。据网贷天眼网的统计,截至 2019 年 4 月 18 日,出现财务问题的平台多达 5433 家。这些平台出现的问题类型包括:平台清盘、警方介入、暂停运营、平台失联、提现困难等。涉及人员众多,遍布全国多个省份,多为经济发达地区。① 平台成立的时间虽然较短,但由于互联网裂变式的爆发力,影响的人群巨大。这些平台有些涉及非法集资金额达千亿元,有些还涉及传销

---

① 网贷黑名单列表,网贷天眼网,https://www.p2peye.com/platform/wenti/,下载日期:2019 年 4 月 19 日。

等,极大地破坏了金融安全。① 平台的这种问题对社会诚信的破坏是难以估量的,通过互联网,这种破坏具有超空间性,在短时间内使众多对象遭受极大损失的特点,类似于"塌方"事故,故称之为"塌方式"失信。

五、诚实信用原则的法律化

从法律渊源考察,"宗教、道德上的习惯由公共政治权力予以保障,便上升为法律"②。诚实信用原则作为一项道德规范形成之后,在社会生活中逐渐发挥出越来越重要的作用。道德上的诚实信用能够很好地处理熟人间的法律关系,对于守信行为,通过商誉的提高,扩大交易量,获取更多利润进行奖励;对于失信行为,通过商誉的贬低,减少交易量,减少利润进行惩罚。但上述诚实信用原则的作用机制在处理陌生人之间的关系时显得力不从心,特别是当守信无利可图,失信却可以获取更大的利益时,"见利忘义"使道德规范的约束力形同虚设,此时,只有在法律保障下的诚实信用才能得到普遍遵守。法律调整人们的外部关系,道德支配人的内心生活和动机。③ 公认的道德规范更有利于上升为法律,以便实现内心动机与外部强制的一致性。

诚实信用原则得到罗马法的确认大约为公元前150年。④ 自此,诚实信用原则完成了法律化的进程,不再仅仅是一项道德规范。道德是法律来源的众多途径之一,但不是所有的道德都有机会上升为法律。诚实信用原则作为一项得到普遍认可的道德规范,上升为法律是人类理性的必然选择。诚实信用原则的法律化可以节约交易成本,是克服信息不对称,避免效率损失的制度选择。⑤ 法律化的诚实信用原则可以保障交易安全,成就自由、正义、秩序等法律价值,为道德实施提供法律的制度环境。⑥

---

① 《腾讯安全 2018 上半年互联网金融安全报告》,腾讯安全联合实验室,https://slab.qq.com/news/authority/1755.html,下载日期:2019 年 4 月 19 日。
② 周枏:《罗马法原论》,商务印书馆 2016 年版,第 38 页。
③ [美]E.博登海默:《法理学——法律哲学与法律方法》,中国政法大学出版社 2010 年版,第 388 页。
④ 徐国栋:《民法基本原则解释:诚信原则的历史、实务、法理研究》,北京大学出版社 2013 年版,第 99 页。
⑤ 董灵:《论合同法诚实信用原则的经济学基础》,载《广东社会科学》2006 年第 5 期。
⑥ 徐国栋:《民法基本原则解释:诚信原则的历史、实务、法理研究》,北京大学出版社 2013 年版,第 79 页。

诚信原则起源于罗马法不是偶然,而是历史的必然。这是因为古罗马不仅具有丰富的法律文化,还具有最为发达的商品经济。前者为诚实信用原则的法律化奠定了技术基础,后者为之提供了需求依据。商品经济需要诚信,犹如人需要呼吸一样。没有诚信作为基础,任何商品交换都无法顺利进行。社会生活实际对法律规则的需要是立法机关创设法律制度的最佳动力。正是发达的商品经济,催生了诚实信用原则的法律化。

诚信原则得到法律确认后,在法律领域表现出旺盛的生命力。自此之后,诚信就像一座蕴藏丰富的矿藏,被法律之手尽情挖掘。最典型的表现就是诚信原则向其他部门法的持续扩张,扩张的对象包括向添附法、继承法、家庭法的扩张,[①]即从契约法向民法的扩张。此后,诚实信用原则相继被许多国家所接受。1804年的《法国民法典》第1134条规定:"合同应以诚信履行之。"我国1986年制定的《民法通则》第4条规定:"民事活动应当遵循自愿、公平、等价有偿、诚实信用的原则。"2017年的《中华人民共和国民法总则》(以下简称《民法总则》)第7条规定:"民事主体从事民事活动,应当遵循诚信原则,秉持诚实,恪守承诺。"此外,我国的《商标法》《担保法》《合同法》《合伙企业法》《物权法》《保险法》《海商法》等法律均确认了诚实信用原则。

衡量诚信的标准是主观诚信,主观诚信即指主观向善,包括不害他人、关爱他人。[②] 其中不害他人是最基本的善,关爱他人是更高级别的善。由于诚信的主观性,善的内容必然体现为多样性。善的内容因历史时期的不同,适用对象的不同而不同。在困难年代,物资极其贫乏,那时脂肪含量高的食物是难得的美味佳肴,对身体健康有利。现代社会人们普遍营养过剩,提倡低脂低油,高热量的食物还是少吃为好。同样是一双鞋,如果用来滑冰,摩擦力越小越好;如果用来登山,则摩擦力越大越好。所以,利、害不是绝对的,而是相对的。同一种事物在不同场合的"利"、"害"迥异。正是由于诚实信用的善,主观诚信的内容变得精彩纷呈。也正是基于此,诚实信用原则才具有永恒的生命力。

---

① 徐国栋:《民法基本原则解释:诚信原则的历史、实务、法理研究》,北京大学出版社2013年版,第112~121页。

② 陈永强:《私法的自然法方法》,北京大学出版社2016年版,第238~240页。

六、诚实信用原则的属性

其一是诚信的义务性。无论是道德上的诚信,还是法律上的诚信,两者均具有义务属性。义务是与权利相对应的概念,义务是指行为主体应为或禁止为一定的行为,权利是指行为主体可为或不为一定的行为。从诚实信用原则的内容判断,诚信是行为主体必须恪守的,因而具有义务性。

其二是诚信的持续性。诚实信用原则具有"洁癖",诚信与失信泾渭分明,诚信容不得半点失信。即使一贯诚信之人,一旦有失信污点,其诚信的标志立即会被移除。一时的诚信不是诚信,一贯的诚信才是诚信。"徙木赏金",商鞅兑现了赏金的承诺,但这只是诚信的良好开端,变法是否可信仍待以后对诚信理念持之以恒的遵守。在此后的变法过程中,如果能够一直秉持诚实信用原则,才能得出变法者践行诚信原则的结论。

其三是诚信的主、客观的统一性。民事主体是否秉承诚实信用需要依据诚信主、客观是否相统一进行判断,即民事主体既要主观诚信,客观行为也要诚信。诚信不是一种标榜,不是一种宣示,必须与具体行为结合方为诚信。债务人向债权人签署了若干份还款承诺书,每一份还款计划上均列明还款时间,并记载着"本着诚信原则签署本还款计划"。事实上,债务人从未按照还款计划还款。债务人主观上没有诚信意向,客观上没有履行还款义务的诚信行为,债务人标榜依据诚信原则,无非是恶意拖延,债务人显然不诚信。

其四是诚信的强制性。诚信原则具有强制性的特点,当事人不得以任何约定的方式加以排除或规避。[①] 任何排除诚实信用原则的适用,以及违反该原则免责的约定无效。在程序法中如此,在实体法中同样如此。"我国民法基本原则体现了我国基本的民事政策,关乎立法司法关系,对它们的违反,将动摇国家的根本存在前提,因此属于强制性规范。"[②]

其五是恪守诚信的自律性。恪守诚信的自律性是指行为主体恪守诚信依靠自我约束。行为主体恪守诚信无须借助外力,外部因素仅是恪守诚信的促进因素,是否恪守诚信完全由行为主体自行决定。

[①] 王利明:《民法总则研究》,中国人民大学出版社2003年版,第127页。
[②] 徐国栋:《民法基本原则解释:诚信原则的历史、实务、法理研究》,北京大学出版社2013年版,第27页。

其六是诚实信用原则的恒定性。诚实信用原则被确立以后,一直受到各界的推崇,从未被任何一个文明所抛弃,这一现象足以说明该原则的恒定性。恒定性一方面说明该原则的价值观是正确的,另一方面也是基本原则的要求,变化的原则不适宜成为基本原则。

第三节　民事诉讼中的诚实信用原则

一、民事诉讼适用诚实信用原则的学说

民事诉讼适用诚实信用原则是指将该原则所体现的具体的价值、要求贯彻到民事诉讼中去。民事诉讼立法确立诚实信用原则犹如为航程确立了目的地,要到达这个目的地需要通过该原则在民事诉讼中的适用才能实现。在诚信入法之前,对于民事诉讼是否适用诚实信用原则,理论界存在肯定说和否定说两种截然不同的观点。当前我国《民事诉讼法》已经确立诚实信用原则,讨论这个问题貌似有点不合时宜,因为既然已为立法所确认,则摒弃了否定说,肯定说占主流。但历史上否定说曾长期以来占主流地位,立法的确认并不能从根本上消除否定说的合理性,相反在诚信原则入法多年之后,再次审视否定说的理由,可以更好地在实践中适用诚实信用原则。

(一)否定说

对民事诉讼适用诚实信用原则持否定说的观点认为:

1.与诚实信用原则起源的冲突

根据前文关于诚实信用原则的起源及发挥作用机制的介绍,该原则的起源是参与主体的互利性。该原则的适用不仅有利于熟人之间的交往,还有利于陌生人之间的交往;不仅在一次性交易中获利,还得以在长期交易中获利,降低交易成本等。但在诉讼中,上述理由不复存在。

首先是诉讼的发生与当事人之间熟悉或陌生无关。诉讼既可能发生在熟人之间(合同纠纷居多),也可能发生在陌生人(侵权纠纷居多)之间。决定诉讼发生在熟人之间还是在陌生人之间的因素是法律关系的类型。有些法律关系只可能发生在熟人之间,比如婚姻纠纷、继承纠纷等。有些法律关系容易发

生在陌生人之间,比如侵权纠纷等。

其次是在诉讼中恪守诚信与能否获利无关。无论是在熟人之间还是在陌生人之间的诉讼,即使参与诉讼的各方均遵循诚实信用原则,诉讼各方也不可能因此而获利。而且,能否获利与案件是否胜诉亦无关,由于未能执行到财产,在司法实践中存在大量"赢了官司输了钱"的案例。特别是基于我国填补性的损害赔偿原则,人民法院判决的赔偿金额等于胜诉方的损失,一方即使完全胜诉,两者相抵,也只是没有损失而已,但不可能获利。至于在诉讼中长期遵循诚实信用原则的获利性,更不可能实现。相反,长期有涉诉案件的商业主体会极大降低其获得交易的可能性。为确保交易的安全性,一方通常在交易前会对另一方进行资信调查,涉诉案件的数量是一项在资信评定中占有较大权重比的指标,涉诉案件多会降低民事主体的资信值。

2.与诉讼性质的冲突

民事诉讼是解决民事纠纷的一种方式,发生民事纠纷的根本原因是利益冲突。"民事纠纷,又称民事争议,通常是指平等主体之间发生的以民事权利义务或者民事权益为主要内容的冲突或者对抗行为。"[①]从《德国民事诉讼法》将双方的诉讼行为视为"攻击""防御",《日本民事诉讼法典》关于"攻击""防御"等的表述,以及我国台湾地区为保证诉讼地位平等而确立的"武器平等原则",[②]这些用语无不凸显当事人之间的对抗性。而诚实信用原则是一项崇高的道德规范,一般人非常难以做到,民事主体在处理没有利益冲突的事务时尚不能保证恪守诚信,要求存在民事纠纷的双方遵循诚实信用的美德是否罔顾民事诉讼发生的根本原因?诉讼中的对抗决定了说谎比比皆是,诚信踪迹难寻。这种忽视诉讼发生根本原因的立法理念在实践中是否可行?双方的冲突既然通过协商等非诉讼途径无法得到解决,足以说明双方缺乏信任,在双方的矛盾发展到诉讼阶段之后,强行让缺乏信任的双方恪守诚信是否因违背诉讼的纠纷属性而无法实现?

3.与适用可行性的冲突

"民事诉讼价值是指民事诉讼对诉讼主体合理需要的积极满足或正面满

---

① 齐树洁主编:《民事诉讼法》,厦门大学出版社2019年第13版,第2页。
② 许世宦:《民事诉讼法(上)》,新学林出版股份有限公司2018年版,第49页。

足。"①当事人提起民事诉讼的目的是希望双方的纠纷得到公平、正义的处理结果。如果民事诉讼各方均遵循诚实信用原则,毫无疑问,法院据此作出的判决公平、合理。如果仅有一方遵守该原则,另一方没有遵守,或者双方均未遵守,而法院又没有查明虚假陈述的事实,此时作出的判决因缺乏真实性而必然是错误的。既然目前没有任何方式可以保障当事人绝对恪守诚信,也没有方式可以保障法院能够"明察秋毫",此时适用诚实信用原则,无法保证发挥诚信诉讼原则的积极作用。

4.与人性的冲突

任何制度的设计都是围绕人进行的,制度发挥作用的机制是人在制度面前的反应,诉讼中的法律制度同样如此。鉴于不同身份的人是诉讼活动的参与者,因此在设计规则时必须考虑人性的特点,如此才可能实现诉讼目的。依据法经济学的理论,对于财产纠纷案件的当事人,影响其诉讼行为的因素很多,其中经济因素是最重要因素。由于在诉讼过程中恪守诚信者无利可图,虚假陈述者却有机可乘,虚假诉讼必然因此而发生。在司法实践中,被告滥用管辖权异议可以完美地拖延诉讼,原告增列不适格的被告可以获得理想的管辖等,当事人的这些行为无不是对不法利益的追逐。

以人为本就是要充分尊重人性,在制度的设计上因应人的情感,体现人文关怀,保护人的正当权益,以此作为出发点和最后归宿。② 这就要求立法的内容应具有可行性,不能超越人性现实。不具有可行性的立法犹如空中楼阁,没有存在的价值。犹如人性善还是性恶至今尚无定论一样,人性特点是趋利避害还是舍利取义? 这严重关系到该原则设置的可操作性。如果是前者,这项立法规定因违背人的逐利性而成为摆设。如果是后者,即使没有设立这样的制度,诚信原则依然会得到彰显。在诉讼中,当事人可以使用法律所允许的一切手段实现自己的利益,这样做并不与任何法律原则相抵触。当事人可以通过合法的诉讼行为使自己得到有利的诉讼状态,并不对任何人负有诉讼法上、公法上或私法上的诚信义务。③ 如果对当事人在不违背法律规定的情况逐利

---

① 齐树洁主编:《民事诉讼法》,厦门大学出版社2019年第13版,第30页。
② 万其刚:《立法理念与实践》,北京大学出版社2006年版,第28页。
③ 蔡章麟:《民事诉讼法上诚实信用原则》,载杨建华主编:《民事诉讼法论文选集(上册)》,台湾五南图书出版公司1984年版,第10页。

行为予以谴责,实则是对立法技术粗糙的掩饰。

5.缺乏判断诚信的标准

主体诚信是一种主观状态,无法可视化。何谓诚信?何谓不诚信?尽管人们做了很多努力,包括发明测谎仪,至今尚未对此形成统一的标准。但通过测谎仪进行测谎的结果并不为人们接受,因为测谎仪的科学依据不足,且常常与真实情况不相符。最高人民检察院于1999年9月颁布的《关于CPS多道心理测试能否作为诉讼证据问题的批复》中明确规定,测谎意见不能作为刑事案件的证据使用。至于测谎意见是否可以作为民事案件的证据,相关的司法解释没有对此予以释明。鉴于民事诉讼法的公法性质,根据"法无授权则禁止"的公法适用原则,可以推断出测谎意见不得作为认定民事案件的证据。测谎不属于鉴定,测谎结论不属于法定证据,对于当事人的测谎申请,法院一般不予批准。[1]

6.博弈导致虚假前置

诚信诉讼倡导的是各方当事人均恪守诚信,但在诉讼过程中各方当事人都存在诚信或虚假的可能。根据博弈论的观点,对一方最有利的方式是以虚假之举探测对方是否诚信,然后根据对方诚信与否再行调整己方行为。对方诚信则己方也诚信,对方虚假则己方也虚假。这种安排不至于出现己方诚信,对方欺骗的不利局面。博弈论的结果就是导致虚假陈述前置。

最后,否定说并不是否定在民事诉讼实践中适用诚实信用原则。相反,否定说赞同民事诉讼应遵循诚实信用原则,只是不赞同将诚实信用法律化。否定说认为,要求对抗的双方本着诚信原则进行诉讼,主观上勉为其难,客观上不可能达到。诉讼乃双方当事人的对立抗争,按民事诉讼法的规则进行即可,没有必要在此之上再去遵循一般的伦理原则。[2]

否定说客观上对审判人员提出了更高的要求。否定说要求法官在审判实践中明察秋毫、去伪存真,对于虚假陈述及伪造的证据不予采信,以此实现判决的公平、正义。

---

[1] 栗明:《民事诉讼测谎意见证据地位的实证考察与理论泛思》,载《河北法学》2018年第5期。

[2] [日]谷口安平:《程序的正义与诉讼(增补本)》,王亚新、刘荣军译,中国政法大学出版社2002年版,第167页。

(二)肯定说

诚实信用原则得到立法确认以后,在法律领域的扩张包括从私法领域向公法领域的扩张。"公法和私法的划分始于罗马法学家乌尔披亚努斯。他的划分标准是:规定国家公务的为公法,如有关政府的组织、公共财产的管理、宗教的祭仪和官吏的选任等法规;规定个人利益的为私法,如调整家庭、婚姻、物权、债权、债务和继承关系等的法规。"[1]这种扩张包括向宪法的扩张、向行政法的扩张、向刑法的扩张、向税法的扩张、向刑事诉讼法的扩张、向民事诉讼法的扩张、在国际公法的重现或扩张。[2] 扩大的现象表明,诚实信用原则不再仅仅是私法遵循的原则,同时是公法遵循的原则,这是对该原则在法律领域发挥作用的认可。该原则向民事诉讼法的扩张即为在民事诉讼中确立诚实信用原则。持肯定说的观点如下:

1.诚实信用原则适用的普适性

诚实信用原则覆盖社会生活的各个领域,无论生产、科研、交易,没有任何一个领域排斥该原则的适用。在社会生活中应当如此,在诉讼中更应如此。公堂之上禁绝尔虞我诈,法律面前岂能偷奸耍滑?民事诉讼遵循诚实信用要求禁绝一切不诚信的行为。无论是一方不诚信的诉讼行为,还是双方恶意串通进行虚假诉讼的行为,都必须坚决予以打击。只有使当事人不诚信的诉讼请求难以得逞,甚至有受到处罚的风险,不诚信的诉讼行为才能受到遏制。

2.理想与现实存在差距的合理性

民事诉讼确立诚实信用原则之后,在司法实践中是否能够实现该崇高目标确实存在诸多不确定因素。民事诉讼遵循诚实信用原则是理想,诉讼参与人在民事诉讼中是否能遵循诚实信用原则是现实。理想与现实可以存在差距,不能由于后者在诉讼实际中不能实现就不确立该原则。原则的确立具有指导方向的作用,就比如我们很难确保每个案件都能实现公平、正义,但这丝毫不阻碍我们对个案公平、正义的规定及追求。诚实信用原则的确立使得设立相应的法律制度具有相应的依据,有利于提高诉讼的公正与效率,有利于对不诚信的行为进行规制。

---

[1] 周枏:《罗马法原论(上册)》,商务印书馆2016年版,第99页。
[2] 徐国栋:《民法基本原则解释:诚信原则的历史、实务、法理研究》,北京大学出版社2013年版,第195~208页。

3.遏制司法实践中频繁出现的虚假诉讼

根据各地的调研报告,在司法实践中虚假诉讼现象频繁发生。江苏省高级人民法院对2011年、2012年全省各级法院涉及的虚假诉讼案件进行调研,发现经审判监督程序确认的虚假诉讼案件共104起,主要类型为虚构债务、虚构房屋买卖合同、虚假离婚、虚假以物抵债等。[①] 如果对不诚信的诉讼行为不加规制,虚假诉讼将愈演愈烈。法庭不再是一个生产正义的车间,而演变成了一个"以假乱真"的舞台,谁的演技越好,谁获胜的可能性就越高。

4.其他国家和地区确立诚实信用原则的成功立法实践

美国、英国、德国、日本、意大利等国家以及我国台湾、香港、澳门地区的民事诉讼法均有确立诚实信用原则的悠久立法实践。司法实践表明,确立诚实信用原则有利于提升诉讼效率,实现公正的诉讼价值。

比较大陆法系关于诚信的立法规定,立法体例有两种模式。一种模式是在总则中规定诚实信用原则,随之规定各项法律制度。一种是没有规定诚实信用原则,而是直接规定了体现诚实信用原则价值的法律制度。前者有我国和日本,后者有德国。英美法系国家没有直接规定诚实信用原则,而是通过相关制度、判例确立该原则。

5.诚信诉讼的互操作性

正常情况下,没有任何一方当事人会反对对方当事人恪守诚信,即使己方没有恪守诚信。诉讼中的原告希望被告恪守诚信,能够及时应诉,如实向法庭陈述案件事实。而被告也希望原告依据事实起诉,不得虚构诉讼请求以及提出不合理的财产保全要求。在个案中貌似原告与被告是对抗的,从普遍性来说对于诚实信用原则的适用原、被告的要求是一致的,即均希望对方恪守诚实信用原则。因为在不同案件中,当事人的身份是可以转换的,此案件的原告,可能是彼案件的被告。实际上,诉讼参与人均希望适用诚实信用原则。

二、我国民事诉讼法确立诚实信用原则的缘由

我国民事诉讼法直至2012年才在立法中确立诚实信用原则,关于我国民事诉讼法确立诚实信用的缘由,大体有如下观点。

[①] 唐伯荣、刘振、马倩:《净化诉讼秩序维护司法权威》,载《人民法院报》2014年1月9日第8版。

(一)民事诉讼适用诚实信用原则源于对诉讼模式认识的转变

传统的诉讼模式强调当事人的对抗,以所谓的"武器平等"原则保障当事人平等行使诉权,以此实现判决的公平与正义。殊不知,名义上的诉讼平等不但无法产生实质的平等,而且还包含着诸多不平等。

首先是当事人是否聘请律师的不平等。除非特别简单的案件,由于诉讼的专业性,不具备专业知识的当事人很难凭自己完成繁复的诉讼事宜,这就使得聘请律师的当事人比未聘请律师的当事人更具有获得有利判决的优势。备受关注的香港前特首曾荫权终局上诉案件,法院最终裁定撤销对曾荫权的公职人员行为失当罪的定罪及判刑,足以说明即使聘请律师,也可以看出聘请资深律师与聘请一般律师的不同。

其次是各方当事人自身条件差别的不平等。各方当事人客观上存在受教育程度、职业、价值观、性格、语言及文字表达能力、经济条件等不平等,而这些不平等因素对于当事人能否获得胜诉具有密切的关联性,让本来就不平等的当事人进行对抗犹如不是同一重量级的拳击手进行比赛,虽然规则对各方都是相同的,但显然不可能产生平等。对此,清末重臣张之洞认为"且两造若一贫一富,富者延律师,贫者凭口舌。则贫者虽直而必负,富者虽曲而必胜也。"①虽然他的担忧是针对在我国应否确立律师制度的,但从理由上也体现为是否能实现当事人之间的真正平等。曾荫权坦言,为聘请律师洗刷罪名,其支出的律师费高达港币 3000 万元,而这基本上花光了他一生的积蓄。如果没有律师团队的帮助,曾荫权恐怕很难得到这个结果。而这与当事人的经济负担能力密切相关。

这些实质的不平等依靠当事人自身无法得到改变,唯有导入协同型诉讼模式,将当事人、审判机关、诉讼代理人均作为实现案件公平、正义的义务主体,才可能实现案件实质公平,而不是任由参与诉讼的各方以法律为武器,以法院为平台而相互厮杀,并以此决定胜负。协同型的诉讼模式使得诚信诉讼成为必然。② 也可以说,诚实信用原则的确立是遵循协同型诉讼模式的标志。诚实信用原则被民事诉讼法确立以后,将大大提高人民法院从客观事实的角度判决案件的权重,弱化当事人其他不平等因素在判决中的作用,从而有利于

---

① 李贵连:《沈家本传》,广西师范大学出版社 2017 年版,序,第 21 页。
② 张卫平:《民事诉讼法》,中国人民大学出版社 2018 年第 4 版,第 49~50 页。

实现案件的实质公平。

协同型的诉讼模式是各国民事诉讼司法改革的潮流,民事诉讼确立诚实信用原则,是协同型诉讼模式得以确立的标志。《日本民事诉讼法》第2条规定:"裁判所应当公正且迅速地实施民事诉讼,当事人应当依诚实信用原则进行诉讼。"①日本民事诉讼法在开篇就规定了当事人提起民事诉讼首先应当遵循的是诚信义务,当事人在遵循该原则的前提下才允许进行相应的诉讼对抗。另外,日本法律规定裁判所公正迅速地实施民事诉讼,实质上与诚实信用原则的内涵——善意是一致的。日本民事诉讼法对诚实信用原则的确立,印证了该国的民事诉讼适用协同型诉讼模式。

《英国民事诉讼规则》第一章第1.3条规定了当事人的义务,该义务为协助法院实现本规则的基本目标。该规则的基本目标由第1.1条规定,包括确保法院公正审理案件。公正审理案件又包括:保障当事人平等;节约诉讼费用;根据案件金额、重要性、复杂程度、各方当事人的经济能力以合适的方式审理案件;便利、公平审理案件;案件分配与法院资源分配保持平衡,并考虑其他案件资源分配之需要。②从英国法律规定的上述内容可以看出,当事人协助实现公正、节约诉讼费用、便利等无不体现的是诚实信用原则的内涵,这与协同型诉讼模式的要求相一致。英国民事诉讼改革目标是变革对抗制,当事人之间不应有不必要的好斗,应当尝试变革诉讼文化与道德,鼓励当事人合作、公正和对事实的尊重。③

我国澳门地区的《民事诉讼法典》第9条规定:"当事人应遵循善意原则。当事人尤其不应提出违法请求,亦不应陈述与真相不符之事实、声请采取纯属拖延程序进行之措施及不给予上条规定之合作。"④该条法律规定的善意诉讼、禁止违法请求及虚假陈述、禁止拖延诉讼,完全与诚实信用原则的内涵相一致。这正是基于建立协同型诉讼模式而采取的立法规定。

民事诉讼诚实信用原则的适用是对当事人主义、辩论主义诉讼模式的修正,诚实信用原则既可以维系当事人的诉讼主体地位,又可以对此进行适当的

---

① 《日本民事诉讼法典》,曹云吉译,厦门大学出版社2017年版,第2页。
② 《英国民事诉讼规则》,徐昕译,中国法制出版社2001年版,第3页。
③ 《英国民事诉讼规则》,徐昕译,中国法制出版社2001年版,中译本导言第17页。
④ 中国政法大学澳门研究中心、澳门政府法律翻译办公室编:《澳门民事诉讼法典》,中国政法大学出版社1999年版,第5页。

矫正,在诚实信用原则规制下的民事诉讼,才符合公平、正义的立法目的。①

(二)民事诉讼适用诚实信用原则是经济管理社会的需要

如果判决不是基于诚实信用原则作出的,该判决必然不可能为当事人所接受。当事人收到这样一份基于虚假陈述作出的生效判决之后,由于没有实现其公平、正义的诉讼目的,当事人势必会采取申诉、信访等其他维权措施。这种"案结事未了"的现象违背了民事诉讼终局解决民事纠纷的立法目的。而案件一旦发生信访的情况,往往容易造成当事人的偏激,进而引发长期信访以及到北京首都信访,不断的信访又会带来维稳问题。社会的稳定对国家的发展极其重要,没有稳定,发展无从谈起。为了维稳,国家每年必须为此支出大量的经费。中南政法大学的张荆红教授撰文《"维权"与"维稳"高成本困局》,认为必须提高社会公正性,降低维权成本才可以打破"维稳"高成本困局。②而诚信诉讼显然是实现社会公正的重要路径,可以降低涉诉信访案件的数量,从而减少社会管理成本。

(三)民事诉讼适用诚实信用原则是解决实际问题的需要

1.遏制虚假诉讼的需要

经济纠纷案件的数量与经济发展的水平密切相关。经济发展得越快,经济总量越大,诉讼案件的数量越多。虚假诉讼案件数量的增加实质上是经济发展的随附现象。沿海经济发达地区的民事案件数量远远高于西部欠发达地区的事实,可以印证这种现象。这种现象与相应的调研结果一致。根据调研材料,2008年5月,浙江法院审理认定的虚假诉讼达107件,金华市下辖的东阳市人民法院90%的法官表示曾接触到该类案件,80%表示该类案件有逐年递增的趋势。2010年浙江法院依法查处的虚假诉讼案件137件,涉及110人。③虚假诉讼递增趋势亟待诚实信用原则予以规制。根据2019年浙江省人民检察院召开的新闻发布会,2018年浙江检察机关共办理虚假民事诉讼案件872件,其中涉及民间借贷领域的案件共577件。这个数据显示即使在诚信原则入法之后,虚假诉讼的苗头并没有得到有效遏制,相反仍呈现逐年上升

---

① 田平安主编:《民事诉讼法原理》,厦门大学出版社2012年第5版,第155页。
② 张荆红:《"维权"与"维稳"的高成本困局》,载《理论与改革》2011年第3期。
③ 奚晓明主编:《〈中华人民共和国民事诉讼法〉修改条文理解与适用》,人民法院出版社2013年版,第17页。

的趋势。①

我国近十年是经济飞速发展的十年,GDP 总额、人均收入、科技水平、受教育程度、医疗服务水平均得到大幅提高。最高人民检察院 2018 年的工作报告显示,针对民间借贷、企业破产、房屋买卖、驰名商标认定等虚假诉讼高发领域,各级人民检察院开展了虚假诉讼专项监督。重点监督为谋取不正当利益打"假官司"问题,特别是"规模性造假"和中介服务机构"居间造假"。自 2016 年以来,各级人民检察院共向人民法院提出抗诉或再审检察建议 3877 件,对构成犯罪的起诉了合计 452 人。② 最高人民检察院 2019 年的工作报告显示,各级人民检察院监督纠正 1484 件"假官司",同比上升 48.4%,对涉嫌犯罪的起诉了合计 500 人,同比上升 55.3%。③

虚假诉讼愈演愈烈的现象促使立法机关必须审视虚假诉讼发生的原因以及如何进行打击、遏制,在这种背景下,诚信原则入法显然是必要之举。

2.司法信息化、智能化的要求

随着信息技术的飞速发展,本着司法为民的理念,各级法院借助新技术推出了多项便民举措。通过先进的技术设备可以实现远程审判,24 小时在线不间断收取材料等。根据 2019 年 7 月本人前往深圳市福田区人民法院(以下简称福田法院)调研时了解到的情况,福田法院为节约当事人排队等候的时间,提供了网上立案服务。网上立案的具体程序如下:原告将诉讼材料扫描成电子文件后,通过互联网将该电子文件发送到福田法院立案部门的电子邮箱,立案法官审核确认原告提交的材料符合立案要求后,通知原告向法院提交纸质文件,法院开具相关受理文书。福田法院为了贯彻多元化解决纠纷机制,还开发了智能化的"融平台",通过该平台与街道办、派出所的人民调解室进行联

---

① 刘海波、史隽:《浙江检方 2018 年办理虚假民事诉讼案件 872 件,民间借贷超六成》,文汇报官网,http://www.whb.cn/zhuzhan/jjl/20190103/234100.html,下载日期:2019 年 6 月 14 日。

② 曹建明:《最高人民检察院工作报告——2018 年 3 月 9 日在第十三届全国人民代表大会第一次会议上》,最高人民检察院官网,http://www.spp.gov.cn/spp/gzbg/201803/t20180325_372171.shtml,下载日期:2019 年 5 月 8 日。

③ 张军:《最高人民检察院工作报告——2019 年 3 月 12 日在第十三届全国人民代表大会第二次会议上》,最高人民检察院官网,http://www.spp.gov.cn/spp/gzbg/201903/t20190319_412293.shtml,下载日期:2019 年 5 月 8 日。

系,运用远程视频系统进行司法确认,将以往需要耗时半天至一天的工作缩短至半小时完成。该院 2018 年受理的案件数量 12.8 万件,位居全国基层法院的第三。福田法院借助这些先进的技术,提高了案件处理效率,等于再造了一家法院。①

这些举措在方便诉讼的同时,对当事人恪守诚实信用提出了更高的要求。网上立案、远程视频司法确认等司法改革措施,对涉案材料真实性的辨别不如现场高,如果当事人恶意欺骗,这些便民举措实则损害了司法公正。

3.审理涉及人身关系案件的需要

随着社会经济、文化的发展,人们越来越追求个人的幸福。这在婚恋方面表现得尤为突出。与上世纪极低的离婚率不同,现代社会的离婚率很高,且呈逐年递增的趋势。根据中华人民共和国民政部发布的《社会服务发展统计公报》,从 2001 年到 2017 年,我国每年离婚人数从 125 万对增长到 437.4 万对,增长了约 3.4 倍。"离婚率"由 1.96‰ 增长到 3.2‰。除 2002 年、2006 年相比前一年略有下降外,其余年份"离婚率"都呈增长态势。② 离婚率的上升表示越来越多的夫妻注重婚姻的内涵而不是形式。人们不再为了维护婚姻的完整而委曲求全,凑合着过的夫妻越来越少。现代社会对离婚现象也持更加宽容的态度,人们不再对是否离婚过多的纠缠,但对子女抚养权的争夺愈演愈烈。不乏夫妻双方(包括双方的家庭)为未成年子女抚养权归属事宜而爆发的"争夺战"。

相对于财产纠纷案件,审判人员在审理人身关系案件时更应谨慎。财产纠纷案件如果处理不当,涉及的无非是财产损失,这种损失可以通过财产弥补的方式完全得到纠正。而人身关系案件与此不同,这类案件如果没有得到妥善处理,造成的后果难以修复。特别是未成年子女的抚养,一旦判决错误对未成年子女造成的损害将不可挽回。珠海市香洲区人民法院(以下简称香洲法院)在审理这类纠纷时总结出了一套行之有效的方式,在实践中取得了良好的效果。对于涉及未成年人抚养权争议的案件,确认哪一方抚养更有利于未成

---

① 2019 年 7 月 23 日上午本人前往深圳市福田区人民法院进行调研,福田法院的工作人员介绍了相关情况。

② 祝闻:《婚姻无小事,莫把"离结比"视同"离婚率"》,中华人民共和国民政部新闻中心,http://sgs.mca.gov.cn/article/xw/mtbd/201904/20190400016871.shtml,下载日期:2019 年 7 月 28 日。

年人的成长非常关键。以往对此类问题的处理全凭合议庭成员的判断,这种处理方式主观性比较强,缺乏客观依据。该院探索引入心理咨询师、社工人员协助工作机制,通过心理沙盘演示为判决提供客观依据。对于一方以孩子与其长期共同生活为由主张抚养权的,如果是通过隐匿孩子的方式形成的,人民法院以该行为违背诚信原则不予支持。此举大力缓解了在审判过程中对孩子的争夺战。案件判决以后,虽然审判程序终结了,香洲法院的后续工作却刚刚开始。该院联合妇联等部门持续跟进此类案件,妇联安排的社工对案件的跟进内容包括,当事人是否按时支付抚养费,是否切实配合履行判决规定的探视事宜,当事人是否提供有利于未成年人健康成长的环境等。在对案件跟进过程中,社工还及时发现、化解当事人的心理障碍,这些工作对未成年人的成长非常重要。因为在实践中,婚姻案件的当事人可能彼此怀有怨恨,这些怨恨并未随着婚姻关系的解除而消灭,在判决后当事人往往以另外一种形式予以发泄,最为常见的表现是不让对方探视孩子。香洲法院的措施可以有效预防此类事件的发生,提高判决的自觉履行率,有利于未成年人的健康成长,在实践中取得了良好的效果,值得在全国进行推广。[①]

即使法院的判决符合法律规定,由于婚姻案件涉及太多个人情感、恩怨,如果当事人的情绪没有得到及时疏导,判决结果容易引发当事人的极端行为。广西傅明生法官于 2017 年遇害,即是源于 23 年前的(1994 年)一起离婚案件。该案中的男方认为夫妻感情没有破裂,遂对法官判决离婚事宜耿耿于怀,再加上男方多年生活的不如意,最终引发了以残忍手段杀害主审法官的悲剧。[②]

在这类案件中,机械遵循法律条文的规定是不够的,司法主体必须更加注重对司法诚信内在价值的挖掘,才能够更好地解决这类纠纷。

(四)诚实信用原则在我国具有悠久历史及广泛的适用基础

与民事诉讼的其他基本原则相比,诚实信用原则最具有本土化的因素。

---

① 珠海市香洲区人民法院调研组:《关于家事审判中儿童权益保护问题的调研》,珠海市香洲区人民法院网,http://www.zhxzcourt.gov.cn/index.php? do=court&ac=info&cid=3290,下载日期:2019 年 7 月 28 日。

② 中国法官协会法官权益保护委员会:《对广西陆川法院傅明生法官遭报复杀害的声明》,中国法院网,https://www.chinacourt.org/article/detail/2017/02/id/2540110.shtml,下载日期:2019 年 7 月 28 日。

中国的法治之路必须注重利用中国的本土资源，注重中国法律文化的传统与社会实际的结合。① 诚实信用文化在我国深入人心，具有悠久的历史及重要的地位。我国民事诉讼适用诚实信用原则符合本土诚信文化，在司法实践中能够快速被各界所接受，恰如古诗所云，"随风潜入夜，润物细无声"。在民事诉讼确立诚实信用原则之后，大量的判决书涉及该原则就是最好的说明。

（五）道德和法律的适用范围所决定的

道德和法律发挥作用的领域有独立性，也有交叉性。有些领域仅需道德约束，有些领域需要道德和法律的共同介入，还有些领域仅需要法律的介入。对适用领域予以区别的原则是道德与法律发挥作用的效果，以及成本。② 虚假诉讼对司法秩序及守信当事人的损害巨大，仅靠道德约束无法得以解决，必须通过立法形式确立诚实信用原则，以此对违背诚信诉讼的行为予以规制。

（六）符合法律基本原则的发展规律

诚实信用原则由来已久，无论是市民生活中的诚实信用原则，还是民事实体法的诚实信用原则，缘何直至2012年才在程序法中明文确立该原则？首先，虽然此前该原则没有在民事诉讼中明文出现，但毫无疑问的是体现该原则的真实、促进诉讼的理念一直在民事诉讼中得以遵循，与民事诉讼公正及效率的核心价值一致，③明文化只不过是将前述理念予以集中体现以及提升地位。这也是该原则得以顺利入法的理由之一。其次是法律规则与法律原则具有的发展前后顺序。就法律规则与法律原则的形成顺序而言，先有法律规则或法律制度，后有法律原则。这是因为有国家必有法律，不能待法律原理发现之后才制定法律。而法律被制定以后，必然有解释的、适用的、推理的问题，在这些过程中法律原理即被发现，发现的法律原理可以更好地指导制订法律。④ 可见法律原理与法律之间不存在"鸡与蛋"的先后关系。诚实信用原则即如此，该原则是在法律适用过程中，通过对法律原理的研究被确立的。在法律适用过程中，如何促使当事人善意运用法律规则？如何使当事人不滥用诉权、不虚

---

① 苏力：《法治及其本土资源》，北京大学出版社2018年第3版，第6页。
② ［美］斯蒂文·沙维尔：《法律经济分析的基础理论》，赵海怡、史册、宁静波译，中国人民大学出版社2013年版，第549～550页。
③ 齐树洁主编：《民事诉讼法》，厦门大学出版社第13版，第31～32页。
④ 王振先：《中国古代法理学》，山西人民出版社2015年版，第1页。

假陈述、不拖延诉讼？唯有适用诚实信用原则。当然，对于司法主体而言，如何确保其不以权谋私？不任性司法？亦唯有适用诚实信用原则。诚实信用原则涉及内心的善念，而各个主体对内心是否遵循善念心知肚明，诚实信用原则的确立对于主观诚信可谓切中要害。除诚实信用原则以外，在民事诉讼中能够从源头规范诉讼行为的，没有其他原则。该原则是在法律适用过程中被发现，进而作为基本原则被立法确认的。这也可以从另一个侧面说明司法主体是诚实信用原则的适用对象，因为司法主体的善意执法只有适用诚实信用原则才能变得有法可依，否则只能是个别司法主体的崇高道德行为，不具有普遍性。司法主体如果失去诚实信用原则的规制，司法冷漠和任性将畅通无阻，这对司法公正的冲击是巨大的：任何案件，即使可以尽快结案，只要没有超过法定审理期限，能拖则拖；当事人的各类申请，无论是否符合法律规定，能推则推。所幸这些问题正在逐步得到解决，2019年12月16日最高人民法院发布的《关于在执行工作中进一步强化善意文明执行理念的意见》（以下简称《善意执行意见》），其中关于善意执行即是适用诚实信用原则的具体体现。该意见第1条明确规定：应在"保障胜诉当事人合法权益的同时，最大限度减少对被执行人权益影响"。研读该意见可以发现，对于被执行人有多项财产可供执行的，被执行人可以请求人民法院优先执行某项财产。该意见还要求充分发挥查封财产的融资功能以减少直接拍卖造成的损失。相对于以往人民法院主要依靠查封、拍卖等手段进行执行而言，善意执行的优势显而易见。该意见也说明司法主体是诚实信用原则的适用对象，因为执行行为是司法主体的行为，不是当事人的行为，当事人在执行程序中是非常被动的。

三、我国民事诉讼确立诚实信用法律原则的过程及特点

我国现行《民事诉讼法》确立的诚实信用原则，是在广泛征求各方意见后制定的。这些意见既有来自实务部门的，也有来自专家学者的。根据统计，自2011年10月29日起至2011年12月1日，中国人大网共收到788人提出的8030条意见。其中关于诚实信用原则的确立，是在法官和专家的建议下增加的。法官的建议内容为："增加规定当事人诚实信用原则。"[①]专家建议内容为

[①] 全国人大常委会法制工作委员会民法室：《民事诉讼法立法背景与观点全集》，法律出版社2012年版，第86页。

"在总则中规定诚信原则。"①在初稿中,第 13 条内容为"当事人有权在法律规定的范围内处分自己的民事权利和诉讼权利。当事人行使权利应当遵循诚实信用原则"。后经审议,修改为"民事诉讼应当遵循诚实信用原则。当事人有权在法律规定的范围内处分自己的民事权利和诉讼权利"。该修改建议得到了立法机关的认同,并且各方意见基本达成一致。② 实际上该条第 2 款的内容还可以考虑适当精简,可以改为"当事人有权处分民事权利和诉讼权利"。删除了"在法律规定的范围内"以及"自己的"。删除这两部分内容是由于其逻辑重复,且容易令人产生歧义,使人误认为当事人的处分权不受法律或者不受只能处分自己权利的限制。法条中规定的"有权"即已经包含依法以及处置自己权利的含义,否则是"无权"。如果进一步精简,还可以考虑删除"民事权利",因为本法是民事诉讼法,是程序法,民事权利是实体权利,不宜在程序法中规定,且实体法中已经有关于当事人有权处分民事权利的规定,不需要在程序法中重复。

考察我国民事诉讼确立诚实信用原则的过程,可以发现有如下特点:

(一)提出立法建议的主体

提出诚实信用原则立法建议的主体主要是法官和学者。③ 在征求意见的过程中,有些律师提出司法实践中存在当事人虚假陈述和证人撒谎的现象。④ 广东、福建的法院特别提出恶意诉讼、虚假诉讼问题。浙江法院也提出了虚假诉讼问题,包括拖延诉讼、恶意诉讼等,并建议将禁止滥用诉权作为基本原则。江西、江苏两省的法院提出了在恶意诉讼案件中,如何保护案外人的问题。上述建议不但注意到恶意诉讼,还考虑到在这类诉讼中如何保护第三方的利益。这是因为损害第三方利益与恶意诉讼如影随形,否则恶意诉讼就没有提起的动机与意义。这些提议虽然没有直接使用"诚信"这个词,但内容与诚信相关,

---

① 全国人大常委会法制工作委员会民法室:《民事诉讼法立法背景与观点全集》,法律出版社 2012 年版,第 122 页。

② 奚晓明主编:《〈中华人民共和国民事诉讼法〉修改条文理解与适用》,人民法院出版社 2013 年版,第 12 页。

③ 奚晓明主编:《〈中华人民共和国民事诉讼法〉修改条文理解与适用》,人民法院出版社 2013 年版,第 12 页。

④ 全国人大常委会法制工作委员会民法室:《民事诉讼法立法背景与观点全集》,法律出版社 2012 年版,第 112 页。

只是没有上升到原则的高度,仅作为具体制度的建议。将诚实信用从制度上升到原则的高度,可以使该原则适用于整部民事诉讼法,为其他制度的建立奠定法律基础。有关诚信原则的立法提议说明在民事诉讼中确立诚信原则引起了广泛的关注和普遍支持。

(二)立法建议的内容

虽然法官和学者均提出了增加诚信原则的立法建议,但两者在诚信的具体内容上存在不同。前者提出的该原则的适用对象是当事人,不包括司法主体,即适用对象有主体限制。后者提出的是普遍适用诚信原则,即所有参与到诉讼中的主体(包括司法主体)均是该原则适用的对象,没有主体限制。法官何以提出该原则?笔者认为至少有两个方面的原因,一个原因是基于工作关系,法官在审判实践中有机会实际了解到在诉讼过程中大量存在当事人说谎的现象,如果不加以限制,这种现象必将愈演愈烈。另一个原因是法官基于实行以审判为中心的司法改革而提出的,该项改革意味着除了让审理者裁判外,还包括由审判者负责。显然,如果不能规制当事人说谎,法官据此作出的裁判必然会出现错案,法官可能据此要承担责任。因此,法官对于要求当事人据实陈述,不得弄虚作假的立法内容具有驱动力。

(三)立法内容的妥协性

立法与谈判一样,为了尽快达成一致协议,谈判的各方不能寸土不让,而是必须相互妥协。我国民事诉讼诚信原则入法的过程,正是一个立法机关和社会各界不断妥协的过程。民事诉讼法第一次审议后关于诚实信用的条文为:"当事人有权在法律规定的范围内处分自己的民事权利和诉讼权利。当事人行使权利应当遵循诚实信用原则。"全国人大常委会第二次审议后,最终通过的文稿为:"民事诉讼应当遵循诚实信用原则。"从立法机关批准立法计划,到最终完成立法,参与立法的各方就内容不断地相互妥协,最终形成意见一致的文本。这种妥协首先是立法机关对诚实信用原则能够入法的妥协。其次是立法机关将该原则从第13条第2款提升到第13条第1款的妥协。再次是立法内容上从明文规定诚实信用原则对当事人的适用到民事诉讼遵循诚实信用原则的妥协。各方妥协的最终结果是达成了如今实施的立法文本。

(四)立法内容的模糊性

民事诉讼诚实信用原则的适用对象具体包括哪些范围?是否适用于所有

民事诉讼参与主体？特别是是否适用于审判人员？这从"民事诉讼遵循诚实信用原则"的文义上恐怕很难得出结论,因为该条并没有直接对此作出规定,其他条款也没有对此作出补充说明。诚实信用原则是《民事诉讼法》第 13 条中两个条款中的一款,并不是一个单独的条款,而该条的第 2 款规定的是当事人的处分权。如此安排纯属偶然的巧合？还是从逻辑性上意味着这仅是当事人的义务？根据立法的过程,专家的建议稿中有明确的适用对象(含当事人、法官、其他诉讼参与人)的规定,在正式通过的法律文本中并没有相关内容,适用对象问题至今没有统一的解释。

四、民事诉讼适用诚实信用原则的内容

(一)民事诉讼适用诚实信用原则的不同定义

理论界对于民事诉讼适用诚实信用的具体含义尚无定论。查询民事诉讼法经典教材,学者们对该原则分别给出了相应的定义,这些定义既有相同之处,也有不同的内容。

张卫平老师在其著作《民事诉讼法》(第 3 版)中认为是指"当事人应当诚实、善意地进行诉讼,不得滥用诉讼权利;法院应当公正而迅速地审理案件,不得滥用自由裁量权"[①]。但在第 4 版《民事诉讼法》的著作中没有给出该原则的具体含义,更多的内容是从民事诉讼法的目的、精神、制度演变的角度,探究了该原则的缘起,以及该原则在修正或限制当事人主义、辩论主义、处分权原则中的作用。诚实信用原则对转变传统的诉讼观念,将自由主义、个人主义、放任主义转换到协力关系或协动、协助关系中所发挥了积极作用。[②] 江伟老师认为"诚实信用原则是指法院、当事人以及其他诉讼参与人在审理民事案件和进行民事诉讼时必须公正、诚实和善意"[③]。中国政法大学宋朝武老师认为"诚实信用原则,是指当事人和其他诉讼参与人进行民事诉讼活动,必须诚实守信,正确行使诉讼权利,履行诉讼义务,推动诉讼活动顺利进行的准则"[④]。

通过比较上述定义,学者对民事诉讼适用诚实信用原则定义的信息量非

---

① 张卫平:《民事诉讼法》,中国人民大学出版社 2015 年第 3 版,第 34 页。
② 张卫平:《民事诉讼法》,中国人民大学出版社 2018 年第 4 版,第 49～50 页。
③ 江伟、肖建国主编:《民事诉讼法》,中国人民大学出版社 2015 年第 7 版,第 53 页。
④ 宋朝武主编:《民事诉讼法学》,厦门大学出版社 2015 年第 4 版,第 80 页。

常丰富:既涉及当事人,又涉及法院,还涉及其他主体;既有客观诚信的内容,又包括主观诚信的内容;既包括公正,也包括效率。我国法律文化受德国影响,以"诚信"表达客观诚信,以"善意"表达主观诚信。①

不同对象在民事诉讼过程中的诉讼目的、诉讼权利不同,因此,适用诚实信用的内容也不尽相同。原告参与诉讼的目的是希望法院快速支持其诉讼请求,被告的诉讼目的是希望法院驳回原告的诉讼请求或支持被告的反诉。结合民事诉讼公平、正义、效率的目的,对于当事人的适用内容可作如下规定:当事人应促进诉讼,不得虚假陈述,不得滥用诉权。原告不得提起虚假诉讼,被告亦不得捏造事实进行抗辩,双方均不能滥用诉讼权利。至于当事人能否本着善意进行诉讼,这值得探讨。在我们这个具有厌讼传统的国度,双方的纠纷发展到对簿公堂,足以说明双方在纠纷发生之前已经积怨颇深。此时要求当事人彼此善意,是否无异于与虎谋皮?

从另外一个角度来看,当事人在诉讼中遵循善意,并不是指法律制度的设立使当事人可以摈弃恶意,达到善意的实际心态,而是指通过设立促使当事人遵循善意的法律制度,减少或消灭当事人的恶意。其中规定当事人促进诉讼及不得滥用诉权即为诚信原则善意的体现。善意是在创设法律制度时对其所实现目的的要求,这些法律制度的创设使当事人不得不善,或最大限度地减少其恶。为解决这个问题,尚需要理论界作进一步的研究,并由立法机关结合司法实践颁布可行的法律规定。

(二)民事诉讼诚实信用原则的适用对象

比较上述我国学者对于诚实信用原则适用对象的定义,法学家们都一致认为适用对象包括当事人,不同之处在于适用对象是否包括法院和其他诉讼参与人。根据上述各学者关于适用对象的表述,张卫平老师认为适用对象应当包括法院,不包括其他诉讼参与人。因为其他诉讼参加人的违法性(代理人超越代理权、鉴定人违法鉴定、证人虚假作证)可以通过设置相应的义务予以规定,与诚实信用原则的适用没有任何关系。江伟老师认为适用对象包括法院和其他诉讼参与人。宋朝武老师认为适用对象包括当事人和其他诉讼参与人,不包括法院。

认为民事诉讼诚实信用原则适用范围不包括法院的主要理由是:规范法

---

① 徐国栋:《罗马法与现代意识形态》,北京大学出版社 2008 年版,第 326 页。

院行为的有2018年修订的《中华人民共和国人民法院组织法》(以下简称《法院组织法》),规范法官行为的有2019年修订的《法官法》,这些法律规定的内容比诚实信用原则的要求高得多,①没必要再多一项规则予以调整。根据立法内容的协调性,②也不宜重复适用。笔者认为,上述法律规定的内容及目的与此不同,法院是民事诉讼活动中重要的参与者、指挥者、判决者,对法院的适用才能发挥该原则的积极作用。不但如此,法官、检察机关、检察官、甚至公证机关及公证员均应适用该原则的规制。至于是否包括其他诉讼参与人,笔者认为,根据诚信诉讼的罗马法起源,适用对象应包括其他诉讼关系人(代理人、证人、鉴定人等)。③尽管可以通过设立合同义务使这些诉讼关系人恪守诚信,但设立诚信原则的目的是确保在诉讼过程中遵循诚信。因此,上述主体均属于诚实信用原则的适用对象。

(三)诉讼主体的主观诚信

诉讼主体的主观诚信是指民事诉讼主体内心的善念,是有利于他人的行为。民事诉讼主观诚信有如下特点:

1.主体差异性

民事诉讼主观诚信主体差异性是指不同主体的主观诚信内容不同。当事人的主观诚信为如实主张及举证、质证,不得虚假陈述,不得滥用诉权。司法主体的主观诚信是及时、公正地作出判决。鉴定人的主观诚信是指科学、客观、依法予以鉴定。

2.利他行为的差异性

"他"作为利的行为对象,因"他"的不同,利的内容也不同。对于病人,医疗是最好的利。对于原告,快速支持其诉讼请求是利。对于被告,驳回原告诉讼请求是利。利他的差异性是由"他"——行为对象追求的利益不同决定的。

3.利他的合法性

合法性是利他的前提。各个主体的利各不相同,甚至相互冲突,不可能各

---

① 奚晓明主编:《〈中华人民共和国民事诉讼法〉修改条文理解与适用》,人民法院出版社2013年版,第21页。

② 徐向华主编:《立法学教程》,北京大学出版社2017年第2版,第49页。

③ 奚晓明主编:《〈中华人民共和国民事诉讼法〉修改条文理解与适用》,人民法院出版社2013年版,第13页。

方的利都获得支持。利他的合法性意味着合法的利才能获得支持。

4.利他与利己的人性冲突

每个人都有利己性,利己性只要不损害他人就值得支持。人的利己性是社会前进的动力,"有恒产者有恒心",如果人没有利己性,人们就没有创造的动力。在考虑利他性时,不能要求主体违背人性而利他。在诉讼过程中,民事主体既不能损人利己,也不能苛求其损己利人。这就要求主观诚信的标准应当是客观的、有限的、合法的。合法性是指对民事诉讼遵循诚实信用的要求不能高于已经生效的法律制度。对这些法律制度的遵守是恪守诚信的具体表现,否则诚信内容将被主观化、扩大化。这种主观化、客观化与人性的冲突将对诚信的适用带来障碍。

五、民事诉讼诚实信用原则的地位

民事诉讼诚实信用原则的地位也称该原则与民事诉讼其他基本原则的关系。基本原则之间的关系有统领的(类似于实体法中诚实信用原则处于帝王条款的地位)、平等的、交叉的、抑或是从属的。用"地位"这个词界定各原则之间的关系显得更加形象。我国民事诉讼法的基本原则包括平等原则、法院调解原则、辩论原则、处分原则、诚实信用原则。① 分别在《民事诉讼法》第 8 条、第 9 条、第 12 条、第 13 条中予以规定。

(一)与平等原则的关系

我国《民事诉讼法》第 8 条规定了平等原则,即民事诉讼当事人有平等的诉讼权利。人民法院审理民事案件,应当保障和便利当事人行使诉讼权利,对当事人在适用法律上一律平等。由于当事人受教育程度、职业类别、经济条件不尽相同,立法规定平等原则并不等于当事人在诉讼中真正平等。诚实信用原则的适用是基于协同型诉讼模式的确立,在该诉讼模式下,当事人、代理人、审判人员均有责任发现案件的真实,举证不再仅仅是当事人的权利,也是当事人的义务。由此可见,诚实信用原则的适用有助于民事诉讼实现实质平等。

(二)与处分原则的关系

处分原则,是指当事人在民事诉讼过程中,按照自己的意志行使、放弃实

---

① 齐树洁主编:《民事诉讼法》,厦门大学出版社 2019 年第 13 版,第 67 页。

体权利和诉讼权利。① 民事诉讼确立诚实信用原则以后,处分权必须基于诚信原则行使,以损害他人利益为目的的恶意行使处分权的行为不应获得法院的支持。处分原则体现了当事人的权利,诚实信用原则体现的是义务,在审判实践中特别需要注意两者的关系。

2018 年第 6 期《最高人民法院公报》刊登的一则公报案例对正确认识两者的关系特别具有指导意义。2014 年,张美云、朱忠民分别起诉被告田礼芳、仝太银要求归还借款。朱忠民、张美云先后向法院提出了保全措施,法院依法查封了被告的房产。被告的房产被查封后,很快与原告朱忠民达成了调解协议。法院根据双方的调解协议出具了调解书。② 被告在另一个与张美云之间的诉讼案件中却没有达成调解协议,法院经审理后依法作出了判决。③ 法院判决后,被告还是没有还款,朱忠民却同意不申请处理被告房产。鉴于朱忠民对房产的查封在张美云之前,张美云遂无法通过申请法院拍卖被告的房产来使其债权获得偿还。此时,朱忠民不合常理的诉讼行为使张美云开始怀疑双方存在虚假诉讼,双方达成调解书的目的是以此阻挠判决的执行。经向法院申诉后,法院审理确认双方存在虚假诉讼,借款事实并不存在,遂作出驳回朱忠民的诉讼请求,撤销原调解书的再审判决。④

这个案例涉及当事人行使处分权的诉讼行为有:被告田礼芳、仝太银对于原告朱忠民诉讼请求的自认,双方达成调解,朱忠民在执行过程中同意不申请拍卖查封的财产。从程序上这些行为既涉及案件审理程序,又涉及案件执行程序。朱忠民的这些行为表面上完全符合处分原则的要求,但其在处分这些诉讼权利时所基于的借款事宜是捏造的、虚假的。处分原则的前提是处分行为基于诚实信用,否则不产生处分的法律效力。对处分行为如果不以诚信原则加以规制,那么另一名原告张美云的权利将无法得到保护。法院在查明朱忠民、田礼芳等人的虚假诉讼行为之后,依法对其进行了罚款人民币 5 万元和

---

① 齐树洁主编:《民事诉讼法》,厦门大学出版社 2019 年第 13 版,第 90 页。

② 朱忠民与田礼芳、仝太银民间借贷纠纷调解案(江苏省徐州市云龙区人民法院[2014]云民初字第 2253 号)。

③ 张美云与田礼芳、仝太银民间借贷纠纷案(江苏省徐州市云龙区人民法院[2014]云民初字第 1569 号)。

④ 张美云与朱忠民、田礼芳民间借贷二审案(江苏省徐州市中级人民法院[2016]苏 03 民终 4817 号)。

8万元的处罚。①

(三)与辩论原则的关系

辩论原则是指在诉讼过程中,当事人及其诉讼代理人为维护自己的合法权益就案件争议的焦点向法庭摆事实、讲道理。法院根据当事人的辩论内容进行判决。法庭对案件的判决不得偏离当事人辩论的范围,凡是未经辩论的事项不得作为判决的内容。在辩论原则面前法庭并非处于被动局面,法庭可以通过对争议焦点的归纳,贯彻、实施辩论原则。我国的民事诉讼辩论原则必须完善。② 法院判决受辩论内容的限制有利于提高当事人对判决的接受程度。可想而知,如果法院作出的判决依据的是对方未曾提出的异议,那么法院不但已经脱离了居中裁判的法律地位,而且移位成了另一方利益的代言人。这样的判决不可能令当事人信服。辩论在法官的主持下以口头方式进行,从原告开始逐一发表意见。基于诚实信用前提的辩论原则应包括以下内容:

1.辩论时间、次数的对等性

基于对等原则,各方发表意见的时长、次数应一致。审判人员给予一方当事人辩论的机会应对等地给予另一方,不可任意限缩。

2.内容的客观性

诉讼参与人在进行辩论时,必须言之有据,切不可胡搅蛮缠。辩论内容的客观性要求当事人在进行辩论时恪守诚实信用,实事求是地向法庭陈述。

3.事实问题由当事人自行陈述

如果当事人与代理人共同出庭,事实问题应当由当事人自行陈述。如果仅有代理人出庭,代理人应向当事人了解与案件有关的事实,以当事人签署书面答辩状的方式对相关事实进行响应和陈述。对于在答辩状中未涉及的事实,代理人应在向当事人了解后再向法庭报告,切不可自行臆断。

4.判决内容受辩论内容限制

在立法层面,辩论原则与处分原则决定了民事诉讼的本质特点和基本规律,具有一般规制的意义。而诚实信用原则发挥的是平衡作用,在适用的过程中不能撼动前者在民事诉讼中的支柱性地位。③ 亦即不能由于诚实信用原则

---

① 朱忠民、田礼芳民事处罚决定书(江苏省徐州市中级人民法院[2017]苏03司惩2号)。
② 齐树洁主编:《民事诉讼法》,厦门大学出版社2019年第13版,第84页。
③ 季卫东:《中国的司法改革》,法律出版社2016年版,第298~300页。

的适用,而否定辩论原则的作用。

六、民事诉讼诚实信用原则的作用

(一)正确及快速认定案件事实

当事人恪守诚信,如实向法庭陈述案情,有利于法庭快速、正确地认定案件事实。当事人如果存在虚假陈述,法庭需对此予以核实,甚至可能需要另行安排时间进行调查。这无疑拖延了诉讼的进程,不利于提高审判效率。同时,虚假陈述具有隐蔽性,即使法庭明察秋毫,亦可能存在疏漏之处,这严重影响判决的正确性。只有遵循诚实信用原则进行诉讼,方可确保案件事实认定的正确性。

(二)提高判决的可接受性和主动执行率

只有建立在诚实信用基础上的判决,当事人才能够从内心真正接受,以及愿意主动履行。任何基于虚假、欺骗而作出的判决,当事人一定会穷尽一切手段阻挠判决的执行。这不但耗费了当事人的精力,也耗费了大量的国家资源,不利于建立司法权威。

(三)有利于遏制虚假诉讼行为

民事诉讼确立诚实信用原则后,恪守诚实信用原则是当事人参与诉讼应尽的法律义务,此举可以对虚假诉讼行为产生心理威慑力。同时,立法确立诚实信用原则之后,必将推进与之配套制度的确立,从而使对虚假诉讼的制裁有法可依,有利于遏制虚假诉讼。

(四)为我国民事诉讼理论和实践的发展提供新的制度资源

诚实信用原则是我国《民事诉讼法》首次确认的一项新原则,该原则位于民事诉讼法总则的法律地位,而总则具有统领整部法律的作用。为实现该原则的价值,必将创设与之相配套的体现该原则价值的法律制度。"形而上者谓之道,形而下者谓之器。"诚实信用原则与体现该原则价值的适度类似于"道"与"器"的关系。诚实信用原则是"道",体现该原则价值的法律制度是"器"。鉴于此,该原则的确立为我国民事诉讼法设立相关新的法律制度提供了制度资源。[1]

---

[1] 齐树洁主编:《民事诉讼法》,厦门大学出版社2019年第13版,第87页。

(五)适应万变的社会实际

在审判实践中直接适用的是法律制度,为解决社会实践中不断出现的各类问题,法律制度必然要不断变化以适应解决这些实际问题的需要。如何确保变化的法律制度在法律价值上的一贯性?唯有秉承基本原则。在基本原则的指导下变化法律制度,才可以达到上述目的。法条是某种"结果"(end results),反映了当时的价值判断,在援用法条时,应当知道法条背后的思维,以及演化依据。否则一旦时空条件改变时,则无从知晓法条如何变化。[1]

美国著名的埃尔默案(The case of Elmer),获得多数意见支持的厄尔法官正是基于一般法律原则(general principles of law)判决埃尔默无权继承其祖父的遗产的。[2] 在该案中,厄尔法官还论证了一项重要原则——任何人均不得从其不法行为中获利(no one should profit from his own wrong),该原则已经被广泛接受。如果没有对一般法院原则的掌握,该案将会按少数法官的意见判决埃尔默有继承权。

(六)修正证明标准造成的误差

基于人类认识的有限性,我国司法实践中的证明标准由原先的一元化——三大诉讼法同一化,建立起了多元化——三大诉讼法各有各的证明标准;由"客观真实"的证明标准——"案件事实清楚,证据确实、充分",形成了民事诉讼以"高度盖然性"、[3]"排除合理怀疑"[4]以及"其他证明标准"[5]的综合证明标准。从法律事实与客观实施的相似度而言,综合证明标准的误差相对于"客观真实"的证明标准要大,但综合证明标准更符合法经济以及人类认识有

---

[1] 熊秉元:《正义的成本》,东方出版社2014年版,第25页。

[2] [美]罗纳德·德沃金:《法律帝国》,许杨勇译,上海三联书店2016年版,第12~16页。

[3] 《最高人民法院关于适用〈中华人民共和国民事诉讼法〉的解释》(法释[2015]5号)第108条第1款、第2款:"对负有举证证明责任的当事人提供的证据,人民法院经审查并结合相关事实,确信待证事实的存在具有高度可能性的,应当认定该事实存在。对一方当事人为反驳负有举证证明责任的当事人所主张事实而提供的证据,人民法院经审查并结合相关事实,认为待证事实真伪不明的,应当认定该事实不存在。"

[4] 《最高人民法院关于适用〈中华人民共和国民事诉讼法〉的解释》(法释[2015]5号)第109条:"当事人对欺诈、胁迫、恶意串通事实的证明,以及对口头遗嘱或者赠与事实的证明,人民法院确信该待证事实存在的可能性能够排除合理怀疑的,应当认定该事实存在。"

[5] 《最高人民法院关于适用〈中华人民共和国民事诉讼法〉的解释》(法释[2015]5号)第108条第3款:"法律对于待证事实所应达到的证明标准另有规定的,从其规定。"

限性的规律。"客观真实"的证明标准是职权主义诉讼模式的产物,确立该证明标准的保障是法官具有调查取证的权力。实行当事人主义的诉讼模式后,法官不再具有证明义务而使得该证明标准不再适用。即使职权主义的诉讼模式,法律事实与客观事实之间从来就存在差距。一方面基于人类认识的有限性,人们无法完全还原事实真相;另一方面不宜为追求事实真相而不计成本。但这种证明标准难免存在法律事实与客观事实的不一致之处,而诚实信用原则的引入可以促使各方如实陈述案件事实,进而修正这种事实认定误差,使法律事实更接近客观事实。

七、诚实信用原则的适用与举证责任分配

举证责任又称证明责任,是指当事人对自己提出的主张,负有向法院提供证据并加以证明的义务。举证责任分配,是指按照一定的标准,将事实真伪不明时承担不利裁判后果的风险在当事人之间进行合理划分。划分的标准应体现法律的公平、正义原则。举证责任制度是民事诉讼中的一项重要制度,举证责任分配直接关系到案件的判决结果。同一个案件,适用不同的举证责任分配规则将出现截然相反的判决结果。

民事诉讼确立了诚实信用原则后,各方当事人均具有如实陈述的义务,这种义务是否构成对举证责任分配规则的冲突?即法庭可以不再根据举证责任分配规则要求当事人举证,而是根据诚实信用原则要求不具有举证责任的当事人如实回答法庭询问。

《劳动人事争议仲裁办案规则》(以下简称《劳动规则》)第14条规定,法律没有具体规定、按照本规则第13条规定无法确定举证责任承担的,仲裁庭可以根据公平原则和诚实信用原则,综合当事人举证能力等因素确定举证责任的承担。根据上述规定,可以推导出诚实信用原则与举证责任分配的适用规则。

(一)依法定举证责任分配优先

诚实信用原则的适用不能突破已有的法定举证责任分配规定,当事人应按法定的举证责任分配规则承担举证责任及相应的法律后果。法庭不能直接要求不承担举证责任的当事人依据诚实信用原则进行举证,否则就是对举证责任分配制度的违反。

(二)依诚实信用原则举证候补

当事人根据上述举证责任分配制度无法完成举证责任时,或者法庭认为为使案件得到公正处理尚需查明案件相关事实时,法庭对案件事实的调查不受当事人举证责任的限制,即法庭可以向不具有证明义务的当事人调查与案件相关的事实。除非当事人不知情或不应当知情,否则当事人不得以不负有举证责任而拒绝回答法庭的询问。没有遵循诚实信用原则的举证责任分配,不负有举证责任的当事人往往拒绝回答法庭与案件有关的事实,这显然不利于法庭掌握案件的全面情况。此时,不应对此听之任之,而应依据诚实信用原则进行修正,以实现判决结果的公平、正义。[①]

民事诉讼引入诚实信用原则之后,当事人必须全面回答法庭的询问,以便法庭掌握案件的全部事实,在此基础上所作的判决才有利于实现法律的公平、正义。

也有学者研究与之类似的不负证明责任当事人的"事案解明义务",即一方当事人无法就待证事实进行证明时,对方当事人负有陈述事实、提交证据的义务。[②] 在对案件事实进行调查过程中,法院如果仅适用举证责任分配进行相关事实的确认,确认的事实难免片面。"事案解明义务"有助于法庭全面了解案情,只有建立在对案情全面了解的基础上,所作出的判决才是正确的。[③] 事案解明义务的功效与依据诚实信用原则进行举证的功效一致,由于诚信入法的规定,后者的实施具有相应的法律依据。

第四节 民事诉讼诚实信用原则适用的特性

民事诉讼诚实信用原则的适用包括两个方面的含义。一方面指通过立法活动,确立该原则以及体现该原则价值的法律制度。另一方面指在具体案件中依据体现该原则价值的法律规则裁决案件。前者是适用的前提,后者是适

[①] 毕玉谦:《民事诉讼证明妨碍研究》,北京大学出版社2010年版,第23页。
[②] 姜世明:《证明责任与真实义务》,新学林出版公司2006年版,第110页。
[③] 吴泽勇:《不负证明责任当事人的事案解明义务》,载《中外法学》2018年第5期。

用的具体表现。诚实信用原则作为民事诉讼的基本原则,其必然是高度抽象、高度概括的,与具体的法律制度相比,前者在审判实践中不容易精准适用,因而不具有适用的优先性。该原则在民事诉讼中得到有效适用必须符合两个条件,一是通过研究明确该原则的含义。二是必须通过立法创建新的法律制度,以实现该原则的价值。例如,《民事诉讼法》第 13 条第 2 款规定了处分原则,为了使该原则在民事诉讼中得到适用,立法机关在《民事诉讼法》的其他条款中规定了当事人可以放弃举证期限、撤回起诉、撤回上诉、承认或变更诉讼请求,这些都是当事人行使处分权的体现。《民事诉讼法》第 9 条规定了调解原则,无论在一审程序还是二审程序,或者执行程序,当事人可以就双方的争议达成一致调解意见。调解意见可以与诉讼请求一致,也可以小于或超过诉讼请求。在调解主体方面,甚至还可以包括其他主体的加入(指案外人担保或履行债务的加入)。这些调解意见只要是出于当事人的自愿,以及调解内容没有违反法律规定,法院均会予以确认。这体现了法院对当事人意思自治的尊重。民事诉讼适用诚实信用原则正是研究如何在民事诉讼活动中体现诚实信用原则的价值。诚实信用原则的适用,是指其适用的主体、客体范围以及违反诚实信用原则的后果。[①] 从主体方面来看,它包括对法官、当事人以及其他诉讼参与人的制约。[②]

民事诉讼诚实信用原则的适用特点是指根据民事诉讼诚实信用原则的内涵,研究诚实信用原则在民事诉讼中适用的特别之处,进而探究相关具体法律制度的适用。比如诉讼的公正价值依靠案件审理公开、裁判文书公开、上诉权、举证责任分配、证据的认定等规则予以实现。诉讼的效率依靠举证时限、答辩、反诉期限、案件审理期限等制度予以实现。

一、内涵的外化性

诚实信用原则具有真实、善意的内涵,民事诉讼诚实信用原则的适用必须将上述内涵外化为具体的法律制度,通过这些法律制度实现真实、善意的内涵。

---

① 齐树洁主编:《民事诉讼法》,厦门大学出版社 2019 年第 13 版,第 87 页。
② 常怡主编:《民事诉讼法学》,中国政法大学出版社 2017 年第 4 版,第 28 页。

(一)真实

1. 当事人如实陈述

各方当事人在参与诉讼过程中必须如实陈述。根据感知的案件事实,如实向法庭陈述。对事实问题的陈述要全面,不得杜撰、隐瞒事实。对应当知道的事实,不得推托不知道。

2. 当事人如实举证

当事人向法庭提交的证据应当是真实的,不得伪造。在规定当事人如实陈述、如实举证的同时,应设立违反该义务的法律责任。通过这种制度安排,以实现诚实信用原则在民事诉讼中的具体适用。如果当事人没有提交持有的证据,依法该如何处理?这就涉及举证是权利还是义务的问题。如果是权利,当事人可以提交,也可以不提交。如果是义务,当事人必须提交。根据我国《民事诉讼法》第64条第1款的规定,当事人对自己提出的主张,有责任提供证明该主张成立的证据。可见举证责任属于主张事实的一方,不主张的当事人不具有举证责任。即使负有举证责任的一方没有举证,或提交的证据无法完成证明结果时,由其承担举证不能的法律后果。由此,对于负举证责任的一方,举证应当属于一项权利而不是义务。作为权利,则不能因为当事人没有行使权利(即举证)而受到惩罚。

传统理论中比较棘手的问题是不负有举证责任一方持有对其不利的证据时,举证对该方是权利还是义务?如果是权利,持有证据方可以理直气壮地不交,则案件得不到公正处理。如果是义务,义务的依据出自何处?在民事诉讼确立诚实信用原则以后,法庭有权责令其提交持有的证据。如果持有证据的一方拒绝提交,法庭可以予以处罚,并由其承担不利的法律后果。

备受争议的广州律师黄奕逾期举证被处罚案[①],案情即涉及当事人的举证责任事宜。广州荔湾区人民法院认为代理律师与当事人共同决定不在举证期限内提交涉案的证据,后在法庭训诫的情况下才不得不提交,此举严重违反了法律的规定,法院遂对律师作出罚款人民币20000元的处罚。对律师的处罚被披露后,法院的处罚是否恰当引起社会各界的关注。该案由于没有正确厘清当事人举证责任的具体内涵,在具体处罚措施方面值得商榷。

首先,处罚前提不足。立法处罚的是逾期提交证据的行为。逾期提交证

---

① 处罚黄奕律师案(广东省广州市荔湾区人民法院决定书,[2019]粤0103司惩1号)。

据是当事人的主动行为。而本案证据是当事人决定不提交,法院责令后才予以提交,当事人提交证据的行为是被动的。因此,该行为不属于当事人逾期提交证据的情形。

其次,处罚依据不足。当事人不提交相关证据,应依法承担相应的法律后果(比如主张不应获得支持)。况且,在法官的责令下,当事人已经按要求予以提交,不应再承担其他法律责任。如果将举证行为视为一项权利,不提交证据更不该承担责任。

最后,处罚的合理性。即使法院的处罚有相应的法律依据,从法律谦抑性的角度而言,是否应当处以 2 万元的罚款。立法规定处罚的种类有训诫、罚款,为何舍训诫而予以罚款。罚款的自由裁量权不是将权利发挥到最大,而是在足以达到惩戒作用的情况下,在许可的范围内以最小金额予以处罚。最大金额的处罚违背了处罚的立法目的。处罚是一种伤害,对于行为人的违法行为处以一定的罚款是必需的,但在满足惩处目的后,就不应当再增大伤害度。即使罚款,为何是 2 万元?有何依据?是与损失相当,还是与获利相当?抑或与违法情节有关?对律师予以处罚时案件尚未审理完毕,对于涉案证据与案件的关联性有多大?是否是关键证据?如果没有涉案证据是否还有其他类似证据?这些关键问题尚未有定论,此时予以处罚在法律适用方面是严谨缜密还是法官训诫后的情绪宣泄?难怪许多法律人表现出了对司法文明的担忧。所幸黄奕律师向广州市中级人民法院申请复议,广州市中级人民法院很快作出了复议决定书,[①] 复议结果为撤销广东省广州市荔湾区人民法院作出的[2019]粤 0103 司惩 1 号决定书。广州市中级人民法院作出的复议决定书无疑是正确的,消除了随意处罚代理律师的恐怖阴影。

3.法院如实通报案件进展情况

当事人将纠纷起诉到法院,无不希望尽快得到裁决。基于获得案件进展情况的管道限制,当事人往往只能通过审判人员的口头通报才知道案件信息。此时,除非涉及审判秘密,审判人员应当如实向当事人通报案件进展情况,不得有所隐瞒。

《焦点访谈》节目曝光的辽宁省葫芦岛市绥中县人民法院就同一个案件出

---

① 黄奕律师处罚复议案(广东省广州市中级人民法院复议决定书[2019]粤 01 司惩复 13 号)。

具了相互矛盾的撤诉裁定书以及民事判决书,①就是由于承办人员对案件进展情况没有如实告之,而是采取欺瞒手段引发的。这种行为严重违反真实义务,甚至涉嫌违法犯罪。

(二)善意

民事诉讼中诚实信用原则适用的善意是指诉讼参与人共同促进诉讼的进行,以实现法律的公平、正义,任何一方不应为获得有利的诉讼地位而滥用诉讼权利。原告的善意就是真实陈述,客观提出诉求。被告的善意就是如实答辩,及时履行应尽的义务。法院的善意就是及时、公正地解决双方的纠纷。

1.时限制度

时限制度是促进诉讼的有利方式。时限制度包括两个方面的内容,一方面的内容是时限期间的合理性,另一方面的内容是超时责任的法定性。与时限相关的规则有举证时限、答辩时限、反诉时限等。未在规定的时限内进行举证、答辩、反诉的行为极大地拖延了诉讼进程,应严格予以规范。

关于反诉时限,由于我国相关规定不尽统一,以至于在司法实践中产生不少争议。反诉时限详见下列规定。

其一,《民事诉讼法》第 140 条。我国《民事诉讼法》没有直接规定反诉时限,仅在该法第 140 条规定被告提出反诉应与本诉合并审理。

其二,《民事诉讼法司法解释》第 232 条。该条规定的反诉时限为案件受理后,法庭辩论结束前。在该时限内原告可以增加诉讼请求,被告可以提出反诉。如果被告提起反诉,人民法院应当对被告的反诉合并审理。

原先的《证据若干规定》第 34 条第 2 款。该规定要求当事人增加、变更诉讼请求或者提起反诉的,应当在举证期限届满前提出。所幸 2019 年修改后的《民事证据规定》已经删除了该条款,该冲突已经不复存在。

比较上述规定,《民事诉讼法司法解释》关于反诉的时限进行了明确的规定。与《民事诉讼法》没有规定相比,这显然值得肯定,但反诉时限期间的合理性值得商榷。时限期间的合理性应当兼顾对案件审理的促进以及当事人对诉讼权利的有效行使,且在满足后者的情况下应尽量缩短前者的时限。《民事诉讼法司法解释》规定的反诉时限为法院辩论终结前,如此规定不符合上述时限

---

① 《同一个案件,两个结局》,央视网,http://tv.cntv.cn/video/C10326/bed84d6dbb04406ea61b497806028c58,下载日期:2019 年 6 月 7 日。

合理性的要求。这样规定的反诉时限期间偏长,超过了被告行使反诉权的必要期间,拖延了诉讼进程。大多数审判人员倾向于认为反诉时限是在法庭辩论结束前,这种理解等于默许被告在开庭过程中突然提起反诉。被告提起反诉的结果是正常的开庭必须中止,法庭必须另行给予双方举证期限,另行安排开庭时间。这实际上极大地拖延了诉讼,降低了诉讼效率。由于反诉可以使双方的纠纷在同一个程序内得到解决,有利于贯彻诉讼经济的原则,我国立法通过规定反诉案件减半缴纳诉讼费的方式鼓励反诉。但由于没有兼顾到反诉时限,反诉制度的设计反而降低了诉讼效率。根据反诉要求与本诉具有相同法律关系或相同事实的法律规定,被告收到本诉的诉讼材料后,无须冗长的时间即可清楚地判断是否应当反诉。为兼顾被告反诉权与案件诉讼效率,今后的立法可以考虑将反诉时限期间缩短至开庭三日前。如果在开庭前被告提起反诉,那么案件另行指定举证期间,另行开庭。这样规定之后,将不致再出现当事人白跑一趟的现象。① 三日的时限规定是参照法院开庭应提前三日通知。

反诉是一项重要的制度,既有利于维护被告的权益,又有利于提高诉讼效率。被告在诉讼中的行为不只限制在防御上,还可以转而进攻,并可以从他这一方在已诉讼系属的程序框架内对原告提起诉讼,这称为反诉。② 各国立法均对反诉时限做了积极的探索,在相关法律中都有相关的规定。《英国民事诉讼规则》第20.7条第3款之a、b项规定,被告在答辩期内提起反诉,无须经法院许可;在其他任何期间提起反诉,须经法院许可。③《德国民事诉讼法典》规定反诉必须在言辞辩论终结之前提起。④《日本民事诉讼法典》第146条规定反诉应于口头辩论终结前提起。口头辩论的日期由裁判长指定。⑤ 比较上述各国关于反诉的规定,各国均有关于反诉受理时限的规定,这样规定有利于促进诉讼的进程。在反诉提起的时限规定方面,英国的最短,要求在答辩期内(英国民事诉讼的答辩期一般为14日,最长的不超过28日)提起,超过答辩期

---

① 笔者曾经历被告当庭提起反诉的案件,法庭中止本诉的审理,另行指定举证时限及开庭时间。
② [德]奥马特·尧厄尼希:《民事诉讼法》,周翠译,法律出版社2003年版,第244页。
③ 《英国民事诉讼规则》,徐昕译,中国法制出版社2001年版,第96页。
④ [德]奥马特·尧厄尼希:《民事诉讼法》,周翠译,法律出版社2003年版,第247页。
⑤ 《日本民事诉讼法典》,曹云吉译,厦门大学出版社2017年版,第49、第51页。

提起的,是否受理由法院决定。德国和日本的反诉受理时限较长,与我国的类似。从这两个国家关于律师费转付制度的规定来看,如果被告没有及时提起反诉,由此增加的相关费用(含律师费用)由对方承担,而不考虑案件胜、败诉的情况。我国没有类似的制度,使得反诉时限方面缺乏有效的规制。英国法中有关超期反诉须经法院许可的规定,增加了法院对是否受理反诉的决定权,有利于法院根据具体案情进行处理。如果对反诉是否受理可以兼顾考虑原告的意见,那么能够增加互动性,更有利于纠纷的解决。

违反时限制度的法律后果是失权、处罚及赔偿。《意大利民事诉讼法典》第208条第1款规定:"如果要求进行举证或要求继续举证的一方当事人缺席为此而进行的开庭,调查法官应宣告其丧失举证权利,除非参加诉讼的另一方当事人要求采纳该证据。"[1]这种规定实际上是一种妥协,因为失权后果不仅仅是对另一方权益的损害,最重要的是对促进诉讼法定义务的违反,[2]法定义务不应当以另一方当事人的同意而免除,而应由法官根据具体情况决定是否同意采纳该证据。

时限制度的立法本意是促进诉讼的进行。时限是当事人行使权利的最后期限,在该期限内不行使则失去行使该权利的权利。有些案件即使存在超越时限的规定,但为了案件的实质公正,仍采纳超过时限的诉讼行为(比如超过举证时限提交的证据)。这不是对时限的改变,而是对案件真实的尊重。虽然如此,但对于超越时限的行为的惩罚不可避免,惩罚应包括民事制裁以及向对方当事人的损失赔偿。

2.法院对案件的处理时限

法院对案件的处理时限是指在案件审理过程中,法院按照法律规定的时限处理诉讼事务。与法院处理诉讼事务时限相关的内容包括立案时限、财产保全时限、案件审理时限、执行异议时限等。由于员额制改革等问题,法院案多人少的现象突出,虽然立法对法院审理案件的各种时限均有明确的法律规定,但在实践过程中能按时限完成的情况较少。

---

[1] 《意大利民事诉讼法典》,白沦、李一娴译,中国政法大学出版社2017年版,第81页。
[2] 许士宦:《新民事诉讼法》,北京大学出版社2013年版,第300~304页。

二、适用内容的区别性

诚实信用原则适用内容的区别性是指对于不同的对象、不同的程序,该原则的适用内容不同。

(一)适用对象的区别性

诚实信用原则对不同对象的适用内容不同,这是因为诚实信用原则具有义务属性,不同主体参与诉讼的目的、作用、法律依据各不相同,适用内容因义务不同而不同。适用对象的区别性,要求在立法时必须针对不同的对象设立不同的适用内容。比如对于原告,其违背诚实信用原则的行为大多表现在虚假诉讼、恶意申请财产保全等。因此,对原告适用诚实信用原则的内容应为防止原告的上述行为,时限制度与其关系不大,因为原告是提起诉讼的一方,正常情况下其肯定希望早日结案,不存在拖延诉讼的动机。对于被告,其违背诚实信用原则的行为多表现为拖延诉讼、虚假陈述等,此时反诉时限等规则对被告更为有效。

(二)适用程序的区别性

民事诉讼各个程序的任务不尽相同,应根据不同程序设立相应的适用内容。在一审阶段主要规范当事人的虚假陈述以及举证时限等行为,二审阶段更多的是规范禁反言等行为(一审的诉讼行为对二审有约束力),运行时间规范的是当事人是否如实申报财产、是否逃避执行等。

三、适用的合法性

诚实信用原则适用的合法性,是指该原则的适用应严格依据法律,没有法律依据不得扩大化适用。在审判实践中,民事诉讼诚实信用原则的适用呈扩大化的趋势,这实属一种无奈。一方面,司法实践中出现的大量虚假陈述亟需诚实信用原则予以规制;另一方面,虽然我国立法已经确立诚实信用原则,但缺乏完善的确保该原则有效运行的制度。这种现象使得审判人员在审理案件时无相应的法律规定予以适用,因而不得不直接适用诚实信用原则。适用扩大化的现象违背了适用合法性的原则。

判断当事人的行为是否违背诚实信用原则,应以行为的违法性为前提。符合法律规定的行为,即使确实存在恶意,应当通过增设新的法律制度予以规制,不宜直接以违背诚实信用原则进行制裁。否则,适用该原则将被置于合法性的对立面。

以行为的违法性作为诚实信用原则的适用标准,而不是以善、恶,这是因为后者的主观性太强,以此作为标准无法达到执法的统一化。没有违背法律规定的恶意行为是不道德的行为,诚实信用原则既然由道德规范上升到法律原则,又以道德的标准判断当事人的行为,这无疑是一种倒退,这种倒退实质上是将该原则又置于道德规范体系之内。

(一)严格按诉讼请求金额确定级别管辖

与此相关的案例:原告与被告签署了一份合作协议,协议约定原告向被告支付定金人民币 500 万元。协议还约定如有任何一方违约,则适用定金罚则。后因被告违约,原告依法可以主张返还双倍定金,即人民币 1000 万元。根据当地法院级别管辖的规定,一审超过人民币 1000 万元(含本数)的案件由中级人民法院管辖。如果本案一审在中级人民法院审理,则二审就应当由该省高级人民法院审理。鉴于原告的住所地距离省城比较远,为避免二审前往较远的省城,原告主动减少了诉讼请求金额,将起诉标的确定为人民币 999 万元,如此原告就可以在当地基层法院起诉。原告起诉后,被告提出原告将本应由中级人民法院管辖的案件在基层法院起诉是滥用管辖权,原告的行为违背诚实信用原则,是恶意规避级别管辖的行为。

关于本案原告的行为是否恶意,是否滥用,乃至是否违背诚实信用原则,应当严格根据原告起诉行为的合法性进行判断。原告将诉讼请求金额主动减少 1 万元,这是其处分权的体现。原告行使处分权的行为不但符合法律规定,而且没有损害被告的利益。相反,被告还据此减少了罚金数额。因此,原告减少诉讼请求金额的行为符合相应的法律规定。至于本案在基层法院管辖,从客观上减少了本案二审原告去遥远的省会城市的麻烦,但不能因为对原告有利即认为其恶意。对于被告提出管辖权异议,一审法院裁定认为被告管辖权异议的理由不能成立,故驳回被告管辖权异议申请。被告不服一审裁定,提起管辖权异议上诉,二审法院作出了维持一审内容的裁定。因原告主观上不存在增加被告负担的恶意,客观上不存在违反法律的行为,因此,原告的行为没有违反诚实信用原则。

(二)故意违法提高诉讼请求金额的级别管辖应予移送

与上述案例相反,如果原告在起诉时故意提高诉讼请求金额以改变级别管辖,且原告无法对诉讼请求金额的计算依据作出合理解释或计算依据明显错误,人民法院应认定原告存在规避级别管辖的行为,并裁定将案件移送至有管辖权的法院审理。最高人民法院审理的关于"潘连华与浙江省人民政府、嘉兴市人民政府建设工程施工合同纠纷案",①足以说明人民法院对故意提高诉讼请求金额以规避管辖的行为不予支持。

该案基本案情:潘连华向浙江省高级人民法院提起诉讼,要求浙江省人民政府、嘉兴市人民政府向其支付工程款及违约金合计5亿余元。嘉兴市人民政府提出管辖权异议,请求将本案移送嘉兴市中级人民法院管辖。嘉兴市人民政府认为潘连华存在故意提高诉讼请求金额以规避级别管辖的行为,其提出的5亿元的诉讼请求金额没有任何计算依据,原告此举的目的是将本案越级起诉到浙江省高级人民法院。浙江省高级人民法院审查后支持了嘉兴市人民政府的管辖权异议,裁定将本案移送嘉兴市中级人民法院管辖。潘连华不服,向最高人民法院上诉。潘连华在上诉状中提出,本案处于立案阶段,尚未进入实体审理,诉讼请求的计算是否有法律依据是实体审查问题,不是管辖权异议应当审查的内容。此外,潘连华已经按照法院通知交纳了诉讼费用,本案应当由浙江省高级人民法院管辖。

最高人民法院经审查后作出驳回潘连华上诉的裁定,裁定的理由为:

首先,从立案登记制的角度进行考察。该制度要求司法机关依法受理案件,对当事人符合法律规定的起诉不推诿,做到有案必立、有诉必理,充分保障当事人的诉权。但这并不意味着人民法院在立案阶段对当事人起诉不进行任何审查。相反,为了保障当事人规范、有效地行使诉权,人民法院在立案阶段应当依法对当事人的起诉进行必要的审查。这是对立案登记制有效运行的必要保障,不是违反。

其次,从诚信诉讼的角度进行评判。诚实信用原则是民事诉讼的基本原则,当事人行使权利、履行义务应当遵循诚实信用原则。当事人故意提高诉讼标的额以规避案件级别管辖是对诉权的滥用,违反了诚实信用原则。人民法院对此予以审查,是维护诉讼诚信、防止当事人滥用诉权的必然要求。

最后,从诉讼收费的角度。依法交纳诉讼费,是民事诉讼当事人的法定义

---

① 潘连华与浙江省人民政府、嘉兴市人民政府建设工程施工合同纠纷案(最高人民法院[2017]最高法民辖终120号)。

务,但并不是当事人对人民法院审理案件的限制。尽管原告最终将为虚高诉讼标的额的行为承担一定的诉讼费用,但这并不意味着当事人有权以此规避案件级别管辖,将本应由下级法院管辖的民商事案件越级起诉。2009 年颁布的《最高人民法院关于审理民事级别管辖异议案件若干问题的规定》(以下简称《规定》)对人民法院在立案阶段进行级别管辖审查也作出了明确的规定。该《规定》第 1 条规定,被告在提交答辩状期间提出受诉人民法院违反级别管辖规定,案件应当由上级人民法院或者下级人民法院管辖的管辖权异议,受诉人民法院应当进行审查,并在受理异议之日起 15 日内作出裁定。被告的异议不成立的,裁定驳回。被告的异议成立的,裁定移送有管辖权的人民法院。

最高人民法院认为,本案潘连华提供的证据明显不符合常理,证据之间存在明显矛盾,其诉请的 5 亿元诉讼标的额缺乏证据支撑。其主观上虚构诉讼标的额、抬高案件级别管辖的意图明显。潘连华关于一审法院不应在立案阶段对其诉请的诉讼标的额进行审查的上诉理由,不能成立。最高人民法院据此作出驳回潘连华的上诉。

在当前实行立案登记制度下,该案的处理结果对于恶意提高诉讼请求金额,规避级别管辖的诉讼行为具有遏制作用。

毫无疑问,从处理结果上看最高人民法院的裁定是正确的,由于最高人民法院作出的裁定对全国法院处理此类案件时有重要的参照作用,在裁定理由方面可以进一步完善。其一是明确对管辖权异议审查的内容,以此纠正在司法实践中的认识误区。通说认为管辖权异议属于处理程序问题,不得进行实体审理。应明确的是,不进行实体审理并不代表管辖权审查阶段不涉及实体内容,当事人提起诉讼的前提就是实体内容,没有实体内容的案件,其起诉无从谈起。审查管辖权异议案件不涉及实体内容仅指不涉及实体权利义务的处理,对于与管辖权有关的事实,比如地域管辖节点、级别管辖依据,这些实体内容必须涉及。在管辖权异议程序中,往往将实体事实当作老虎屁股摸不得,这是违背管辖权异议的立法本意的。其二是明确诉讼费的属性。诉讼费不是当事人约束人民法院的依据,即使当事人缴纳了诉讼费用,亦不能改变立法关于级别管辖的规定。正如最高人民法院的裁决理由所说的,缴纳诉讼费是诉讼得以启动的前提,原告只有缴纳诉讼费,法院才向被告送达诉讼文书。管辖问题不但涉及原告、法院,同时还涉及被告。被告有权就管辖事宜提出异议,人民法院有权根据案件查明的情况作出移送与否的决定。

另有一起与此相类似的案件：原告向当地中级法院起诉，要求被告支付的金额为人民币5050万元。计算依据是本金1000万元，按每年60%的利率计算违约金，计算期限是5年。按照当地法院级别管辖的规定，中级法院级别管辖的金额为5000万元，原告起诉的金额5050万元正好达到中级法院的管辖标准。原告遂在中级法院提起诉讼。被告提出管辖权异议，认为根据原告提交的起诉状，原告的行为明显故意提高诉讼请求金额，规避级别管辖的规定，是恶意利用立案登记制的行为。被告请求将本案移送到有管辖权的基层人民法院审理。关于原告恶意的具体表现：其一，计算利率的标准违法。根据相关司法解释，利率最高的计算标准为24%，本案中60%的年利率明显违法。其二，即使按60%的年利率计算，原告的诉讼请求仍不超过5000万元。根据原告按5年计算利息的主张，利息金额为3000万元，利息加本金人民币1000万元，本、利合计金额为人民币4000万元，不是原告主张的人民币5050万元。错误如此明显，足以说明原告的故意，其目的就是规避管辖。《民事诉讼法》第127条规定："人民法院对于当事人提出的异议，应当审查。"管辖权异议案件一般不开庭审理，为慎重起见，法庭将被告提交的书面管辖权异议副本转交给原告，以便原告有针对性地回复。原告回复后坚持认为起诉金额超过人民币5000万元，且原告缴纳了人民币5050万元相应的诉讼费，该案依法就应当由中级法院管辖。原告不存在计算错误，否则多交诉讼费会给原告带来损失。至于是否支持人民币5050万元的诉讼请求，是受理后审理的事宜，是实体法的范畴，不应在管辖权异议中予以处理。被告认为原告的回复完全避重就轻、避实就虚，没有对诉讼请求如何计算以及计算错误等实质性问题予以回复。特别是对于60%年利率的违法性原告没有回复，这种未回复等于对违法性的默认。此外，原告以缴纳诉讼费作为对价，换取级别管辖的观点是毫无根据的，违背了民事诉讼级别管辖的根本价值。级别管辖是司法机关内部的分工，这种管辖法定不能因当事人支付货币对价而改变，否则法律规定会沦为金钱的工具。法律的公平正义绝不能被金钱染指，被告的管辖权异议最终获得法院的支持。

(三)恶意规避地域管辖的案件应予移送

级别管辖确定以后，就如何确定地域管辖，原告同样存在滥用管辖权问题。常见的情形是原告为了获得有利的地域管辖故意将不适格的其他被告列为共同被告。原告利用可以在任何一名被告所在地法院起诉的法律规定，将本应由其他地域法院管辖的案件,向不适格被告所在地法院起诉,从而达到上述规避地域管辖的目的。对于这种行为,即使被告提出异议,在当前的诉讼模式下也很可能无法获得支持,因为法院会认为这属于实体问题,必须开庭审理后才能处理。只有增设当事人适格异议制度,才可能使这种恶意规避管辖的行为得到正确处理——适格异议成立后移送有管辖权的法院审理。

(四)滥用管辖权异议

确立管辖权异议制度的本意是为了更好地保障当事人行使诉权,不仅仅保障被告就受理事宜提出异议,同时促使原告在起诉时以更加谨慎的态度对待管辖,免得被告的管辖权异议成立后因案件移送而耽误审理时间。被告提起管辖权异议的法律后果是一审法院停止案件的实体审理活动,先就程序事宜——受理法院是否有管辖权作出裁定,被告对驳回管辖权异议的裁定还可以提起上诉。在司法实践中发生管辖权错误的案件偏少,这是由于原告提起诉讼必定希望法院尽快作出判决,因此其在起诉时一定会根据法律规定正确选择具有管辖权的法院。同时,法院立案阶段对管辖事宜的必要审查也可以确保管辖的正确性。虽然目前实行立案登记制,但这并不是等同于法院无条件受理原告的起诉,而是指法院对原告的起诉不再设置任何前置性条件。在司法实践中,受理法院仍应严格审查该院是否有管辖权,对于没有管辖权的,立案法官一般指导原告向有管辖权的法院起诉。如果原告坚持向该院起诉,法院则作出不予受理的裁定。至于一审管辖权异议被驳回的案件,上诉后获得支持的更是少之又少。这是因为管辖权异议的案件涉及的内容比较简单,如果受理错误,在被告一审提出的管辖权异议程序中基本就能得到纠正。

既然发生管辖权错误的案件较少,为何司法实践中被告提出管辖权异议的现象如此普遍?答案是被告并不在意其管辖权异议能否获得支持,被告提出管辖权异议的目的显然"醉翁之意不在酒",而在于拖延开庭时间,而该目的又是被告通过其他任何方式均无法获得的。另外一个因素就是提起管辖权异议产生的费用极低。当事人提起管辖权异议,包括对管辖权异议的上诉均无须承担拖延开庭而产生的额外成本。根据法律的规定,管辖权异议案件收费有如下特点:首先,提起管辖权异议的一方无须预交费用,不像原告提起诉讼时应预交案件受理费。其次,管辖权异议成立的案件无须缴费,只有管辖权异议未成立的案件才缴费,且缴费金额极低。① 再次,管辖权异议上诉案件无须预先缴费。② 这种法律制度设计的不合理无异于变相鼓励当事人提起管辖权异议。

四、适用的谦抑性

谦抑性本是一项刑事立法原则。谦是指谦虚、谦逊,不张扬,抑是指抑制、内敛。谦抑性也称必要性,是指除非迫不得已及必要,否则不应定罪或量刑。参照这种概念,民事诉讼诚实信用原则适用的谦抑性是指除非必须适用该原则,否则应优先适用其他原则或体现该原则价值的其他法律制度。

民事诉讼适用诚实信用原则应秉持法律的谦抑性。世界上不存在任何可以包治百病的良方,诚实信用原则也是如此。诚实信用原则有利于实现民事诉讼的价值,但过分突出或夸大其重要性,也是不足取的。那种认为该原则的贯彻可以彻底解决民事纠纷,使当事人息诉服判的想法是不现实的。夸大诚实信用原则适用作用的理念势必造成诚实信用原则适用的泛滥化。

民法中的诚实信用原则被称为民法的"帝王原则"。有观点据此认为,民事诉讼中的诚实信用原则也应当为民事诉讼领域的"帝王原则",③以此显示该原则在民事诉讼中的崇高地位。这种观点值得商榷。民法与民事诉讼法的运行机制不同,前者属于私法,民事主体完全可以决定自己的民事行为,如果发现对方不诚信,另一方可以即刻终止交易。民事主体对自己的民事行为具有完全的主动权,此时诚信原则才显示出其"帝王"风范。民事诉讼则不同,民事诉讼法属于公法,贯彻的是"法无授权则禁止"的法律适用原则。民事主体的诉讼行为及相关法律后果需要借助法律规定及法院的司法行为才能实施,民事主体的决定权有限。此时,诚实信用原则不应凌驾于其他一切原则之上,而是与其他原则共同确保实现民事诉讼的公平、正义。帝王拥有的是无上的权力,"普天之下,莫非王土;率土之滨,莫非王臣"。民事诉讼诚信原则与其他

---

① 《中华人民共和国诉讼费用交纳办法》(2006年)第13条第1款第6项规定:"当事人提出案件管辖权异议,异议不成立的,每件交纳50元至100元。"

② 《中华人民共和国诉讼费用交纳办法》(2006年)第8条第1款第3项规定:对不予受理、驳回起诉和管辖权异议裁定不服,提起上诉的案件,不交纳案件受理费。

③ 宋平:《民事诉讼诚信用原则与管辖权滥用之规制研究》,厦门大学出版社2018年版,第115页。

之间不存在"君、臣"关系,只是从不同角度发挥各自的作用。

五、适用的劣后性

在通常情况下,基本原则是立法指导理念,基本原则不具有直接的或优先适用性。在具体审判案件时应优先适用体现该原则价值的法律制度,只有在没有相关法律制度时才适用基本原则。德沃金(Dworkin)认为,与法律规则相比较,法律原则有其独特的优势,比如在一定程度上避免了法律与现实的脱节,填补了事实与规则间的缝隙,因而更好地起到了调控社会的目的。但适用法律原则也增加了司法的不确定性和不可预测性,削弱了法的一致性、安定性和权威性,甚至有可能助长司法专横。因为法律原则与法律规则相比较,内容更加抽象、辐射面更大、适用范围更广,法官可操作的余地更大,把握难度和不确定性也大大增加。因此,德沃金强调法官在审判案件时直接适用法律原则应该受到严格的限制。但法律原则是法官在司法过程中必须考虑的因素,法律原则对具体案件的判决有方向指引作用。[1]

(一)直接适用将违背民事诉讼体系的协调性

诚实信用原则的直接适用将违背民事诉讼各原则适用之间的协调性。由前文探讨的诚实信用原则与举证责任分配的适用关系可以看出,如果直接适用诚实信用原则,则举证责任分配制度完全可以束之高阁,法官可以要求任何一方依据诚实信用原则陈述案件的事实,否则就承担不利的法律后果。此外,辩论原则也将失去任何存在的意义了,当事人无须辩论,只需要如实陈述,其他问题由法官来解决。若如此,诉讼模式又将倒退至职权主义的方式,这种场景不可想象。

(二)直接适用影响精准性

诚实信用原则的含义宽泛,直接适用的针对性不强,无法根据具体行为区别规制。在司法实践中常见的虚假陈述、伪造证据、隐瞒真相、提起笔迹鉴定后不按时缴纳费用及拒绝配合鉴定机构笔迹取样等行为,都是明显违反诚实信用原则的,但情节各不相同。前三者违背真实义务;第四种情形违背善意的

---

[1] Ronald Dworkin, *A Matter of Principle*, Harvard University Press, 1985, pp.24~27.

义务，属于恶意拖延诉讼进程。这些行为造成的法律后果也不一样，前三者系藐视司法智慧、挑战司法权威，第四种情形除存在前述事宜之外还造成了对方当事人人力、财力的损失。这些行为违背的法律规定及造成的法律后果明显不同，不能一概适用诚实信用原则进行规制，而应当根据诚实信用原则设立的不同具体规则进行处理。

六、适用的补充性

适用的补充性由基本原则的法律地位所决定。基本原则适用的补充性类似于法条的兜底性条款，是指仅在具体制度没有规定，或规定得不够全面时才予以适用，否则，应优先适用具体的法律制度。适用的补充性又称作规则先于原则，规则为法官提供裁判标准与司法技术，它对限制自由裁量权，保证实体规则的贯彻实施发挥着重要的作用。如果有具体的法律规则可以适用，法院审理案件应贯彻规则先于原则的法律适用规则。目前在司法实践中频繁出现的直接适用诚实信用原则的判例，原因在于配套制度的欠缺性。这种现象要求我国立法机关必须尽快制定相关法律制度，以满足司法适用的要求。[①]

第五节　民事诉讼适用诚实信用原则的功能

民事诉讼诚实信用原则适用的功能是指适用该原则可以在民事诉讼中所发挥哪些作用。根据徐国栋教授的研究，从立法体例上考察，在一部法律中，将基本原则作为法律结构的立法模式是20世纪以后才出现的，出现这种现象是历史的必然。[②] 根据立法技术，原则性法条的主要职能是确定一部法律的立法目的、指导思想或基本价值取向。不同于具体的法律规范，原则性法条不具备假定、处理、制裁的结构模式，因而不具备直接适用性。根据原则性法条在一部法律中的职能，原则性法条应具备高度抽象的特点，具有统领、贯彻整

[①] 董书萍:《法律适用规则研究》,中国人民公安大学出版社2012年版,第124页。
[②] 徐国栋:《民法基本原则解释:诚信原则的历史、实务、法理研究》,北京大学出版社2013年版,第11页。

部法律的作用。在普通法系国家,原则性法条在具体判例中予以体现,法官可以在此后判决中予以援引。大陆法系国家则将原则性法条在立法中明确规定。① 原则性法条一般在一部法律的开篇就予以规定,比如《澳门民事诉讼法典》第3条规定了辩论原则,第4条规定了平等原则,第5条规定了处分原则,第9条规定了善意原则。② 也有些国家的立法与此不同,比如德国的《民事诉讼法》没有采取"开门见山"式的方法确立原则性法条,而是在《德国民事诉讼法》第269条、第306条至第308条、第330条、第515条、第536条等条文中规定了处分原则。在第288条、第292条等条文中规定了辩论原则。在第93条、第114条、第138条、第263条、第269条、第296条、第530条规定了诚实信用原则。

民事诉讼适用诚实信用原则具有以下功能:

一、立法指引功能

立法指引是指立法机关在制订具体的法律规范的过程中所遵循的基本价值。诚实信用原则在民事诉讼中的立法指引功能是指通过立法活动,将该原则承载的价值以设计相关具体的法律制度的方式贯彻到民事诉讼法中。我国1999年颁布的《中华人民共和国合同法》(以下简称《合同法》),其中第1条关于制定该部法律的立法目的:"为了保护合同当事人的合法权益,维护社会经济秩序,促进社会主义现代化建设,制定本法。"在这种思想的指导下,促进合同有效,较少合同无效的立法内容就成为必然。最高人民法院通过颁布相关司法解释,将违反法律、行政法规限定为违反全国人大或其常务委员会、国务院制定的效力性强制规范,不包括管理性强制规范,以此避免司法实践中扩大化适用《合同法》第52条的规定。③ 这就是在"促进社会主义现代化建设"的立法目的下,通过具体的法律规范来限制合同无效的规定,扩大合同有效的

---

① 朱力宇:《立法学》,中国人民大学出版社2015年版,第254页。
② 中国政法大学澳门研究中心、澳门政府法律翻译办公室编:《澳门民事诉讼法典》,中国政法大学出版社1999年版,第3~5页。
③ 《中华人民共和国合同法》(1999年)第52条规定:"有下列情形之一的,合同无效:(1)一方以欺诈、胁迫的手段订立合同,损害国家利益;(2)恶意串通,损害国家、集体或者第三人利益;(3)以合法形式掩盖非法目的;(4)损害社会公共利益;(5)违反法律、行政法规的强制性规定。"

情形,以达到鼓励交易的目的。在此之前的司法实践中,法院常作出无效判决,且适用无效判决的法律依据不一。民事诉讼法规定了处分原则,通过规定原告有权变更诉讼请求,被告可以承认原告诉讼请求的具体法律规范,使该原则得以具体实施。

我国直至2012年方才在民事诉讼法中确立诚实信用原则,在此之前颁行的《证据若干规定》第3条、第7条、第57条、第74条已经体现了诚实信用原则的相关价值。此后,在2015年颁布的最高人民法院关于适用《中华人民共和国民事诉讼法》的解释(以下简称《民事诉讼法司法解释》)第92条关于自认的规定,也是诚实信用原则在立法中的具体适用。诚实信用原则在民事诉讼立法中的指引功能尚未全面发挥,还有许多未曾涉及的领域,比如当事人的真实义务,禁反言,还有对司法机关的适用等,这需要在今后的立法中予以完善。

二、司法探索功能

(一)立法的滞后性期待司法探索

立法总是滞后于社会发展,这是由立法规律所决定的。社会生活不断变化,"逝者如斯夫,不舍昼夜"。而一项法律从提议到诞生要包括立法预测,立法规划,法律文本起草,法案提出,征求意见,法案修改,法案审议,法案通过,法案公布等。① 代议机关的立法程序主要包括提出立法议案,审议法律草案,表决法律草案和公布通过的法案等四个阶段。② 每一部法律的出台都经年累月。从1954年开始,我国关于制定民法典的呼唤良久,③ 至今仍尚未出台。因此,在没有具体法律规范的情况下,基于法官不得拒绝裁判的原则,法庭可以适用原则性法条对审判行为积极探索,以便为立法提供依据。

(二)诚实信用原则具有动态性

由于不同历史时期善意的内容各不相同,诚实信用原则中的善意因素决定了该原则在实际适用过程中具有动态性的特点,而动态性可以使得该原则具有与社会生活紧密联系的效果。动态性是由不同时期社会生活的特点所决定的。20世纪甚少发生婚姻纠纷案件,这是因为彼时人们对于婚姻的态度是

---

① 朱力宇:《立法学》,中国人民大学出版社2015年版,第122页。
② 徐向华:《立法学教程》,北京大学出版社2017年版,第165页。
③ 梁慧星:《时代呼唤科学完备的民法典》,载《人民日报》2016年6月15日,第20版。

从一而终,夫妻双方无论是否合适绝不能离婚的,人人谈离婚"色变",特别身份的人士离婚要得到组织批准,离婚人士是道德败坏的标签。更有甚者,有些女性被男性侵犯后,担心名声败坏而被迫嫁给侵犯人。在这种情况下,离婚现象少,离婚纠纷自然就少。至于财产继承纠纷案件,因为20世纪的人们还不富裕,虽然解决了温饱问题,但基本无财产可供继承,谈不上就遗产事宜发生纠纷。新时代有新的现象,时代的发展要求民事诉讼活动不能墨守成规,而是应本着诚实信用原则的要求主动探索,以此实现民事诉讼的价值。

1. 以先行判决呵护未成年人成长

人民法院在审理离婚案件时,因涉及子女抚养、财产分配等争议问题,案件的审理时间往往经年累月。有些当事人对离婚没有异议,只是对财产分配各持己见或者就孩子抚养达不成一致的意见。这些案件如果没有得到及时的处理,父、母双方争吵不休,孩子的抚养权处于一种未定的状态,孩子将无所适从,这对于未成年人的伤害非常大。而且,孩子的成长具有不可逆性,这种伤害永远无法弥补,对孩子的未来和整个社会都是不利的。从保护未成年人的角度,深圳市福田区人民法院根据《民事诉讼法》第153条的规定,尝试将财产分配与离婚、孩子抚养分别裁判,后者适用先行判决,财产问题另行裁判。鉴于离婚及孩子抚养的判决内容所涉及的法律问题相对简单,而且基于血缘关系多数家长愿意在孩子抚养方面作出让步,这些因素均可以促使这两项内容的判决在很短的时间内作出。至于财产价值评估、婚前财产认定、夫妻财产归属等夫妻财产分割事宜,无论耗费时间的长短,对孩子的抚养不再造成直接的不利影响。这种先行判决的方式对于未成年人的安定生活与健康成长具有积极作用。[①]

2. 探索强制答辩制的适用

深圳市前海合作区人民法院为促进诚实信用原则在司法实践中的适用,曾进行了积极的探索。该院在其官网上公布了诚信诉讼须知,[②]强制答辩须

[①] 福田法院:《我院开展保障民生、保护民企专项行动,有温度地处理少年家事案件》,深圳市福田区人民法院官网,https://www.ftcourt.gov.cn/news/newsdetail.aspx?cls=1&id=4246,下载日期:2019年7月30日。

[②] 《诚信诉讼须知》,广东省深圳前海合作区人民法院官网,http://www.szqhcourt.gov.cn/ssfw/ssfwDetail.aspx?cls=7&id=136,下载日期:2019年5月8日。

知等规定，①此举还引起一些律师的非议。河南普丰律师事务所(以下简称普丰律师事务所)在其官方微博上对深圳市前海合作区人民法院的上述做法公开表示不满。该律师事务所认为，法院要求被告应当在15日内提交书面答辩状，且答辩状应对原告起诉的诉讼请求、事实和理由进行实质性响应，并对是否同意调解及调解方案发表具体的意见，这些举措均没有相应的法律依据。特别对于《答辩通知书》提示的"如果未按本通知书要求进行答辩的，可能面临训诫、责令承担诉讼费用及对方律师费等后果。"难以接受。普丰律师事务所认为该通知书的内容公然违背全国人大及其常委会制定的法律。律师事务所不但在官微上发表该意见，还将法院的《答辩通知书》放到网上，大有公布于天下，任由众人评说之意。根据网友的留言，支持和反对的意见都有。

　　普丰律师事务所认为法院的举措没有直接的法律依据，这种观点不尽妥当，实际上法院的规定正是贯彻民事诉讼遵循诚实信用原则的要求，只不过法院将该原则的要求具体化而已。法院要求被告按时提交答辩状，有利于提高诉讼效率，这是贯彻诚信诉讼关于促进诉讼的体现。民事诉讼法确立诚实信用原则之后，当事人遵循诚实信用原则的具体内容即为真实义务及促进诉讼的义务，而要求当事人按时提交答辩状，有利于法院及时了解双方争议的焦点，便于法官提前整理审理重点，提高诉讼效率。这同时是当事人履行促进诉讼义务的体现。相反，如果允许被告在开庭时才提交答辩意见，法官根据被告的答辩需要临时决定法庭调查内容，如果涉及调查取证等，还可能需要再次开庭，这显然不利于促进诉讼。既然法院的《答辩通知书》没有违背法律之处，为何同为法律职业共同体的律师难以接受呢？主要原因是法院发出的《答辩通知书》容易使人产生不提交答辩状会受到处罚的误解。而《民事诉讼法》第125条第2款规定："被告不提出答辩状的，不影响人民法院审理。"实际上，如果仔细推敲法院的特别提示，普丰律师事务所的律师并不能得出上述不答辩即受罚的结论，因为法院的特别提示中是"可能"受到处罚，而不是"一定"受到处罚。从处罚结果考察，有此特别提示与没有提示的结果并无区别，因为没有这个提示，当事人也可能受处罚；有这个提示，当事人也可能不受处罚。

　　当然，《民事诉讼法》第125条第2款的立法本意也不是被告不提交答辩

---

① 《强制答辩须知》，广东省深圳前海合作区人民法院官网，http://www.szqhcourt.gov.cn/ssfw/ssfwDetail.aspx? cls＝7&id＝135 下载日期：2019年5月8日。

状不承担任何法律责任,而是不影响人民法院对案件的审理。关于对当事人的处罚,《民事诉讼法》第十章有专门的规定,这些内容才是处罚的依据,至于是否提交答辩状确实与是否处罚没有因果关系。法院在特别提示时,没有按照完整的法条内容"不提交答辩不影响审理"予以提示,这也是容易让人产生误解的另一个原因。法院此举可能考虑到如果完整提示,恐怕起不到促进当事人积极答辩的作用。法院本希望通过此举督促当事人进行答辩,不想却引发了对法律适用统一性的非议。

3.以对诚信诉讼的奖励提高诉讼效率

效率是民事诉讼程序价值的内容之一,[①]对于如何提高审判效率,除了考虑法官及时进行审判的因素之外,还应从制度设计上对当事人拖延诉讼的行为予以惩罚,对促进诉讼的行为进行奖励,这样才能从多角度提高效率。《德国民事诉讼法》第93条规定,被告对于原告的诉讼请求实时允诺的,诉讼费用由原告承担。这实质上是对被告促进诉讼的奖励。一旦实行此类有利于被告利益的促进诉讼的法律制度,想让被告拖延诉讼都难。立法实践中甚至还可以规定:被告虽未对原告的全部诉讼请求予以允诺的,如果被告对原告的部分诉讼请求实时允诺,那么被告免于承担该允诺部分的诉讼费用。这种对被告部分允诺行为予以奖励的规定,奖励范围不局限于全部允诺,从效果上比德国民事诉讼法规定的全部允诺更加能够促进诉讼。大禹治水的成功之处在于"堵、疏"的方式相结合,促进诉讼亦应如此,奖、惩方式相互配合着运用将会使促进诉讼的效果更加显著。在我国立法尚无明确法律规定的情况下,我们对于前海合作区人民法院为促进诉讼的探索行为应当多一些理解。

三、法律教育功能

法律的教育职能是法律的重要职能之一,法律的教育职能是指法律通过自身的存在以及在审判实践中的适用,由此产生了广泛的社会影响,这种影响督促、引导、教育人们的行为遵循相关法律规定,自觉不从事违法行为。[②] 与法律的惩罚功能相比,教育职能可以防患于未然,更有利于社会管理。诚实信用原则的教育功能即督促各个诉讼参与主体在民事诉讼过程中自觉遵循该

[①] 齐树洁主编:《民事诉讼法》,厦门大学出版社2019年第13版,第31页。
[②] 吴汉东主编:《法学通论》,北京大学出版社2018年第7版,第21页。

原则。

在发挥法律的教育功能时，就抽象性、概括性和具体性而言，民事诉讼的基本原则与具体制度发挥作用的要求截然相反。法律的教育功能需要内容越抽象，越有利于发挥作用，这是因为高度抽象性及概括性，使得普通公众容易理解和遵守。民事诉讼的诸多基本原则正与此相符，即使非法律专业人士，从"平等原则"、"辩论原则"、"处分原则"这些文字的含义也可以对这些原则的含义猜出一二。但基于诚实信用原则而衍生出的具体法律规范，比如真实义务、禁反言、对法官自由裁量权的规制等，除非法律专业人士，普通民众很难理解这些具体的法律规范。诚信原则在我国具有悠久的历史，诚实信用原则的概括性有利于当事人对该原则的了解，从而在诉讼中自觉做到实事求是、不欺骗、不撒谎。

澳门科技大学法学院黎晓平教授在给我们授课时提出，人们对法律的遵守并不仅仅是基于对具体法条的了解，而是基于人内心的善。在法律的遵守及实施过程中，良法是一个重要因素，人是更重要的因素。为此，黎晓平教授列举了一个日常生活中的现象作为该观点的印证。一国公民去另一国旅行，旅行者并不了解该国的法律，但很少发生旅行者违法犯罪的行为，因此，我们很难得出这样的结论：旅行者对于该国法律的遵守是基于知晓该国的法律规定，以及害怕违法所受到的惩罚。显然，旅行者对外国法律的遵守是遵循其内心之善所致。[①] 正如古罗马查士丁尼皇帝所言，法律的基本原则是：为人诚实，不损害别人，给予每个人应得的份额。[②] 如此对法律的基本原则的定义与诚实信用原则所包含的主观诚信——善意有相通之处。基于在本国的生活经验，旅行者可以很好地遵守当地法律，尽管旅行者并不知道遵守的是哪些具体法条，可见全世界的善有共通之处。

---

① 黎晓平教授在澳门科技大学讲授《法哲学》课程时本人所做的听课笔记，2015年。
② ［古罗马］查士丁尼：《法学总论》，张企泰译，商务印书馆2016年版，第5页。

第二章　民事诉讼诚实信用原则适用的构成要素

事物的构成要素是指构成事物的最基本的组成部分,研究事物的构成要素有助于揭示事物的本质,从而更好地认识、适用事物。例如人们认识到二氧化碳是由碳元素和氧元素构成的,氯化钠(食盐)是由氯元素和钠元素构成的,根据化学元素守恒定律,如果人们要合成上述化合物,则必须提供与该化合物构成元素一致的物质。即合成二氧化碳必须提供碳元素和氧元素,合成氯化钠必须提供氯元素和钠元素。分解上述化合物与此类似。从事物的构成要素着手,才可能实现预期的目的。认识民事诉讼诚实信用原则适用的构成要素同样如此,对民事诉讼诚实信用原则适用构成要素的研究,有助于从细分的角度确定各构成要素的内容,从而认识该原则,以及在立法、司法实践中确保该原则适用的正确性。民事诉讼诚实信用原则适用的构成要素是指构成民事诉讼诚实信用适用的基本功能单元,具体包括:适用主体、适用对象、适用内容、适用范围、适用形式等。

第一节　民事诉讼诚实信用原则适用的主体

民事诉讼诚实信用原则适用的主体是指在民事诉讼活动中实施法律适用的机关或组织,是一般性法律与个别性的社会现实的主观连接者,是法律活动得以进行的前提。[①] 法律适用有广义和狭义之分。广义的法律适用是国家机关(立法机关、司法机关)及其工作人员、社会团体和公民实现法律规范的活动。狭义的法律适用是指国家机关(人民法院、人民检察院)及其工作人员(审判人员、检察人员)依照法律规定,在其职权范围内将法律规范应用于具体事

[①] 胡建淼主编:《法律适用学》,浙江大学出版社2010年版,第7页。

项的活动。法律适用是指法官将抽象的、一般性的法律规范适用于个案中的审判活动。① 除此之外,本书还将当事人及诉讼代理人作为诚实信用原则的狭义适用主体,如此考虑的主要原因是当事人及诉讼代理人在司法实践中对诚实信用原则的适用发挥着重要的作用,在有些情况下("全国虚假诉讼第一案")当事人还是民事诉讼遵循诚实信用原则的重要保障,不作为适用主体与实际情况不符。鉴于其适用的方式与前者不同,具有间接性的特点,为表示与前者的区别,前者称为直接适用主体,后者称为间接适用主体。广义的适用主体包括狭义主体,鉴于本书是研究民事诉讼中的诚实信用原则适用,是以不涉及立法活动,本节仅讨论狭义的适用主体。

一、审判机关及审判人员

审判机关和审判人员是民事诉讼诚实信用原则适用的直接主体,是将诚实信用原则正确适用到民事诉讼中的重要保障。审判人员——法官与审判机关——人民法院均为适用主体是由我国社会主义的司法体系决定的。

(一)人民法院是民事诉讼诚实信用原则适用的独立主体

人民法院是民事诉讼诚实信用原则适用的独立主体来自法律的直接规定。根据《法院组织法》(2018年修订)第4条的规定:"人民法院依照法律规定独立行使审判权,不受行政机关、社会团体和个人的干涉。"此外,当事人向人民法院提起诉讼,在判决书理由中记载的是本院认为(不是本法官认为),裁判文书加盖的是人民法院的公章,因此,人民法院是适用诚实信用原则的独立主体。

(二)审判人员是民事诉讼适用诚实信用原则的独立主体

虽然审判人员任职于人民法院,但法官作出判决的行为与企业工作人员的职务行为并不相同,审判人员是基于法官的职务而作出相应的判决,是适用民事诉讼诚实信用原则的独立主体。

1.法律规定

根据《法官法》第7条的规定,审判人员依法独立行使审判权,不受行政机关、社会团体和个人的干涉。由此可见,审判人员是诚实信用原则适用的独立

---

① 董书萍:《法律适用规则研究》,中国人民公安大学出版社2012年版,第17页。

主体,且只有审判人员是独立适用主体,才能将该原则适用于民事诉讼。我国《民事诉讼法》第 43 条第 2 款规定:"审判人员……徇私舞弊……的,应当追究法律责任;构成犯罪的,依法追究刑事责任。"此处亦是对审判人员应独立承担责任的规定,与前述同理,只有独立主体才可能独立承担责任。

2."以审判为中心"的司法改革要求

只有审判人员的审判活动才能将诚实信用原则适用到具体的诉讼活动中。"以审判为中心"的司法改革要求让审理者裁判,由裁判者负责,此处规定的审理者及裁判者均指审判人员个人。裁判者负责指终身负责,从负责的终身属性予以考虑,单位不存在终身事宜,负责的对象必然是审判人员个人。

3.案件审理数量

根据人民法院受理案件的数量来看,审判人员必须是独立适用主体,这样才能充分调动每个法官的积极性,从而确保诚实信用原则的适用。根据深圳市中级人民法院官网公开发表的数据显示,2017 年深圳市福田区人民法院受理各类案件 111942 件,办结 92244 件。2017 年深圳市宝安区人民法院受理案件 103796 件,审结案件 86432 件。① 根据 2019 年《最高人民法院工作报告》公布的数据显示,2018 年最高人民法院受理案件 34794 件,审结 31883 件,同比分别上升 22.1% 和 23.5%。地方各级人民法院受理案件 2800 万件,审结、执结 2516.8 万件,结案标的额 5.5 万亿元,同比分别上升 8.8%、10.6% 和 7.6%。而全国法官约 12 万名,每名法官每年平均办理的案件数量高达近 200 件。② 在案件数量如此多的情况下,只有将审判人员个人作为适用诚信原则的主体,才能确保"以审判为中心"的司法改革能够顺利进行。因此,每个法官都是独立的适用主体。

4.回避对象

在案件审理的过程中,法院书面告知当事人合议庭的成员,以便当事人对合议庭成员申请回避。回避的对象是审判人员,这从侧面印证了审判人员对诚信原则适用的独立性。

5.裁判文书落款处的署名

---

① 陈熊海:《深圳九个基层法院各有各精彩》,载《南方日报》2018 年 4 月 10 日,第 SC02 版。

② 周强:《最高人民法院工作报告——2019 年 3 月 12 日在第十三届全国人民代表大会第二次会议上》,载《最高人民法院公报》2019 年第 4 期。

从裁判文书落款处的署名也可以推导出审判人员适用诚信原则的独立性。根据最高人民法院关于印发《人民法院民事裁判文书制作规范》《民事诉讼文书样式》的通知(法[2016]221号),每份裁判文书的落款处应当为参加审判案件的合议庭组成人员或者独任审判员署名。合议庭的审判长,不论审判职务,均署名为"审判长";合议庭成员有审判员的,署名为"审判员";有助理审判员的,署名为"代理审判员";有陪审员的,署名为"人民陪审员"。独任审理的,署名为"审判员"或者"代理审判员"。书记员,署名为"书记员"。署名规定不但具有记载案件的审理者的作用,署名同时还具有强调、宣示作用,既强调裁判的威严性,也突出审判人员的公正力。①

关于署名的范围及形式,还曾引发广泛的讨论。讨论内容之一是署名范围是否包括法官助理？根据2004年颁布的《最高人民法院关于在部分地方人民法院开展法官助理试点工作的意见》第4条第3项规定:"法官助理的工作职责是协助法官工作,法官助理在法官的指导下履行下列职责:(1)审查诉讼材料,提出诉讼争执要点,归纳、摘录证据;(2)确定举证期限,组织庭前证据交换;(3)代表法官主持庭前调解,达成调解协议的,须经法官审核确认;(4)办理指定辩护人或者指定法定代理人的有关事宜;(5)接待、安排案件当事人、诉讼代理人、辩护人的来访和阅卷等事宜;(6)依法调查、收集、核对有关证据;(7)办理委托鉴定、评估、审计等事宜;(8)协助法官采取诉讼保全措施;(9)准备与案件审理相关的参考资料;(10)按照法官要求,草拟法律文书;(11)办理排定开庭日期等案件管理的有关事务;(12)完成法官交办的其他与审判业务相关的辅助性工作。"根据上述工作内容,法官助理参与的仅是辅助性工作,但这些工作与程序性内容密切相关,实际上法官助理已经参与了审判工作。既然参与了相关工作,根据署名具有记载案件裁决者的属性,应当对法官助理进行署名。署名还可以为日后申请回避提供依据。

在审判实践中,关于在裁判文书上是否为法官助理署名,各地法院的执行情况不一,大部分法院没有在裁判文书落款处为法官助理署名。北京市高级人民法院于2014年出具的一份判决书上署了法官助理的姓名,为此还引发了

---

① 《中华人民共和国人民法院组织法》(2018年修订)已经取消了助理审判员。

关于法官助理权利义务内容的热议。① 清华大学法学院的张建伟教授认为，当前的诉讼模式中没有法官助理的规定，法官助理职位的设置是司法改革中的尝试。法官助理不是合议庭成员，也不是审判主体，只是为法官做一些辅助性工作。如果为法官助理署名，那么法官助理要对判决书负责，但作为辅助办案人员的法官助理本身不是办案主体，如此就误解了法官助理角色的作用，法官助理将和助理审判员没有角色区别了。

图 2-1

北京市高级人民法院作出的署有法官助理姓名的判决书落款

湖南省长沙县人民法院也于 2016 年作出了该院首份为法官助理署名的判决，长沙法院网对此采取了鼓励的态度，还专门撰文予以报道。② 该县法院将此举作为一项贯彻司法改革的具体措施，专门举行了启动法官助理在判决书上署名的仪式。根据该份判决书落款记载的内容，除对审判员、书记员署名外，还特别署了法官助理的姓名。长沙县法院认为，为参与案件办理的法官助理在裁判文书中署名，一方面肯定了法官助理在案件审理过程中的参与性，另一方面又如实记录了参与案件审理的人员，是保障司法公开的重要举措之一。

---

① 刘洋：《北京高院判决书署名现"法官助理"》，载《新京报》2014 年 9 月 19 日，第 A12 版。

② 刘曦阳：《长沙县法院现首份法官助理署名判决书》，长沙法院网，http://cszy.chinacourt.gov.cn/article/detail/2016/05/id/1998865.shtml，下载日期：2019 年 6 月 7 日。

图 2-2

长沙县人民法院作出的署有法官助理姓名的判决书落款

除了是否为法官助理署名这一争议内容之外,关于审判人员在判决书上的署名方式也是关注的重点。即判决书上审判人员的署名是以打印的方式还是以审判人员亲笔签名的方式?关于这个问题,相关文件规定得比较模糊,上述最高人民法院关于印发《人民法院民事裁判文书制作规范》《民事诉讼文书样式》的通知(法[2016]221号)第4条第1款第1项规定:"每份裁判文书的落款处应当由参加审判案件的合议庭组成人员或者独任审判员署名。"至于署名究竟以打印方式还是亲笔签名方式,从该通知上无法得出明确的结论。在司法实践中都是采取打印的方式,没有要求审判人员在落款处签名。但根据通知中关于"由……署名"的规定,从文字的本意可以推断出裁判文书应当由审判人员亲笔签署的结论,因为如果是打印署名,不符合"由……署名"的文字含义。

除了从法律文件的具体规定可以推导出判决书应当由审判人员亲笔签名之外,与审判人员在落款处亲笔签名相比,打印的方式容易流于形式,审判人员的参与感和存在感不强,不利于提高审判人员的责任心。而签名的方式无论从形式上还是内容上,都可以强化法官内心的正义感,从而提高审判工作的谨慎度以及判决的公正性。持这种观点的人认为,审判人员签名事宜应参照仲裁。从案件类型上看,凡是仲裁机构受理的案件人民法院均可以受理,即仲裁员仲裁的案件与审判人员审理的案件有一致性。从工作的独立性的角度,仲裁员与法官均系独立工作,两者又具有一致性。既然仲裁机构出具的裁决书是由仲裁员亲笔签名的,人民法院出具的判决书也应当由审判人员亲笔签名。

不同的意见认为,仲裁机构的裁决书之所以由负责裁决的仲裁员签名,主要原因是仲裁员系外聘,仲裁机构与仲裁员之间是平等主体的合同关系。而且,仲裁机构对仲裁员的选聘是有期限的,仲裁员可以同时受聘于多个仲裁机关,仲裁机构聘任仲裁员可以不受地域限制,甚至可以聘用境外人士作为仲裁员。① 仲裁机构更像是一个平台,仲裁员在这个平台上工作。虽然裁决文书以仲裁机构的名义作出,但裁决书实际上由仲裁员独立书写。因此,仲裁裁决书才采取仲裁员签名的方式。而法官和法院的关系与此不同,法官是经过法定程序任命的,法官作出的判决是以审判机关作为后盾的,不是法官的个人行为。

福建省厦门市中级人民法院曾作出判决书加盖法官签名章的首创。② 该院认为,此举可以强化法官的责任感和凸显法官的个性魅力,这样的仪式感可以加强审判人员的责任心,有利于提高判决的专业性和公正性,有助于使裁判文书成为向社会公众展示司法文明、塑造法院形象的载体。反对的观点认为,作为对审判人员应然的要求,去个性留共性才能确保司法理性,这种理性是司法统一性的保障。否则,审判人员的个性容易发生同案不同判的现象,这反而损害了司法权威。

我国关于判决书署名问题的争议虽然莫衷一是,但在司法实践中的做法基本都是一致的,即打印的居多,基本没有亲笔的。考察其他国家关于审判人员对于裁判文书署名的法律规定,我们可以发现多数国家支持审判人员亲笔签名,但具体的规定又不尽相同。《德国民事诉讼法》规定了法官必须在判决书上署名的制度,"送达未签字的判决无效"③。根据《德国民事诉讼法》第315条的规定,④判决书由参与裁判的法官署名。法官因故不能署名的,由审判长在判决书上记明其事并记载不能署名的原因。审判长因故不能署名的,由最年长的陪席法官记明其事并记载不能署名的原因。这些详细的署名规定说明

---

① 《中华人民共和国仲裁法》第67条:"涉外仲裁委员会可以从具有法律、经济贸易、科学技术等专门知识的外籍人士中聘任仲裁员。"

② 卢志勇、王均宇:《厦门中院:改革裁判文书》,中国法院网,https://www.chinacourt.org/article/detail/2002/11/id/23377.shtml,下载日期:2019年6月6日。

③ [德]奥马特·尧厄尼希:《民事诉讼法》(第27版),周翠译,法律出版社2003年版,第305页。

④ 《德国民事诉讼法》,丁启明译,厦门大学出版社2016年版,第76页。

法官在判决书上署名是重要程序，无论是由参与裁判的法官署名，还是由审判长抑或是最年长的陪席法官署名，署名是判决书发生法律效力的必备形式。德国规定由最年长的陪席法官署名，可以看出德国司法界对于年长法官的信任和尊重，这与法律职业的特殊性相匹配。作为一项需要理性思维的职业，一定的执业年限是公正的保证。德国民事诉讼法还规定，不但参与裁判的法官应署名，被否决意见的法官也应署名。① 当然，签名的仪式感强过打印署名的仪式感，打印署名的仪式感又强过不署名的仪式感，但这丝毫不会影响审判人员在民事诉讼中的独立性。《德国法官法》第 25 条规定："法官独立，只服从于法律。"② 根据推断，德国民诉法规定的署名指法官亲自签名，③不包括打印法官姓名。因为如果是打印法官姓名，就不存在规定因故不能署名的情形，打印姓名随时可行。

意大利《民事诉讼法典》也有关于裁判文书签名的规定，该法的第 276 条的规定，④民事案件的判决内容由合议庭庭长撰写并签名，判决理由由发言的法官撰写并签名。判决书上不是打印的署名，而是法官的亲笔签名，而且在一份判决书上有多位法官签名。现行的意大利《民事诉讼法典》于 1942 年 4 月 21 日生效，⑤经过多次修订，至今已近 80 年，在实行如此悠久的法典中仍保留签名仪式，可见意大利对于法官在判决书上亲笔签名的重视程度。日本《最高裁判所民事诉讼规则》第 157 条规定，作出判决的法官应于判决书中签名盖章，合议庭的法官于判决书中签名盖章存在困难的，其他法官应于该判决书中附记该事由的基础上签名盖章。⑥ 日本的规定与德国基本一致。《俄罗斯民事诉讼法典》第 197 条规定，法院判决由审判长或一名法官以书面方式进行表述。法官独任审判时，法院判决由法官签字。在合议庭审理案件时，法院判决由所有法官，包括保留特别意见的法官签字。对法院判决所作的更正，应该由

---

① ［德］奥马特·尧厄尼希：《民事诉讼法》（第 27 版），周翠译，法律出版社 2003 年版，第 305 页。
② 《德国民事诉讼法》，丁启明译，厦门大学出版社 2016 年版，第 277 页。
③ 经向《德国民事诉讼法》的译者丁启明博士直接请教，这个推断得到她肯定的答复，她于 2019 年 6 月 8 日确认此处的"署名"指的就是亲笔签名。
④ 《意大利民事诉讼法典》，白伦、李一娴译，中国政法大学出版社 2017 年版，第 99 页。
⑤ 《意大利民事诉讼法典》，白伦、李一娴译，中国政法大学出版社 2017 年版，"译者序"，第 6 页。
⑥ 《日本民事诉讼法典》，曹云吉译，厦门大学出版社 2017 年版，第 454 页。

法官签字予以证明。① 我国台湾地区的"民事诉讼法"第 227 条规定,判决书由判决的法官签名,法官不能签名的,由审判长附记事由,审判长不能签名的,由资深陪席法官附记事由。比较上述规定,关于裁判文书落款处的署名有两种不同的规定,一种是亲笔签名制,一种是打印姓名制。我国采取的是打印姓名制,许多国家采取的是法官亲笔签名制。这两种制度的相同之处是落款处记载了所有参加案件审理人员的姓名,包括审判长、合议庭成员、法官助理、书记员等。亲笔签名制较为烦琐,但仪式感更强。签名仪式能激发法官的职业荣誉感。同时,法官的签名仪式可以从心理上加强法官对判决书的责任感,强化判决书是在法官的批准之下诞生的。这种仪式感促使法官对案件的裁判更加慎重,有助于提高裁决的公正性和权威性。打印姓名制简单、快捷,不会出现有些法官公务繁忙时无法签名的情况,但欠缺仪式感。我国民事诉讼法宜考虑采取法官亲笔签名制。

对于我国司法实践中法官助理的署名事宜,鉴于法官助理客观上参与了案件审理的辅助工作,故应当为其署名,这是尊重法官助理的劳动及客观事实的体现。为简化流程,法官助理的署名可以打印,以便与法官的亲笔签名加以区别。同时,以此突出法官助理参与的仅是辅助工作,不是办案主体。至于法官助理署名会误解其岗位职能,混同其与助理审判员的区别,这样的担忧是不存在的,两者的岗位职责都有相应的明确法律规定。

二、检察机关及检察人员

(一)检察机关是民事诉讼诚实信用原则适用的直接主体

根据《民事诉讼法》第 14 条的规定,人民检察院有权对民事诉讼实行法律监督,和以往检察机关仅对生效法律文书进行监督相比,这项规定拓宽了检察机关的监督范围。当前的监督范围不但包括审判活动,还包括执行活动;不但包括生效裁决书,还包括生效的调解书。新规定的监督范围减少了监督盲区,使得恶意串通、损害第三人利益的调解不再成为虚假诉讼的避风港。《民事诉讼法》第 208 条规定,检察机关对民事诉讼的监督包括抗诉、检察建议等方式。最高人民检察院的工作报告显示,2013 年 1 月至 2017 年 12 月,全国检察机关

---

① 《俄罗斯民事诉讼法典》,程丽庄、张西安译,厦门大学出版社 2017 年版,第 67 页。

共受理涉法涉诉信访172万件次,其中民事申诉信访65万件次。2018年1月至9月,全国检察机关共受理民事申诉信访9.5万件次。2013年1月至2018年9月,全国检察机关共办结各类民事申请监督案件57.9万件,其中通过抗诉、检察建议等方式提出监督意见27.1万件。最高人民检察院于2015年起部署开展民事虚假诉讼专项监督活动,针对民间借贷、以物抵债、企业破产等领域为获取非法利益而虚构事实打"假官司"的问题,共对5178件虚假诉讼向法院提出抗诉或检察建议,全力维护诉讼秩序和司法权威。对涉嫌虚假诉讼犯罪的,及时督促公安机关立案侦查,合计起诉799人。湖北省宜昌市检察机关在办理"以房抵债"系列虚假诉讼案中发现,3名审判人员套用其他案件案号或虚设案号,制作民事调解书78份、民事判决书13份、执行裁定书13份,帮助他人规避限购政策、办理房屋登记,事后收受贿赂。检察机关依法对审判人员立案侦查,并追究了相关人员的刑事责任。[①]

检察机关具有强大的监督职能,因而是确保诚实信用原则有效实施的重要主体。在团体性造假案件以及审判人员参与虚假诉讼案件中具有不可替代的监督作用。

从上述关于对检察机关的职能规定以及实际工作可以看出,检察机关虽然没有直接审判案件,但通过检察机关对虚假诉讼案件的监督,使案件的真相水落石出,这是检察机关在民事诉讼中适用诚实信用原则的具体体现,因而是适用的直接主体。

(二)检察人员是适用民事诉讼诚实信用原则的独立主体

根据《检察官法》第6条的规定,检察人员依法独立行使法律规定的职权。检察人员行使职权时,不受任何机关和团体的干涉。检察人员独立行使职权,其应当是适用诚实信用原则的独立主体。检察人员在行使职权过程中应秉持诚实信用原则的要义,对于符合法律规定的民事监督行为要坚决、及时实施,对不符合要求的行为要坚决杜绝。检察人员作为适用诚实信用原则的独立主体,便于对承办案件错误的责任追究,可以促进检察人员更好地依法行使民事

[①] 张军:《最高人民检察院关于人民检察院加强对民事诉讼和执行活动法律监督工作情况的报告》(摘要)——2018年10月24日在第十三届全国人民代表大会常务委员会第六次会议上,最高人民检察院官网,http://www.spp.gov.cn/zdgz/201810/t20181026_396684.shtml,下载日期:2019年5月2日。

监督职权。

三、当事人

在民事诉讼过程中,当事人作为诚实信用原则适用的间接主体没有得到足够的重视。通常认为法官、检察官是适用主体,当事人不是适用主体。因为基于诚实信用原则的义务属性,当事人受诚实信用原则制约,怎么能够成为适用诚实信用原则的主体呢?事实上,当事人一直是适用诚实信用原则的重要主体之一,只不过其受诚实信用原则制约比较明显,以及适用的间接性,使得其作为适用主体常被忽略。但是,只有正确认识到当事人作为适用主体的法律地位,才可以更好地发挥当事人在民事诉讼诚实信用原则适用机制中的作用,从而促进诚信原则的适用。

前文曾论及,法院作出的判决如何才能被当事人真正接受?其中最重要的因素之一是该份判决的作出是基于诚实信用原则的,如果判决的作出存在弄虚作假,无论是受益的一方当事人或是受损的一方当事人,都不可能从内心真正接受。鉴于当事人的切身利益与诉讼结果密切相关,对于民事诉讼中存在的不诚信行为,当事人最具有促使法院适用诚实信用原则的原始驱动力,当事人会通过各种方式及途径向审判庭提出。当事人向法庭提出的方式包括:提交辩论意见,上诉,特别申请,举报等。这同时是发现虚假诉讼的重要途径,也是促进诚信诉讼适用的重要力量。一方当事人意图实施虚假诉讼的行为,因忌惮受另一方当事人举报而不敢轻易付诸行动,这实际上变相地促进了诚实信用原则的适用。

有些违背诚信的诉讼行为,只有依靠当事人才能发现以及予以规制。比如对于原告违背诚信、滥用诉权、恶意规避管辖的行为,只有依靠被告的异议才可以发现及查明。特别在当前立案登记制度下,依靠法院不能全面解决原告滥用管辖权的问题,否则原告会指责法院违背立案登记制。如果被告对原告滥用诉权的行为提出管辖权异议,此时法院能够有针对性地就原告是否违背诚信进行全面审查。

前述最高人民法院公布的关于潘连华与嘉兴市人民政府管辖权异议案件,如果嘉兴市人民政府不提出管辖权异议,该案不可能裁定移送到嘉兴市中级人民法院管辖。正是由于嘉兴市人民政府提出了管辖权异议,认为原告故意虚假计算诉讼请求金额规避管辖,违背诚实信用原则,浙江省高级人民法院才作出上述裁定。显然,当事人在发现本案被告存在虚假诉讼行为中发挥了重要的作用,事实证明当事人是诚实信用原则的重要适用主体,否则,本案的级别管辖不可能得到正确处理。

该案还进一步说明,对于管辖权异议案件,受理法院有权就原告诉讼请求是否存在规避级别管辖事宜进行审查,这种审查并不违背立案不得进行实质审理的规定。相反,只有进行审查才可以确保立案登记制的正确实施,否则将会扰乱立案登记秩序。

基于审判结果与当事人具有密切的关系,一方当事人对于发现对方当事人违背诚信的行为具有强烈的驱动力,因此,当事人是民事诉讼诚实信用原则的重要适用主体,对于促进协同型民事诉讼模式具有积极的作用。

四、诉讼代理人

诉讼代理人的代理权来自当事人,基于当事人是诚实信用原则适用的间接主体,诉讼代理人对诚实信用原则的适用也是间接主体。修改后的民事诉讼法限制了公民代理以后,大量的民事案件是由律师进行代理的,基于律师的专业性,诉讼代理人作为适用主体尤为重要。

(一)适用的主动性

一般民事行为的代理人应根据委托人的指示完成代理事务,当事人对代理人具有指挥权、决定权。但民事诉讼的代理与此不同,委托人对代理人——律师有高度的依赖性。律师依据专业知识为委托人分析案情,提出解决问题的建议供委托人决策。在此过程中可以发现对方是否违背诚信原则,也可以引导委托人实事求是、诚信应诉。由于诉讼事务的专业性,律师与委托人之间更多的是一种互动关系。这种互动性使得代理律师具有适用诚信原则的主动性,否则当事人难以发现及主动遵守。

(二)适用的专业性

律师适用诚实信用原则的专业性是指律师作为诉讼代理人,在诉讼过程中依靠专业知识发现违背诚实信用的行为以及提出相关处理意见,具体包括对案件中存在的违背诚实信用原则行为的证明,依法应承担何种法律责任,法院应作出的处理等内容。

(三)适用的保障性

当事人与律师的权利义务除了根据双方签署的《委托代理合同》进行约定之外,尚有《律师法》及律师执业纪律等法律文件予以规定。后者的规定可以确保代理律师基于勤勉尽责的专业要求维护当事人的合法权益。

其他诉讼参与人(法官助理、书记员等司法辅助人员,以及证人、鉴定人、专家证人)不是适用主体。法官助理、书记员等司法辅助人员是协助法官或基于法官的安排而完成事务性的工作,其本身并不具有决策权。证人通过出具证言以及出庭作证的方式向法庭陈述事实,证人对法庭或其他诉讼参与人不具有其他诉讼权利。鉴定人员和专家证人也是如此,他们为法庭就专业知识进行说明,对法庭或其他诉讼参与人不具有其他诉讼权利。故此,均不是适用诚实信用原则的主体。

第二节 民事诉讼诚实信用原则适用的对象

民事诉讼诚实信用原则的适用对象是指在民事诉讼活动中,受诚实信用原则规制的单位、人员。民事诉讼诚实信用原则的适用对象包括司法主体(审判人员及人民法院、检察官及检察院)、其他诉讼主体(当事人、诉讼代理人、其他诉讼参与人)。可见,民事诉讼诚实信用原则的适用主体与适用对象的范围不同,后者的范围比前者广。

诚实信用原则对当事人和其他诉讼参与人(证人、鉴定人)的适用显而易见,无须赘述,这是诚实信用原则适用的主要对象。各国法律均有诚实信用原则对当事人适用的直接规定,比如《德国民事诉讼法》第138条规定了当事人真实义务,《日本民事诉讼法典》第2条规定:"当事人应当依诚实信用原则进行诉讼。"我国澳门地区的《民事诉讼法典》第9条规定,当事人应遵守善意原则,不应提出违法请求,不应陈述与真相不符的事实,不应采取为拖延而实施的程序措施。这些都是关于诚实信用原则对当事人适用的直接法律规定。

适用对象中比较有争议的是,司法主体以及代理律师应否属于适用对象。司法主体已经是适用诚实信用原则的主体,从逻辑上和实际情况中作为适用对象是否可行。后者涉及律师执业豁免权的伦理价值。故此,本节仅讨论司法主体及代理律师作为诚实信用原则适用对象事宜。

一、司法主体

司法主体是否是民事诉讼诚实信用原则的适用对象存在肯定说和否定说两种观点。与通常的肯定说与否定说不同,这两种观点在司法主体是否是诚实信用原则的适用对象这个问题上都是持肯定态度的,争议内容是指应否在民事诉讼中适用。笔者认为,正如司法机关是民事诉讼诚实信用原则重要的适用主体一样,司法主体也是民事诉讼诚实信用原则的重要适用对象。将司法主体纳入民事诉讼诚实信用原则的适用对象,可以更加有效地促进民事诉讼诚实信用原则的实施。

(一)适应高素质司法队伍的建设

司法主体作为民事诉讼的诚实信用原则的适用对象有助于高素质司法队伍的建设。根据2019年修订的《法官法》第1条、《检察官法》第1条的规定,我国正在逐步建立一支高素质的司法队伍。高素质司法队伍应当德才兼备,而恪守诚信有利于高素质法官队伍建设的具体化,司法队伍适用诚实信用原则与建立高素质的司法队伍相适应。

(二)适用的直接性

将审判人员及人民法院纳入民事诉讼诚实信用原则的适用对象有利于诚实信用原则适用的直接性。不同的意见并不是反对司法主体适用诚实信用原则,而是认为司法主体适用诚实信用原则的法律依据为《法官法》《检察官法》,其中的规定甚至超过民事诉讼诚实信用的要求,无须依据民事诉讼法进行调整。从《法官法》《检察官法》规定的内容确实可以推导出司法主体适用诚实信用原则规制,但不具备司法主体在民事诉讼中适用诚实信用原则的直接性。而且,《法官法》《检察官法》属于特别法,从适用的普遍性来说不如《民事诉讼法》适用性广。

(三)有利于规范司法主体的行为

1.有利于促进回避制度的实施

《民事诉讼法》及相关司法解释中规定的回避制度,其立法目的是确保审判的中立性、公正性,尽可能剔除影响案件公正审理的因素。考察回避的事由,《民事诉讼法》规定的有近亲属回避,与本案有利害关系的回避,其他关系影响案件公正裁判的回避等。这些事由均属于他人很难知晓而审判人员自己明确知道的事项,是主观诚信的范畴。如果审判人员恪守诚信,对于主动回避其可以轻而易举地做到。如果审判人员违背诚信,故意不主动说明存在这些回避事由,依靠其他当事人很难成功申请回避。有时即使偶尔知晓回避事由也是在案件审判之后,这不利于诚实信用原则的有效遵循。因此,将审判人员纳入民事诉讼诚实信用原则适用对象,与回避制度规定的主观诚信相统一,更加能够确保回避制度的实施。

对公开报道的湖南永州发生的执行法官"夺妻占财"案[①]进行分析,可以发现案件的发生与审判人员没有主动将自己作为诚实信用的适用对象有一定的关联性。该案缘起于一件婚姻纠纷诉讼,负责冯迪诉成森林离婚纠纷执行案件的湖南省永州市冷水滩区人民法院法官周新华,其作为冯迪诉成森林离婚纠纷案一审阶段的承办法官,判决冯迪与成森林离婚。在冯迪离婚后,周新华作为曾经办理其离婚案件的法官,与当事人冯迪结婚。因冯迪离婚案涉及的财产未得到有效执行,冯迪向法院提出强制执行申请,要求执行成森林的财产。周新华在调入执行局工作并与冯迪结婚后仍积极参与该案的执行。周新华的行为严重违背《民事诉讼法》第44条第1款第1项、第2项关于审判人员与本案有利害关系的,应自行回避的规定。后经人举报,该行为才被组织发现。周新华身为审判人员,不自行回避的行为,主观恶意非常明显,周新华的行为已构成违法、违纪,且情节严重,社会影响极其恶劣。因此,冷水滩区纪委决定给予其开除党籍处分,冷水滩区人大常委会撤销其审判员职务,将周新华调离法院。周新华调入执行局的时间如此凑巧,恰巧是在冯迪申请强制执行之时。周新华调入执行部门到底是组织安排还是其主动要求?如果是后者,其主观恶性更强,是明知依法应当回避,却视回避制度于虚设。周新华作为冯迪离婚案的承办法官,即使冯迪后来离婚了,其与当事人冯迪结婚的行为严重违反了司法人员的职业道德准则。该行为难免引人遐想,冯迪起诉离婚由周新华负责审理,这是否周新华一手安排?在审理冯迪离婚案件过程中周新华是否该回避?周新华如此顺利地判决冯迪离婚是否符合法律规定?还是为了

[①] 艾民:《永州被处分法官缘于违反回避规定》,载《人民法院报》2014年8月27日,第2版。

达到尽快和冯迪结婚的目的？在离婚案件中，夫妻财产分配方案是否合法？周新华的行为违反了司法人员的职业道德规范，难怪被视为"占妻夺财"、"情节严重，社会影响极其恶劣"。禁止特定身份关系的主体进行一定的法律行为是基于身份关系的伦理，这种禁止是为了实现更高位阶的价值。比如律师庭审言论豁免权，法官比一般公务员具有更高的职业保障等，这些都是为了更好地实现法律的正义。美国法律禁止老师和学生恋爱、结婚，就是由于老师对学生思想、行为具有一定程度的影响力及控制性。学生与老师的恋爱不是平等主体之间的恋爱，允许这种恋爱不利于学生的健康成长以及对学生合法权益的保护。法官具有保持比常人更高的道德质量的义务。对审判的信赖是审判权威性的基础，与对法官人格的信赖和敬意密切相关。① 法官的个人质量应与法律的公平、正义价值相吻合，丹宁勋爵、霍姆斯大法官、邹碧华法官之所以受到世人的尊敬，不仅仅因为他们是法官，而是与他们的高尚人格以及勤勉敬业密不可分的。很难想象，一个懈怠、失信的人能胜任法官职业，这样的法官作出的判决不可能为当事人所接受。

2.有利于规范司法主体的自由裁量权

民事纠纷错综复杂，法律规定难免挂一漏万，而且社会生活不断发展变化，基于法官不得拒绝裁判的原则，为便于司法主体正确适用法律，必须赋予其一定的自由裁量权。如何确保自由裁量权能够有效地实现法律的公平正义？司法主体内心的诚信品德，以及法律化的诚信原则是最好的正义保障。法官在行使自由裁量权时，行使的条件和范围必须受到严格的限制，自由不是不受任何限制的，要兼顾合法原则与合理原则。② 秉承诚信原则，可以确保自由裁量权运行在正义的轨道上，否则自由裁量权将沦为个别不法人员弄权的工具。

二、代理律师

代理律师基于与当事人的代理法律关系而参与到案件的诉讼过程中，代理律师应根据委托人的授权内容行使代理权，不得违背委托人的意志，代理律

---

① ［日］森际康友编：《司法伦理》，于晓琪、沈军译，商务印书馆2010年版，第287页。
② 刘新平：《民事审判中法官自由裁量权的规制》，载齐树洁、张勤主编：《东南司法评论》(2018年卷)，厦门大学出版社2018年版，第7~16页。

师的行为有从属性。但作为诚实信用原则的适用对象，代理律师具有适用的独立性。代理律师的代理行为限于委托人的合法行为，违背诚实信用的行为律师不得代理，否则属于与当事人恶意串通。律师的职业豁免不包括对违背诚实信用原则的责任豁免。在执业过程中，律师不但应恪守诚信，而且应遵循更加全面、严谨的诚信，律师违背诚信应承担更加严重的法律责任。

民事诉讼诚实信用原则对代理律师适用的另外一个重要依据是民事诉讼法的公法属性。诉讼中的委托代理不同于诉讼外的一般民事行为代理，诉讼代理除代理当事人完成一定的行为之外，还可以根据诉讼法的规定行使相应的诉讼权利，承担相关诉讼义务。诉讼代理人对义务的承担具有法定性，与当事人是否授权无关。而遵循诚实信用原则，是诉讼法规定的诉讼参与人的义务，代理律师必须予以遵守。

世界各国的立法均有律师豁免权的规定，这是基于律师的职业伦理而设立的制度。律师豁免权不是为了保护律师，而是为了更好地保护当事人。豁免权的内容主要指保守当事人秘密，不为不利于当事人的事件作证。但如果当事人的诉讼行为涉及虚假诉讼，律师应从法律角度予以规劝。如果当事人执意为之，代理律师可以要求律师事务所解除与其代理合同。律师不得参与虚假诉讼，否则构成共同犯罪。

第三节 民事诉讼诚实信用原则适用的范围

民事诉讼诚实信用原则的适用范围是指该原则适用的诚信类型、案件类型、诉讼程序阶段等。从司法实践考察，该原则既适用于主观诚信，也适用于客观诚信；既适用于财产争议案件，也适用于人身关系的案件，但在人身关系案件中有所保留；关于适用程序，诚实信用原则适用于民事诉讼的所有程序范围，既包括审判活动，也包括执行、监督等程序。

一、适用的诚信类型

徐国栋教授从主观诚信和客观诚信两个角度对诚实信用原则做了深入的研究。主观诚信即是内心的善，主观诚信是指当事人对诉讼行为的心理状态，对诉讼行为是否真实、合法,是否存在欺骗的一种自我心理认知。凡明知诉讼行为存在虚假、违法的,仍实施这种诉讼行为,即为主观不诚信。凡不知道(专业知识欠缺或无人告知)诉讼行为存在不合法、虚假,即使陈述的事实与客观情况不一致,亦不认为是主观不诚信。客观诚信是指当事人的主张与客观事实是否一致。民事诉讼适用诚实信用的类型有主观诚信说、客观诚信说、统一诚信说三种不同的观点。

(一)主观诚信说

主观诚信说认为,是否诚信应以民事主体的主观心态为准。只要民事主体主观上不存在虚假、欺骗的故意,即使民事主体的主张与法院认定的法律事实不一致,及其主张最终没有获得法庭的支持,民事主体的行为亦不失诚信。客观上是否诚信不应作为民事主体是否诚信的评价标准,后者与民事主体的差别性(年龄、性别、受教育程度等)有关。不同的主体对同一事物的观点不一,正是由于这种个体的差异性,才使不同主体对待同一事物的结论截然不同。科学的和伪科学的,有神论者和无神论者,不同的人有不同的观点。但这种结论的不一致丝毫不影响各方在主观上恪守诚信的故意。各方的结论均是基于内心对事物的真实观点,正视这种差别性是公正的体现。

德国民事诉讼法即采取这种主观诚信观点。2014年修改的《德国民事诉讼法》第138条规定:"(1)当事人应就事实状况作出全面真实的陈述。(2)当事人对于对方当事人所主张的事实,应作出陈述。(3)没有明显争议的事实,如果从当事人的其他陈述中不能看出有争议时,即视为已经自认的事实。(4)对于某种事实,只有在它既非当事人自己的行为,又非当事人自己亲自感知的对象时,才准许说'不知'。"[①]德国学者奥马特·尧厄尼希认为,该法条第1款规定的义务是主观真实的义务,不是客观真实义务,是诚实义务。[②]该法条从逻辑上将当事人对于事实的说明义务进行了全面覆盖,除非特定事项免除说明义务外,其余的事项必须如实说明或者以自认规则进行视为推定。根据梁慧星教授的观点,所谓"视为"推定,无须举证且不可更改。[③]该法条对于当事

---

① 《德国民事诉讼法》,丁启明译,厦门大学出版社2016年版,第36页。
② [德]奥马特·尧厄尼希:《民事诉讼法》,周翠译,法律出版社2003年版,第141页。
③ 2016年11月29日,梁慧星教授在澳门科技大学举行的《民法典编撰与民法总则若干问题》讲座。

人真实陈述的规定即为主观诚信的表现。这里的真实是当事人自认为真实,从主观上不存在欺骗即可。至于客观上是否真实,法庭应结合案件其他情况予以认定,并不由于当事人负有真实义务就确认其陈述事实的真实性。这种将主、客观诚信予以分离的最大的益处就是对客观诚信的判断具有独立性,并不以主观诚信替代客观诚信,否则当事人的陈述会被直接作为认定事实的依据。

日本学者高宏桥志认为,违反真实义务仅限于当事人违反自己的主观真实,并据此作出不真实的陈述。如果当事人的陈述仅仅违反客观事实,主观上并无故意,那么不构成真实义务的违反。① 基于日本法很大程度上源自德国法,日本关于民事诉讼遵循诚信是指主观诚信的观点与德国一致。

(二)客观诚信说

客观诚信说认为,对人的主观世界进行评价有很大的局限性。因为主观在于人的内心,主观诚信很难感知。鉴于主观心态通过客观行为进行体现,因此从客观诚信来评价行为主体是否恪守诚信具有积极的意义。

客观说的上述特点在禁反言规则的适用中显得特别有优势。根据《布莱克法律词典》对禁反言所作的定义,"由于某人先前已经作出的言行或者某些在法律上被确认为真实的事物与某人现在所主张的索赔或权利相矛盾,因此对某人现在所主张的索赔或权利加以禁止的规则"。《元照英美法词典》对于禁反言(estoppel)的解释如下:"指禁止当事人提出与其以前的言行相反的主张;即对于当事人先前的行为、主张或否认,禁止其在此后的法律程序中反悔。否则,将会对他人造成损害。"② 比较两部权威词典,可见禁反言是指民事主体先前已经存在一定的主张,之后该民事主体意欲推翻此前之主张,这种行为被法律所禁止。这种推翻此前主张的行为必须被依法禁止。否则,后行为再可以推翻前行为,如此循环往复,诉讼将会陷入一种不稳定状态。前后不一致的主张是一种客观行为,客观诚信说认为以此作为判断是否诚信具有直观、可行的优点。

---

① [日]高桥宏志:《民事诉讼法:制度与理论的深层分析》,林剑锋译,法律出版社 2003 年版,第 380～381 页。
② 薛波主编:《元照英美法词典》,北京大学出版社 2017 年版,第 495 页。

(三)主、客观诚信统一说

主、客观诚信统一说认为,单纯的主观说或客观说是片面的,主客观的统一才是认定是否诚信的关键。主观诚信依靠客观诚信才能得以体现,客观诚信依靠主观诚信作为指导。"察其言、观其行。"言、行虽然都是意思表示,恪守诚信则言、行一致。根据言的内容以及言行是否一致即可判断主观与客观是否统一诚信。

在前述案例中,原告委托专业律师代理诉讼,作为专业律师明知主张60%的年利率违法,却仍以此作为诉讼请求,这就是一种典型的主、客观均不诚信的行为。原告代理律师主张其已经按诉讼请求的金额缴纳了诉讼费用,在管辖权异议程序中不应对诉讼请求的计算依据进行审查。诉讼请求能否得到法院的支持,是管辖确定之后法院判决的内容。这些观点进一步印证其主、客观均不诚信。第一,根据最高人民法院颁布的相关司法解释,利率的上限为24%,超过该标准的部分无效。原告委托的是专业代理律师,原告关于60%的年利率绝不可能获得支持,原告对此不可能不知情。第二,在立案登记制模式下,被告如果提出异议,在涉及级别管辖时,法院应当对原告的诉讼请求进行基本审查,对明显越级管辖的案件应当予以移送。第三,原告没有就被告提出的问题进行实质性响应,特别是诉讼请求计算标准的合理性。原告的辩解只能更进一步说明其主观不诚信,客观行为更是不诚信。

还有一种情况,随着审理程序的进展,对案件事实情况的调查与当事人此前主张的不一致,当事人随即调整诉讼请求。这种情况貌似客观不诚信,实则符合主、客观诚信相统一的要求,不应视为不诚信的行为。例如原告在起诉时要求解除与被告签署的合同,并要求被告赔偿损失。被告答辩称从未与原告签署过任何合同,被告对签署合同的事实不予确认。根据被告的申请,法院对被告在合同上加盖的印章进行鉴定,鉴定结果显示加盖的公章非被告单位的印章。原告遂追加被告经办人员作为共同被告,要求追究经办人员相应的法律责任。此时,虽然原告变更了事实及理由,但这种变更是基于诉讼中查明的基本事实的变化。原告在起诉时不可能知道合同文本上加盖的印章系伪造的事实,原告不存在欺骗的主观故意,因此,原告不应承担违反诚实信用原则的法律责任。

二、适用的案件类型

诚实信用原则适用案件的类型是指在哪些类型的案件中适用诚实信用原则,哪些类型的案件中不适用诚实信用原则。根据我国《民事诉讼法》第3条的规定,人民法院受理的民事案件类型包括财产关系的案件和人身关系的案件,以及财产关系与人身关系混同的案件(如家事案件)。根据诚实信用原则适用前述案件的类型,可以分为统一适用说和人身案件保留说。

(一)统一案件适用说

这种观点认为,无论哪种类型的案件,在审理过程中均适用诚实信用原则。根据《民事诉讼法》第13条关于"民事诉讼遵循诚实信用原则"的规定,该条并没有规定适用例外,因此诚实信用原则适用于所有类型的民事案件才符合立法本意,选择性适用没有法律依据。从《民事诉讼法》其他的相关规定也可以推导出诚实信用原则的全面适用性。《民事诉讼法》第67条规定:"人民法院有权向有关单位和个人调查取证,有关单位和个人不得拒绝。人民法院对有关单位和个人提出的证明文件,应当辨别真伪,审查确定其效力。"第72条规定:"凡是知道案件情况的单位和个人,都有义务出庭作证。有关单位的负责人应当支持证人作证。"可见我国实行的是普遍作证义务,无论案件类型,而作证必须遵循诚实信用原则,这也间接说明诚实信用原则的普遍适用性。

(二)人身案件保留说

持这种观点的认为,诚实信用原则不适用于所有类型的案件,在审理涉及人身关系的案件时,对该原则的适用应予以保留。财产案件争议的是经济利益,财产案件的特点是具有弥补性,如果有利益损失只要进行弥补就可以完全挽回。人身案件与之不同,亲情一旦受到伤害具有难以弥补性,且在涉及亲情案件中不加区别地适用诚实信用原则将动摇人类数千年来建立的基本伦理规范。

中华民族历来重视亲情,亲属之间对簿公堂,本身就是一件令人难以接受的事情。兄弟相争,犹如手足相残。兄弟之间大打出手,此时如果还要让父母出庭为一方作证,无论哪一方获胜,父母如何再与子女相处?子曰:"父为子隐,子为父隐,直在其中也。"家庭是构成社会的最基本单位,法律的谦抑性要求法律调整的社会生活应有一定的界限,不能无所不包。特别是在涉及亲属关系时,法律的介入必须小心翼翼,在人性伦理面前,法律要有所退让。法律与社会生活相互影响、相互促进。社会伦理通过立法的形式体现到法律条文中,立法内容对社会伦理价值发挥着促进、巩固的反作用。我国古代社会的伦理纲常,与对于父权、夫权,以及贵贱身份的立法确认密不可分。[①] 从我国法定节假日的设定上,可以明显感受到立法对我国传统文化具有的促进作用。2007年12月14日,国务院发布了关于修改《全国年节及纪念日放假办法》的决定,将清明节、端午节、中秋节作为新增的三个法定节假日。这些新增的法定节假日,使得人们有专门的时间缅怀祖先、与亲人团聚。在对这些节日确定为法定节假日之前,民间对这些节日已经非常重视,全国各地的人们按照不同的习俗举办诸多纪念活动。即使这些节日不放假,人们为参加这些节日活动也不惜请假。国家通过立法确定这些节日作为法定节假日,是对这种传统节日、民俗民情的尊重与认可,这样的立法有利于促进祖国传统文化。

事实上,早在中国古代,已经通过立法确立亲情伦理的优先性。《唐律疏议》第6卷之46规定的同居相为隐规则,[②]根据该条的内容,除非谋反(谓谋危社稷)、谋大逆(谓谋毁宗庙、山陵及宫阙)、谋叛(谓谋背国从伪)这三种严重威胁国家统治、统一的罪行之外,对于其余罪行,规定了一定范围的亲属"有罪相为隐。"即有罪者亲属对于有罪者犯罪行为的隐瞒,司法机关可以不追究其法律责任。"部曲、奴婢为主隐,皆勿论。"

古代刑法尚且如此注重亲属伦理,现代民事诉讼更应该考虑到亲情的基本伦理。根据这项理念,诚实信用原则在涉及身份关系案件中的适用应有一定程度的保留。保留的含义是指即使不能全面排除涉及人身关系的民事案件的适用,在与亲情伦理抵触时,诚实信用原则的适用应予以排除,免除涉及身份关系的证人作证义务。对个案而言,不予保留的后果是追求了事实认定的真实与诉讼效率,但破坏了亲情伦理。而法律的重要职能之一是对亲情伦理的维护,不予保留的行为不可取。当然,在不涉及伦理冲突时,当事人在这些案件中仍应遵循诚实信用原则,不得虚假陈述,不得人为拖延诉讼的进程。

---

① 瞿同祖:《中国法律与中国社会》,商务印书馆2013年版,第315页。
② 长孙无忌等:《唐律疏议》,岳纯之点校,上海古籍出版社2013年版,第104~105页。

三、适用的程序范围

诚实信用原则适用于所有的诉讼程序,包括案件审理程序以及执行程序。

(一)在管辖权异议案件中适用诚实信用原则进行审查

案例1:"黄裕洪、绍兴狮子山狩猎场有限公司合同纠纷管辖权异议案"。[①] 原告黄裕洪向绍兴市中级人民法院(以下简称绍兴中院)起诉被告绍兴狮子山狩猎场有限公司。绍兴中院立案庭的工作人员审查原告提交的起诉状后,发现原告提出的诉讼请求金额达不到绍兴中院级别管辖的标准,遂告知原告只有诉讼请求超过人民币1亿元(含人民币1亿元)的案件才可以在绍兴中院一审立案。因为原告起诉的诉讼请求金额达不到1亿元,原告应当向有管辖权的基层法院起诉。但原告仍坚持要在绍兴市中级人民法院起诉,并在案件的事实、理由没有变化的情况下,直接将诉讼请求金额更改为人民币1亿元,以便符合绍兴市中级人民法院级别管辖的规定。原告更改诉讼请求金额后,绍兴中院受理了原告的起诉并向被告送达了原告起诉状副本。被告收到原告的起诉状后,在答辩期内提出了管辖权异议。被告认为原告在绍兴中院起诉的行为规避级别管辖,原告故意提出根本没有任何事实及法律依据的诉讼请求金额,该案应移送有管辖权的法院审理。法院经审理后查明,根据原告提交的资料,其诉讼请求的计算依据明显偏高,这种偏高的计算方式没有任何法律依据且已经达到改变级别管辖的后果,原告的行为有违诚实信用原则,遂裁定将本案移送嵊州市人民法院审理。

通过这个案例可以说明,即使审查内容不涉及实体问题,在审查仅涉及诉讼程序问题的案件时亦应适用诚实信用原则。法院对于管辖权异议案件,应进行全面审查。那种认为管辖权异议案件仅能作形式审查,不能做实质审查的观点是错误的。管辖权异议的实质审查是对与管辖权确定有关的事实进行审查,并不是对涉及案件实体权利义务的事实进行处理。只有对与管辖权异议有关的事实进行实质审查,才可以对管辖权异议是否成立作出正确的判断。

在此类案件中,还存在原告通过虚假增高诉讼请求金额以规避级别管辖的行为。对于这类虚假提高诉讼请求金额的案件,如果在管辖权异议阶段没

---

① 黄裕洪、绍兴狮子山狩猎场有限公司合同纠纷管辖权异议案(浙江省高级人民法院[2015]浙辖终字第234号)。

有予以处理,那么还应该建立联动打击机制,即在案件审理过程中进一步就此类问题进行核查,将案件查明结果与管辖权异议阶段的陈述进行比对,如果在案件审理过程中发现原告对于虚高的诉讼请求不能提交合理的解释,应依职权对其予以处罚。否则,不利于形成有效的诚实信用适用机制。

(二)在执行程序中适用诚实信用原则进行审查

案例2:"乌鲁木齐鑫新房地产公司清算组、乌鲁木齐市公房售后物业管理服务中心合资、合作开发房地产合同纠纷执行审查案"①。申请人乌鲁木齐鑫新房地产公司清算组向最高人民法院提出申诉,请求撤销在执行过程中形成的执行裁定。最高人民法院经审理后认为,该裁定是在组织各方对案件内容进行听证且各方均予确认的基础上作出的,申请人目前推翻该内容违反诚实信用和禁止反言原则。结合本案其他情况,遂对申请人的申诉作出不予支持的裁定。

该案例说明民事案件除了在审理过程中适用诚实信用原则之外,在执行程序亦适用诚实信用原则。诚实信用原则作为民事诉讼法的基本原则,适用于诉讼中的各个程序,包括审理程序以及执行程序。

案例3:"北京首创投资担保有限责任公司与安力博发集团有限公司等公证债权文书执行案"②。申请人沈洪诉称,北京市中信公证处作出的赋予强制执行效力的公证书存在欺诈行为,首创公司与安力博发公司相互勾结,以贷还贷,执行证书金额计算错误。法院经审理后查明,安力博发向银行申请的贷款没有按约定用途进行使用有违诚实信用原则,基于该事实作出的公证文书亦违反诚信原则,故裁定不予执行公证债权文书。

案例4:"北京葡立药业有限公司与山西中远威药业有限公司申请执行仲裁裁决案"③。法院查明据以执行的仲裁裁决是在双方合意的情况下作出的,申请人申请不予执行该仲裁裁决显然违背诚实信用原则,据此驳回其执行异议。

从上述两个案例可以看出,在执行程序中,无论据以执行的依据是公证债权文书还是仲裁裁决,均适用诚实信用原则。

---

① 乌鲁木齐鑫新房地产公司清算组、乌鲁木齐市公房售后物业管理服务中心合资、合作开发房地产合同纠纷执行审查案(最高人民法院[2018]最高法执监108号)。

② 北京首创投资担保有限责任公司与安力博发集团有限公司等公证债权文书执行案(北京市西城区人民法院[2015]西执异字第02329号)。

③ 北京葡立药业有限公司与山西中远威药业有限公司申请执行仲裁裁决案(山西省晋中市中级人民法院[2015]晋中中法执异字第9号)。

第四节　民事诉讼诚实信用原则适用的形式

一、立法形式

诚实信用原则作为民事诉讼的基本原则，不同于具体的民事诉讼规则。诚实信用原则属于一种宣示性的规定。宣示性的规定是价值宣扬，具有高度抽象性。何为诚信？何为不诚信？恐怕见仁见智。民事诉讼适用诚实信用原则必须将该原则体现的价值通过立法的形式，以具体的法律规则予以表现，方才具有适用的可行性。两者的关系是没有基本原则，具体的法律规定则成为无源之水，无本之木；没有具体的法律规定，法律原则就是空中楼阁，无法实施。

（一）全国人大常委会关于适用诚实信用原则的立法

我国《民事诉讼法》第13条规定了民事诉讼中的诚实信用原则。其他涉及诚实信用的条款还有《民事诉讼法》第43条第2款："审判人员……徇私舞弊……的，应当追究法律责任；"此处的"弊"即是欺诈、蒙骗、不诚信的意思，这是对审判人员违背诚信应承担法律责任的规定。

《民事诉讼法》第十章对妨害民事诉讼的强制措施中规定了当事人违背诚信的法律责任。第111条第1款第1项、第2项规定了对于伪造、毁灭证据，以及使他人做伪证的，均应予以制裁。此处制裁的对象是违背诚实行为的主体。该条第3款规定的对于"隐藏、转移、变卖、毁损已被查封、扣押的财产，或者已被清点并责令其保管的财产，转移已被冻结的财产的；"这是对违反信用行为的制裁。信用是对未来的期待，基于节约不必要的成本，避免给当事人造成进一步的损失，在司法实践中被查封、扣押的财产通常并不转移财产安置地，而是交由原所有权人保管。如此安排的好处在于当事人既无须因转移财产安置地而产生额外的费用，又可以继续使用设备，不影响生产。执法机关同意如此安排的前提是对于财产保管人信用的信任，相信其在设备查封后不转移、隐匿、处置财产。因此，对于相应的不遵守信用的行为应予以制裁。该条第4款规定的"对司法工作人员、诉讼参加人、证人、翻译人员、鉴定人、勘验人、协助执行的人，进行侮辱、诽谤、诬陷、殴打或者打击报复的"中的"侮辱、诽谤、诬陷、殴打或者打击报复"行为,是既不诚实,也不善的行为。在执行程序中亦有相关的规定,分别是第112条、第113条规定的当事人恶意串通的法律责任,制裁的是违背诚信的主观故意及虚假诉讼的行为。第114条是对拒绝履行协助行为所应承担的法律责任的规定。

《民事诉讼法》第237条第2款第5项、第6项分别规定了违反诚信,隐瞒、舞弊的仲裁裁决不予执行。①《民事诉讼法》第241条、第248条对于虚假报告、隐匿财产等行为分别设立了相应的制裁条款。②

通过研究上述规定,可以发现我国立法机关关于适用诚实信用原则的立法有如下特点:

1. 法条化的诚实信用原则是对实践多年的诚信诉讼的确认

在《民事诉讼法》以法条的形式确立诚实信用原则之前,《民事诉讼法》第43条、第110条、第237条、第241条、第248条等法条内容中已经包含了诚信诉讼原则的内涵。2012年我国《民事诉讼法》将诚实信用原则法条化、基本原则化,是对实践多年的诚信诉讼确认及升华,使其处于更高的法律地位,并以此规制民事诉讼的虚假行为。

2. 全面发挥诚实信用原则的作用尚待配套法律规则的制定

2012年修订的《民事诉讼法》在确立诚实信用原则的同时,增加了一定条款的为确保该原则得以有效实施的配套规定,这些配套规定使该原则具有相应的可操作性。根据2012年8月全国人民代表大会常务委员会颁布的"关于修改《民事诉讼法》的决定",修改的内容合计包括60处,增加了一些条款,删除了一些条款,更改了某些内容。从修改前后法律条款的数量上来比较,两者的变化不大。在此之前的2007年的《民事诉讼法》共计268条,修改后的《民事诉讼法》共计284条,后者略有增加。《民事诉讼法》新增加的第112条、第

---

① 《中华人民共和国民事诉讼法》(2012年)第237条第2款第5项规定:"对方当事人向仲裁机构隐瞒了足以影响公正裁决的证据的;第6项:仲裁员在仲裁该案时有贪污受贿,徇私舞弊,枉法裁决行为的。"

② 《中华人民共和国民事诉讼法》(2012年)第241条规定:"被执行人未按执行通知履行法律文书确定的义务,应当报告当前以及收到执行通知之日前一年的财产情况。被执行人拒绝报告或者虚假报告的,人民法院可以根据情节轻重对被执行人或者其法定代理人、有关单位的主要负责人或者直接责任人员予以罚款、拘留。"第248条规定:"被执行人不履行法律文书确定的义务,并隐匿财产的,人民法院有权发出搜查令,对被执行人及其住所或者财产隐匿地进行搜查。采取前款措施,由院长签发搜查令。"

113条,是关于违背诚实信用原则应受到处罚的具体法律规定。这两条新的规定,可以说是对惩戒虚假诉讼行为呼声的一个重要响应。一段时间以来,虚假诉讼甚嚣尘上,究其原因,一方面是由于虚假诉讼当事人的贪婪心理,另一方面是当前的法律制度对虚假诉讼的惩戒尚不完善。两者的作用机制不同,贪婪心理与生俱来,视为影响当事人行为的常量;惩戒措施的不足可以通过立法进行改变,属于影响当事人行为的变量。在立法技术中,对于变量的完善是主要考虑的措施。

　　虚假诉讼的案件较常见于夫妻离婚财产分割案件及执行案件。在离婚案件中,常见的是离婚一方的当事人伙同案外人炮制虚假债务,以达到让离婚案件另一方当事人少分财产的目的。在执行案件中,常见的是被执行人无偿或低价转让财产以逃避执行。当事人无论采取哪种类型的欺骗手段,都是对司法智慧、司法权威的挑衅,必须予以制裁。对于这两类虚假诉讼的案件,2012年修法时所增设的第三人撤销之诉,赋予第三人诉权,从程序上保障了利益受损一方维护权益的途径。在此之前,由于缺乏维权路径,第三人很难启动法律程序。既无法单独提起诉讼,也无法启动再审程序(由于不是案件当事人),这无疑是变相鼓励恶意串通。这就是通过增加立法规定减少虚假诉讼的影响。

　　3.以法律责任的设立保障诚实信用原则的适用

　　修改后的《民事诉讼法》规定了违背诚信原则的法律责任,包括罚款、拘留、刑事责任等,这些法律责任的设置是法律惩戒性的表现,使恶意串通的当事人在虚假诉讼时不再肆无忌惮,而是心存畏惧,法律责任的设立有利于诚信原则的遵循。这些规定主要集中在第十章对妨害民事诉讼的强制措施,第二十章执行的申请和移送,以及第二十一章执行措施等。

　　4.诚实信用原则的义务属性

　　民事诉讼遵循诚实信用原则的内容是要求民事主体在参与诉讼时应秉承真实、善意的义务。义务属性最典型的法律特征是违反义务将承担不利的法律后果。根据上述违反诚实信用原则应承担法律责任的立法规定,进一步说明诚实信用原则的义务属性。

　　5.缺乏审判人员承担民事责任的法律规定

　　根据《民事诉讼法》第43条的规定,审判人员如果存在贪污、受贿等违法行为的,应承担相应的法律责任,但该条并未具体规定审判人员应承担的法律责任的类型。该条同时规定,审判人员如果构成犯罪的,应依法追究其刑事责任。再根据《法官法》第 33 条、第 34 条,法官承担法律责任的具体类型包括:警告、记过、记大过、降级、撤职、开除等。如果法官受到撤职处分的,还应同时降低工资和职位等级。① 可以推定法官不承担民事责任,仅承担行政责任、刑事责任。审判人员违法时,必然给当事人带来相应的损失。缺乏审判人员承担民事责任的法律规定,则当事人的损失无处弥补。这不但不利于当事人权益的保护,也不利于审判人员谨慎司法。

6.涉及诚实信用原则的法条比重

根据统计,《民事诉讼法》中涉及诚实信用原则的法条共 7 条,《民事诉讼法》法律条文总计 286 条,涉及诚实信用的法条总数占《民事诉讼法》整个法条的百分比为 2.45%。《民事诉讼法》中涉及诚实信用原则内容的法条文字合计 689 字,《民事诉讼法》共 30140 字,涉及诚实信用内容的文字占整部《民事诉讼法》文字的百分比为 2.29%,这与法条篇幅所占的比例相近。

(二)最高人民法院颁布的相关司法解释

2015 年 2 月 4 日,最高人民法院颁布了《民事诉讼法司法解释》。这部号称史上最长的司法解释共 552 条,合计 58968 字。此时距 2012 年确立民事诉讼诚实信用原则已近 3 年时间,理论及实践对该原则的适用均有进一步的认识。因此,在该部司法解释的条款中,与诚实信用原则相关的规定得到大量的体现。

1.自认

自认是基于诚实信用原则的内涵而创设的制度。《民事诉讼法司法解释》第 92 条规定了自认制度:"一方当事人在法庭审理中,或者在起诉状、答辩状、代理词等书面材料中,对于己不利的事实明确表示承认的,另一方当事人无须举证证明。对于涉及身份关系、国家利益、社会公共利益等应当由人民法院依职权调查的事实,不适用前款自认的规定。自认的事实与查明的事实不符的,人民法院不予确认。"自认是指当事人基于诚实信用原则对客观事实的一种承认,立法确立自认制度有利于提高诉讼效率。自认制度中包含了真实及促进诉讼的内容,与诚实信用原则的内涵完全一致。根据《民事诉讼法》第 63 条的规定,

---

① 《法官法》(2017 年)第 33 条规定:"法官有本法第 32 条所列行为之一的,应当给予处分;构成犯罪的,依法追究刑事责任。"第 34 条规定:"处分分为:警告、记过、记大过、降级、撤职、开除。受撤职处分的,同时降低工资和等级。"

承认在证据的类型上属于当事人的陈述。关于自认的适用,将在下一章中专门探讨。

2.逾期失权

《民事诉讼法司法解释》第102条规定了逾期举证的法律后果。"当事人因故意或者重大过失逾期提供的证据,人民法院不予采纳。但该证据与案件基本事实有关的,人民法院应当采纳,并依照民事诉讼法第65条、第115条第1款予以训诫、罚款。当事人非因故意或者重大过失逾期提供的证据,人民法院应当采纳,并对当事人予以训诫。当事人一方要求另一方赔偿因逾期提供证据致使其增加的交通、住宿、就餐、误工、证人出庭作证等必要费用的,人民法院可予支持。"举证既是当事人对待证事实予以证明的一项义务,又是当事人证明主张属实的一项权利。同时,当事人的举证还有助于法庭查明事实及正确适用法律。基于诚实信用原则,当事人提供证据应在举证时限内提出,避免"证据突袭"。因此,规定逾期举证的不利法律后果实质上有助于促进诉讼。

3.当事人强制出庭

《民事诉讼法司法解释》第110条规定:"人民法院认为有必要的,可以要求当事人本人到庭,就案件有关事实接受询问。在询问当事人之前,可以要求其签署保证书。保证书应当载明据实陈述、如有虚假陈述愿意接受处罚等内容。当事人应当在保证书上签名或者捺印。负有举证证明责任的当事人拒绝到庭、拒绝接受询问或者拒绝签署保证书,待证事实又欠缺其他证据证明的,人民法院对其主张的事实不予认定。"该条对于提高当事人陈述的真实性具有积极意义。在当前的诉讼案件中,当事人本人出庭应诉的情况偏少,委托律师代为出庭的居多。鉴于代理人并没有直接参与涉案事件,代理人对案件事实的陈述实质上是对当事人陈述的转述,代理人的陈述具有间接性。有些当事人甚至会认为其花钱聘请代理律师,律师就应当维护其权益,无论这些权益是否合法。在这种心态的趋势下,再加上当事人的求胜心理,当事人容易向代理人故意隐瞒对其不利的事实,这就使得代理人陈述的事实可能与客观事实不符。

相反,如果要求当事人到庭,一方面当事人此时应当知道法庭对于其陈述的不信任倾向,因为一般情况下法庭无须通知当事人本人到庭。另一方面,在法庭庄严肃穆的气氛下,当事人面对法官,面对曾经与其实际发生事实法律关系的对方当事人,当事人将承受虚假陈述的巨大心理压力,这种心理作用有助于促使其作出符合客观事实的真实陈述。同时，立法设计的当事人签署保证书的程序，保证书中规定了当事人违反真实陈述应承担的法律责任，这可以进一步促进当事人履行真实陈述的义务。

要求当事人到庭的规定并不是对代理制度的限制，而是审理案件的实际需要。为提高司法实践的可操作性，应当对要求当事人到庭的条件具体化。从启动程序上，除了法庭依职权认为有必要之外，还可以赋予对方当事人提出要求另一方当事人出庭的申请，至于申请是否同意，可以由法庭根据实际情况最终决定。这种多方位的当事人出庭启动程序，有助于法庭对案件事实的认定。

浙江、福建一带的有当地生活经验的法官在审理当事人拒不承认某一事实的案件时，有时会要求当事人面对观音菩萨或妈祖娘娘发誓，这些举措有时会起到意想不到的效果。虚假陈述的当事人往往不再抵赖，主动承认了法律关系发生的事实。虽然这些听闻的真实性难以考证，但这种现象足以说明在一定力量的感召下，当事人可以作出真实陈述。

4.当事人协助提交证据原件的义务

《民事诉讼法司法解释》第112条、第113条规定了当事人应配合法院查明案件的相关事实，①提交持有的证据原件。对当事人而言，履行这项义务是主观诚信——善的体现。在协同型诉讼模式下，各方当事人均有义务配合法院查明案件事实。根据诚实信用原则分配举证责任，要求当事人协助提交证据原件对正确查明案件事实具有积极意义。否则，考虑到人的利己性，持有证据的一方很难出示对自己不利的证据。

5.证人遵循诚实信用原则的规定

《民事诉讼法司法解释》第119条、第120条是对证人出庭作证的规定。②

---

① 第112条规定："书证在对方当事人控制之下的，承担举证证明责任的当事人可以在举证期限届满前书面申请人民法院责令对方当事人提交。申请理由成立的，人民法院应当责令对方当事人提交，因提交书证所产生的费用，由申请人负担。对方当事人无正当理由拒不提交的，人民法院可以认定申请人所主张的书证内容为真实。第113条持有书证的当事人以妨碍对方当事人使用为目的，毁灭有关书证或者实施其他致使书证不能使用行为的，人民法院可以依照民事诉讼法第111条规定，对其处以罚款、拘留。"

② 第119条规定："人民法院在证人出庭作证前应当告知其如实作证的义务以及作伪证的法律后果，并责令其签署保证书，但无民事行为能力人和限制民事行为能力人除外。证人签署保证书适用本解释关于当事人签署保证书的规定。第120条证人拒绝签署保证书的，不得作证，并自行承担相关费用。"

证人作证是基于一方的申请而为之,证人从心理倾向上更愿意陈述对申请方有利的证言,如果不以诚实信用原则加以规制,证人的作用适得其反。

6.恶意串通违背诚信的处罚

《民事诉讼法司法解释》第144条是对恶意串通,以调解的方式侵害他人合法权益应承担的法律责任的规定。①《民事诉讼法》第112条已经包含了恶意串通进行诉讼、调解的法律责任的规定,本条规定的内容与此类似,在调解章节中专门规定该内容,从结构上更具有逻辑性。

7.拒不履行生效判决

关于拒不履行生效判决的规定见之于《民事诉讼法司法解释》第188条。② 这是对有履行能力而拒不履行生效裁决的制裁。

8.违背诚信,冒充他人起诉

该规定见之于《民事诉讼法司法解释》第189条。③ 行为人冒充他人提起诉讼的行为严重违背诚实信用原则,且行为人存在主观故意的过错,该行为不具有相应的法律效力,不能达到行为人的预期诉讼结果。

笔者亦曾代理过一件类似的案件。这是一起当事人不服一审判决而提起上诉的案件。我们发现上诉状中当事人的签名笔迹与一审答辩状、授权委托书的签名笔迹相近但不相同,有仿冒之嫌。在二审法院开庭核对当事人身份的环节,我们请求法庭核实授权委托书及上诉状签名的真实性。因为以常人的眼光判断,授权委托书与上诉状签名存在不一致。如此,则必有一份文件是

---

① 第144条规定:"人民法院审理民事案件,发现当事人之间恶意串通,企图通过和解、调解方式侵害他人合法权益的,应当依照民事诉讼法第112条的规定处理。"

② 第188条规定:"民事诉讼法第111条第1款第6项规定的拒不履行人民法院已经发生法律效力的判决、裁定的行为,包括:(1)在法律文书发生法律效力后隐藏、转移、变卖、毁损财产或者无偿转让财产、以明显不合理的价格交易财产、放弃到期债权、无偿为他人提供担保等,致使人民法院无法执行的;(2)隐藏、转移、毁损或者未经人民法院允许处分已向人民法院提供担保的财产的;(3)违反人民法院限制高消费令进行消费的;(4)有履行能力而拒不按照人民法院执行通知履行生效法律文书确定的义务的;(5)有义务协助执行的个人接到人民法院协助执行通知书后,拒不协助执行的。"

③ 第189条规定:"诉讼参与人或者其他人有下列行为之一的,人民法院可以适用民事诉讼法第111条的规定处理:(1)冒充他人提起诉讼或者参加诉讼的;(2)证人签署保证书后作虚假证言,妨碍人民法院审理案件的;(3)伪造、隐藏、毁灭或者拒绝交出有关被执行人履行能力的重要证据,妨碍人民法院查明被执行人财产状况的;(4)擅自解冻已被人民法院冻结的财产的;(5)接到人民法院协助执行通知书后,给当事人通风报信,协助其转移、隐匿财产的。"

假的。如果上诉状是假的,那么上诉行为没有成立,原一审判决生效。如果授权委托书是假的,那么当事人授权的代理人无权参与本案诉讼,本案因上诉人未到庭视为其撤回上诉。法庭向代理人释明该情况后,询问上诉人关于代理人签名事宜的真实情况,上诉人代理人承认签名系其个人代签,不是当事人本人所签。我们进一步提出这不属于代签,而是完全的假冒。所谓代签,应该由代签人签署自己的姓名,并且注明代签。代签不能签被代签人的姓名,更不应该模仿、伪造被代签人的签名笔迹。故意将代签的笔迹与当事人的签名笔迹一致,会造成真假难辨,以假乱真的效果,令他人产生该签名是当事人签名的误解,这种误解可能带来当事人后续对诉讼行为提出败诉异议的法律隐患。一旦诉讼结果未令当事人满意,当事人可能会以该签名非其所签,诉讼行为不发生法律效力为由而对审判人员进行投诉,甚至提起审判监督。伪造签名的行为,严重扰乱审判秩序。法庭遂要求代理人庭后补充由当事人签名确认的相关事实。随后,代理人提交了一份当事人签署的文件,当事人确认上诉状上的签名非其所签,但同意对上诉行为进行追认。因诉讼代理不同于民事实体法规定的代理,后者适用追认制度,诉讼代理不适用追认制度。这是因为诉讼代理的法律依据是民事诉讼法,民事诉讼法是公法,适用的是"法无授权则禁止"的原则,民事诉讼法没有规定诉讼代理可以追认,因此本案不适用追认,二审法院遂作出驳回其上诉的裁定。

9.虚假诉讼的刑事责任

《民事诉讼法司法解释》第190条、第191条规定虚假诉讼应受到罚款、拘留的处罚,严重的应承担刑事责任。我国《刑法》第307条之一设立了虚假诉讼罪,意在对捏造事实提起虚假诉讼的行为予以严厉打击。

10.拒绝配合执行的法律责任

《民事诉讼法司法解释》第192条规定,对故意拒绝协助执行的行为应进行处罚。

二、司法裁判形式

司法裁判的形式是指审判机关根据案件审理的实际情况,适用诚实信用原则对案件的处理结果,这是最直接的适用诚实信用原则的方式。包括对违背诚实信用的诉讼主张不予支持,对违法行为进行制裁,如罚款、拘留,移送公安机关处理等。同时,适用自认、禁反言等具体体现诚实信用原则内容的规则,确认相关事实,并据此最终对案件作出裁判。

案例 5:"虚假陈述被法院罚款 5 万元"。在山东德牛机械制造有限公司(原告)诉山东枣庄市陈氏机械有限公司(被告)买卖合同纠纷案件中,被告否认收到原告开具的编号为 3700164160、0081616 两张增值税发票,经法庭向被告释明,要求其进行核实并告知如果虚假陈述应承担相应的法律责任,被告坚称没有收到案涉的两张增值税发票,并同意承担相关虚假陈述的法律责任。后经法院前往枣庄市山亭区税务局查询,发现被告公司已于 2017 年 12 月 12 日持该两张发票抵扣税款。该调查的事实足以说明被告虚假陈述。且被告经法院释明仍执迷不悟,坚持错误陈述,法院为此专门前往税务机关核实。被告虚假陈述的行为浪费司法资源,拖延诉讼进程,遂处以上述罚款。①

山东省宁津县人民法院作出的《处罚决定书》

案例 6:"南京市玄武区城建发展有限责任公司虚假陈述处罚案"。江苏省沭阳县人民法院在执行陈某某与江苏国丰建设集团有限公司(以下简称国丰公司)建设施工合同纠纷案件中,申请执行人申请执行国丰公司在第三人南京市玄武区城建发展有限责任公司(城建公司)处的到期债权。沭阳县人民法院于 2018 年 3 月 30 日向城建公司调查国丰公司在该公司的到期债权时,该公司称只有约 210 万元的质保金,沭阳县人民法院遂对该 210 万元予以冻结。该债权被冻结后,城建公司突然于 2018 年 4 月 10 日向沭阳人民法院提出没有该 210 万元的到期债权的说明,并称无法协助法院执行。此后,城建公司在其他案件中向法院提供证据,证据证明该公司于 2018 年 4 月 4 日(即沭阳县人民法院冻结到期债权之后)向国丰公司支付 1200 万元工程款。但国丰公司并未用该款项向陈某某履行债务。目前被执行人国丰公司因已进入破产程序而无力履行债务,该案因此陷入执行僵局。沭阳人民法院认为,城建公司在法院调查过程中对于债权的存在以及债权金额故意作出虚假陈述,其行为妨碍法院对生效判决的执行,并使该案陷入执行僵局,应依法予以制裁。法院遂依照《民事诉讼法》第 114 条之规定,决定对南京市玄武区城建发展有限责任公司罚款 50 万元,对其法定代表人郭某罚款 5 万元。被处罚的当事人对该决定

---

① 山东枣庄市陈氏机械有限公司虚假陈述被罚款案(枣庄市宁津县人民法院[2019]鲁 1422 司惩号)。

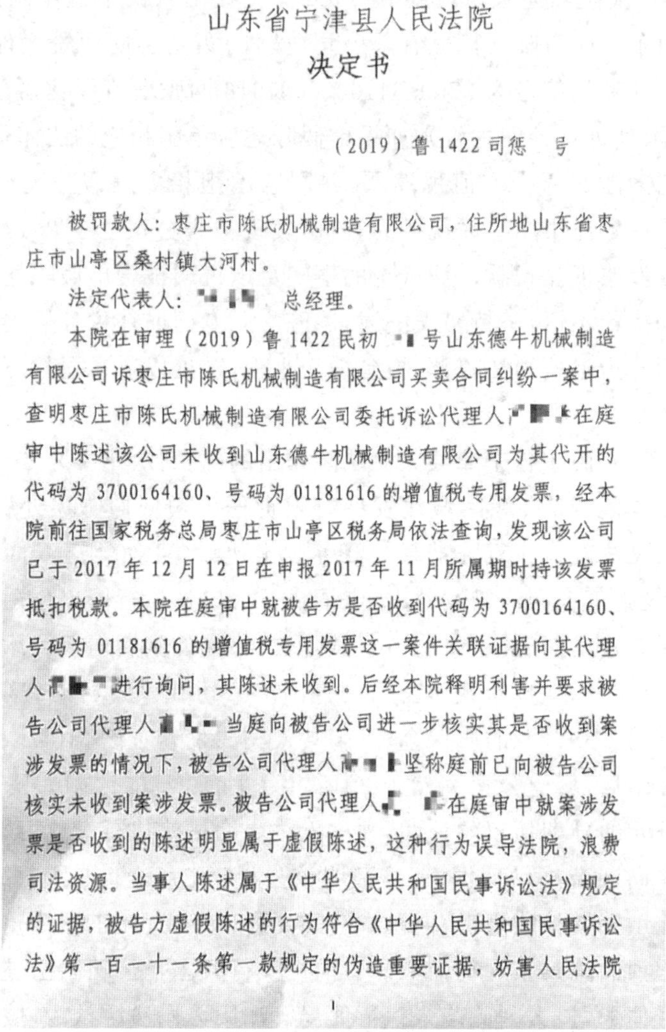

山东省宁津县人民法院
决定书

(2019) 鲁 1422 司惩 ▇ 号

被罚款人：枣庄市陈氏机械制造有限公司，住所地山东省枣庄市山亭区桑村镇大河村。

法定代表人：▇▇▇，总经理。

本院在审理（2019）鲁 1422 民初 ▇ 号山东德牛机械制造有限公司诉枣庄市陈氏机械制造有限公司买卖合同纠纷一案中，查明枣庄市陈氏机械制造有限公司委托诉讼代理人▇▇▇在庭审中陈述该公司未收到山东德牛机械制造有限公司为其代开的代码为 3700164160、号码为 01181616 的增值税专用发票，经本院前往国家税务总局枣庄市山亭区税务局依法查询，发现该公司已于 2017 年 12 月 12 日在申报 2017 年 11 月所属期时持该发票抵扣税款。本院在庭审中就被告方是否收到代码为 3700164160、号码为 01181616 的增值税专用发票这一案件关联证据向其代理人▇▇进行询问，其陈述未收到。后经本院释明利害并要求被告公司代理人▇▇当庭向被告公司进一步核实其是否收到案涉发票的情况下，被告公司代理人▇▇▇坚称庭前已向被告公司核实未收到案涉发票。被告公司代理人▇▇在庭审中就案涉发票是否收到的陈述明显属于虚假陈述，这种行为误导法院，浪费司法资源。当事人陈述属于《中华人民共和国民事诉讼法》规定的证据，被告方虚假陈述的行为符合《中华人民共和国民事诉讼法》第一百一十一条第一款规定的伪造重要证据，妨害人民法院

图 2-3

不服，向上级法院申请复议。江苏省宿迁市中级人民法院作出复议决定书，认为《决定书》认定的事实清楚，适用法律正确，驳回复议申请，维持原决定。

本案对城建公司虚假陈述罚款 50 万元，处理力度不可谓不大，"全国虚假诉讼第一案"的处罚金额也才 50 万元。实际上，这个处罚的力度远远不够。本案不仅构成虚假陈述，还涉嫌构成拒不履行生效判决罪。城建公司明知债

图 2-4

权存在且被冻结,仍继续向国丰公司付款,且欺骗法院声称债权不存在。国丰公司明知被法院执行,收到款项后拒不履行,将款项挪作他用。国丰公司拒不履行的行为得到城建公司的协助,双方涉嫌构成共同犯罪。鉴于国丰公司已经进入破产程序,涉案的 210 万元已经难以收回,双方涉嫌共同犯罪的行为已经造成巨大损失。

案例 7:"伪造证据索要钱财,拘留五日罚款一万元"。① 原告康某德向深圳市罗湖区人民法院起诉称,2015 年 7 月 24 日至 2015 年 10 月 30 日期间,他在被告公司担任 O2O 客户经理,薪资构成为每月固定底薪 8500 元加上推广提成,推广提成奖金为客户签约合同金额的 50%。康某德离职后,以被告公司违法解除劳动合同为由诉至法院,要求被告公司支付工资、推广提成奖金等,共计人民币 629897.62 元。

该案在深圳市罗湖区人民法院经先后两次开庭审理。被告公司主张康某德所提交的合同金额系其篡改的。为核实《项目开发合同书》的真实性,法院经多方查找,最终联系上了签订该份合同的案外公司负责人,并前往该公司调查核实。经核实,案外公司与被告所签订的合同总金额系人民币 12 万元,且该合同签订后并未实际履行,该事实证明康某德提交的该份合同金额系伪造。罗湖区人民法院依照《民事诉讼法》第 111 条,对康某德拘留 5 日并罚款人民币 1 万元。

案例 8:"神华销售集团有限公司与黑龙江省龙源电力燃料有限公司买卖合同纠纷案"②。最高人民法院经审理后认为,神华公司在一审时明确认可知道先付款、后交货的履行顺序,在二审时又反言否认其知道该约定,神龙公司一审、二审的不同主张违反"禁反言"原则。根据《民事诉讼法司法解释》第 342 条的规定,当事人在一审程序中实施的诉讼行为在二审程序中具有约束力,当事人没有充分理由不得推翻,最高人民法院对神华公司二审的主张不予支持,最终作出驳回上诉,维持原判的判决。

上述 5、6、7、8 案例说明违反诚实信用的诉讼行为时有发生,不但在基层法院会出现,在最高人民法院也会出现。广东省各级人民检察院 2015 年—2017 年 3 年时间共查实 106 宗虚假诉讼案。③ 虚假诉讼严重扰乱了法院对案件的正常审理,各级法院均对此作出了严肃的处理。虚假诉讼从表现形式上有当事人双方恶意串通,损害第三人利益的;也有单方虚假陈述,妄图通过诉

---

① 包力:《伪造证据索要钱财拘留五日罚款一万》,深圳市罗湖区人民法院网,http://guanwang.szlhfy.gov.cn/html/2016/meitijujiao_0907/958.html,下载日期:2019 年 6 月 14 日。

② 神华销售集团有限公司、黑龙江省龙源电力燃料有限公司买卖合同纠纷案(最高人民法院[2018]最高法民终 134 号)。

③ 章宁旦:《广东检察 3 年查实 106 宗虚假诉讼案》,载《法制日报》2018 年 7 月 12 日,第 3 版。

讼方式侵占对方财产的;还有违反"禁反言"的。严格地讲,禁反言是一种证据或事实认定的规则,"禁反言"适用的类型是"言",这种"言"的事实主张类似于实体法的形成权,即单方主张即可发生法律效力。形成权是指权利人依据自己单方的行为,即可使自己与他人之间的法律关系的内容发生变动(如发生、变更或消灭)。① 虽然禁反言禁的是在后的反言,不代表之前的言就支持,也不代表之前的言属实。案例中的关于对"先付款、后交货"履行顺序的知晓,这种知晓是一种主观状态,是否知晓只有其自知。但当事人确认知晓后,不得再主张不知,除非有相应的证据,否则这种知晓不得被更改。

为防范虚假诉讼的发生,最高人民法院于 2016 年 6 月 20 日公布了《关于防范和制裁虚假诉讼的指导意见》。2018 年 9 月 26 日,最高人民法院、最高人民检察院联合发布了《关于办理虚假诉讼刑事案件适用法律若干问题的解释》这两份文件从刑事角度加大了对虚假诉讼的打击力度。

三、检察建议、抗诉形式

检察机关对民事案件的监督规定见之于《民事诉讼法》第 14 条、第 55 条、第 208 条至第 213 条、第 235 条,合计 9 条法条的规定。最高人民法院颁布的《民事诉讼法司法解释》中有第 283 条、第 406 条、第 409 条、第 413 条至第 421 条等共 12 条法条的规定。考察这些规定,我们可以发现如下特点:

(一)重点监督与全面监督的结合

根据法律的规定,检察机关对民事诉讼的全过程均有权进行监督,实践中监督的内容主要集中在对生效法律文书的监督,此外还包括有权对人民法院审理程序以及执行程序的监督。检察机关对民事诉讼的监督既有侧重又不失全面。

这种重点监督与全面监督相结合的制度安排是恰当的,对审判过程进行监督具有预防错案发生的作用,真正体现"让人民群众在每个案件中感受到公平正义"。对于当事人,对审判过程的监督多了一道救济途径,具有及时的优点,有助于预防错案的发生。检察机关侧重对生效法律文书的监督,体现了对法院独立审判案件的尊重。

---

① 梁慧星:《民法总论》,法律出版社 2017 年版,第 74 页。

(二)检察机关的监督行为效果显著

考察 2015 年最高人民法院颁布的《民事诉讼法司法解释》关于检察监督的规定,与《民事诉讼法》的相关内容比较,前者的规定虽然从内容上更加细化,条文数量比前者多了六条(数量是前者的双倍),但监督程序集中在审判监督程序,没有涉及审判程序及执行程序。2016 年最高人民法院、最高人民检察院联合制定了《关于民事执行活动法律监督若干问题的规定》,对于在执行程序中如何进行检察监督进行了详细的规定,此举对于保护当事人合法权益及规范执行行为具有积极的作用。由于监督规定的完善与细化,在司法实践中检察机关适用诚实信用原则进行抗诉的案例日渐增多。

案例 9:"承德市检察院抗诉一起虚假诉讼案"。[①] 据报道,承德市人民检察院在审查一起合同纠纷申请监督的案件时,发现该案被申请人高某通过虚构事实与证据来获取调解书,涉嫌虚假诉讼。该院民事行政检察部门检察官针对案件疑点,查明事实,固定证据。经检察机关查明,诉讼当事人高某、李某为谋取非法利益制造假官司,损害第三方的合法权益,严重扰乱了司法秩序,浪费了司法资源,损害了国家利益和司法权威。承德市双桥区检察院依法提请承德市检察院对此案进行抗诉。此案获承德市中院改判,为涉案第三方挽回直接经济损失 200 余万元,消除了虚假诉讼的不良社会影响。

案例 10:"虚假诉讼,每人罚款 2000 元"[②]。2013 年 2 月 16 日,江苏省沛县法院根据沛县检察院的建议,作出两份罚款决定书,对检察机关依法监督的两起关联民事虚假诉讼案件的双方当事人,作出每人罚款 2000 元的决定。

案例 11:"伪造虚假证明提起诉讼骗赔偿,检察多元监督获支持效果明显"[③]。汪某因工作受伤致残,为了获得更多的赔偿款,伪造其已在大冶城区居住达 3 年的虚假证据并提供给大冶市法院,法院依此证据作出错误的判决。用人单位接到生效法律文书后,申请大冶市检察院进行检察监督。大冶市检察院启动调查核实,对汪某租住屋户主、租住时水、电费的交纳、其儿子在学校

[①] 王静静:《承德市检察院抗诉一起虚假诉讼案》,载《河北法制报》2018 年 8 月 24 日,第 1 版。

[②] 唐颖:《虚假诉讼,每人罚款 2000 元》,载《检察日报》2013 年 2 月 28 日,第 6 版。

[③] 黄开祥:《伪造虚假证明提起诉讼骗赔偿,检察多元监督获支持效果明显》,湖北省黄石市人民检察院网,http://hs.hbjc.gov.cn/jcjx/201811/t20181122_1371523.shtml,下载日期:2019 年 1 月 22 日。

的住宿情况（汪某自称租屋是为了陪读）和出具该证明的小区进行调查，证实其提供虚假证明进行诉讼的事实。为此，大冶市检察院向黄石市中级人民法院提出抗诉，黄石市中级人民法院经审查，发回大冶市法院再审。大冶市法院再审期间，组织双方当事人调解，最后达成调解协议。同时，大冶市检察院向相关部门提出检察建议，最终小区干部被处以党内警告处分，涉案律师被处以停止执业6个月的处分。

上述案例显示检察机关具有调查权，对于涉嫌虚假诉讼的行为可以先行核实相关情况。对于确实存在违背诚信原则的诉讼行为，检察机关通过发出检察建议等方式启动监督程序进行监督。对于检察机关启动的监督案件，法院必须受理。检察机关的监督行为具有威慑力大和效果显著的特点。

四、当事人提出请求的方式

作为诚实信用原则的适用对象，当事人具有应当遵守诚信诉讼的义务。作为诚实信用原则的适用主体而言，则体现的是当事人拥有的一种权力，是一种要求各个诉讼参与人遵循诚实信用原则的权力。行使该项权利的常见内容为要求对方当事人恪守诚信，遵循管辖规定进行起诉及提交证据，根据判决内容诚信履行义务等。

基于当事人在民事诉讼中的法律地位，当事人适用诚实信用原则时具有如下特点：

(一) 适用的间接性

尽管在民事诉讼中当事人享有一定的诉讼权利，但这种诉讼权利一般体现为对自身权利的处分。当事人并不能直接对其他诉讼参与人违反诚实信用原则的行为进行处罚，而只能提出申请，请求法院予以惩处。至于是否惩处，决定权在法院。当事人的申请并不一定会获得支持，法院会根据相应的事实及证据作出处理。因此，作为适用主体，当事人要求其他诉讼参与人承担违反诚实信用原则的法律责任具有间接性。前章所述原告违背诚信原则，在计算诉讼请求时以超过24%年利率的标准计算利息，从而达到越级管辖的目的。对此，被告仅能以管辖权异议的方式向法院申请，由法院最终决定是否成立。

(二) 强大的适用内驱力

一方当事人的虚假诉讼行为会损害另一方当事人的利益，为了维护自己的合法权益,另一方当事人必然竭力揭发对方违背诚实信用的行为,即当事人对于诚实信用原则的适用具有强大的内驱力。这种内驱力来自原、被告双方当事人之间的对抗,这种对抗促使一方当事人对另一方当事人虚假诉讼的行为穷追猛打,大有不达目的誓不甘休之态。我们曾经代理过一起当事人恶意串通虚假转让债权的案件,该案涉及债务人间接适用诚实信用原则事宜。关于该案的基本案情为:①A公司对B公司拥有一项债权,因A公司尚有其他债务,法院裁定冻结该笔债权。A公司为逃避履行其他债务,遂与C公司串通,将该债权非法转让给C公司。为达到债权转让的目的,A公司将与C公司签署债权转让的时间提前到法院对其债权进行冻结之前。但C公司向B公司送达债权转让通知的时间只能在法院裁定冻结A公司的债权之后,该时间足以说明A公司与C公司系恶意串通。C非法受让债权后,向法院申请强制执行。法院受理其强制执行后,将B公司纳入失信记录,查封了B公司的银行账户。这些行为严重影响了B公司的正常经营,且造成了相应的损失,B公司强烈要求法庭对A、C公司的行为进行惩处。

虽然B公司通过向法院反映情况,最终使问题得到了圆满解决,但却耗费了大量的时间。对于B公司因此遭受的损失,《民事诉讼法》没有规定可以获得相应的赔偿。如果B公司另行诉讼,又得投入大量的人力物力,所以,通常情况下只得作罢。

---

① 基于保密,此处隐去公司真实名称。

第三章　诚实信用原则对当事人的适用

民事诉讼诚实信用原则对当事人的适用,是指当事人在民事诉讼过程中遵循诚实信用义务的具体内容。民事诉讼的当事人包括原告、被告、第三人,不同当事人参与诉讼的目的、法律地位、权力义务各不相同,因而遵循诚实信用义务的内容亦不相同。诚实信用原则对当事人的适用是民事诉讼遵循诚实信用的重要组成部分,如何设计行之有效的适用规则,关系到该原则在民事诉讼中能否有效实施。

西南政法大学的常怡教授认为,诉讼中当事人适用诚实信用的具体内容包括禁止滥用诉讼权利,禁止虚假陈述或提供虚假证据,禁反言,禁止当事人诉讼突袭。① 厦门大学的齐树洁教授认为,民事诉讼诚实信用原则对当事人的适用是指对当事人意思自治的限制。当事人在诉讼中不得恣意妄为,应本着诚实信用原则行使诉讼权利,承担诉讼义务。具体包括:禁止反悔及矛盾行为;禁止以不正当手段使己方处于有利的诉讼地位;禁止滥用诉讼行为;禁止虚假陈述;诉讼权利丧失(因故意或重大过失延迟提供证据致使丧失诉讼权利)等。② 清华大学的张卫平教授研究了大陆法系诚实信用原则的适用,他认为诚实信用原则对当事人的适用包括以下情形:当事人真实陈述的义务;促进诉讼的义务;禁止以欺骗方式形成不正当诉讼;禁反言;诉讼上权能丧失。③ 中国人民大学的汤维建教授认为,诚实信用原则对当事人的制约主要表现在当事人实施诉讼行为时必须诚实和善意。具体包括:对不正当诉讼行为的禁止;对诉讼权利滥用行为的禁止;对伪证的禁止;对反言的禁止;对当事人实施诉讼突袭行为的禁止;对扰乱诉讼秩序行为的禁止。④ 日本学者伊藤真认为,

---

① 常怡主编:《民事诉讼法学》,中国政法大学出版社 2016 年第 4 版,第 28 页。
② 齐树洁主编:《民事诉讼法》,厦门大学出版社 2019 年第 13 版,第 87~89 页。
③ 张卫平:《民事诉讼法》,法律出版社 2016 年第 4 版,第 51~52 页。
④ 汤维建主编:《民事诉讼法学原理与案例教程》,中国人民大学出版社 2018 年第 3 版,第 92~93 页。

诚实信用原则作为行为规范,要求当事人依据诚实信用原则实施诉讼行为。诚实信用原则作为裁判规范,在当事人实施违反诚信原则的诉讼行为时,裁判所可以予以制裁。当事人在诉讼中遵循诚实信用原则的诉讼行为有四种类型,包括禁止滥用诉讼上的权能(滥用诉讼忌避申请,诉权滥用),诉讼上的禁反言,诉讼权能失效,排除不当形成的诉讼状态。①

纵观中外学者关于当事人适用诚实信用原则的内容,尽管观点不尽相同,但都一致认为这是当事人应尽的诉讼义务。在概念的表述上包含相同的关键词,如"义务"、"禁止"等。适用内容主要包括当事人的真实义务,禁止权利滥用,禁反言。此外,自认(Judicial admission)及适用诚实信用原则的保障机制也是重要的内容。特别是保障机制,这是民事诉讼得以遵循诚实信用原则的制度前提。保障机制的设置既要符合诉讼机制,又要确保能够有效实施。在通过规定违反诚实信用原则的法律责任的同时,如何设立引导的方式提高当事人主动遵循诚实信用原则的积极性尤为重要。

第一节 诚实信用原则对当事人适用的内容

一、当事人的真实义务

诚实信用的基本含义为真实、善意。诉讼中当事人的真实义务是当事人遵循诚实信用真实内容的体现,是诚实信用原则对当事人适用的最基本要求。

(一)当事人真实义务的含义

当事人的真实义务是指当事人在诉讼过程中应当实事求是,不得弄虚作假。具体包括不得伪造证据材料,真实陈述,在法庭询问环节如实、全面回答法庭提出的问题,如实向法庭提交证据,对于对方提交的证据材料,如实进行抗辩,不伪造事实进行抗辩。

根据《元照英美法词典》,真实义务(True obligation)的真实(True)有狭

---

① [日]伊藤真:《民事诉讼法》(第四版补订版),曹云吉译,北京大学出版社2019年版,第231～233页。

义和广义之分。狭义的真实指与客观事实相符的陈述才是真实的,广义的真实指只要是基于诚实而非欺骗性的陈述都是真实的,不管这种陈述是否与真实的事实相一致。① 这里关于真实陈述义务与张卫平教授关于当事人适用诚实信用原则的内容相一致。狭义和广义的区分与徐国栋教授关于客观诚信与主观诚信的概念相符。其中,广义的真实义务更符合诉讼实际。不假为真,不虚为实,这种不假和不虚都是当事人的主观认识,只要当事人主观上不具有虚假陈述的故意,即使客观事实与其陈述不一致,我们也不能认为当事人没有履行真实义务。客观真实的发现需要借助其他手段,以此苛求当事人显然不现实。

《德国民事诉讼法》第138条第1款规定:"当事人应就事实状况作出完整而真实的陈述。"② 根据德国的规定,所谓真实,仅陈述的内容真实还不够,还要包括对事实的陈述是否完整。局部真实对于整个案件的事实来说仍是不真实的,只有对案件事实进行完整的陈述,且该完整陈述真实,该陈述才被认为是真实的陈述。完整性是正确认识客观事物的根本要求,否则就会出现对同一个事实的不同认定,这对于司法的统一性危害巨大。

笔者曾经代理过一个案件,某装修公司承接了一项商场装修工程,由于年底没有按时发放农民工工资,造成农民工围堵商场,讨要工资。街道办事处介入后,装修公司说商场尚有工程款未付,要求先行垫付。经核实,商场确有一笔款未付,但这笔款的性质是质保金,付款条件为竣工验收后一年支付,此时付款条件尚未成就。而且,由于装修公司的施工质量不合格,商场需要对这些不合格的项目进行维修,这需要商场另行聘请维修单位施工并额外支付相关费用。同时,由于装修公司延误工期造成商场没有能够按期开业,对此,商场已经起诉装修公司进行索赔。因此,如果单纯询问商场是否还有工程款未付,答案是肯定的。如果全面考虑双方的债权债务关系,商场至少此时无须支付款项给装修公司。在这个案例中,装修公司没有就双方的债权债务尽到完整陈述的义务。而且,装修公司的不完整陈述与双方真实的债权债务状态截然相反。如果完整陈述,商场不但不拖欠装修公司任何款项,而且根据判决结果,装修公司还可能赔偿商场拖延工期及施工质量赔偿的款项。装修公司的

---

① 薛波主编:《元照英美法词典》,北京大学出版社2017年版,第1360页。
② 《德国民事诉讼法》,丁启明译,厦门大学出版社2016年版,第36页。

陈述因不完整而不真实,这种不真实误导了政府部门及广大农民工。可见,真实义务同时包括完整义务,否则就没有达到真实义务的要求。

(二)当事人真实义务的历史沿革

在诉讼过程中要求当事人遵循真实义务的历史由来已久,可以说在诉讼制度设立之初就进行了这样的制度设计。这是因为在诉讼制度产生以前,谎言就已经在社会生活中存在。诉讼行为是社会生活的一部分,诉讼中的谎言不可避免。不是因为诉讼制度才产生诉讼上的谎言,因此,有诉讼制度,则必有当事人的真实义务。不设立当事人的真实义务,诉讼制度就无法建立与推行。

古罗马的查士丁尼对当事人的真实义务曾作出详细的规定。在诉讼过程中,原告应当作出关于真实起诉的宣誓。被告进行答辩时也应先庄严宣誓,申明其有理由对于原告的诉求进行反驳,否则不允许其作出否定性抗辩。如果被告无故否认原告提出的债务,经查证属实后,被告要因其不真实的行为向原告加倍支付债务以作为惩罚。不仅如此,双方的律师也应当作诚信诉讼的宣誓。虚假陈述的当事人应承担另一方的损失和支出的费用。① 根据上述内容可以看出,早在查士丁尼时代即有当事人真实义务的规定。诉讼中真实义务的主体不但包括原、被告,还包括律师。为了促进当事人履行真实义务,查士丁尼设计了两种方式:一种方式是宣誓,另一种方式是要求违背真实义务的诉讼当事人承担相应的法律责任。对于宣誓,同时规定了拒绝宣誓则不得抗辩,拒绝宣誓等于变相承认对方的诉讼请求。因此,只要被告所言为真,被告不可能拒绝宣誓。若被告宣誓,则进而通过承担不利的法律后果强化行为人因遵守誓言而减少或杜绝说谎。对于法律责任,既包括惩罚性的(加倍支付债务)法律责任,也包括损失弥补性的(承担另一方的损失和支出的费用)法律责任。根据当事人趋利避害的理性,法律责任的设立能够促使当事人真实陈述。这两种方式异曲同工,都可以促进当事人履行真实义务。应当说这些制度的设计环环相扣、符合人性,能很好地发挥促进当事人真实陈述的作用。

另外,考虑查士丁尼关于被告无故否认原告债务才承担法律责任的规定,可以说明对当事人设定的真实义务是指主观真实。即被告的否认只要"有故",不是无故否认,即使否认的内容与客观事实不符,亦无须承担法律责任。

---

① [古罗马]查士丁尼:《法学总论》,张企泰译,商务印书馆2016年版,第244~245页。

虽然当事人的真实义务具有悠久的历史,但各个历史时期对该义务的具体要求不尽相同。在自由资本主义时代,基于自由主义、个人主义、放任主义,虽然有当事人真实义务的诉讼理念,但相应的要求比较宽松,立法尚未对当事人真实义务作出直接规定。在司法实践中对当事人虚假陈述的行为较为宽容,对当事人虚假陈述的排除主要依靠其自律及法官的发现。民事诉讼中的诸多法律制度系作为"攻击与防御方法"、"当事人之间武器平等"。[①] 在这种观念的影响下,诉讼不再是当事人依靠国家公权力实现公平、正义之举。司法机关演变成了各方当事人通过谎言、欺骗,为对方正常诉讼设置障碍,为己方获得不法利益的角斗场。当事人不真实的陈述被视为辩论权利的体现,如果被对方或法庭识破,其法律后果无非是不予采信。"我可以不同意你的观点,但我誓死捍卫你说话的权利。"欺骗和说谎一旦演变成了说话的权利,其正当性变得无法阻挡。这是自由资本主义发展、个性得以解放的必然产物。

这种状态的产生与职权主义的诉讼模式也有一定的关联性。在职权主义的诉讼模式下,当事人对案件进程的参与度很弱,均是在法官的主导下进行诉讼的。对事实的认定既是法官的权利,也是法官的义务。早年间流行的"当事人动动嘴,法官跑断腿"就是这一现象的写照。当事人只管根据法庭的要求提供证据,进行陈述,发现案件真实情况的责任全在审判人员。从另一个方面来讲,这种职权主义诉讼模式弱化了当事人的真实义务。人类的趋利本性难免使当事人产生一种侥幸心理,当事人思量万一审判人员没有发现自己说谎,自己岂不就更有机会获得有利判决? 在这种侥幸心理的驱使下,诱使当事人实施欺骗、说谎等虚假诉讼。

从法庭礼仪上也可以映射出这种职权主义的身影。中国古代原告到法庭诉讼必须下跪。清末马戛尔尼访华还就是否下跪事宜与清政府极力抗争。现代诉讼制度早已取消了下跪的规定,原、被告双方在法庭上可以坐着向法官陈述案情,但当事人及律师的活动仍受到很多不当的限制。比如当事人及律师只能坐在固定位置发言,在辩论时不能站立,不能走动。坐着发言在效果上显然不如站立、走动时的发言有感染力。这样的规定没有从当事人的角度考虑问题,减损了双方的对抗性,使得庭审活动过于呆板,对当事人尽情展示证据

[①] 蔡章麟:《民事诉讼法上的诚实信用原则》,载《民事诉讼法论文选辑》,台湾五南图书出版公司1984年版,第12~13页。

和发表意见不利。当事人在庭审过程中主动性不足,被动性有余。当然,这些规定有利于法庭对审判活动的指挥,但仍具有强烈的职权主义色彩。

19世纪末,随着社会的发展,人们认为这种状态与诉讼制度确立的基础相违背。奥地利民事诉讼法的缔造者克莱因强调,应当检讨个人主义、自由主义的诉讼观念。片面、极端的辩论主义是不利的。① 受奥地利民事诉讼理念的影响,德国在19世纪末及20世纪初对民事诉讼立法进行了相应的改革,对自由主义进行必要的限制。② 此后,许多国家的民事诉讼法均相继规定了当事人的真实义务,如1895年的《奥地利民事诉讼法》,1911年的《匈牙利民事诉讼法》,1933年的《前南斯拉夫民事诉讼法》,1939年的《德国民事诉讼法》,1942年的《意大利民事诉讼法》,1990年韩国的《民事诉讼法》,1996年的《日本民事诉讼法》。③ 当然,还需要说明的是,无论这些国家民事诉讼法是否有关于当事人真实义务的明文规定,在各国民事诉讼的司法实践中并不排斥真实义务,相反,一直在践行真实义务。这种真实义务的践行是通过对证据的审核认定来完成的,即在司法实践中对于虚假陈述的证据不予采信,以此来达到对真实义务确认的结果。

(三)当事人履行真实义务的现状

当事人参与诉讼应履行真实义务,如实向法庭陈述案件的事实,没有任何诉讼主体对此提出不同意见。但在司法实践中,这一得到普遍赞同的司法制度运行情况到底如何呢?

最高人民检察院新闻发言人王松苗表示,2017年1月至2019年3月,全国检察机关共监督虚假诉讼民事案件5455件,其中提出抗诉1140件,提出再审检察建议2786件。这些数据说明,我国在司法实践中已经开启了民事监督和刑事惩治双管齐下的运行模式。该模式的有效运行,全面打击了虚假诉讼,有效维护了人民群众的合法权益,有力捍卫了司法权威与公正。④

---

① 丁启明:《民事诉讼当事人真实义务研究》,厦门大学2008年博士学位论文,第37~38页。
② 丁启明:《德国民事诉讼法百年发展评述》,载齐树洁主编:《东南司法评论(第8卷)》,厦门大学出版社2015年版,第471页。
③ 张卫平:《民事诉讼法》,法律出版社2018年第4版,第50~51页。
④ 彭波、朱战缘:《虚假诉讼为何屡打不绝》,载《人民日报》2019年05月23日,第11版。

案例 12:"虚假陈述,当事人遭法院处罚"[①]。湖南一家饮食店未经知名主持人汪涵同意,将一张汪涵手持饮食店招牌菜品的照片,制作成了平面广告,并放在店面门口招揽生意。饮食店希望通过名人效应扩大影响力,以便提高食品销售额。该店被汪涵以侵犯肖像权起诉后,在法庭开庭时,为了保证饮食店陈述的真实性,法庭要求该餐饮店的经营者文某立下了"如做虚假陈述,自愿接受10万元以下的罚款和15日以下的拘留"的保证。立下保证后,在2015年11月2日第一次开庭之时,文某向法庭陈述其擅自悬挂使用汪涵肖像的海报日期仅20日,自2015年7月5日起至2015年7月25日止,并再次声称:如果说谎,愿意接受法院的制裁。2016年5月9日,法院第二次开庭时,在原告方提交证据证实文某在2015年2月1日始便已开始以营利为目的使用汪涵肖像后,文某在法庭上改口承认,在2015年2月1日至2015年2月2日在店面门口使用了原告汪涵肖像制作的商业海报。而在2016年5月10日向法庭提交的书面答辩状中,文某又陈述其在2015年7月间悬挂有汪涵肖像的商业海报,具体时间为2015年7月8日至7月9日两天。文某向法庭三次陈述的关于使用汪涵肖像的商业海报时间均不同。

天心区人民法院认为,《民事诉讼法》第13条第1款规定,民事诉讼应当遵循诚实信用原则。本案被告某餐饮店的经营者文某在法庭签署了"如做虚假陈述愿意接受本院10万元以下罚款和15日以下拘留"的保证后,隐瞒事实,多次作出虚假陈述,妨碍了人民法院审理案件,决定对天心区坡子街某餐饮店(经营者:文某)罚款人民币2000元。

案例 13:"当事人法庭上虚假陈述,法院责令当庭赔礼道歉"[②]。重庆彭水法院开庭审理的一起民间借贷纠纷案件,原告马某某在向法庭陈述借款事实时涉嫌故意作虚假陈述。法官提示原告虚假陈述的法律责任,希望其如实陈述。但原告坚称所述属实,没有涉嫌虚假陈述。法庭通过调查取证,证明马某向法庭陈述的事实虚假。在确凿的证据面前马某被迫承认了虚假陈述的事实。为此,法官决定对马某当庭予以训诫,并责令其当庭向合议庭、被告赔礼道歉。

[①] 刘希平:《虚假陈述,当事人遭法院处罚》,载《公民与法治》2017年第4期。

[②] 徐中和、王洪:《当事人法庭上虚假陈述,法院责令当庭赔礼道歉》,重庆法院网,http://cqfy.chinacourt.org/article/detail/2017/05/id/2864928.shtml,下载日期:2019年1月27日。

案例14："当事人在法庭上虚假陈述,法院当庭处罚原告人民币3万元的罚款"①。原告徐某向山东省济南市历城区人民法院起诉艾某,要求艾某归还借款人民币500万元。艾某确认曾向徐某借款,但艾某称借款已经向徐某归还。徐某拒不承认艾某还款的事实,坚称艾某没有归还借款。在庭审过程中,艾某称在2014年1月7日,已经根据徐某的指示向徐某爱人的账户合计转款人民币500万元整,并且出具了银行转账流水记录。然而,对于这一凭证,徐某当庭否认。在法官向徐某说明虚假陈述需承担不利后果后,徐某仍坚决否认,并向法庭递交了前往银行取证的申请。庭后,历城区人民法院对此进行调查核对。经调查,收款人姓名、身份证号码、账号都与徐某爱人的一致。历城区人民法院根据《民事诉讼法》的相关规定,对徐某处以3万元罚款。历城法院民三庭副庭长曹亚萍表示,决定书下发当日,徐某就交纳了罚款。

通过上述案例可以发现,在司法实践中虚假诉讼的现象较为恶劣。当事人即使签署了真实陈述的保证书,在欺骗法庭时仍显得我行我素、毫无顾忌。另外,对虚假诉讼的处罚较为不统一,虽然当事人签署了虚假陈述应承担责任的保证书,法院基本上没有按保证书的承诺对其进行处罚。由此产生的问题是保证书的法律地位以及是否具有适用性?如果答案是否定的,保证书的实际意义如何?不适用是否会破坏司法的严肃性?处罚金额上小的有2000元,大的有20000元,差距如此之大,如何确保恰当性?在处罚方式上,有罚款,有赔礼道歉,处罚方式如何与违法行为相对应?

(四)当事人适用真实义务的伦理障碍

根据上述案例及司法机关、检察机关对于虚假诉讼案件的统计结果,可以发现虽然对于虚假诉讼的处罚日益严厉,但在司法实践中虚假诉讼的现象仍屡禁不止,这不禁发人深省,是处罚的措施不够严厉?还是有另外能够更加发挥促进诚实信用原则适用的法律机制?这些问题导致有必要进一步研究虚假诉讼发生的深层次原因。

1.纠纷的对抗性与真实义务履行之间的冲突

由于当事人遵循真实义务属于主观诚信,当事人在诉讼中违背真实义务显然出于主观故意。在诉讼过程中,影响当事人履行真实义务最大的障碍首

---

① 崔岩、马云云:《当事人法庭上虚假陈述,法院当庭处罚原告3万元》,载《齐鲁晚报》2017年9月26日,第B05版。

先来自纠纷的本质。纠纷是指利益冲突,人类社会充满矛盾,冲突在所难免。虽然冲突会给人们的正常生活带来一定的负面作用,但纠纷也是推动人类社会进步的动力之一。诉讼制度的设立意味着以公力救济取代私力救济,但这种救济方式不能改变当事人之间纠纷的本质。① 纠纷的发生意味着一定范围内的协调均衡状态或秩序被打破。② 诉讼是依靠第三方——人民法院对双方的纠纷作出裁决。当事人在选择诉讼作为解决纠纷的方式时,会考虑多种因素。当事人会考虑到如果进行诉讼,双方的关系将极端恶化,对簿公堂就是撕破脸皮;诉讼要聘请律师,为此要投入更多的财力、精力,在问题没有得到解决的情况下又要支付一笔款项,对当事人无异于雪上加霜;诉讼耗时漫长,一般的案件短则数月,长则经年;判决结果以及是否能够实际执行到款项的不确定性。"劝人应该把气散,会打官司也要钱。"面对如此之多的阻碍因素,不到万不得已,当事人不会选择诉讼。如果当事人仍下定决心提起诉讼,说明当事人之间的纠纷依靠协商等自力救济的方式根本无法解决,当事人提起诉讼的意志非常坚决,双方已经处于形同水火,势不两立的地步。诉讼是当事人解决纠纷的一种方式,提起诉讼并不能使当事人之间的纠纷立马得到解决,相反,有时还会加剧双方的矛盾。尤其是在诉讼过程中,法院尚未作出判决,孰是孰非尚无定论。此时,当事人为了获得有利的诉讼地位及理想的判决结果,无不使出浑身解数参与诉讼。参与诉讼的双方当事人内心充满着强烈的对抗,此时各方均不具备主动履行真实义务的人性基础。

真实义务是一项崇高的道德规范,它要求各个主体信守承诺、实事求是、心怀善念。"己所不欲,勿施于人"。但是,如果当事人都能够秉承真实义务,诉讼根本就不可能发生,"无讼"社会早就建立了。在我们这个提倡和谐,推崇谦谦君子之风的国度,只有当事人之间的矛盾异常激烈且难以调和,双方才会诉诸法律。在提起诉讼之前,当事人已经难以恪守真实,在诉讼发生之后,双方的矛盾进一步升级,当事人此时更难以秉持真实。这种要求当事人履行真实义务的制度设计是切合实际还是不近情理?

尽管立法规定了当事人的真实义务,也规定了违反该义务应承担的法律责任,由于真实义务与诉讼发生原因之间存在不可调和的矛盾,导致在司法实

---

① 齐树洁主编:《民事诉讼法》,厦门大学出版社 2019 年第 13 版,第 1~2 页。
② 范愉:《纠纷解决的理论与实践》,清华大学出版社 2007 年版,第 70 页。

践中违背真实义务的现象层出不穷,这是虚假诉讼频繁发生的首要原因。

2.违背真实义务具有隐蔽性

真实义务中的真实是指当事人的主观诚信,当事人不存在虚假陈述的主观故意,即使客观事实与当事人的陈述不一致,也不认为当事人违背真实义务。

由于主观心态必须通过客观行为才可以反映,除非特别明显的行为(例如有确凿证据进行证明的事件),否则很难发现这种主观不真实。因此,违背真实义务具有极大的隐蔽性,除非有确凿证据证明。相关的虚假陈述案例有:

案例15:"梁某虚假陈述离婚案"。原告梁某以夫妻感情破裂为由向法院起诉离婚,被告提出原告故意隐瞒在婚姻存续期间与配偶之外的他人同居生子,要求原告支付婚生孩子抚养费及承担精神损害赔偿责任。被告提交了兴宁区人口和计划生育局立案审批表,用以证明梁某与他人同居并生育子女被计生部门处罚的事实。原告对此矢口否认,并称该审批表上的名字并不是其本人,其也没有与他人生育小孩,如有虚假陈诉愿意接受法院的处罚。经法院前往计生部门及南宁市兴宁公安分局五塘派出所调查,取得了人口和计划生育局立案审批表及出生登记人员名单。调取的材料显示原告因与他人同居生活,于2010年生育一子并于2014年12月在五塘派出所登记入户。在这些证据面前,原告仍拒不承认其婚外同居生子的事实。法院认为,原告在诉讼过程中虚假陈述,遂对原告发出《处罚决定书》,对其处以1万元的罚款。①

案例16:"李某虚假陈述执行案"。申请执行人李某向吴江法院申请强制执行,要求被执行人金某履行生效判决文书中载明的付款义务。法院立案后,向金某送达执行通知书,要求其限期履行。金某收到执行文书后,向法院提出已经归还判决文书确定的款项的异议。为核实情况,吴江法院联系到李某,询问还款情况的真实性,并告知李某,如果虚假陈述,干扰法院的执行工作,法院将会依法作出相应的处罚。在告知上述情况后,申请执行人李某仍信誓旦旦地声称,金某没有向其支付判决书确定的款项。吴江法院通知金某向法院提交相关支付款项的证据,金某遂向法院提供了银行转款凭据,李某这才最终承认收到了判决书确认的款项。由于李某的虚假陈述明显且恶劣,毫无诚信且

---

① 聂凯:《民事诉讼虚假陈述妨碍司法?罚!》,广西法院网,http://gxfy.chinacourt.org/article/detail/2018/09/id/3518942.shtml,下载日期:2019年2月16日。

藐视法律,多次欺骗办案人员,吴江法院对其作出罚款 2000 元的决定。李某终于认识到自己的错误,主动按法院规定缴纳了罚款,并向法院出具了悔过书。①

这两个案例中的原告梁某以及申请执行人李某之所以被认定为虚假陈述,是由于有相应的直接证据予以证明。事实上,在司法实践中不乏大量其他涉及虚假陈述案件的存在,只是由于缺乏证据而无法认定。

上述案例可以说明目前促使当事人遵守真实义务的手段比较单一,且不尽科学。上述案例要求当事人确保陈述内容的真实性的主要方式是,当事人签署承诺真实陈述的保证书,这种方式是以陈述保证陈述,是自证的循环,充其量只是数量的叠加,两者的证明力等同,保证书的可信度不见得比当事人陈述高,这种方式难以保证陈述的真实性。从实际效果来看,在上述虚假陈述的案例中,各方都签署有保证书,可见签署保证书不具有保证当事人履行真实义务的作用。保证书充其量为后续处罚奠定了告知的基础,使得被处罚人无法进行狡辩。如果当事人本来就没有打算秉承真实,让一个不诚实的人保证其诚实,这没有丝毫作用。同时,签署保证书的文字承诺对虚假陈述方的压力具有实时性——仅在当事人签署时有一定的心理压力,责任的远期性使得这种方式对于虚假陈述一方的内心拘束力不强,应设计具有持续效力的威慑措施。比如根据具体情况可以责令缴纳一定比例的保证金,如果在审理过程中确认不存在虚假陈述,该笔保证金方予以退还。同时,保证书的内容应当包括同意在罚款之外,还应承担虚假陈述给对方造成的损失(包括律师费等)。为提高效率,赔偿损失事宜同意在诉讼中一并处理。这些措施的设立可以切中要害,具有更强的操作性。

3.当事人陈述的法律效力

当事人陈述在诉讼中到底处于何种法律地位?根据《民事诉讼法》第 63 条的规定,当事人陈述是我国法律规定的证据形式之一,但在司法实践中,确认当事人陈述具有证明力的(即以当事人陈述作为认定案件事实依据)微乎其微,除非存在一种情况——当事人的陈述于己不利——符合自认的规定。一方面,诉讼中要求当事人真实陈述,但另一方面法官并不认为当事人的陈述是

---

① 陆亮亮:《在民事诉讼中作虚假陈述,申请执行人被处罚》,载《吴江日报》2017 年 12 月 18 日,第 2 版。

真实的,这显然是一对矛盾。各方诉讼参与人对这种矛盾习以为常,乃至于在司法实践中如果以当事人陈述作为事实认定依据反而不正常。

在相关的法律规定中,当事人陈述的证明力较弱。《民事诉讼法》第75条规定:"人民法院对当事人的陈述,应当结合本案的其他证据,审查确定能否作为认定事实的根据。"根据该条规定的内容,当事人的陈述不具有直接证明的效力。当事人陈述类似于间接证据,能否得到认定应结合其他证据才能确定。这种间接性的规定,会减轻当事人虚假陈述的压力,因为法院并不以其陈述作为定案的依据。2019年12月颁布的《民事证据规定》第90条第1款第1项亦明确规定,当事人的陈述不能单独作为认定案件事实的根据。在民间借贷的司法解释中也有类似的规定。根据《最高人民法院关于审理民间借贷案件适用法律若干问题的规定》第15条、第16条、第17条、第19条的规定,人民法院在审理民间借贷案件时,即使有借据、收条、欠条、银行转款凭证等,尚不足以使人民法院认定借款事实的存在。此时仍应进一步查明借款支付的合理性,比如款项来源、用途、个人经济情况等。此举在于防止虚假诉讼的发生,避免不法分子将诉讼当作牟利或逃避债务的工具。

4.当事人遵循真实义务缺乏内驱力

当事人在诉讼中遵循真实义务不同于在民事交往中恪守诚实信用原则。前者因缺乏相应的奖励性而使当事人没有恪守诚信的内驱力,而后者可以为守信人带来很多实际的利益。在民事活动中,经营者获得的诚实守信好名声可以带给守信人更多的商业机会,守信人会因此获得更多的经济利益,所谓"诚信赢天下"。另外,为推进诚信社会的建立,从国家层面出台了《国务院关于印发社会信用体系建设规划纲要(2014—2020年)的通知》(国发[2014]21号)《国务院关于建立完善守信联合激励和失信联合惩戒制度加快推进社会诚信建设的指导意见》(国发[2016]33号)《国家发展改革委、人民银行关于加强和规范守信联合激励和失信联合惩戒对象名单管理工作的指导意见》(发改财金规[2017]1798号)等文件,根据这些文件,各省、自治区各地政府部门纷纷联合行业协会落实诚信奖励机制。广东省肇庆市高要区市场监管局为金利南方金属制品有限公司、高要区金利科朗五金制品厂、高要区金利祥兴金属制品有限公司等3家连续10年以上荣获广东省"守合同重信用企业"称号的企业颁发牌匾和证书。在对企业提供的公共服务过程中,在同等条件下,对诚信典型和连续三年无不良信用记录的行政相对人,可根据实际情况享受优先办理、简化程序等"绿色信道"激励政策。对符合条件的诚信企业，在日常检查、专项检查中优化检查频次。在教育、就业、创业、社会保障等领域对诚信个人给予重点支持和优先便利。① 在这种模式下诚信经营的主体会获得更大的发展空间及机遇，对诚信主体的奖励行为使得诚信具有持续性的内驱力。

在诉讼中遵循诚信——恪守真实义务的后果可能与此完全相反，真实义务人并不能获得相应的利益，不但如此，还可能因此遭受损失。而且，遵守真实义务的一方无法据此获得守信的好名声。在我们这个厌讼的国度，诉讼只会给当事人带来负面的影响。好讼之人被称为"滋讼"、"兴讼"。② 诉讼案件越多，负面影响越大。在对市场经营主体进行资信调查时，涉诉案件数量情况是必然调查的内容之一。相对于在诉讼过程中是否遵循真实义务，更能获得好评的是当事人较少或没有涉诉案件。如果涉诉案件较多，即使每件案件均遵循真实义务，对于这样的商业主体，其他当事人会保持敬而远之的合作态度。故此，当事人在诉讼中对真实义务的遵守不能为其获得更好的商业声誉，一般人也很难接受将当事人在诉讼中履行真实义务作为与其合作的积极因素。从商业推广的角度来说，诚实守信可以被大力提倡推广，鲜见有对于诉讼中遵循真实的行为进行推广。甚至在有些企业进行员工招聘时，也会调查应聘者与原单位之间是否发生过劳动合同纠纷。如果应聘者与用人单位曾发生过劳动纠纷，不管员工在劳动仲裁或诉讼中是否真实陈述，用人单位都会认为如果本公司录用该员工，由于其具有相应的处理劳动纠纷的经验，发生劳动合同纠纷的可能性会更大。相对而言，用人单位更乐意聘用那些从来没有提起过劳动仲裁的求职者。

5.真实义务与举证责任分配的冲突

举证责任分配是民事诉讼中的诉讼参与人就待证事实应承担的证明责任，举证责任分配是决定案件胜负的重要内容。同一个案件，如果举证责任分配内容不同，判决结果可能大相径庭。

根据"谁主张，谁举证"的举证责任分配标准，举证责任由举证义务人承

---

① 杜杏玲、邝小云：《肇庆深入推进诚信体系建设，为诚信充值让文明生辉》，中国文明网，http://www.wenming.cn/dfcz/gd/201712/t20171229_4541826.shtml，下载日期：2019年2月17日。

② 范忠信、郑定、詹学农：《中国式法律传统》，商务印书馆（香港）有限公司2013年版，第198页。

担。具有举证责任的义务人,若未完成举证责任,则承担不利的法律后果。在设定当事人真实义务之后,是否该原则不再适用?因为根据真实陈述的义务,法庭有权要求任何一方向法庭真实陈述案件事实,提交相应的证据。举证责任分配完全被真实陈述义务覆盖,通过法庭调查程序即可完成对事实的认定。但对于拒绝陈述者,此时又如何判断其确实不知道还是在撒谎?对于这些情况又应当如何处理呢?还是再回到举证责任分配的模式?

中国政法大学的纪格非教授亦提出了自己的担忧。当事人真实义务对于举证责任分配是一种挑战。根据当事人真实义务的规定,当事人应如实向法庭陈述事实,无论这种事实是否属于其举证内容,否则法庭可以按违反真实义务的规定追究其法律责任。同时,何谓当事人如实向法庭进行了陈述?没有具体的认定标准是否会产生司法权利的滥用?当事人陈述与客观事实存在差异是否就认为当事人未如实陈述?[①]

这些问题的提出足以引起对当事人真实义务的反思。正如一个硬币的两面,这些问题并不是从根本上否定当事人真实义务,但对于如何确保真实义务的切实可行具有重要意义。从另一个角度考察,真实义务作为一种行为倡导,这种倡导并不能使当事人的诉讼行为达到真实状态,或杜绝虚假的发生,但通过这种倡导可以促进当事人尽量真实。对于司法实践中的理想与现实,既要"仰望星空",又要"脚踏实地"。[②] 确立真实义务,犹如"仰望星空",但对案件事实的认定能否达到真实状态,并不以立法实践确立真实义务而改变。司法实践中的真实只可能"接近",永远不可能达到,但这丝毫不影响对真实的追求。

真实义务是立法设定的诉讼理想。关于理想,澳门科技大学的黎晓平教授认为,理想非常高远,以至于理想从来不是用来实现的,而是用来永远奋斗的。这种理想的高远性可以确保奋斗的永久性。耳熟能详的"为实现共产主义的伟大理想而奋斗终身!"虽然至今尚未实现共产主义,但这丝毫不影响我们永远行走在为实现共产主义理想而奋斗的道路上。[③]

6.诉讼目的与真实义务的冲突

[①] 纪格非:《我国民事诉讼中当事人真实义务之重构》,载《法律科学》2016年第1期。

[②] 孔祥俊:《司法哲学》,中国法制出版社2017年版,第48页。

[③] 本人在澳门科技大学读书期间,黎晓平教授讲授《法理学》课程时本人所做的听课笔记。

不同的诉讼主体,其参与诉讼的目的不同。一般来说,原告的诉讼目的是快速获得法院支持其诉讼请求的判决。而被告的诉讼目的是希望法院驳回原告的诉讼请求,或如果不能驳回其请求则尽量拖延诉讼。这种诉讼目的的多元化必定引发不同主体对于履行真实义务的不同态度。各方为了获得对自己有利的判决难免进行虚假陈述。

7. 真实义务与发现真实的冲突

当事人具有真实陈述的义务,但对于陈述是否真实的认定职权在法院。对后者来说,这是一种权力,也是一种责任。中国古代衙门悬挂的牌匾"明镜高悬",即是指判案的官员具有一双明辨真假的慧眼,无论是原告、被告如何狡诈,在明镜面前均显露无遗。中国古代有许多突出审理案件的官员明察秋毫、抽丝剥茧、查明真凶的案件。其中"包公审石"的故事就是宣传包公有一双慧眼,通过丢进沸水的铜板冒出油花来判断谁是小偷。

8. 真实义务与谎言的博弈

与其说当事人没有遵守真实义务,毋宁说当事人故意选择说谎,说谎是当事人经慎重考虑后的决策。根据博弈论的假设,在当事人做决策时,当事人理性(rational)意味着其偏好(prefer)于更高收益的结果(outcome)而不是更低收益的结果。[①] 根据博弈理论模型,这里的要素包括博弈的参与人(player)(原、被告双方),参与人可能采取的战略(strategies)。对于原、被告来说均有两种选择,包括选择履行真实义务抑或撒谎。根据对参与人选择的排列,共存在四种可能,即原告真实、被告撒谎;原告真实、被告真实;原告撒谎、被告真实;原告撒谎、被告真实。每一可能的战略组合(combination of strategies)下参与人的收益(payoff),即是上述四种可能模式下的收益。根据通常情况,撒谎一方是为了使自己获得非法利益,而诉讼使这种获得利益的方式披上合法的外衣。除非被法院发现,撒谎可能取得诉讼收益,但也可能被法院识破而遭受处罚。

上述各种情况的分析关系见下图。为了模型的简单性,对于双方的撒谎是否被法庭发现,我们可以做两种假设。一种是原、被告撒谎均未被发现,一种是原、被告的撒谎均被发现。暂不讨论只发现其中一方撒谎,另一方的撒谎未被发现的情形。

---

① [美]道格拉斯·G.拜尔、罗伯特·H.格特纳、兰德尔·C.皮克:《法律的博弈分析》,严旭阳译,法律出版社1999年版,第6页。

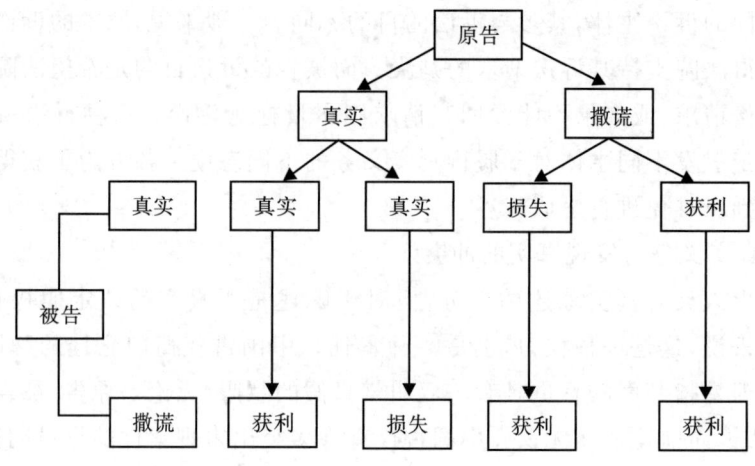

图 3-1 撒谎未被发现

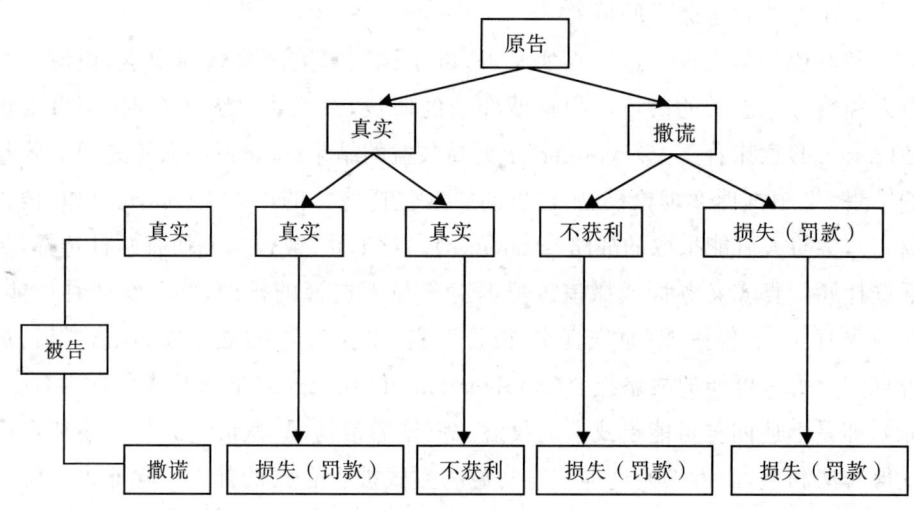

图 3-2 撒谎均被发现

在没有导入博弈概念之前,对于原告而言,其事前并不知道被告是真实陈述还是撒谎。影响原告在起诉时是否遵循真实义务的因素很多,比如在诉讼之前被告的表现,这是最直接和权重比较大的因素。如果原告认为被告尚能恪守诚信,不至于撒谎,那么原告起诉时真实陈述的可能性比较大,反之则小。对于被告而言,无论是收到起诉状副本还是进行答辩,或者从法庭开庭审理的次序上,都是由原告先提出主张,被告再予以回应。被告的诉讼行为在原告之后,因此,被告是否诚信受原告是否诚信的影响比较大。如果原告遵循真实,被告真实的可能性比较大。如果原告撒谎,被告"以其人之道还治其人之身",则被告撒谎的可能性就比较大。

引入博弈概念后,便于判断原、被告对于恪守诚信行为的倾向。原、被告如果依据博弈模型进行选择,此时考虑的因素不再是独立的,而是有依据可循的。通过上图可以推断:如果原告秉承真实,相应的法律后果为不获利与损失。此处的不获利是指判决结果与真实情况一致,原告没有超出案件事实的获利。损失是指由于对方虚假陈述未被识破,法庭因支持对方主张而遭受损失。如果原告撒谎,法律后果为获利或罚款。只有原告撒谎被识破,而被告的谎言未被识破,原告才遭受被告撒谎的损失。可以说,从收益的角度来看,原告或被告撒谎取决于其获利与罚款的差。根据《民事诉讼法》第115条的规定,对于个人的罚金为人民币10万元以下。对于单位的罚款为人民币5万元以上100万元以下。对于个人而言,如果撒谎获利超过人民币10万元时,获利越高,撒谎的动力越大。对于单位而言,撒谎获利超过100万时,撒谎的动力同样如此。除此之外,鉴于说谎的隐蔽性及当事人的侥幸心理,现实情况是法官对于说谎不一定能够识别。综合各种因素,在利益纠纷案件越大的案件中,这种撒谎的驱动力越大。虽然这种分析方法仅从当事人获利的角度进行分析,分析方式不够全面,但不乏科学性。

影响当事人是否恪守诚信的另外一个因素是主审法官的审判风格。在今天这个信息高度发达的大数据时代,从互联网上很容易找到承办法官作出的所有判决书,统计、分析这些判决书,可以推断出该法官的审判风格,包括辨别真伪的能力以及处罚的概率、处罚程度等。对于认定虚假陈述案件数量多以及处罚力度大的法官,理性的当事人会减少撒谎的倾向性。比如案件的主审法官恰巧是曾经审理"全国虚假诉讼第一案"的审判人员,鉴于其审理案件的火眼金睛,对于虚假诉讼的念头,当事人不至于轻举妄动。

当然,这只是一种分析模型,这种模型探讨了法律规定对当事人诉讼行为的影响,这种分析方式忽略了很多其他因素,包括不同人群的不同喜好,每个人的知识结构,对事物的认识程度及角度等。

运用这种分析方式,可以看出立法对个人罚金及单位罚金规定的不科学性。经查询相关公开的报道,各地法院多次出现对个人处以最高限额(人民币

10万元)的处罚:深圳前海法院虚假陈述处罚案,①江苏无锡法院虚假陈述处罚案,②浙江海宁法院虚假陈述处罚案等。③ 对单位罚款的案例除前述全国虚假诉讼第一案对双方各罚款50万元之外,尚有珠海中级人民法院对单位处以顶格人民币100万元的罚款,④北京市第三中级人民法院对"e代驾"虚假陈述开出100万元顶格罚单。⑤ 不但在诉讼中当事人因虚假陈述而被处罚,即使案件到了运行时间,也有被执行人拒绝执行生效判决,且提供虚假的财务报告。最终,由于其违法行为而被罚款人民币100万元。⑥

通过比较上述对当事人进行处罚的案例,有两种现象值得关注。其一是在顶格罚款的案例中,当事人的违法情节各不相同,但罚款金额是一致的——都处以顶格罚款人民币100万。这种对不同违法情节处以相同罚款结果的依据何在?法律没有规定罚款金额的计算方式,这是否意味着法官在实际处罚过程中可以随意处罚?或者各地法院执法标准不一?这种执法标准的不一不利于执法的统一性,有损司法的公信力。其二,违反诚实信用原则的一方当事人,其缴纳的罚款上缴国库,对于给另一方守信当事人造成的损失,后者并没有获得补偿。尽管另一方可以另行起诉索赔,但因此会极大地浪费当事人精力及司法资源。

只有让撒谎者无利可图,才能从根本上解决撒谎问题。比如上述固定的罚款金额规定尤为不妥,该金额的制定缺乏合理性,因为该金额既没有和造成的损失相挂钩,也没有考虑到社会经济的发展,货币的通胀性等因素。故此,罚款的金额首先应当与造成的损失或获利相关联。造成的损失越大,获取的

---

① 包力:《当事人在法庭恶意虚假陈述被罚10万元》,广东法院网,http://www.gdcourts.gov.cn/web/content/40691-? lmdm=10769,下载日期:2019年5月9日。

② 念楼:《因虚假陈述,市中院首次对个人开10万元罚单》,新浪网,http://wx.sina.com.cn/news/fm/2016-05-21/detail-ifxsktkp9091361.shtml,下载日期:2019年5月9日。

③ 李丹:《当事人虚假陈述被开出10万元"罚单"》,浙江新闻网,http://zjnews.zjol.com.cn/zjnews/jxnews/201808/t20180807_7958794.shtml,下载日期:2019年5月9日。

④ 任慧娟:《珠海中院开出"顶格罚单"100万元》,载《人民法院报》2015年4月2日,第3版。

⑤ 孙莹:《"e代驾"司机拼车出事故,约车平台逃避责任被罚100万》,央广网,http://china.cnr.cn/xwwgf/20160528/t20160528_522262289.shtml,下载日期:2019年2月18日。

⑥ 许接英:《建筑公司拒不执行判决,被"顶格"罚款100万元》,载《南方工报》2018年10月31日,第12版。

非法利益越多，罚款金额就应当越大。其次，罚款的金额应当是动态的，而不应当是静态的。比如人身损害赔偿中关于赔偿金额与上一年度居民可支配收入挂钩，而不是规定的某个固定的金额。这种动态规定更加科学。

运用法律博弈分析的方法，还可以对现有上诉制度的弊端进行研究，推算出合理的上诉制度，减少不必要的上诉案件数量，节约司法资源，最终发挥诚实信用原则促进诉讼效率的作用。

表 3-1　2013—2015 年全国法院民商案件上诉和改判数量情况统计表①

年份	一审判决数	二审收案数	二审结案数	二审改判数	上诉率	改判率
2013	2316031	627116	612431	52262	27.08%	8.53%
2014	2921343	731416	711018	64759	25.04%	9.11%
2015	3943097	918605	901462	85541	23.30%	9.49%

根据上表对全国法院 2013—2015 年度上诉案件数量、改判案件数量的统计，一审案件约有 1/4 数量的上诉，而上诉改判率仅是个位数，支持改判的不到 1/10，超过 90% 的上诉案件被二审法院驳回。上诉改判率如此之低，为何还有如此多的上诉案件？研究二审法院驳回当事人上诉案件的判决书，可以发现有相当一部分上诉案件的上诉理由明显不能成立，这些案件本属无须上诉，当事人之所以选择上诉，最主要考虑的因素是现行法律规定对没有上诉的一方极为不利。根据《民事诉讼法》第 168 条规定的第二审人民法院"应当对上诉请求的有关事实和适用法律进行审查"，以及《民事诉讼法司法解释》第 323 条规定的"对于当事人没有提出请求的上诉内容，二审法院不予审理"，当事人如果没有上诉，即使一审法院在判决时对未上诉的当事人存在错误，二审法院亦不予审查，遑论改判。这事实上造成当事人如果提起上诉，上诉人的二审结果只可能等于或好于一审结果，不可能比一审结果差。当事人如果不提起上诉，那么二审的结果只可能等于或差于一审的结果，即不可能比一审好。两者相比较，对提起上诉一方的优势明显，对没有提起上诉的一方极为不利。为了避免出现这种情况，无论对一审判决结果是否接受，无论不接受的程度是否达到需要提起上诉的程度，当事人都倾向于提起上诉。对这种上诉我们称

---

① 席月民：《民商事案件二审改判权的行使及其审视》，中国法学网，http://www.iolaw.org.cn/showArticle.aspx？id=5418，下载日期：2019 年 7 月 4 日。

之为担忧式上诉。对担忧式上诉的案件,如果一方确认另一方不上诉,那么该方同样不会上诉。

博弈参与人知道可供自己选择的战略,也知道对方可供选择的战略,唯一不知道的是对方在可供选择的战略中究竟选择哪种战略,在博弈论上这种现象被称之为具有完全但不完美信息的博弈。如果知道对方选择的战略,此时称为完全且完美信息的博弈。通过这两个概念的对比,完全且完美的信息博弈更有利于战略选择。上述担忧式上诉的情况即与完全但不完美信息的博弈相类似。

如果在上诉制度上做一点小小的变更,在保持已有的上诉规定外,再增设随附式上诉制度。即一方上诉后,另一方在接到上诉状之后15日内有提起上诉的权利,而不再仅将上诉期限限制在收到判决书之日起15日内。我们将前者的上诉称为主动式上诉,后者的称为随附式上诉。随附式上诉的一方关于是否上诉的决策,可以在收到对方的上诉状后决定。这种情况即为完全且完美信息的博弈,此时担忧式上诉完全属于多余。这是因为担忧式上诉方即使在上诉期内没有上诉,但并未完全丧失上诉权,该方会由于对方的上诉而重新获得上诉权。通过这种制度安排,可以杜绝担忧式上诉的发生,从而减少上诉案件的数量。在这种模式下,法院定期如实发布二审改判率,面对个位数的实际改判率,90%的上诉人将打消上诉念头,此举可以减少90%的上诉案件。这个数据非常可观,减少上诉将极大地促进诉讼效率,节约司法资源,缓解社会矛盾,节约当事人的人力、物力。

德国《民事诉讼法》第524条就是关于附带控诉的规定,被控诉人放弃控诉或者超过控诉期间(第517条规定控诉期间为1个月的不变期间)后,被允许提起附带控诉。主控诉被撤回或驳回的,附带控诉失去效力。①附带控诉允许被控诉人在已经开启的控诉程序中提出申请,一方面这是公平的,另一方面这也是经济的,这种制度的事实允许使一方视对方的行为而采取应对的行为,不但尊重人性,而且无须迫使当事人预防性地提起上诉。②

日本《民事诉讼法》第293条也规定了附带控诉制度,被控诉人即使控诉

---

① 《德国民事诉讼法》,丁启明译,厦门大学出版社2016年版,第116页。
② [德]罗森贝克、施瓦布、戈特瓦尔德:《德国民事诉讼法》(第16版),李大雪译,中国法制出版社2007年版,第1052页。

权(第 285 条规定的控诉期间为宣告判决的笔录送达之日起两周的不变期间)已消灭,在口头辩论终结前仍有权提起附带控诉。如果具备独立控诉的要件,那么视为独立的控诉,即使控诉被撤回或驳回。①

意大利《民事诉讼法》第 343 条规定了附带性上诉的方式和期限,当事人可以在提交答辩状时提起附带性上诉,过期没有行使则丧失该权利。②

我国台湾地区"民事诉讼法"第 461 条、第 462 条也有关于附带上诉的规定,附带上诉可以在上诉期届满或舍弃上诉权后,在被上诉人言辞辩论终结前提起。即使上诉被撤回或驳回,对于符合上诉条件的附带上诉,仍具有法律效力,且应视为独立的上诉。③

由上述规定可见,包括德国、日本、意大利以及我国台湾地区的民事诉讼立法均规定了附带上诉机制,这种机制的设立是科学的,既有人性基础,又有博弈模型印证,兼顾到保障当事人行使诉权与减少当事人的经济负担,同时还能节约司法资源,有助于构建公平、经济的诉讼模式,值得我国立法借鉴。

(五)其他国家及地区关于当事人真实义务的立法

《美国联邦民事诉讼规则》第 11 条规定了当事人的真实义务。由于英语国家的行文习惯,该条规定的内容从逻辑排列上与我国不同,但从文字含义上仍可以推导出当事人真实义务的结论。第 11 条规定,诉答文书至少由 1 名执业律师以其个人名义签名。当事人未委托律师的,由其本人签名。当事人向法院递交的文件应确保经过合理调查,且当事人起诉的目的不是拖延诉讼或骚扰他人。该规定要求当事人主观诚信,不得具有伪造或拖延诉讼的故意。这与民事诉讼诚实信用原则的真实以及促进诉讼的价值相一致。美国法律要求律师以个人名义在诉答文书上签名,如此立法的用意是要求律师与当事人一样承担真实义务。律师不能包庇、纵容当事人不诚信。律师或当事人违反该义务应予以制裁,律师事务所应与律师承担连带责任。④

《英国民事诉讼规则》没有如美国法律在单一的法条中规定当事人的真实

---

① 《日本民事诉讼法》,曹云吉译,厦门大学出版社 2017 年版,第 88~89 页。
② 《意大利民事诉讼法》,白纶、李一娴译,中国政法大学出版社 2017 年版,第 126 页。
③ 《(我国台湾地区)基本六法》,台湾三民书局出版社 2017 年版,第 D88 页。
④ 吴如巧编著:《美国联邦民事诉讼规则的新发展》,中国政法大学出版社 2013 年版,第 183 页。

义务，而是通过分别位于各章的法条共同构建当事人的真实义务。在该规则第 16 章案情声明（statement of case）中规定，原告应依据案件事实进行准确陈述，被告对原告在起诉时陈述的事实，可以自认、否认或提出不同主张。①第 22 章规定了"事实声明"（statement of truth），②如果当事人希望对"案情声明"作为认定案件事实的证据，那么应对"案情声明"进行"事实声明"。③"事实声明"是由当事人或陈述案情的证人作出，以声明"事实声明"中陈述的事实都是真实的。"案情声明"未经确认，则不得作为认定案件事实的证据。如果在"事实声明"中作虚假陈述，那么可以提起藐视法庭的诉讼。④ 英国法律规定原告在起诉时应据实诉讼，被告在答辩时应如实回复。其中，对虚假陈述提起藐视法庭诉讼的规定非常必要，这是"事实声明"真实以及该规则有效运行的保障。

《德国民事诉讼法》关于当事人真实义务的规定见第 138 条第 1 款："当事人应就事实状况作出完整而真实的陈述。"⑤日本法律亦有关于当事人真实义务的规定。《日本民事诉讼法典》第 207 条至第 209 条规定，为确保当事人陈述的真实性，法院可以要求当事人出庭接受"寻问"并进行宣誓，否则裁判所可以认定对方关于"寻问"事项主张的真实性。如果当事人的陈述被法庭认定为虚假，则可以处以 10 万日元的罚款。若当事人主动承认虚假陈述，则裁判所可酌情撤销罚款的决定。第 230 条第 1 款规定："当事人或其代理人因故意或重大过失，违反真实，对文书的真实成立予以争议时，裁判所以决定形式处以 10 万日元以下的罚款。"⑥

《意大利民事诉讼法典》规定，为了确保当事人陈述的真实性，可以要求当事人进行宣誓。宣誓时，宣誓人应起立，调查法官要提醒当事人宣誓的道德意义，以及虚假宣誓会承担刑事责任的法律后果。然后，宣誓人声音清楚地说："我清楚地知道我对誓言所承担的责任，我发誓……"随后他复述法庭所要求

---

① 《英国民事诉讼规则》，徐昕译，中国法制出版社 2001 年版，第 76～78 页。
② 根据该章的内容，"statement of truth"似乎译作"真实性声明"更符合该章的内容。
③ 《英国民事诉讼规则》，徐昕译，中国法制出版社 2001 年版，第 107～108 页。
④ 《英国民事诉讼规则》，徐昕译，中国法制出版社 2001 年版，第 163 页。
⑤ 《德国民事诉讼法》，丁启明译，厦门大学出版社 2016 年版，第 36 页。
⑥ 《日本民事诉讼法》，曹云吉译，厦门大学出版社 2017 年版，第 67、73 页。

的誓词。如果当事人拒绝发誓,那么法官在相应事实上作出对其不利的认定。①

我国澳门地区的《民事诉讼法典》第 8 条规定的合作原则,第 9 条规定的善意原则,均是当事人真实义务的体现。②

通过比较各国关于当事人真实义务的规定,可以发现有下列特点:

1.各国立法均规定了当事人的真实义务

现代民事诉讼法在强调国家对于私权利保护的同时,要求当事人应尽真实诉讼的义务,不允许当事人通过虚假诉讼获得有利的判决结果,这是协同型诉讼模式的要求。这种诉讼模式不再将实现案件公平、正义的目的单独限定给法官(尽管后者是最重要的角色),而是参与诉讼的众人均具有相应的义务。当事人的真实义务是民事诉讼保护当事人合法权益的要求,合法权益一定是建立在案件事实真实的前提之下的。当事人的真实义务同时是客观实际的要求,因为当事人是案涉事件的亲身参与者,最了解事实真相,是承担真实义务的最佳主体。

2.设立宣誓制度

为确保当事人在诉讼中履行真实义务,有些国家的立法规定了当事人宣誓制度。宣誓制度的设立表明立法机关能够客观看待当事人在诉讼中可能出现的虚假诉讼行为,并通过宣誓的方式予以预防。在宗教信仰人数众多且历史悠久的国家,实行当事人宣誓制度对于促进真实义务的履行具有积极作用。

3.对虚假诉讼进行制裁

单纯的宣誓制度对当事人履行真实义务的保障略显不足,还有必要对虚假诉讼行为设立相应的制裁措施。对于当事人实施的虚假诉讼行为,各国立法分别设立了罚款、赔偿和提起藐视法庭的诉讼等法律责任。这些法律责任的设立,有利于以法律的威慑力预防当事人虚假陈述,以及对当事人虚假陈述的行为进行责任追究。

---

① 《意大利民事诉讼法典》,白纶、李一娴译,中国政法大学出版社 2017 年版,第 88 页。
② 中国政法大学澳门研究中心、澳门政府法律翻译办公室编:《澳门民事诉讼法典》,中国政法大学出版社 1999 年版,第 4～5 页。

二、禁止当事人滥用诉讼权利

(一)诉讼权利的法定性

当事人的诉讼权利是指在诉讼过程中,当事人根据程序法的规定依法享有的各项权利。诉讼权利的规定使当事人在实施诉讼行为时有法可依,是当事人依法进行诉讼的必要保障。

诉讼法属于公法,公法的适用原则遵循"法无授权则禁止"。根据这项原则,只有在程序法中有明确规定的诉讼权利才属于当事人可以行使的诉讼权利,否则当事人无权行使。因此,诉讼权利具有法定性的特点。

1.诉权的不可让渡性

诉权属于特定主体,起诉权属于原告,管辖异议权属于被告。根据我国《民事诉讼法》第119条的规定,原告是与本案有直接利害关系的主体。何谓与本案有直接利害关系?这是原告向法院起诉时首先需要证明的事项。原告的起诉是否符合法律规定属于当事人适格问题,当事人适格又称为正当当事人,是指对于具体的诉讼,民事主体具有作为本案原告起诉或被告应诉的资格。我国没有将适格的当事人与形式上的当事人进行区分,立法以及司法解释中的当事人均指适格的当事人。[①] 当事人适格制度是诉讼法中的重要法律制度,在当前实行立案登记制模式下,当事人适格对于避免滥诉现象尤其重要。

德国以及日本的民诉法学者对于当事人适格有较为详细的研究。当事人是否适格应根据实体法的规定来判断。[②] 具有实体法上的利害关系才是当事人适格的依据。日本学者高桥宏志认为,将实体法律关系朴素地映像于当事人理论的观点固然有其合理性,但不全面。这种观点无法对破产管理人的诉讼行为作出合理的说明,因为破产管理人与破产企业没有实体法上的利害关系,仅是依法对破产企业在清算期间的参与诉讼。无论案件结果如何,只要管理人依法履行义务,案件判决结果与其没有任何法律关系。依据该观点,当事人适格条件不仅仅包括与案件有利害关系,同时包括依据法律规定而取得的

---

① 张卫平:《民事诉讼法》,法律出版社2018年第4版,第135页。
② [德]奥特马·尧厄尼希:《民事诉讼法》(第27版),周翠译,法律出版社2003年版,第105页。

当事人适格机制。[①]

在司法实践中,因当事人适格问题曾引发一场遍及中华大地的"诉讼风波"。该场风波涉及的案情:某国外公司以其拥有图片知识产权为由,授权他人以他人自己的名义在我国各地法院提起大量的诉讼,要求这些用户赔偿损失,涉及金额巨大。鉴于知识产权中的财产权并未转让,原告与图片知识产权没有实体上的权利关系,原告的诉讼主体不适格。同时,原告无权通过诉权受让的方式以自己的名义起诉,以这种方式取得诉权没有法律上的依据。《民事诉讼法》是公法,适用"法无授权则禁止"的规则,《民事诉讼法》中没有关于诉权可以转让的规定。该公司在全国各地法院陆续提起的多起诉讼具有如下共同特点:

其一,知识产权中的财产权未经转让。该公司此举的目的可以分别授权若干个不同主体进行诉讼,便于最大限度地牟利。如果作财产权转让,仅可以转给单一主体,无法达到上述目的。

其二,诉权转让后,原知识产权的所有权人并未申明放弃诉权。这使得诉权受让主体的数量具有无限性,以及受让主体提起诉讼次数的无限性。实际上原告正是凭一纸诉权转让的公证书诉遍华夏大地的。

其三,以故意设计侵权陷阱及威胁手段获取不法利益。侵权图片很容易在互联网中被查询和下载,图片没有任何加密措施,也没有任何禁止下载的警示。同时,市面上还可以买到有这些图库的光盘。这些行为使人不得不怀疑该公司有唆使、放任、甚至于鼓励他人故意使用图片的嫌疑。一旦发现有他人使用图片,公司客服马上与使用人联系,客服人员与使用人联系的目的不是要求停止侵权、撤销图片,而是通过威胁、利诱的方式要求侵权人购买该公司一定数量的产品,否则就提起诉讼。

其四,图片公司维权的动机不纯,不符合我国社会主义勤劳致富的价值观。相反,其维权是假,谋利是真。我们暂且不论这些图片的知识产权是否为其所有,从公司的维权手段上判断,使人不得不怀疑该公司从成立之初就设计了这种赢利模式。

其五,经查询,该公司以同样手段提起了数千起诉讼,案件数量呈飞速上

[①] [日]高桥宏志:《民事诉讼法——制度与理论的深层分析》,林剑锋译,法律出版社2003年版,第207~208页。

升趋势,海量的诉讼案件足以说明该公司是以此作为主要营利模式的。

我们当时提出,如果不对这种现象予以制止,这种诉权转让势必在华夏大地掀起以牟利为目的的诉讼风暴。遗憾的是法庭最终没有采纳我们的意见。果不其然,根据最近的数据统计,该公司在全国各地法院的诉讼案件多达数万件,严重扰乱了诉讼秩序。这一现象终于引起社会的关注,许多机构对此召开了专门的研讨会,研究应对的策略。最高人民法院亦发布关于该公司败诉的案例,遗憾的是没有从当事人适格的角度根本解决上述问题。

2.诉讼代理的不可追认性

诉讼代理追认是指代理人在出庭时没有获得当事人的授权,或者因委托瑕疵(如授权委托书非委托人所签,授权期限届满等)而不构成有效授权,当事人主张开庭后以补交授权委托书的方式予以追认。不同于实体法中的民事代理,诉讼中的授权不具有追认性。法律程序规定的时限给准备授权提供了充分的保障。从当事人收到诉讼材料到开庭,一般至少在15日以上,当事人有充足的时间进行授权。开庭时,如果当事人没有到庭,出庭的代理人不具有合法授权,那么应按缺席审理或按自动撤诉处理,不能如民事实体行为可以由当事人进行追认。后者适用的是私法上的意思自治原则,当事人可以就民事实体行为进行追认。前者适用的是公法上的"法无授权则禁止"原则,诉讼代理的追认没有相应的法律依据。

对诉讼代理的追认不但没有法律依据,而且如果实行这种制度,已有的诉讼制度将面临巨大的挑战。在这种制度下,不乏当事人故意先不出具合法的授权委托,根据开庭情况再决定是否授权。甚至会出现如果开庭情况对其有利,那么当事人补交授权委托书;如果不利,那么当事人不补交授权委托书。

我国法律没有直接规定诉权不可追认,但通过相关的司法解释及案例可以推导出该内容。《民事诉讼法司法解释》第89条规定,当事人向人民法院提交授权委托书,应当在开庭审理前送交人民法院。法律规定开庭审理前提交授权委托书,足以说明诉讼代理不可追认,否则就不会限定开庭前提交。如果规定开庭后也可以提交,诉讼就会陷入一种不稳定的状态。诉讼不但不能真正解决社会纠纷,还可能会造成司法资源的浪费,以及矛盾的激化。

最高人民法院民事审判庭编写的指导案例也明确规定追认不适用于民事诉讼。① 指导案例的裁判要旨：当事人对一审判决内容不服提起的上诉,应当严格按照《民事诉讼法》第 164 条款,在 15 日的上诉期间内提出。在该期限内,代理人代为提出上诉的,必须按照该法第 59 条第 2 款获得特别授权。在法定上诉期间内,当事人未提出上诉,代理人虽提出上诉但未获得当事人特别授权,当事人于法定上诉期间届满后追认代理人代为上诉行为的,不能视为当事人于法定上诉期间内提起上诉。

3.诉讼代理权限及内容的法定性

不同于一般的民事代理,诉讼代理的权限及内容具有法定性的特点,民事代理的内容可以自由协议。诉讼代理的法定性表现在两个方面。

第一是授权种类的法定性。根据授权的权限,诉讼代理的授权种类仅有两种:一种是一般授权,另一种是特别授权。除此之外,再无其他授权类型。

第二是代理内容的法定性。一般授权的代理内容包括出庭参与诉讼,提交、签收法律文书,进行辩论等,不包括代为承认、放弃、变更诉讼请求及调解。特别授权的代理内容除了包括一般授权所有的内容外,还包括代为承认、放弃、变更诉讼请求及调解。仅标明特别授权或全权代理但没有写明具体授权内容的,代理人仅有一般代理权限,无权进行上述"承认、放弃、变更诉讼请求及调解"。

一般授权内容的法定性还包括凡不涉及处分当事人实体权利的程序性事项,代理人均有权代理,即使一般授权中并没有列明这些程序性事项的授权内容。比如签收法律文书,对于一般授权的代理人,即使在授权委托书中没有注明签收法律文书的授权,鉴于该事项属于程序性的属性,一般授权的代理人无权拒绝签署法律文书。曾有一位律师由于拒绝签收判决书被东莞第二人民法院罚款人民币 1 万元。② 此外,法院还向东莞市司法局发出司法建议,建议司法行政机关进行调查处理。东莞市司法局经调查处理后,作出对该律师停止执业 6 个月的处罚。

---

① 沈丹丹:《民事审判指导与参考》(第 66 辑),人民法院出版社 2016 年版,第 158~161 页。

② 《行政处罚决定书》东司罚决字([2018]第 1 号),东莞市司法局,http://dgsfj.dg.gov.cn/00733007X/0801/201802/e0d1736003eb419582bb6d67538efbbe.shtml,下载日期:2019 年 6 月 28 日。

特别授权内容的法定性指对于承认、放弃、变更诉讼请求及调解这四项代理权限应特别列明,特别授权中未列明具体授权内容的,代理人不具有相应的特别代理权限。

(二)诉权滥用行为的具体表现

诉权滥用是指在诉讼过程中,当事人为了获得不法利益,以阻碍案件及时、公正审理的目的行使诉讼权利。权利之滥用是指权利人行使权利明显超越基于善意、善良风俗或该权利所具有之社会或经济目的而产生之限制时,即为不正当行使权利。① 诉权滥用包含当事人明知不享有诉权而起诉,或虽享有诉权,但当事人行使诉权的目的是侵犯他人的合法权益。②

1.诉权滥用的特点

其一是行为的"合法性"。诉权滥用是指当事人行使诉权的种类合法存在,行使诉权的内容符合法律规定,但行使该诉权的动机与该诉权设立的目的截然相反。诉权滥用不同于《民事诉讼法》第十章规定的妨碍民事诉讼的违法行为,如违反法庭规则、隐匿转移财产、诽谤、诬陷、报复等,这些行为具有明显的违法性。诉权滥用具有合法性的外衣,这种客观行为的"合法性"必然造成滥用诉权行为的隐蔽性。因为单纯从当事人行使诉权的行为很难判断其是否属于滥用诉权,必须将其行为与案件的具体情况进行对照,才可以判断其行使诉权的行为是否属于滥用。

其二是非法的主观故意性。虽然从外观上当事人行使的诉权的行为具有合法性,但其行使该诉权的目的违背立法本意。地域管辖制度设立的目的是便于当事人进行诉讼。如果原告滥用诉权,虚构管辖连接点,以达到其目的,原告主观上具有非法性。

2.原告滥用诉权的行为

其一是起诉不适格的被告。根据我国《民事诉讼法》的规定,原告起诉获得受理的条件之一是有明确的被告。至于被告是否应当承担民事责任,则需要在法院受理案件后,经实体审理再作出裁判。这必然使原告在提起诉讼时可以轻易地将无须承担责任的民事主体作为被告。法院在立案审查时,一般只审查原告与本案是否有直接利害关系,对于被告是否适格行为审查得比较

---

① 赵秉志总编:《澳门民法典》第326条,中国人民大学出版社1999年版,第94页。
② 张晓薇:《民事诉权正当性与诉权滥用规制研究》,法律出版社2014年版,第190页。

宽泛。特别在有其他共同被告时,法院对该问题的审查更加宽泛,原告只要与其中一名被告有明确的利害关系,对于其他被告的适格性只有待审判后才处理。对于原告列明的被告,法院只检查作为自然人的被告是否有身份证复印件,法人的被告是否有工商登记信息,符合上述条件则给予立案。在案件审理阶段法院不会对被告适格事宜作出处理,我国法律亦未规定被告可以提出适格异议,对于适格事宜只能在法院最终判决时,以原告的诉讼请求是否获得支持的方式作出认定。这种现象与我国"重实体,轻程序"的司法理念,以及诉权与胜诉权的概念分离密不可分。审判人员在立案审查时容易产生先入为主的观念,一般情况下,负责立案的审判人员会认为,原告不会毫无缘由地前来法院起诉,既然起诉肯定有相应的道理,在立案阶段,法院对于案件尚未审理,如果法院不受理原告的起诉显然不合理,这涉及的是原告的诉权。至于被告是否适格,留待审判阶段再予处理,如果被告不适格,自然会还被告的清白,届时判决驳回原告对被告的起诉即可,这涉及的是胜诉权。诉权与胜诉权的分离有其合理之处,但没有考虑这种情况对不适格被告造成的损失,因为当前法律规定对于被告损失的赔偿属于立法空白。

我们曾经代理过一个建设工程施工合同纠纷案件,原告作为施工方起诉了项目承包方及该公司的项目经理(自然人)。我们提出项目经理系履行职务的行为,根据相应的法律规定,原告只能起诉施工单位,项目经理个人作为被告不适格,我们请求法庭先行作出驳回对项目经理个人起诉的裁定。但法庭没有及时处理,仍多次通知项目经理参加开庭、鉴定等。法庭的通知使我们处于两难的境地,如果我们不去参与开庭,那么显得不尊重法庭;如果去参与开庭,却又极大地浪费了项目经理的时间与金钱。该案开庭次数多,时间跨度长(一年有余),每次项目经理请假出庭均要求法院对适格性问题先行作出处理,但审判人员仅将项目经理的意见记录在案,既没有向原告释明被告的适格性,也没有回应被告的申请。项目经理最终因无法请假而不再出庭应诉,法庭对这种行为采取了默许的态度,这种现象有损法律的严肃性及司法权威。由于立法没有规定对不适格被告产生的误工、交通、聘请律师等损失进行赔偿,容易使原告产生扩大被告范围的滥用诉权行为。

其二是滥用财产保全措施。财产保全制度设立的本意是为了防止被告在诉讼期间转移财产。由于诉讼周期长,如果不对被告的财产予以保全,被告有充足的机会转移财产。这就造成即使将来法院判决其承担责任,也会被告因无财产可供执行而使法院的判决成为"司法白条"。此举不但损害原告利益,亦损害司法权威。为此,立法设立了财产保全制度,并从担保金额(担保金额无须与申请保全的金额相等,仅需请求保全金额的 30%)及担保方式(无须以自有财产担保,可以委托保险公司以极低的费用提供担保)两个方面最大限度地减轻原告申请财产保全措施的负担。在司法实践中法院一般无须原告提供被告转移财产的相关证据,只要原告提出保全申请,法院原则上都会予以同意。而且,一旦原告申请财产保全,除非法院依职权同意对被告的财产予以解封,被告很难解封被查封的财产。

财产保全制度注重对原告权益的保护,但没有兼顾对被告的合法权益的保护。被告的银行账户一旦被查封,将极大地影响被告的正常经营,包括损害商誉以及可能造成银行要求被告提前偿还贷款。在实践中不乏由于原告对被告进行财产保全,最终使被告企业破产的案例。在某案中,由于原告的起诉,该企业被查封了用于抵押给银行进行贷款的物业。银行发现该情况后,以抵押财产的受偿安全受到威胁为由要求该企业增加担保物金额。如果企业无法提供更多的物业,银行将起诉该企业,要求提前偿还银行贷款。银行的起诉使其他银行共同提起恐慌性诉讼,最终该企业由于资金链断裂而破产。

财产保全容易被滥用的另一个原因,是即使财产保全申请错误,申请人承担的赔偿责任很小。申请人赔偿的标准以银行贷款利率作为计算依据,没有以被告受到的实际损失作为计算依据。"青岛中金实业股份有限公司(以下简称中金实业)、滨州市中金豪运置业有限责任公司(一审被告,以下简称中金豪运)与青岛中金渝能置业有限公司(一审原告,以下简称中金渝能)之间诉讼财产保全侵权损害责任纠纷案"①,经法院审理,确认中金实业、中金豪运申请冻结中金渝能银行存款人民币 1.2 亿及冻结待出售公寓是错误的。中金实业、中金豪运应向中金渝能赔偿因财产保全错误而造成的损失人民币 193063873.10 元。诉讼请求的计算依据为:项目销售迟延半年的利息损失 189553873.10 元,1.2 亿元资金被冻结半年的利息损失 351 万元。其计算方法为,项目全部销售后的总价值 10013411148.72 元,按开盘销售最低 30%计算,一年利息损失为 189553873.10 元;被冻结的 1.2 亿元资金的利息损失,按半年

---

① 青岛中金实业股份有限公司、滨州市中金豪运置业有限责任公司与青岛中金渝能置业有限公司诉讼财产保全侵权损害责任纠纷案(最高人民法院[2017]最高法民终 118 号)。

期贷款利率5.85%计算(2011年2月23日至8月23日)为人民币351万元(1.2亿元×5.85%×0.5)。上述两项合计为193063873.10元。一审法院经审理后认为,关于1.2亿元资金被冻结的利息损失问题,中金渝能按中国人民银行同期贷款利息主张赔偿此项损失为人民币351万元,该项诉讼请求符合法律规定,应当予以支持。关于迟延销售楼房的利息损失,综合考虑各种因素后酌情按全部销售额的10%为基数,计算一年的利息损失,利息标准按照中国人民银行公布的同期银行贷款利率6.31%计算,中金实业应赔偿中金渝能项目销售迟延一年的销售款利息损失为63184624.35元(1639314102.72元×10%×6.31%=63184624.35元)。综上所述,中金实业应向中金渝能赔偿因申请财产保全错误而造成的损失66694624.35元。这个案件被刊登在2018年第10期《最高人民法院公报》上,这标志着财产保全错误应承担赔偿责任的时代已经开启。而在此之前,即使原告申请财产保全错误,被告也很难获得赔偿。这个公报案例提示原告在申请财产保全时要格外注意,财产保全是把双刃剑,如果使用不当给申请人也会带来伤害。但细究判决内容,我们还可以发现法院并没有支持原告按实际损失进行赔偿的诉讼请求,而是按银行利率计算原告的损失。法院在计算财产保全错误的损失时过于保守,按银行利率进行赔偿显然远远不足以弥补实际损失。被告并不是银行机构,以银行利率计算损失没有法律依据。原告的查封对被告的商业信誉造成了损失客观存在,但法院并没有判决支持被告要求赔偿的诉求。

其三是规避地域或级别管辖。从保护当事人方便行使诉权的角度,我国立法规定的立案登记制有其合理性,但这也使规避管辖的行为具有更大的便利性及隐蔽性。

对于意图规避地域管辖的原告,在起诉时为了获得符合其要求的地域管辖法院,原告往往将与案件没有任何实质法律关系的当事人列为共同被告。在立案之初,法院无法判断原告的行为是否属于滥用诉权,因为原告有选择起诉对象的权利。只有待案件审理后才可以作出判断,而此时原告滥用诉权的目的已经得逞。由于我国立法没有规定当事人适格异议制度,该立法疏漏为原告滥用管辖权打开了方便之门。

关于规避级别管辖的行为,既包括将本应由上级法院管辖的案件变相由下级法院管辖,也包括将由下级法院管辖的案件交由上级法院管辖。如果原告希望提高级别管辖,原告通常故意虚构诉讼请求的计算方式,通过提高诉讼请求的金额来获得上级法院的管辖。如果原告希望降低级别管辖,那么原告故意先提一个数额小的诉讼请求,然后再增加诉讼请求数额,以此将本应由上级法院管辖的案件变相地由下级法院受理。最高人民法院1996年5月7日颁布的《关于执行级别管辖规定几个问题的批复》第2条规定,当事人在诉讼中增加诉讼请求,从而加大诉讼标的额,致使诉讼标的额超过受诉法院级别管辖权限的,一般不再予以变动。但是当事人故意规避有关级别管辖等规定的除外。在司法实践中,要求一方当事人证明另一方当事人具有规避级别管辖的故意非常困难,这种证明责任的分配实则为原告故意规避管辖大开方便之门。所幸2009年7月20日最高人民法院颁布的《关于审理民事级别管辖异议案件若干问题的规定》及时纠正了这一做法,该规定不再要求证明当事人具有规避级别管辖的故意,而是规定如果一方增加诉讼请求达到变更级别管辖的金额,在另一方提出异议的情况下,法院应当移送管辖。① 如果未提出异议,那么依据合意管辖的规定,案件不移送其他法院审理。

3.被告滥用诉讼的行为

其一是滥用管辖权异议。管辖权异议制度的设立目的是允许被告对于法院是否应受理原告的起诉提出不同意见。该制度一方面是为了从程序上确保法院受理案件的正确性,另一方面也是对法院受理原告起诉行为的监督。但有些被告滥用管辖异议制度,将其当作拖延诉讼的利器。因为只要被告提出异议,不管被告提出的异议理由是否成立,诉讼被拖延的时间至少数月。被告滥用管辖权异议制度的行为违背了立法本意。

其二是滥用反诉权。反诉制度是为了便于提高诉讼效率而给予被告在同一程序中解决纠纷的立法设计。反诉的诉讼费用减半收取,此举可以减少被告另案起诉的经济负担。但反诉的提起必须符合相应的法律规定,否则不会被法院受理。

反诉得以受理的条件之一是与本诉系同一法律关系,与本诉的当事人一致。在与本诉当事人一致的要求中不是仅指形式的一致,还包括实质的一致。所谓形式一致是指本诉原告是反诉被告,本诉被告是反诉原告。所谓实质一

---

① 《最高人民法院关于审理民事级别管辖异议案件若干问题的规定》(2009年7月20日)第3条规定:"提交答辩状期间届满后,原告增加诉讼请求金额致使案件标的额超过受诉人民法院级别管辖标准,被告提出管辖权异议,请求由上级人民法院管辖的,人民法院应当按照本规定第1条审查并作出裁定。"

致是指那种虽然将本诉第三人列为反诉第三人,但在反诉请求中却要求第三人承担民事责任的案件,貌似形式符合反诉的要求,实质上已经扩大了反诉当事人的范围。此时,第三人因被要求承担责任而已经被当作反诉被告,这种反诉不符合法律规定,因而不应受理。当事人诉讼地位的确立不能仅凭诉状所列,还应当根据诉讼请求的具体内容及所指向的义务主体进行判断。

4.容易被误认为诉权滥用的情形

在规制当事人滥用诉权行为时,应从立法本意结合当事人的具体行为进行判断,严格区别正当行使诉权的行为和诉权滥用的行为。对当事人貌似滥用诉讼权利,实则符合立法本意的行为应当予以支持。曾有律师以主审法官系其大学情敌为由申请回避的,①根据《民事诉讼法》关于回避的法律规定,该回避事由确实无法得到支持。但基于回避制度是屏除法官在审理案件中可能存在的不公平因素,该律师回避的理由符合常理,其申请应当获得支持。

在另外一起原告申请减少诉讼请求金额的案件中,法院以滥用诉权进行处理的方式值得商榷。该案原告提起诉讼,要求被告返还一批电子设备及赔偿损失。被告一开始拒绝承认收到原告的设备,后原告提交了相关收货凭证,被告方才不得不承认收取原告电子设备的事实。最终在法院的监督下,被告将电子设备归还给了原告。原告为了尽快解决纠纷,同意不再追究被告扣押设备造成的损失,原告为了减少诉讼费损失,向法院申请减少诉讼请求金额,以便退还部分诉讼费后撤诉。法院出具裁定书认为原告减少诉讼请求的动机不当,裁定不予准许,法院的这种裁定理由显然不妥。原告本着实事求是、相互谅解的精神,在被告退回电子设备后决定不再追究其相应的违约赔偿责任,这种让步的精神应当值得肯定。至于原告减少诉讼请求后再撤诉,是其处分权的体现,即使其为了减少诉讼费缴纳金额,希望法院退还部分诉讼费,这种动机并未损害任何人的利益,不存在任何于法不当的情形,法院裁定不予准许的行为严重违背了民事诉讼法规定的处分原则。

诉权滥用是对正常司法秩序的侵犯,为规制诉权滥用行为,其他国家亦制定相关法律对此予以制裁。英国于1896年制定了全世界第一部专门规制滥诉的法律——《反滥诉法》(Vexatious Actions Act)。澳大利亚、加拿大、新西

---

① 《最奇葩律师回避申请:大学时与法官互为情敌,难保法官追忆旧恨,报复代理人!》,搜狐网,http://www.sohu.com/a/282195400_120065925,下载日期:2019年5月9日。

兰、南非、爱尔兰以及加利福尼亚、得克萨斯等英联邦国家及深受英国法影响的国家和地区借鉴该法相关内容,制定了相应规制滥诉的法律。①

三、自认

自认是一项重要的民事诉讼制度。该概念的创设具有悠久的历史,最早见于《十二铜表法》第3表第1条的规定:"对于自己承认或长官判决的债务,有三十天的法定期限。"该规定包含两个重要内容:一个内容是民事主体自己承认,不是他人承认,该内容体现了民事主体的处分权;另一个内容是承认的对象为自己的债务,债务是民事主体的一种义务,是自己得为一定行为的责任。债务是一种不利于己的事实,不是对事务的判断,也不包括对身份关系的承认。该规定与现代自认制度相近(承认于己不利的事实),也可以说现代自认制度最早源于《十二铜表法》。

民事诉讼自认制度的确立,对于民事案件的审理具有重要的实践意义。

其一,自认是民事主体践行诚实信用原则的体现。我国法律规定民事诉讼应遵循诚实信用原则,对案件事实的如实陈述是当事人参与诉讼应尽的义务。当事人依据诚实信用原则陈述的于己不利的事实应确认其法律效力。

其二,自认提高诉讼效率。民事诉讼上依据自认原则确立的事实,对方当事人无须承担举证责任。这种举证责任的免除有利于缩短举证、质证时间,且无须法庭调查取证,极大地提高了审判效率,缓解了冗长的诉讼周期与民众急切盼望解决民事纠纷之间的矛盾。对此,张卫平教授有独到的评述:"任何有利于提高诉讼效率和经济性的措施和制度对法院和当事人都具有难以抗拒的诱惑力。"②

其三,自认是当事人贯彻辩论原则、处分原则的具体体现。辩论并不是对争议焦点的完全否认,而是根据事实情况,对于不符合事实的予以否认,对于符合事实的予以承认。而对于符合事实的承认即为自认。自认也是当事人遵循处分原则的体现。对于符合实际情况的事实,当事人承认的方式有两种:一种是自认;一种是既不承认,亦不否认。当事人选择对于涉案事实如实承认,

---

① 孙邦清:《诉权论之展望》,载《民事诉讼法学的发展与走向:重点与展望》,中国政法大学出版社2018年版,第9页。

② 张卫平:《诉讼架构与程序——民事诉讼的法理分析》清华大学出版社2000年版,第435页。

这是当事人进行处分的体现。

其四,自认规则的设立合乎人性。自认的内容属于当事人陈述,基于诉讼的对抗性,当事人倾向于陈述对自己有利的事实。当事人陈述的事实是否可以作为认定案件的依据,需要结合其他证据进行确认。如果当事人陈述的是于己不利的事实,因当事人不具有陈述于己不利事实的动力,当事人陈述的可信度偏高,且符合民事证据高度盖然性标准。依据人性,该陈述可以作为认定案件事实的依据。

自认规则历史悠久,行之有效,在现代民事诉讼中必然发挥重要作用。自从2001年最高人民法院颁布的《关于民事诉讼证据的若干规定》确立了自认规则以后,自认规则在审判实践中得到广泛适用。2019年3月18日,经查询全国裁判文书网,自2015年2月4日至2019年3月18日,判决书中包含"自认"字样的民事案件合计866127件,审判实践中涉及自认的案件数量快速增多。由于我国立法确立自认制度的时间较短,正确发挥该制度在审判实践中的作用仍需要我们对自认规则做进一步的研究。特别是对自认的要件、自认的撤回或撤销、自认的约束力等问题。

(一)涉及自认的三个案例

案例6:"赵俊诉项会敏、何雪琴民间借贷纠纷案"[①]。原告赵俊起诉被告项会敏、何雪琴要求偿还借款人民币20万元。项某确认欠款属实,但主张该款系夫妻共同债务,应由夫妻共同偿还。鉴于何某与项某系夫妻关系,案件处理结果与何某有法律上的利害关系,法院依法追加何某为第三人。法院经审理查明,项某与何某夫妻感情不和,正在进行离婚诉讼。赵某虽然有借条,但没有银行转账凭证,其辩称是以现金方式支付的借款,项某对此予以承认。法院认为,原告提供的现有证据并未能证明涉案借款的交付事实以及原告本人的资金出借能力,其陈述的借款过程亦不符合常理,故应承担举证不能的法律后果。对于原告的诉讼请求,法院依法不予支持。至于项某个人对涉案借款的认可,因其与原告之间对此并无争议,他可自行向原告清偿,法院对此不予处理。据此,判决如下:驳回原告赵某的全部诉讼请求。

---

① 《赵俊诉项会敏、何雪琴民间借贷纠纷案》,载《中华人民共和国最高人民法院公报》2014年第12期。

案例 7:"原告某公司起诉被告王某及其前妻民间借贷案"①。原告某公司起诉被告王某及其前妻,要求二被告归还夫妻关系存续期间借款。被告王某对欠款事实予以确认。被告王某妻子对欠款事实予以否认,称对该借款不知情,该款项也没有用于夫妻共同生活。法院经审理查明,某公司系被告王某的父亲和被告王某共同经营,银行转账凭证可以确认某公司确实和王某之间有款项来往。被告王某于上个月与前妻诉讼离婚,在离婚诉讼中王某提及这些银行付款凭证应为夫妻共同债务,但没有获得法院支持。法院认为,原告某公司和被告存在重大利害关系,被告的自认涉及其前妻的合法权益,自认借款存在的事实不能成立,判决驳回原告诉讼请求。双方均未上诉。

案例 8:"原告张某诉被告范某、梁某民间借贷案"②。原告张某向佛山市南海区法院起诉被告范某、梁某,原告要求被告偿还借款人民币 50 万元及利息。被告范某确认借款存在,但辩称用于家庭建房装修,应由家庭财产共同偿还。被告梁某辩称其与范某原系夫妻关系,现已离婚。被告范某与原告系商业合作伙伴关系,虽然原告举证有款项支付给范某,但这是生意上的来往。被告梁某不承认欠款存在的事实,不承认款项用于家庭共同生活,请求驳回原告的诉讼请求。法院审理查明,除被告范某承认外,原告没有银行转账凭证等证据证明借款已经支付,故此判决驳回原告诉讼请求。原告不服向佛山市中级人民法院上诉。二审法院经审理后认为范某对上诉人的主张予以自认,应承担偿还的法律责任。被上诉人梁某对借款事实不予确认,因此范某的自认对梁某没有约束力,故此判决范某偿还被上诉人借款,梁某无须偿还借款。

这三个案例虽然案情各异,但均涉及自认在司法实践中的具体适用。这三个案件的共同之处还表现在对于原告起诉的事实,虽然原告没有直接证据予以证明,但被告之一完全予以承认。这是对于于己不利的事实的承认,貌似符合自认的情形,原告无须举证,且法院应当确认该事实。但是,审判人员明显感觉到被告之一的承认有不妥之处,因为这些案件的被告不止一个人,而是还有其他被告,案件涉及其他人利益。如果法院判决被告之一承认的事实成

---

① 顾新兵、唐新文:《认定借贷关系不存在,判决驳回原告诉求》,载《人民法院报》2012 年 11 月 13 日,第 3 版。

② 张国滔与梁伟钊、范燕群民间借贷纠纷案(广东省佛山市中级人民法院[2014]佛中法民一终字第 2766 号)。

立,那么其他人的利益可能受到侵害。如果判决被告之一承认的事实不成立,法院的这种判决是否违反自认的规定?

上述三份判决说明,对于自认约束力的对象,不同的审判人员在审判实践中的观点不一致,甚至截然相反。第6、第7个案例虽然判决理由不同,但都认为自认对法院及当事人没有法律约束力。法院可以根据法庭审理情况自行认定案件事实。在案例8的判决中,自认对自认的当事人有约束力,对没有自认的当事人无约束力。

(二)我国以及其他国家和地区关于自认的法律规定

我国关于自认的规定见《民事诉讼法司法解释》第92条:"一方当事人在法庭审理中,或者在起诉状、答辩状、代理词等书面材料中,对于己不利的事实明确表示承认的,另一方当事人无须举证证明。对于涉及身份关系、国家利益、社会公共利益等应当由人民法院依职权调查的事实,不适用前款有关自认的规定。自认的事实与查明的事实不符的,人民法院不予确认。"自认是指在诉讼过程中作出的对于己不利的事实的承认。在诉讼前或后的承认均不构成自认。诉讼前的承认可以作为诉讼过程中的证据,诉讼后的承认可以作为再审的依据。自认的对象仅指事实,不包括对法律关系等其他需要通过推理才作出的判断。同时,自认的事实是当事人应当知道的事实,是当事人的直接感知,当事人如果不知道该事实(含道听途说或者推理判断的事实),其无权就该事实作出自认。

《德国民事诉讼法》第138条、第288条、第289条、第290条分别规定了与自认相关的规则。其中第138条规定了对于双方没有明显争议的事实视为自认的事实。第288条规定了在诉讼过程中,一方主张的事实对方当事人予以承认的,属于审判上的自认。德国关于自认的事实没有于己不利的规定,只要对方在诉讼中予以承认即构成自认。第289条规定了对自认的附加,如果自认附加的内容为独立的攻防方法,不影响自认;对于在法院所做的让步性陈述,是否属于自认由法院决定。第290条规定了自认的撤回,该条规定在实践中非常重要,使得自认制度更具有实际操作性。在自认的事实与真实不符且基于错误而发生时,自认可以撤回。① 这会产生一个问题,如果自认的事实与真实不符,但不是基于错误,比如基于故意,这种情况如何处理?"谁为使自己

---

① 《德国民事诉讼法》,丁启明译,厦门大学出版社2016年版,第68～69页。

不利而故意不说出真相,他所说的就被认为是真相。"①允许自认予以撤回进一步说明自认是确认案件事实的一种规则,自认的事实不等于真实,如果有进一步的证据证明案件的真实情况,此时自认应当退位,让步给真实。自认是一方当事人认为对方当事人主张的事实是真实的,自认的对象仅指事实,不包括经验法则,也不是与权力相关的陈述。②

《日本民事诉讼法典》关于自认的立法规定极其简单,在该法第 179 条中规定:"在裁判所中,当事人对于自认的事实以及显著的事实无须证明。"③日本的立法也没有强调自认的事实应为于己不利的事实。与立法简单的规定不同,日本的众多法学家对于自认作了详细的研究。日本的兼子一认为:自认是当事人在诉讼过程中作出的与对方当事人主张一致且于己不利之陈述。新堂教授认为:自认是当事人不对另一方当事人主张的于己不利的事实进行争执。④

《意大利民事诉讼法典》第 228 条、第 229 条规定了诉讼承认,这种承认在诉讼过程中发生,可以是自发的,也可以是被法庭询问后作出的。在诉讼过程中,当事人可以用书面的方式进行承认。

我国台湾地区的"民事诉讼法"第 279 条、第 280 条规定了自认及视同自认。自认是指在诉讼过程中,一方当事人对另一方当事人主张的事实以书面确认或在审判法官面前承认。其法律后果是另一方无须举证。自认的撤销应当有证据证明自认的内容错误或经对方当事人确认。

我国澳门地区也有关于自认的法律规定,其中《澳门民法典》中规定的自认比《澳门民事诉讼法典》中规定的自认内容更加详细。《澳门民法典》规定的自认在第一卷(总则)的第四分编(权利之行使及保护)中的第二章(证据)第三节(自认),包括从第 345 条至第 354 条共 10 条。《澳门民法典》将证据作为行使权利的方式,因此将自认规则在实体法中予以规定,这种方式在其他国家和地区的立法中比较少见。《澳门民法典》关于自认的规定非常详细,对于自认

---

① [德]奥特马·尧厄尼希:《民事诉讼法》(第 27 版),法律出版社 2003 年版,第 237 页。

② [德]奥特马·尧厄尼希:《民事诉讼法》(第 27 版),法律出版社 2003 年版,第 235~236 页。

③ 《日本民事诉讼法典》,曹云吉译,厦门大学出版社 2017 年版,第 60 页。

④ [日]高桥宏志:《民事诉讼法:制度与理论的深层分析》,林剑锋译,法律出版社 2013 年版,第 383 页。

规则适用中的内容均有涉及,包括自认的定义、种类、方式、无效及撤销等。根据《澳门民法典》的相关法条规定,自认系指当事人对不利于己、但有利于他方当事人之事实承认其真实性。自认包括诉讼上及诉讼外之自认。自认的事实是其有权处分的事实,自认所涉事实属于不可处分之权利的事实不予采纳,这是有效处分权的体现。亦即不是其有权处分的事实,即使属于对其不利的事实亦不构成自认。在普通的共同诉讼中,自认的效力仅及于自认人之利益范围;在必要的共同诉讼中共同诉讼人之自认不产生效力。这项规定很好地解决了上述案例中夫妻共同债务的自认问题,即使一方承认,如果另一方不予承认,不构成诉讼上的自认,对方当事人仍需举证。对于不构成自认的陈述,立法也没有一概否定其在诉讼中的价值,而是可以按证据要素进行审核。《澳门民事诉讼法典》关于自认的规定见第三卷第三章第三节"透过当事人陈述程序之证据"第487条至第489条有关于自认书面记录、宣告自认无效或撤销自认、自认之不可撤回的规定。

英国证据法将当事人的正式自认(formal admission)的事实归类于免于证据证明的事实(proof of fact without evidence)。在民事诉讼中,自认是争讼的一方或经其正式授权的诉讼代理人作出的对己方不利的陈述。自认分为正式自认与非正式自认,两者的性质及法律效力不同。自认又分为当事人自认与诉讼代理人自认,得到授权的律师的自认约束其客户。自认还可以分为明示自认与默示自认。明示自认是明确作出的自认,可以是口头方式作出的,也可以是书面方式作出的。默示自认可以通过单纯的沉默行为作出,比如被告在答辩状中对于原告的主张不予回复的,视为对原告主张的认可。还比如一方收到另一方的商业函件,根据常理,如果商业函件与事实不符,收函一方应立即提出异议,如果没有提出异议,视为收件方认可函件的内容。[①] 英国的这些规定注重常理,与商业传统、交易习惯密不可分。

《澳大利亚联邦证据法》第81条的规定限制了自认中的传闻规则以及意见规则,即直接感知的才能自认,传来的以及对事务的判断不能予以自认。第87条还规定了对于得到授权的或职务行为的自认应予以采纳。[②] 这些规定简单、直接而又实用。

---

① 齐树洁主编:《英国证据法》,厦门大学出版社2014年第2版,第466～473页。
② 《澳大利亚联邦证据法》,王进喜译,中国法制出版社2013年版,第117～127页。

比较上述立法可以发现,各国及地区的立法均有关于自认制度的规定,均确认自认是证据认定的一种规则,是事实认定的一种方式。其中日本立法关于自认的规定最少,仅有一条。我国澳门地区关于自认的规定最为详尽,不但在程序法中规定了自认,在实体法中也规定了自认,且实体法中关于自认的规定比程序法中还要具体。相关自认的概念均规定自认的对象为客观事实,不包括事实之外的法律关系等。大多数法律仅规定诉讼上自认,不认可诉讼外自认。我国澳门地区的法律对两种均予认可。对于自认的事实有些有不利于己的限制,有些没有。在自认的适用方面,英国法律最为灵活,这与英国的国情密不可分。英国作为老牌的资本主义国家,完成工业革命后,经济的飞速发展要求提供与之相配套的司法制度。19世纪30年代英国兴起的法律改革运动,极大地促进了诉讼程序与司法制度的发展,体现在法律制度方面必然是鼓励促进交易的。[①] 英国立法关于默认的自认是其他国家所没有的,这种规定认可了商业行为的特殊性,鼓励当事人积极响应商业中存在的问题,有利于促进交易。

(三)自认的要件

1.自认的对象

各个国家和地区的法律均认为自认的对象仅指事实。自认是对事实的客观陈述,不包括事实陈述之外的当事人关于事物观点的陈述。后者的陈述是一种价值判断,是主观的内容,不是事实。

对于自认的事实,不同国家和地区的法律又有不同的规定。首先,自认的事实是当事人知道或者应当知道的事实,对于其不知道或不应当知道的事实,即使当事人承认也不构成自认。其次,当事人承认的事实所涉及的法律后果仅及于该当事人,而与他人的权利义务无关,如此才构成对该当事人的自认,这同时是当事人处分权的体现。最后,当事人自认的事实是合理的、应当存在的,而不是荒谬的或者当事人杜撰的。

我国法律规定,自认的事实应为于己不利的事实。如此规定的原因是出于人的本性——趋利避害性。于己有利的事实,当事人出于利益驱动,造假的可能性大,因而需要当事人进一步举证方可确认该事实的存在。对于于己不利的事实,当事人不存在利益驱动,故此其陈述内容的可信任度高。

---

① 何志辉:《外来法与近代中国诉讼法制转型》,中国法制出版社2013年版,第5页。

我国澳门地区的立法关于自认的事实与上述要求一致。同时,澳门地区的法律还进一步规定自认的事实限于当事人知道的事实及有权处分的事实,涉及他人的或当事人不知道的事实,其无权处分。

德国、日本、意大利及我国台湾地区的民事诉讼立法规定的自认没有关于于己不利的事实的限定,只要是双方均确认的事实即可适用自认,该事实于哪方有利,于哪方不利与自认的适用无关。自认的对象是一方所主张的事实,自认得以成立的方式是对方予以确认或法庭记录时予以承认。

2.自认的诉讼限制

考察各国和地区关于自认制度的规定,自认是否仅适用于诉讼中包括两种观点。一种观点认为自认是诉讼上的自认,自认仅适用于诉讼过程中,诉讼外不存在自认。另外一种观点对自认没有诉讼程序的要求,自认可以发生在诉讼过程中,也可以发生在诉讼前或诉讼后。

我国立法规定在诉讼过程中才适用自认,诉讼之外不适用自认。自认是诉讼上的特别概念,此前或此后均不涉及自认。诉讼之前的承认只能是达成一种合意的合同,或各方表达各自意见的备忘录。诉讼后的自认涉及的是执行和解,或双方达成新的协议。德国、日本、意大利的立法规定与我国一致,即只承认诉讼程序中的自认。

我国澳门地区的立法承认诉讼外的自认,但对此有诸多限制,诉讼外的承认不当然构成自认。诉讼外自认的证明力应根据实际情况由法院予以确定,法院审查的内容包括自认是以书面方式作出还是以非书面方式作出等。

自认制度是否仅适用于诉讼程序内?在诉讼外是否也有可以适用自认制度的空间?这涉及对自认的定义。如果自认仅是一方对另一方主张的事实的承认,诉讼中或诉讼外均存在自认。如果将自认作为免除一方当事人的举证责任,那么只有诉讼中的自认,不存在诉讼外的自认。从各国的立法实践考察,采纳后者的观点居多。

3.自认的法律属性

根据各个国家和地区关于自认的规定,自认在内容上是当事人关于与案件相关事实的承认,在形式上属于当事人陈述。由此,自认既包括对证据的审核,也包括对事实的认定,还包括举证责任的分配(对另一方举证责任的免除)。创设自认制度是为了简化事实认定的过程,提高诉讼效率。审判过程即对事实进行认定的过程,任何国家的审判均是基于事实。事实的认定要经过一方当事人举证，另一方当事人进行质证，再由法官进行判断。有些复杂的案件还需要法院调查取证，委托鉴定等。创设自认制度，对自认的事实免除对方的举证责任，从而缩减事实认定程序，提高诉讼效率。

4.自认的约束力

其一是自认对当事人的约束力。传统的观点认为，自认对当事人具有约束力毋庸置疑。这种表述不够精确，没有注意到双方当事人的区别。自认仅对自认的当事人有约束力，对另一方不具有当然约束力。对另一方当事人的约束力要根据该方是否提出异议进行判断，如果对方对另一方自认的事实提出异议，那么仍然应当按照举证责任规则，经法院审理后予以确认。

自认对当事人具有约束力包含两个方面的意思。首先，对于自认的事实，当事人不得再予以否认，或者另行主张其他事实。前者涉及自认的撤回，后者涉及禁反言。当然，自认并不是一概不能被撤回，基于自认制度设计的目的及本质，符合一定条件的自认可以被撤回。自认被撤回的条件之一是经证据证明，自认的事实与真实情况不符。因为自认的事实不同于证据证明的事实，自认是基于当事人的处分权，自认的事实是法律拟制的事实。自认的目的是简便诉讼及对当事人处分权的尊重，进而免除另一方当事人的举证责任。如果有证据证明的事实与法律拟制的事实不一致，有证据证明的事实当然具有优先效力，从而自认可以被撤回。自认可以撤回的另外一个条件是征得对方当事人的同意，这同样是另一方当事人处分权的体现。其次是自认一方的当事人不得再要求对方举证。当事人既然已经自认，如果赋予其要求对方提供证据的权利，自认制度就失去存在的意义了。

我国澳门地区的法律还规定了自认可以被撤销，这是因为澳门地区关于自认的立法内容被规定在《澳门民法典》内。自认属于一种民事法律行为，对该行为适用撤销。还有一个原因是澳门地区的自认包括诉讼外自认，该诉讼外自认只能通过撤销才能发生相应的法律后果。

其二是自认对法院的约束力。自认对法院的约束力是指当事人自认的事实法院是否予以确认，是否将其作为裁判的依据，法院是否可以在当事人自认的事实之外确认案件的事实。诉讼外的自认对法院没有约束力，因为诉讼外的自认没有法院的参与。2019年修正的《民事证据规定》第3条明确了我国的自认仅限于"在诉讼过程中",即仅认可诉讼上的自认。①

关于自认对法院的约束力,司法实务及理论界有两种不同的观点。一种观点认为自认对法院有约束力。诉讼上的自认一般应具有约束法院的效力,法院应当将对自认的事实作为裁判的依据,除非有证据证明自认的事实与人民法院查明的事实不符,或者自认的事实涉及他人利益,以及自认的事实明显与众所周知的事实不符。②《民事诉讼法司法解释》第92条第1款亦规定:"对于己不利的事实明确表示承认的,另一方当事人无须举证证明。"该条司法解释规定的无须举证证明进一步确认了自认对法院的约束力。《民事证据规定》第3条也规定一方当事人自认的事实,另一方当事人无须举证证明,该条也是自认对法院有约束力的直接依据。"(当事人)对事实的承认产生程序后果,可以直接作为认定事实的依据,从而免除了对方当事人对该事实的举证责任。"③我国台湾地区的学者亦确认自认对法院具有约束力。"一旦符合自认之要件后,他造当事人就自认之事实,无须再为举证,另经自认之事实,亦对法院产生一定拘束力,法院认定事实不得违背当事人所自认之事实。"④"自认对法院及当事人均有拘束力。法院应以之为判决基础,不得形成与自认事实相反之心证,法官其他事实认定权被排除。"⑤具体到本书第一个案例,审判人员显然是接受自认对法院有约束力的观点。否则根据法院的查明进行认定即可,无须煞费苦心另辟蹊径。但同时又觉得如果确认这种观点不符合案件真实情况,故此采取了一种折中的方式,裁决不予处理。

另一种观点认为自认对法院没有当然的约束力,需要根据审理情况才能予以确认。自认属于当事人陈述,当事人陈述属于证据形式的一种。证据是否有证明力,需要通过审理程序后才能进行确认。法院在审理案件时,为确保查明事实的真实性,对自认事实予以审查是必要的。"换言之,依照其他证据,

---

① 《最高人民法院关于民事诉讼证据的若干规定》(法释[2019]19号)第3条:"在诉讼过程中,一方当事人陈述的于己不利的事实,或者对于己不利的事实明确表示承认的,另一方当事人无须举证证明。在证据交换、询问、调查过程中,或者在起诉状、答辩状、代理词等书面材料中,当事人明确承认于己不利的事实的,适用前款规定。"
② 江伟、肖建国主编:《民事诉讼法》,中国人民大学出版社2015年第7版,第198~199页。
③ 江必新主编:《新民事诉讼法专题讲座》,法律出版社2012年版,第75页。
④ 林家祺:《民事诉讼法新论》,台湾五南图书出版公司2014年版,第379页。
⑤ 魏大喨:《民事诉讼法》,台湾三民书局2015年版,第363页。

如果自认存在不真实的情形,显然违反正义或者其他有损害他人的目的,法院完全可以依照职权调查取证,并加以认定。"①自认是认定事实的一种方式,从目的上与法院对事实的审查确认并无本质区别。若自认的事实对法院有约束力,则剥夺了法院对自认事实的审查。诉讼上的自认具有约束当事人和法院的效力,但这种约束力并非绝对。自认的事实,如果与显著的事实或者司法认知的事实相反,或根本为不可能的事实,或自认的事实依据现有的诉讼资料,明显与真实情形不相符,那么不应确认该事实的真实性,因为法院的裁判不应以明显虚构的事实为基础。②

5.自认规则得以实施的保障措施

自认之所以能提高诉讼效率,是因为对于一方自认的事实,另一方当事人可以免除举证责任。除非对自认的事实有异议,如果当事人仍坚持就自认的事实进行举证,那么该行为就违背了自认制度提高诉讼效率的设立目的。英国证据法原理规定,经过正式自认的事实,如果一方毫无理由地坚持要求另一方对于争议不大的事实进行证明,该当事人很可能被要求承担上述证明活动的相关费用,即使该当事人胜诉也不例外。③由违背自认规则的一方当事人承担相关增加的费用,这种机制可以保障自认规则的实施,切实发挥自认提高诉讼效率的作用。

(四)我国司法实务中自认规则适用的误区

1.自认对法院和当事人的约束力

作为诉讼上的"自认",应当对法院具有约束力,这是法律专业性的要求。法律的发展和法律专业用语的创设密不可分。诉讼法上的"第三人"与我们日常生活中所称的"第三人"在概念的内涵和外延上都显著不同。"自认"作为一种法律制度,其内涵已经超越了文字表面的含义。如果自认对法院没有约束力,自认与承认在法律效力上就没有显著的区别,自认作为独立的法律概念也就没有特别的法律意义。

赋予自认对法院的约束力有其合理性基础。根据民事诉讼发生的原因,

---

① 曹建明主编:《诉讼证据制度研究》,人民法院出版社 2001 年版,第 508 页。
② 江伟、肖建国主编:《民事诉讼法》,中国人民大学出版社 2013 年第 7 版,第 199 页。
③ I.H.Dennis, *The Law of Evidence*, 5th edition, Sweet & Maxwell, 2013, p.510. 转引自齐树洁主编:《英国证据法》,厦门大学出版社 2014 年第 2 版,第 467 页。

诉讼双方存在利益对抗。基于趋利避害的本性，当事人之所以对于己不利的事实予以承认，原因是该事实是真实的。对于自认的事实，当事人无须提交证据予以证明，法院可径行确认。这样既可以提高审判效率，又遵从当事人的处分权。因此，确认自认对法院的约束力符合自认制度的设立目的。相反，排除自认对法院的约束力影响了自认制度的有效运行。

自认对当事人的约束力，学界均持肯定态度，除非当事人反悔并有相反证据足以推翻的除外。但应当注意的是自认的约束力仅限于对自认的当事人，对其他当事人没有约束力。因为自认作为当事人处分权的体现，只有涉及自身事务的才有处分权。除非有他人的特别授权，对于涉及他人权益的事务无权自认。

2.另一方当事人对自认的事实是否确认

我国立法规定构成自认只需一方当事人对事实的确认，没有考虑另一方当事人对该事实是否确认，这是司法实践中造成自认规则适用误区的另外一个重要原因。自认规定仅从一方的人性确认案件的事实，忽视了另一方在事实认定中的作用，最终出现如上述案例的情况。法院以利之名，忽略了另一方当事人的异议，无异于以利益封堵了事实异议。这种价值观与法律正义的价值观相矛盾，利益不可凌驾于正义之上，因此，仅从于己不利的角度考虑自认是不够的，还必须考虑另一方对于该自认的事实是否确认，只有那些于己不利且另一方予以确认的事实才能作为自认的事实。如果另一方当事人对此不予确认，那么就不能简单、强行适用自认规则，而要结合案件其他证据进行认定。

德国立法关于自认的规定有效地避免了上述矛盾。德国法律对自认的适用没有从"利"的角度进行考虑，是否构成自认与利没有丝毫关系，而是考虑另一方当事人对于自认的事实是否确认。《德国民事诉讼法典》第288条规定，自认是一方对另一方当事人所主张的事实予以确认。对于是否构成自认，法院考虑的标准是双方当事人的意见是否一致。法院对于当事人意见一致的才适用自认规则，避免了一方承认而另一方不予承认的矛盾局面，这是法院尊重当事人意思自治的表现。

3."利"的标准

"利"是一种价值标准判断，涉及的是主观因素。对同一个事实有些人认为有利，可能另外一些人认为是不利的，原因是利的标准不同。即使从"利"的角度考虑，仍存在对其标准的统一问题。两方相争，何谓利？何谓不利？孔子曰:"不义而富且贵,于我如浮云。"利不仅仅指"富"或"贵",还包括其他因素,比如义。对于利益的标准,在实践中难以形成统一的认识。有些诉讼案件,当事人拖延了审理时间就是获利。特别是对于那些要求支付货款的案件,如果没有约定违约金,法定的违约责任仅是承担银行同期贷款利率。因此,拖延时间对于被告来说显然是有利的,因为即使承担与银行同期贷款利率同样的利息,被告并不能从银行获得这些贷款。

利的标准的差异性使法院在审理涉及自认的案件时,如何认定是否真正为于己不利？特别要区别那种看上去于己不利,实际上于己有利？前述三个案例,即具有相应的典型性。从表面上看,承认欠款的事实会造成法院判决还款的不利法律后果,但这种还款责任是与他人共担的,会造成他人与自己一起还款的于己有利的后果。在连带责任的还款判决中,如果一方没有实际履行能力,还可能出现另一方全部还款的情形。考虑到自认当事人与债权人的特殊身份关系,这种貌似于己不利的自认,事实上是于己有大利的。所以,需要深入考虑这种承认是否真正属于于己不利？是于己之一时不利而长久有利,还是于己之小不利而于人之大不利？这对于自认的适用具有特别重要的意义。在适用自认规则时,这些问题都需要结合案情综合考查。

(五)对自认规则的修改建议

在目前的体系下,要克服现实中存在的问题,有两个方面的因素需要考虑。一是对自认事实应由双方共同确认。若另一方不确认,则要结合证据情况进行审核。另一个因素是关于利的标准问题。鉴于利的标准的多样性,如何设计一种简单易行的对利的认定方式显得尤为重要。如果将于己不利和与他人无关相区别,此时的判断对审判人员来说显得驾轻就熟。为此,建议将《民事诉讼法司法解释》第92条第1款增加两个方面的内容,一是与他人无关,二是双方承认。修改后的内容如下:"一方当事人在法庭审理中,或者在起诉状、答辩状、代理词等书面材料中,对于己不利的事实明确表示承认的,如果该承认不涉及国家利益、社会公共利益、他人合法权益的,且另一方当事人予以承认的,无须举证证明。"

这样修改的好处是没有将对事实的承认等同于自认,而是构建了承认与自认之间的防火墙。立法赋予了法院对承认是否构成自认的审查权,法院审查的内容是于己不利的承认是否涉及他人利益,对于不涉及他人利益的承认确认为自认。立法如此设立的自认制度排除了法庭不必要的审查权,这样规定符合自认制度的效率理念。立法将自认的事实限定为不涉及其他各方的利益，不但充分显示了私法自治以及法院尊重当事人对自己权利的处分，还可以更好地遏制虚假诉讼。因为虚假诉讼的目的是侵害他人利益，将自认涉及的利益与他人利益切断，凡是与他人利益有关的承认不认定为自认，虚假诉讼侵犯他人利益的诉讼目的就会落空，虚假诉讼因缺乏提起的动力而受到遏制。对于虚假诉讼案件，科学的立法内容无异于釜底抽薪，从源头上遏制虚假诉讼案件。

这样修改的另一个好处是将双方均承认的事实认定为自认的事实，对于一方有异议的事实，可以不免除另一方的举证责任。法庭根据举证情况对相应事实进行认定，这样可以更好地发挥双方当事人的对抗作用，便于法庭查明案情。对于法院根据案情需要而调查的案件，按《民事诉讼法司法解释》第96条第1款第4项的规定，亦不应限于"当事人有恶意串通损害他人合法权益可能的"。不管是否恶意，是否串通，是否损害利益，只要涉及他人利益，或影响案件事实认定，人民法院均有权调查。查证属实的，对于虚假诉讼的当事人应予以处罚。

(六)自认规定"修改"前后的适用比较

根据上文笔者所建议的自认规则，前述案例的判决更符合实际。

1.案例6适用修改规则前后的比较

适用修改前的自认规定：一审法院查明原告起诉要求归还借款，被告对收到借款及没有归还借款的事实均予以承认。一审法院对这种于己不利事实的承认视为自认。根据法律的规定，法院对于自认应当予以确认，法院不得作出相反的认定。但法庭同时注意到除了有借条外，没有银行付款凭证，借款已经真实支付的证据不足。同时，这种自认与被告妻子存在利害关系。因为如果债务成立，该笔债务属于夫妻共同债务，应由夫妻共同财产偿还，这实际上将使被告的妻子少分了夫妻共同财产。特别是项某和妻子何某感情关系不合，双方正在法院诉讼离婚，此时对己方不利事实的承认将损害何某合法利益，双方存在虚假诉讼的可能性。一审法院一方面注意到案件虚假诉讼的可能性，另一方面力图突破自认对法院的约束力，于是以民事诉讼的目的是解决纠纷作为突破口，既然原、被告双方确认借款未还，双方不存在纠纷，因此作出驳回诉讼请求的判决。

从结果上看，该判决无疑是正确的。法院驳回了原告的诉讼请求，没有成为当事人获取不当利益的工具,这样的判决彰显了法律的正义、智慧以及法官敏锐的洞察力,这也正是本案得以作为最高人民法院公报案例的重要原因。但对于本案驳回诉讼请求的判决理由,从法律的角度是值得商榷的。以该理由判决驳回诉讼请求是否涉及侵犯当事人行使诉权的问题?法谚云:"没有救济的权利不是权利。"诉权是我国宪法规定的公民基本权利,是当事人启动和推动民事诉讼程序的重要权利,是实现和维护当事人民事权利的重要制度。[①] 诉权是宪法确认的权利。当事人享有民事诉权的法律根据首先是宪法,诉权是宪法赋予国民所享有的请求司法救济的基本权利。[②] 在美国,当事人诉权的确立和保障首先为宪法所规范,联邦宪法第14修正案关于正当程序、平等保护的条款蕴含着当事人司法救济权的内容。[③] 我国宪法虽然没有直接规定当事人的诉权,但我国已经签署加入的《世界人权宣言》第8条规定:"当宪法或法律赋予的基本权利遭受侵犯时,人们有权向有管辖权的法院请求有效的救济。"与此相对应的权利保障是法官不得拒绝裁判。尽管法院受理了本案,当事人行使了诉权,法院也作出了判决,但法院驳回诉讼请求的判决变相地使当事人的诉权落空。

适用修改后的自认规定:如果采信本书关于自认的规定,那么完全可以避免出现此类情形。对于案例6,虽然被告承认借款,但借款事实承认与被告妻子存在利害关系,这不构成民事诉讼上的对被告妻子有法律约束力的自认。原告对于欠款存在的事实仍应举证证明,否则就应承担不利的法律后果。如果原告无法举证证明,法院可以判决驳回原告起诉。相对于驳回诉讼请求的判决理由而言,判决从承认不构成自认,除此之外,当事人又无法举证欠款事实的存在,这样的判决理由更符合案件实际情况,因而更能令人接受。

2.案例7适用修改规则前后的比较

适用修改前的自认规定:对于案例7,本案原告起诉被告要求归还借款,被告王某承认借款的事实。原告同时提交了向被告王某支付借款的银行凭证,该证据与原告的主张、被告的自认相互印证。法院经审理后确认了被告对于借款事实的自认,但否认了自认对法院的约束力。法院认为原告和被告王

[①] 沈德咏主编:《最高人民法院民事诉讼法司法解释理解与适用》,人民法院出版社2015年版,第6页。

[②] 江伟、肖建国主编:《民事诉讼法》,中国人民大学2013年第7版,第40页。

[③] 齐树洁主编:《民事程序法》,厦门大学出版社2013年第8版,第36页。

某存在重大利益关系,且该自认与王某前妻存在利害关系,故对欠款事实不予确认。这种观点同样值得商榷。自认具有对法院的约束力,法院可以审理当事人的承认是否构成自认,一旦法院认定构成自认就应当适用自认的法律制度。法院不能一方面认为构成自认,另一方面又不按自认的规则处理。一审法院的不妥之处在于混淆了承认与自认的概念。

适用修改后的自认规定:根据改进后的自认制度,被告王某承认的事实是夫妻关系存续期间的债务,该债务与被告王某前妻有关,这种承认不构成自认,原告的举证责任不能免除。虽然原告和被告之间有银行往来凭证,但鉴于原告和被告王某的父子关系及经营公司的实际情况,不能证明往来款项属于借款。原告应承担举证不能的后果,人民法院有权判决驳回原告的诉讼请求。

3.案例8适用修改规则前后的比较

适用修改前的自认规定:案例8体现了自认对当事人和对法院的约束力。对自认的事实,法院予以确认,但自认的约束力仅为自认的当事人。对没有自认的当事人没有约束力。因此,法院判决自认的当事人归还借款,没自认的当事人无须偿还。应当说审判人员对自认的适用具有独到的见解,对此亦进行了深入的研究。但这份判决仍存在小小的不足。既然确认借款事实存在,该借款是否属于夫妻共同债务,是否需要共同偿还法院对此并未予以审理。

适用修改后的自认规定:适用修改后的自认规定应当先审理被告承认的借款是否与其前妻有关?如果确认被告承认的债务与其前妻无关,被告于己不利的承认构成自认,法院的如上判决毫无瑕疵。如果不能排除被告承认的债务与被告前妻无关,那么这种承认不构成自认。原告如果没有进一步证据证明欠款的存在,法院判决驳回其诉讼请求比较合适。

在审判实践中,常见的涉及他人合法权益的案件主要是夫妻共同债务、合伙债务、隐名权利人权益等的案件。在审理这类案件的过程中,对于涉及自认的情形,审判人员应特别注重查明当事人婚姻情况、合伙权利义务、隐名权利人等事实,向当事人强调诚信诉讼原则及虚假诉讼应当受到的惩罚等,同时应当依职权通知配偶或其他权利人参与诉讼。

法院适用自认规则作出的正确判决,对社会生活具有重要的指导意义。自认规则是事实认定的一种快捷方式,适用自认规则认定的事实与客观事实是否相符,是自认规则适用正确与否的重要考虑因素。自认规则的正确适用,可以正确保护当事人的合法权益,更好地实现法律的正义。

四、民事诉讼禁反言规则

禁反言规则是民事诉讼遵循诚实信用原则的具体体现。在诚实信用原则明文化以后,该规则受到司法机关和当事人的普遍重视,并在司法实践中迅速得到广泛适用。2019年3月21日,在中国裁判文书网上以关键词"禁反言"搜索民事裁判文书,共有3189份。若将日期缩限到2012年8月31日首次确立诚实信用原则至今,显示的裁判文书的数量为3157份。由此可见,约99%的涉及禁反言规则的判决书,是在2012年《民事诉讼法》确立诚实信用原则之后作出的。禁反言规则之所以如此迅速地得到广泛的适用,与立法确立诚实信用原则密切相关。在案件审理过程中,当事人为了追求有利的判决结果,在法庭调查事实情况时,当事人一味从利益出发,违背事实真相,怎么对其有利就怎么说,这容易导致当事人的陈述前后矛盾、出尔反尔。法庭调取的证据对一方有利时,另一方当事人即否认原先承认的事实。还有些当事人在收到一审不利判决结果时,改变一审陈述的事实进行上诉。这些行为严重扰乱了诉讼秩序,需要禁反言规则予以规制。

然而,尽管禁反言规则在司法实践中得到普遍关注,当事人频频通过该规则主张权益,但对于应如何适用该规则,理论界和实务界并没有形成统一的认识,在立法方面更是空白,造成审判实践中适用该规则时的不统一性。

(一)禁反言的含义

禁反言(Estoppel)的规则源自英国。根据《元照英美法词典》,Estoppel包含三种含义:其一是不容否认。指禁止当事人提出与其以前相反的主张。即对于当事人先前的行为、主张,禁止其在此后的法律程序中反悔,否则将对他人造成损害。包括因立有契约而不容否认(estoppel by deed)、因已记录在案而不容否认(estoppel by record)和因既有行为而不容否认(estoppel in pains)等。其中前两种又称为普通法上的不容否认,后一种称为衡平法上的不容否认。其二是再诉禁止。既判事项不容否认,禁止对同一当事人之间的相同争点再次提起诉讼。其三是因对他人的误导性陈述存在善意信赖,有权主张受到有损害的答辩。[1]

禁反言的种类繁多,从功能上分类有证据法中的禁反言,有民事诉讼中的

---

[1] 薛波主编:《元照英美法词典》,北京大学出版社2017年版,第495页。

诉因禁发言,有民事诉讼中的争点禁反言。从内容上分类有因已有行为和声明而不容否认(estoppel by acts and declarations),因立有债务契约而不容否认(estopple by bond),因已有行为而不容否认(estopple by conduct),因已订立合同而不容否认(estopple by contract),因立有契据而不容否认(estopple by deed),因已默示认可而不同否认(estopple by inaction),因既有判决而不容否认(estopple by judgement),因迟误而不容否认(estopple by laches),因已设定抵押而不容否认(estopple by mortgage),因已作誓言而不容否认(estopple by oath),因已记录在案而不容否认(estopple by record)等。① 其中因已有判决而不容否认类似于既判力,因迟误而不容否认与诉讼上的失权有关。对于禁反言种类如此繁多的现象,英国的丹宁勋爵曾如此形容,历经几百年的法制建设,一幢大房子拔地而起,这座大房子就是"禁反言"。在柯克勋爵时代它只有三个房间:记录禁反言(estopple by matter of record)、契据禁反言(estopple by deed)、行为禁反言(estopple in pains)。但是在我们这个时代,这幢大楼有了太多的房间,在这些房间上有写"禁反言是证据规则的",有写"禁反言可以成为诉因"。②

基于诚实信用原则的确立,"禁反言"规则近年才得到我国法学界的关注。关于禁反言的定义,通说认为是指当事人在诉讼中不得故意作出相互矛盾的陈述。③ 由此可见,构成反言的前提是存在两种陈述(言),这两种陈述(言)的内容相反,相反的两种陈述发生在诉讼过程中。从这个定义上看,我国法学界关于禁反言的概念与英国法中诉因禁反言类似。当事人在诉状中作出的肯定性陈述,除非有相关证据或特别理由,当事人就不得在后续程序中对先前的陈述反悔或者作出不同的陈述。④

---

① 薛波主编:《元照英美法词典》,北京大学出版社 2017 年版,第 495~496 页。
② Mcllkenny v.Chief Constable of the West Midlands [1980]Q.B.283,转引自齐树洁主编:《英国证据法》,厦门大学出版社 2014 年第 2 版,第 430 页。
③ 汤维建主编:《民事诉讼法学原理与案例教程》,中国人民大学出版社 2018 年第 3 版,第 93 页。
④ Ali Cem Budak,Res Judicata in Civil Proceedings in Common Law and Civil Law Systems with Special Reference to Turkish and English Law,*Civil Justice Quarterly*,1992,No.11.转引自齐树洁主编:《英国证据法》,厦门大学出版社 2014 年第 2 版,第 431 页

(二)禁反言与自认的关系

禁反言与自认都是当事人在民事诉讼过程中适用诚实信用原则的具体内容,都涉及对事实的确认。两者既有相似之处,又有所区别。

禁反言与自认都是证据认定规则,其目的是认定案件事实。禁反言和自认的表现形式都是当事人陈述。该种陈述对于案件事实的认定是间接认定,不同于以证据直接进行证明的事实。例如在民间借贷案件中,对于是否收到出借人借出的款项这一事实,以银行转款凭证认定案件,与通过自认认定事实,这属于两种不同的证明机制。前者属于直接证明,后者属于间接证明。间接证明受到许多限制,对于较大金额的借款,如果一方主张以现金方式支付借款,故此没有银行转款凭证,对于金额偏大的案件,另一方即使承认,亦不能免除举证责任。除非自认的内容被其他证据证明有误,自认不得被撤回,不得被否认,不得被篡改。对自认进行否认或篡改的,即是反言,应被禁止。最后,自认是被鼓励的,具备促进诉讼效率的积极作用,是践行诚实信用原则的体现。反言是被禁止的,是违背诚实信用原则的体现。

(三)涉及禁反言的四个典型案例

案例 9:"中国进出口银行诉四通集团公司、光彩公司借款担保合同纠纷案"[①]。2001 年 12 月 25 日,因四通集团公司向中国进出口银行贷款,光彩公司作为四通集团公司的股东,经董事会决议通过且以书面方式为其提供连带责任保证。后由于四通集团公司未能按合同约定归还贷款,中国进出口银行提起诉讼,要求四通集团公司归还借款,并同时要求光彩公司承担连带责任。光彩公司在应诉时提出,原告作为证据提交的董事会决议无效,不同意承担全部保证责任,但光彩公司并未能够就董事会决议无效事宜提供任何证据。2006 年 5 月 15 日,最高人民法院终审判决认为:光彩公司在诉讼中提出的董事会决议无效,公司为其股东担保无效的主张,因没有事实和法律依据,且违反民事诉讼中的禁反言规则,本院不予支持。[②] 这是《最高人民法院公报》首次公布涉及禁反言规则的案例。值得注意的是,此时《民事诉讼法》尚未将诚实信用原则明文化。

---

① 《中华人民共和国最高人民法院公报》(总第 117 期)2006 年第 7 期。
② 中国进出口银行诉四通集团公司、光彩公司借款担保合同纠纷案(最高人民法院第[2006]民二终字第 49 号)。

案例10："北京佳程公司与香港佳程公司、香港佳程公司北京代表处等企业借贷纠纷案"①。最高人民法院经二审审理认为：北京佳程公司提起本案诉讼时称，香港佳程公司是债务人，但并未能够提供证据证明。北京佳程公司在向本院提起上诉时又主张债务人另有其人，是香港佳程公司法定代表人田力应案外人睿富基金的"力劝"将讼争款项借出，供该基金"做账"，并约定将由睿富基金在境外返还。根据北京佳程公司的上诉主张，其上诉时认为本案债权人是田力，债务人是睿富基金。由于香港佳程公司与案外人睿富基金是各自独立的法人，田力个人与北京佳程公司也是各自独立的民事主体，故北京佳程公司的上诉主张与其提起本案诉讼时的诉讼请求明显不符。如果北京佳程公司认为本案的债务人另有其人，那么该公司不能向本案中的香港佳程公司主张债权，而应向案外人直接主张。根据禁反言的规则，法院对其该项上诉理由不予采信，其在本案中基于北京佳程公司为债务人的诉讼请求予以驳回。

案例11："营口中心医院企业借贷纠纷再审案"②。申请人营口中心医院向最高人民法院提出再审申请，称被申请人灵顿公司在其起诉状中已自认所得系分成款而不是借款，而其在《变更诉讼请求申请书》中将合作关系演绎为借款关系，违反"禁反言"的法律规定和诚实信用的法律原则。2018年1月31日，最高人民法院经审理后认为：自认系当事人对事实的陈述，灵顿公司在《变更诉讼请求申请书》中将收到的款项由分成款的性质变更为借款，这是对法律关系性质认知的改变，不构成自认。营口中心医院的主张证据不足，不予支持。

案例12："渝万公司、盛创公司建设工程施工合同纠纷再审案"③。申请人渝万公司认为，盛创公司自参加重庆仲裁委员会（2007）渝裁（经）字第179号仲裁案至2014年期间，从未对《担保协议书》的真实性提出异议，只是在执行其财产时才对《担保协议书》的真实性提出异议。根据禁反言的原则，对其异议不应支持。2018年3月30日，最高人民法院经审理认为：虽然重庆仲裁委员会（2007）渝裁（经）字第179号仲裁案（后该案以申请人撤回仲裁申请而结

---

① 北京佳程公司与香港佳程公司、香港佳程公司北京代表处等企业借贷纠纷案（最高人民法院[2015]民四终字第11号）。
② 营口中心医院企业借贷纠纷再审案（最高人民法院[2018]最高法民申126号）。
③ 渝万公司、盛创公司建设工程施工合同纠纷再审案（最高人民法院[2018]最高法民申423号）。

案)的庭审笔录中,记载了盛创公司与康宏建材公司的共同委托诉讼代理人对《担保协议书》真实性无异议的质证意见,但盛创公司与康宏建材公司作为债务人和担保人存在可能的利益冲突,该代理人在该案庭审中的发言不能单独作为本案认定《担保协议书》真实性的依据。盛创公司委托诉讼代理人在该案中的发言并非当事人的自认,盛传公司在本案中不予认可,并未违反禁反言的原则。

案例9—12这四个案例均涉及禁反言的认定、禁反言的内容、禁反言的处理等法律适用问题,值得研究。

(四)我国司法实践适用禁反言规则的困境

1.禁反言适用的法律依据

2015年7月7日,最高人民法院发布的《关于人民法院为"一带一路"建设提供司法服务和保障的若干意见》之7规定:"依法准确适用国际条约和惯例,准确查明和适用外国法律,增强裁判的国际公信力。……要注意沿线不同国家当事人文化、法律背景的差异,适用公正、自由、平等、诚信、理性、秩序以及合同严守、禁止反言等国际公认的法律价值理念和法律原则,通俗、简洁、全面、严谨地论证说理,增强裁判的说服力。"这是我国最高审判机关第一次提及禁反言的概念,也是我国审判实践适用禁反言规则最直接的法律规定。在此之前,虽然我国立法中有关于禁反言内容的立法,在司法实践中亦有援引该原则的判决,但最高审判机关从未正式提及该原则。这使得各级人民法院在具体适用该原则时存在不少的争议。

早在1999年制定的《中华人民共和国海事诉讼特别程序法》(以下简称《海事诉讼法》)就有与禁反言规则相类似的规定。《海事诉讼法》第85条规定,禁止当事人否认其在《海事事故调查表》中已经作出的陈述和已经完成的举证。但有新的证据足以推翻前述陈述及举证,并有充分的理由说明该证据不能在举证期间内提交的除外。《海事事故调查表》的法律属性等同于证据形式。① 此外,《最高人民法院关于民事经济审判方式改革问题的若干规定》第25条、《民事诉讼法司法解释》第229条、第342条,这些规定都是禁反言原则的体现。《民事诉讼法司法解释》第342条虽然规定在一审程序中的诉讼行为,但是在二审程序中也有约束力,如果当事人推翻其在一审中实施的诉讼行

---

① 袁发强主编:《海事诉讼法学》,北京大学出版社2014年版,第235页。

为，人民法院应当责令其说明理由，理由不成立的，不予支持。这一规定更可以说明，在同一程序内，当事人在先的诉讼行为对其有约束力，除非有相应的证据，否则当事人在先的诉讼行为不得被推翻。

2.适用禁反言规则应明确的问题

其一，禁反言的定义有待于统一。这是适用禁反言规则的前提问题。我国有些学者认为，禁反言，即当事人的言语或行为应当具有前后一致性，不能相互矛盾或自食其言。[①] 还有些学者将禁反言称为禁止矛盾行为，它要求当事人的诉讼行为必须前后一致，不允许实施前后矛盾的行为。[②] 由此可见，无论从理论界还是实务界，对禁反言规则并没有形成统一的定义。仔细分析理论界关于禁反言定义的内容，还可以发现这些定义仅仅解释了禁反言的文字意义，对反言并没有作出法律价值判定，没有从体系上构成一个可以适用的规则。如此定义没有揭示禁反言的本质，很难用于指导司法实践。构成禁反言的适用规则除定义外，还应当包含反言的法律效力，违反禁反言原则该如何处罚等内容。

其二，禁反言的对象。关于禁反言的对象，案例11对此作了很好的阐明。禁反言所禁的对象仅指对事实的陈述，不包括对法律性质认定的陈述。这是因为，法律性质属于司法认定的范畴，法律性质根据法律关系、相关事实予以确认，并不依当事人的主张而改变。比如在劳动合同纠纷案件中，除非有特别说明或相关证据，用人单位向劳动者按月支付款项的性质应为劳动报酬。劳资双方如果发生劳动合同纠纷，即使劳动者一开始主张收到的款项是货款，后又变更这些款项是工资，人民法院在事实认定方面不受劳动者先前陈述的限制，而应结合相关证据对款项性质进行认定。是否收到款项是事实问题，款项的性质是价值判断问题。无论款项性质如何，劳动者确认了收到款项的事实，对于该事实问题劳动者并未否认。当然，如果劳动者起初承认收到款项，其后又否认收到款项，那么此时我们可以适用禁反言的规则，对其否认收到款项的事实主张不予支持。因此，禁反言的对象是当事人关于案件事实的陈述，不涉及当事人对案件程序性问题的陈述。比如申请回避，当事人在开庭审理时明确表示接受合议庭审理，不申请回避，但在案件审理过程中发现回避事由，遂

---

① 宋朝武主编：《民事诉讼法学》，厦门大学出版社2015年第4版，第81页。
② 江伟、肖建国主编：《民事诉讼法》，中国人民大学出版社2015年第7版，第55页。

申请回避。此时不宜以禁反言为由驳回其回避申请。调解事项也存在类似的现象，当事人可以由不同意调解变为同意调解，也可以由A调解方案变更为B调解方案。此时同样不宜以禁反言规则禁止其变更，当事人行使的是处分权。

其三，禁反言所反的主体必须具有同一性。禁反言的主体应与反言的主体一致，亦即反言的主体对自己的反言负责，不能要求对他人之反言负责。案例9引入禁反言规则作为判决理由无疑是值得肯定的。此案禁反言的主体是光彩公司，禁反言的内容是董事会决议。然而，董事会决议是由董事会作出的，并不是光彩公司作出的。禁反言的主体不具有同一性，此时适用禁反言规则的正当性值得商榷。

其四，禁反言主体的范围。禁反言的主体包括原告、被告、第三人、诉讼代理人，不包括鉴定人、证人等。后者的鉴定意见、证人证言等根据证据规则进行认定，并不当然发生法律效力，不适用禁反言规则。《民法总则》第162条规定："代理人在代理权限内，以被代理人名义实施的民事法律行为，对被代理人发生效力。"诉讼代理人的代理行为对被代理人发生法律效力，因此诉讼代理人应属于禁反言的主体，否则有违代理制度的立法本意，无法保持诉讼的有效性及稳定性。因此，案例11将诉讼代理人排除在外的判决理由值得进一步考虑。如此判决割裂了诉讼代理人在法庭上的言论视同当事人言论的同一性。如果代理律师仅为一般授权，不能仅凭代理人的陈述就确认案件事实。但若代理律师取得特别授权，一般应认定其陈述的效力。除非本案能够结合其他证据材料，证明代理人所述非实。

其五，禁反言适用的主动性。禁反言适用的主动性是指在案件审理过程中，在当事人没有提出适用禁反言规则时，法院是否可以主动适用禁反言规则对当事人的反言行为予以规制。如果人民法院在审理案件时对禁反言规则不具有适用的主动性，那么当事人如果没有提出适用该规则时，人民法院不得主动适用禁反言规则。此时，禁反言规则的适用类似于诉讼时效抗辩制度[①]，法院对原告的诉讼请求是否超过诉讼时效不得主动审查，只有在被告提出诉讼时效抗辩时，法院才予以审查。如果人民法院对禁反言规则具有适用的主动

---

① 2008年《最高人民法院关于审理民事案件适用诉讼时效制度若干问题的规定》第3条规定："当事人未提出诉讼时效抗辩，人民法院不应对诉讼时效问题进行释明及主动适用诉讼时效的规定进行裁判。"

性,那么即使当事人不提出,法院也应当主动审查。根据禁反言制度的内涵以及作用,禁反言制度应当适用法院主动审查,不受当事人是否提出的制约。这是因为,超过诉讼时效后,有关债务并没有消灭,该债是客观存在的自然之债。当事人没有提出,是其处分权(无论是基于疏忽还是不具备相应的法律知识)的体现。当事人不以诉讼时效进行抗辩,法院不宜主动审查。与诉讼时效制度不同的是,禁反言规则适用于案件的事实认定。即使当事人没有提出,面对截然相反的陈述,法庭从查明案件事实的角度也应该主动适用禁反言规则,排除虚假陈述,这样才符合事实认定清楚的法律要求。法院对前述四个案例均主动适用禁反言规则进行审判。

其六,反言构成的判断标准。判断是否构成反言的标准是陈述的内容是否相互矛盾。对先前陈述予以否认的反言比较容易判断。比如在诉讼过程中,诉讼参加人主张了 A 事实,随后又否定 A 事实。这显然属于反言。还有一种情形,诉讼参加人先主张了 A 事实,随后又主张了 B 事实,这种情况如何判断其是否构成反言？主要依据是 B 事实的内容是否包括否定 A。这一点在案例 10 中表现得很明显。北京佳程公司一审中主张其为出借人,二审中又主张出借人是田力。虽然该公司没有直接否认北京佳程公司是出借人,但对比其二审主张的内容与一审主张的内容,从逻辑的角度其否定了一审主张,此时构成反言。

其七,禁反言的作用。适用禁反言规则可以在审理案件时快捷、正确地认定案件事实,确保裁判的正确性,有利于弘扬诚实信用的民事诉讼法原则。

禁反言实质上是诉讼中法律事实的认定方式。禁反言并不是相反的事实主张一律禁止,也不是反言不予采信,而是对于没有相应证据支持的反言应予以禁止,以免扰乱诉讼秩序。对于有证据支持的反言,当事人不但可以主张,并且可以得到采纳。

前述案例 10、案例 11 法院巧妙地适用禁反言规则。案例 10 从反言内容的性质着手,认定当事人主张法律性质的变更不属于禁反言的范畴。案例 11 没有对《担保协议书》这一不真实的反言简单的不予采信,而是结合其他证据予以考察后作出认定。

其八,禁反言规则的适用保障。禁反言规则的适用保障是指如何设计相应的法律制度,使得诉讼参加人不违反禁反言规则,从而确保该原则得以实施。如果将禁反言规则的作用仅仅限定为对反言不予采信,这是远远不够的。

该原则的核心应当是限制当事人的反言,对反言应予以制裁,从而达到促进诚信诉讼,提高司法效率及公信力的目的。

上述四个案例说明,在司法实践中对于违反禁反言规则的行为,除了不予采信之外,没有任何其他制裁措施。这是由于我国目前缺乏相关的立法规定所致。笔者认为,对于违反禁反言的行为,应根据妨害民事诉讼的规定,处以训诫、罚款、拘留等。

其九,适用禁反言的时间节点。适用禁反言的时间节点是指何时开始适用该原则,是否可以适用于诉讼发生之前的陈述。通过上述分析,禁反言应限定在诉讼过程中,不应包括诉讼之前的"反言"。对诉讼之前的"反言"可以通过其他行政部门来处理。比如广东省人民政府就专门成立了以建设社会信用体系、建设市场监管体系为内容的"两建"办公室,"两建"工作取得突出成效,[①]推动了诚信社会的建设。在案例1中,董事会决议发生在诉讼之前,不构成扰乱诉讼秩序,不应适用禁反言规则。

(五)我国民事诉讼禁反言规则之重构

1.禁反言规则的内容

《德国民事诉讼法》第137条第2款规定:"当事人以言词自由地进行说明;说明中应包括事实方面与法律方面的争议情况。"第138条第1款规定:"当事人应就事实状况作出完全真实的陈述。"[②]德国法律确认当事人陈述包含事实方面与法律方面,但仅对事实状况作出要求真实陈述的规定,这也足以说明反言的内容应限定在事实范畴。

我国台湾地区没有关于禁反言的直接规定,而是体现在对当事人真实义务的规定中。台湾地区"民事诉讼法"第195条第1项规定:"当事人就其提出之事实,应为真实及完全之陈述。"该条规定真实义务的内容仅为对客观事实的陈述,不包括其他对于主观价值判断等内容的陈述。

我国澳门地区《民事诉讼法典》第9条第2款规定:"当事人尤其不应提出违法请求,亦不应陈述与真相不符之事实,申请采取纯属拖延程序进行之措施及不给予上条规定之合作。"第479条第1款规定:"陈述之内容仅可为陈述者

---

① 广东省"两建"工作领导小组办公室编:《先行先试开拓创新》,广东经济出版社2016年版,"序",第1页。

② 《德国民事诉讼法》,丁启明译,厦门大学出版社2016年版,第35页。

个人之事实或其应知悉之事实。"反言亦属于当事人陈述,虽然澳门地区的法律没有直接规定反言的内容,但通过规定当事人陈述的内容,可以说明澳门地区的法律将反言限定在客观事实范畴,不包括其他主观价值判断。

对于同一事实,如果当事人有两种相互矛盾的陈述,基于客观事实的唯一性,这两种陈述最多只有一种是真实的,不可能两种都是真实的。禁反言规则需要解决的是从法律上支持哪种陈述。

参照自认规则,可以认为能够获得法律支持的应当是于己不利的事实。这是因为基于求胜的诉讼心理特点,当事人及其诉讼代理人在陈述事实时一般倾向于作出于己有利的陈述,而于己不利的陈述由于不存在求胜的动机,虚假陈述的可能性较低,可信度偏高。同时,基于处分原则,一方当事人可以处分于己不利的事实,从法律上支持于己不利的事实符合该原则的规定。

通过上述分析,可以将禁反言规则的内容表述为:当事人不得在诉讼过程中否认已经承认的于己不利的事实,但有相反证据足以推翻该事实的除外。

2.适用禁反言规则的保障机制

适用禁反言规则的保障机制是指设立相应的法律制度,引导、促进当事人遵守禁反言规则。

其一是设立宣誓制度。宣誓制度起源于古罗马的"对物誓金之诉"。在古罗马的民事诉讼中,为确保当事人陈述的真实性,很早就有关于当事人宣誓的记载:"如果我的声明与事实不符,则我是 sacer(被逐出原本所属共同体)。"[①]古罗马的宣誓制度以当事人违背誓言愿意被驱逐为代价,承诺誓言的真实性。被驱逐是非常严厉的处罚方式,因为古罗马的社会阶层具有严格的区分,被驱逐意味着将失去该阶层的所有权限。从另一个角度考察这种严厉的处罚方式,也可以得出古罗马对当事人真实陈述的重视程度。古罗马的宣誓制度得到许多现代国家的继承和发扬。为确保当事人对事实陈述的真实性,许多国家的法律设立了当事人宣誓制度。《德国民事诉讼法》第 452 条规定:"誓词中应表明当事人应按照自己的良心作出真实的陈述,毫不隐瞒。"我国澳门地区《民事诉讼法典》也有关于宣誓制度的规定。该法第 484 条规定:"(1)开始作陈述前,法院须使陈述者知悉其将进行之宣誓在道德上之重要性,以及使其知悉负有据实陈明之义务,并警告陈述者作虚假声明时将受之处分。(2)随后,

---

① [德]孟文理:《罗马法史》,商务印书馆 2016 年版,第 12 页。

法院要求陈述者宣誓,其誓词为:'本人谨以名誉宣誓,所言全部属实,并无虚言。'(3)拒绝宣誓等同于拒绝陈述。"①宣誓内容说明宣誓制度是对真实陈述的强调和保证。通过宣誓的形式,从心理上给当事人施加进行真实陈述的压力,以消减其撒谎的可能。德国法律规定的宣誓具有善意的和全面的特点。我国澳门地区规定的宣誓内容具体、全面,仪式感更强调陈述内容的真实性,同时还规定了拒绝宣誓的法律后果。

我国立法尚未规定宣誓制度,为确保当事人陈述的真实性,我国立法规定了当事人到庭签署保证书制度。2015年2月发布的《民事诉讼法司法解释》第110条第1款规定:"人民法院认为有必要的,可以要求当事人本人到庭,就案件有关事实接受询问。在询问当事人之前,可以要求其签署保证书。"关于证人签署保证书制度,《民事诉讼法司法解释》第119条第1款规定:"人民法院在证人出庭作证前应当告知其如实作证的义务以及作伪证的法律后果,并责令其签署保证书,但无民事行为能力人和限制民事行为能力人除外。"在审判实践中应当注意的是,本条虽然规定证人以签署保证书的方式进行具结,但在操作中,人民法院应当在证人作证前口头朗读保证书,即结文内容。实践证明,口头具结方式比签署保证书更能对证人的心理产生威慑,更有利于保障证人陈述的真实性。②

由此可见,宣誓制度的推行有助于确保当事人真实陈述。为此,可以考虑在我国民事诉讼法中引进宣誓制度。在案件审理过程中,可以根据案情需要,责令当事人就事实陈述的真实性进行宣誓。当事人进行宣誓时要站立,大声宣读誓言,且进行同步录像,以此增加宣誓的仪式感,促进事实陈述的真实性。

其二是确立训诫、罚款、拘留等强制措施。纵观上述四个案例,法官对于违反禁反言的陈述除了不予采信之外,对当事人并没有任何其他处罚措施。这是由于我国民事诉讼立法中,没有对违反禁反言规则的行为设立相关处罚规定,使审判人员对当事人的处罚没有法律依据。当事人违反禁反言规则不受任何处罚,而实施禁反言行为却可以拖延诉讼、混淆案件真相,这种立法缺陷无疑会变相鼓励当事人违反禁反言,不利于民事诉讼的正常进行。因此,我

---

① 中国政法大学澳门研究中心、澳门政府法律翻译办公室编:《澳门民事诉讼法典》,中国政法大学出版社1999年版,第153页。

② 沈德咏主编:《最高人民法院民事诉讼法司法解释理解与适用》,人民法院出版社2015年版,第390页。

国立法必须规定违反禁反言的行为应承担相应的法律责任。承担责任的方式包括制裁,以及赔偿损失。制裁的措施包括训诫、罚款、拘留,以及提高违反禁反言规则当事人承担诉讼费的比例。赔偿损失应包括一方违反禁反言而给对方造成的损失等。以此达到鼓励诚信诉讼的目的。

德国以及我国台湾地区的立法均有违反诚实信用原则应予罚款及赔偿损失的规定。《德国民法典》第826条规定:"当事人违背公序良俗,故意损害他人利益的,负有损害赔偿之责任。"[1]我国台湾地区"民事诉讼法"第367条之二第1项规定:"依前款规定具结而故意为虚伪陈述,足以影响裁判之结果者,法院得以裁定处新台币三万元以下之罚锾。"这些规定有利于促进当事人履行真实陈述的义务。

其三是建立联动的职业纪律处罚机制。鉴于诉讼活动的专业性,多数当事人并不直接出庭参与诉讼,而是委托专业律师作为代理人出庭。禁反言既是当事人应当遵循的义务,也是诉讼代理人应当遵循的义务。优秀的律师必须要正直,与专业知识通过学习可以获得的不同,正直的品格是学不到的,[2]这样的品格仅能来自律师的本性。代理律师应当遵循比当事人更高的诚实信用要求。如经查证,违反禁反言原则的行为系代理律师个人所为,诉讼代理人应自行承担相应的法律后果。同时,应当将代理律师的这种不诚信行为通报律师协会及司法行政机关,由律师协会及司法行政机关对其予以相应的惩处。《澳门民事诉讼法典》第338条专门规定了诉讼代理人的法律责任。该条法律规定,在诉讼过程中,如果代理律师恶意作出一定的诉讼行为,法庭有权知会律师代表机构,并判处代理律师个人承担部分诉讼费用、罚款及赔偿损失。[3]该立法内容值得借鉴。

我国《民事诉讼法》紧跟时代潮流,确立了诚实信用原则,其意义十分重大。但如果没有设立实现该原则的配套机制,该原则很难在审判实践中得到有效的实施。禁反言是实现诚信诉讼的重要路径之一。为此,有必要通过立

---

[1] 《德国民法典》,陈卫佐译,法律出版社2015年版,第318页。

[2] [英]布赖恩·辛普森(Brian Simpson):《法学的邀请》,北京大学出版社2010年版,第162页。

[3] 《澳门民事诉讼法典》第388条规定:"如证实当事人之诉讼代理人对其在案件中恶意作出之行为负有个人责任,则知会代表律师之机构,以对其处以有关处分,并判处该诉讼代理人就诉讼费用、罚款及损害赔偿负担被视为合理之份额。"

法确立禁反言规则,设立违反禁反言规则的法律责任。通过法律责任的威慑作用使得当事人恪守禁反言规则,不作相互矛盾的陈述。如果当事人作出相互矛盾的陈述,法官即可适用该规则作出制裁。以此促进在审判实践中遵循诚实信用原则。

第二节　当事人违背诚实信用原则的原因

任何事物的发展、变化都存在内因与外因,这一现象在当事人虚假诉讼的过程中特别明显。

一、当事人违背诚实信用原则的内因——人性使然

当事人在诉讼过程中违背诚实信用的原因归纳起来有如下种类。

(一)非法经济利益驱动

根据前述相关案例,无论是"虚假诉讼第一案",还是其他涉及虚假诉讼的案件,虚假陈述的动机无不涉及非法利益。"天下熙熙,皆为利来;天下攘攘,皆为利往。"非法利益的驱动是当事人虚假诉讼的主要原因。在虚假诉讼案件中,有一方虚假诉讼的案件,有双方各自虚假陈述的案件,也有双方恶意串通损害第三人利益的虚假诉讼案件。其中尤以双方恶意串通进行虚假诉讼的危害性最大。因为前两者虚假诉讼案件,虚假诉讼行为损害另一方的利益,双方存在的对抗因素使虚假诉讼比较容易发现。后者由于缺乏真正的对抗性,且在处分原则、自认制度的掩盖下,当事人虚假诉讼的行为不容易被察觉。

除了虚假陈述获得直接利益之外,对于间接利益的获取也是虚假诉讼行为的动机。比如滥用诉讼权利的行为,滥用诉权不具有直接利益性,但由于这种权利滥用为其获得更多的时间,当事人可以据此寻求和解,从而带来间接利益。

(二)对抗心理

诉讼中对抗心理的产生不是与经济利益相关,纯粹是由于诉讼而使双方交恶。凡是对方主张的,己方必须予以反对。英、美等国家当事人对于诉讼的

态度比较豁达,诉讼仅是为了解决过去的纠纷,不影响当前以及未来的合作。从美国苹果公司与高通公司之间的诉讼案件的结果可以印证这种诉讼文化。从 2017 年开始,这两家公司全面爆发了专利纠纷案,该案从美国本土打到海外,涉及了全球 16 个司法管辖区,诉讼数量超过 50 起,包括在中国法院也提起了诉讼。但这丝毫没有影响双方在诉讼期间的合作,在 2019 年 4 月 16 日,苹果公司与高通公司就双方的诉讼达成了一揽子和解协议,双方终止所有诉讼,同时达成了一个为期 6 年的技术使用许可协议。① 我们国家的当事人处理纠纷的思路与此不同,囿于经济成本、对未来的利益期待、畏惧对方势力等因素,② 一般来说当事人能忍则忍,轻易不提起诉讼。如果双方一旦跨越诉讼的鸿沟,就是惹了"官非"。双方当事人势必撕破脸皮,老死不相往来,将诉讼进行到底。在这种心理的驱使下,凡是对方主张的,另一方不论真假,一概予以否认。这种现象在离婚纠纷案件中特别突出,男女双方积怨即久,更容易产生这种情绪性的对抗。

(三)侥幸心理

侥幸心理是指行为人明知自己的行为具有一定的恶性,却寄希望不被他人发现而故意实施该行为时的心理状态。诉讼中的欺骗是一种明知的故意,如果没有其他证据对当事人的欺骗予以佐证,当事人容易诱发侥幸心理,觉得这种欺骗可能无法被识破。在前述渔民在妈祖像前如实承认借款事实的案件中,借款人即存在侥幸心理。他认为借款没有写借条,没有银行转款凭证,又没有其他在场证人,如果自己不承认,那么就没有人能发现。

在中国古代也曾发生过这类侥幸心理的诉讼案件。据《棠阴比事》记载,唐朝时,在淮阴县的一条大路东、西住着两户人家,西邻居向东邻居借了一笔款,并提供了房契。后西邻居先还了八成欠款,在还最后两成欠款时向东邻居索要房契。此时东邻居翻脸不认人,称没有收到那八成欠款。此事一时陷入僵局。后来一个聪明的县令想出了一个绝妙的办法,以东邻居涉嫌抢劫之名将其带到衙门。东邻居莫名其妙,辩称自己没有抢劫。县太爷令其将家中财产一一呈报,并说明来源,以便排除抢劫嫌疑。东邻居不知是计,详细列明家

---

① 唐风:《高通苹果意外和解:放弃所有诉讼,签订 6 年专利协议》,新浪科技网,https://tech.sina.com.cn/it/2019-04-17/doc-ihvhiqax3313928.shtml,下载日期:2019 年 5 月 18 日。

② 徐伟、鲁千晓:《诉讼心理学》,人民法院出版社 2002 年版,第 90～91 页。

中财产，其中即包括西邻居归还的那八成款项，该案终于水落石出。① 东邻居当时谎称没有收到那八成还款就是侥幸心理在作祟，他幻想还款时没有第三者在场，无人可以证明西邻居还款的事实，只要自己不承认，就可以多敲诈一笔巨款。

(四)博弈心理

双方的纠纷演变到提起诉讼，意味着双方已经没有了信任的基础，无法通过自行协商解决纠纷，而是将纠纷交予第三方解决。基于相互的不信任，原告在起诉时会考虑己方如实陈述，如果被告不如实陈述，那么己方会处于不利的局面。为避免出现这种情况，原告尽量按对己方有利的内容进行陈述。被告亦然。双方实质上是一种博弈心理。

二、当事人违背诚实信用原则的外因——立法缺陷

基于人类自身的局限性，人们制定的法律必然存在局限性。立法缺陷使得虚假陈述者能够轻而易举地获得非法利益，而诚实信用者维护正当权益变得举步维艰。立法的缺陷问题已经引起关注，并在法律制度设计方面逐步予以改善。例如在确立第三人撤销之诉制度以前，对于双方恶意串通损害第三人合法权益的案件，因第三人不是案件的当事人，对恶意串通作出的法律文书，第三人无法通过再审程序申请撤销，从而无法保护第三人的合法权益。立法机关注意到这个问题以后，增加了第三者撤销之诉，从立法层面解决了这个问题。诚实信用原则对当事人适用的立法缺陷包括以下内容：

(一)未明确诚实信用原则对当事人适用的具体内容

当事人适用诚实信用原则的内容首先是当事人应当实事求是，如实、全面地向法庭陈述案件事实，当事人不得弄虚作假、欺骗法庭。《德国民事诉讼法》在第138条中规定了当事人真实陈述的义务。② 《日本民事诉讼法典》第2条规定了当事人应当依照诚实信用原则进行诉讼。第207条、第209条规定当事人到庭接受法庭询问应进行宣誓，如果虚假陈述应处以10万元以下的罚款。③ 《意大利民事诉讼法典》第88条规定，在诉讼中，当事人及辩护人应履

---

① 刘星：《古律寻义——中国法律文化漫笔》，中国法制出版社2001年版，第34～35页。
② 《德国民事诉讼法》，丁启明译，厦门大学出版社2016年版，第36页。
③ 《日本民事诉讼法典》，曹云吉译，厦门大学出版社2017年版，第67页。

行忠实和诚实义务。① 我国澳门地区的《民事诉讼法典》第 9 条第 2 款规定当事人尤其不应提出违法要求,亦不应陈述与真相不符之事实、声请采取纯属拖延程序之措施及不给予上条规定之合作。②

与其他国家和地区的立法相比,我国关于当事人真实义务的立法不够直接、明确,缺乏可操作性。《民事诉讼法》没有直接规定当事人真实陈述的义务。2015 年的《民事诉讼法司法解释》第 110 条规定,法庭可以要求当事人到庭接受询问,当事人到庭接受询问时应签署保证书,保证书的内容为当事人同意接受对虚假陈述进行处罚。这样的规定容易使人产生对不到庭的当事人就没有该项义务的歧义。况且,立法并未配套设立当事人强制到庭制,在司法实践中当事人不到庭是常态,到庭是例外。同时,立法也没有规定当事人不到庭可以视为认可对方的主张。上述种种因素使得我国立法关于当事人真实义务规定的执行力不够。

诚实信用原则对当事人的适用还包括促进诉讼进行的义务。即当事人应以积极的方式促进诉讼的进行,不得滥用诉权阻碍诉讼的进程。我国澳门地区的《民事诉讼法典》第 8 条、第 9 条明确规定司法官、诉讼代理人、当事人应相互合作,以便迅速、有效及合理地解决争议。《日本民事诉讼法典》第 2 条也规定了裁判所应当公正且迅速地实施民事诉讼。当然,这种规定只有宣誓性作用,要真正实现促进诉讼的目的必须有相应的配套措施。其中,强制答辩制是有效的促进诉讼的配套措施。前一阶段深圳市前海合作区人民法院推出的被告强制答辩制,要求被告在答辩期限内就原告起诉的事实及理由进行实质性响应。同时指出如果被告依法未予答辩,可能面临相关处罚。承办律师对此表达了极度不满,不少法律人纷纷予以附和。这表明法律实务界尚未认识到当事人具有促进诉讼的义务。促进诉讼义务是诚实信用原则对当事人进行适用的体现,是当事人主义的诉讼模式向协同型诉讼模式转变的必然结果。

(二)违背诚实信用原则的法律责任缺乏合理性及威慑力

首先,从罚款金额来考察,我国对于违反诚实信用原则的个人最高罚款金额是人民币 10 万元,对于单位的最高罚款金额是人民币 100 万元。固定罚款

---

① 《意大利民事诉讼法典》,白纶、李一娴译,中国政法大学出版社 2017 年版,第 33 页。
② 中国政法大学澳门研究中心、澳门政府法律翻译办公室编:《澳门民事诉讼法典》,中国政法大学出版社 1999 年版,第 5 页。

上限金额的方式没有考虑当事人虚假诉讼可能获得的利润,在违法利益超过罚款金额时,罚款金额显得没有任何威慑力。

其次,一方当事人的虚假诉讼行为给另一方当事人会造成经济损失,而罚款的性质属于司法处罚,罚款上交国库,列入财政收入,不具有向守信方赔偿的性质,因而具有不合理性。

再次,对于当事人滥用诉权,拖延诉讼的行为欠缺制裁措施。为了方便当事人行使诉权,2015年最高人民法院颁布了《关于人民法院登记立案若干问题的规定》,自此,我国司法机关对案件的受理实行立案登记制。在这种制度下,当事人的起诉更容易获得法院的受理,这为当事人滥用诉讼权利提供了便利条件。如果不加以规制,势必引发当事人利用立法疏漏大行滥诉之道。最为典型的包括原告起诉不适格的被告,法院除了驳回原告对不适格被告的诉讼请求之外,对原告没有任何制裁措施,相反原告还获得合法的管辖依据,被告因参与诉讼而支出的时间、经济成本无从补偿。被告滥用管辖权异议仅需承担100元异议费用,费用如此之低以至于不具有处罚性及威慑力。

最后,立法缺乏人性化考虑。人性是人们所共同具备的特性。人性不会随着外界的变化而变化,具有固定性的特点。在影响人们的行为方式时,人性是常量,不是变量。这就要求立法机关在进行立法时,应充分认识人性的特点,尊重人性,因势利导,扬善除恶,而不是忽视或改变人性,以此促进法律的实施。正如司马迁所云:"故善者因之,其次利导之,其次教诲之,其次整齐之,最下者与之争。"①

关于当事人的逐利性,应注意到利、害不是一成不变的。在特定情况下,利、害可以相互转化,害也可以成为利。"两利相权取其重,两害相权取其轻。"在两害时,轻害就是利。这对于促进诚实信用原则适用的立法尤其重要。因为诚实信用原则具有法律义务的属性,违背法律义务的后果是承担一定的法律责任,责任对当事人来说一定具有某种危害性,此时轻害就是利。当违背诚信的"害"超过当事人虚假诉讼的"利"时,虚假诉讼就无利可图,当事人将自愿放弃以逐利为目的的虚假诉讼。立法的人性化是法律得以良好运行的基础动力,顺应人性的立法"若水之趋下,日夜无休,不召自来"②。

---

① [汉]司马迁:《史记》,上海古籍出版社2015年版,第2456页。
② [汉]司马迁:《史记》,上海古籍出版社2015年版,第2457页。

由上述分析可见,当事人违背诚信原则的原因是错综复杂的,概括起来主要包括:当事人内心遵循诚信的意愿不足,外界限制力度又不够;相反,违背诚信的利益诱惑不可阻挡。

第三节 当事人违反诚实信用原则的法律责任

如此普遍的虚假诉讼现象引起了各级法院的关注。为便于对该现象进行规制,各地人民法院对这一现象的成因、案件类型等情况展开调研。早在民事诉讼法规定诚实信用原则以前,广东省高级人民法院就关注到虚假诉讼现象。2010年该院发布了涉及虚假诉讼的调研报告,据广东省高级人民法院和深圳、广州、东莞、中山、梅州、肇庆、惠州、韶关等8市法院的不完全统计,2001年至2009年,共识别虚假民事诉讼案件940件,类型主要集中在房产、追索劳动报酬、借贷、离婚等纠纷及相关执行案件中。① 虚假诉讼的案件具有如下特点:财产类案件居多;起诉的事实均为虚构,原告主张的事实是不真实的;双方恶意串通案件的当事人表现得极其"友好",没有实质对抗,被告对于原告的主张完全认可,形式上符合法律上的自认,实际上是利益共同体。

日益增多的虚假诉讼案件也引起了检察机关的高度关注。根据《民事诉讼法》的规定,检察机关有权对民事诉讼全部程序进行监督,对虚假诉讼案件的监督是一项重要的监督内容。2015年至2017年,广东省检察机关共审查176宗虚假诉讼案件,其中106宗已查实并向法院提出监督。② 2018年浙江省检察机关共办理虚假民事诉讼案件872件,涉案金额达7亿余元。其中,民间借贷领域虚假诉讼案件577件,占已办结虚假诉讼案件数的66.2%。③

虚假诉讼的行为严重挑战司法智慧与司法权威,严重损害对方当事人利

---

① 广东省高级人民法院课题组:《依法打击虚假民事诉讼切实维护司法权威》,载《人民法院报》2010年9月30日,第8版。
② 章宁旦:《广东检察机关3年查实106宗虚假诉讼案件》,载《法制日报》2018年7月12日,第3版。
③ 3黄洪连:《全省检察机关严查民间借贷领域虚假诉讼:"套路贷"的水又黑又深》,载《杭州日报》2019年1月4日,第12版。

益,破坏诚信的社会美德,制造社会矛盾,扰乱司法秩序。为此,针对虚假诉讼现象,我国立法增设了虚假诉讼罪。根据《中华人民共和国刑法修正案(九)》(以下简称《刑修九》)第 35 条的规定,在《刑法》第 307 条后增加一条,作为第 307 条之 1:"以捏造的事实提起民事诉讼,妨害司法秩序或者严重侵害他人合法权益的,处三年以下有期徒刑、拘役或者管制,并处或者单处罚金;情节严重的,处三年以上七年以下有期徒刑,并处罚金。单位犯前款罪的,对单位判处罚金,并对其直接负责的主管人员和其他直接责任人员,依照前款的规定处罚。有第一款行为,非法占有他人财产或者逃避合法债务,又构成其他犯罪的,依照处罚较重的规定定罪,从重处罚。司法工作人员利用职权,与他人共同实施前三款行为的,从重处罚;同时构成其他犯罪的,依照处罚较重的规定定罪,从重处罚。"自 2015 年《刑修九》增加本罪至 2018 年 10 月,经统计,全国共有相关案例的判决 198 份,其中成立虚假诉讼罪的判决 165 份,占总数据量的 85%。同时还有部分案件涉及利用虚假诉讼手段实施其他犯罪的,涉及的罪名主要有妨害作证罪、帮助伪造证据罪、诈骗罪、拒不执行判决裁定罪、合同诈骗罪、保险诈骗罪、职务侵占罪。[①]

诚实信用原则既然体现为一种法律义务,当事人在民事诉讼过程中没有遵循该原则就应当承担相应的法律责任。法律责任的设定不仅体现了与义务的对应性,同时法律责任的设定还有利于当事人更好地遵守义务。从这个意义上考察,设立法律责任的目的不是使当事人承担该责任,而是希望当事人遵守义务,避免承担法律责任。

一、民事制裁应考虑的因素

(一)制裁措施与违法行为的关联性

当事人违反诚实信用原则的行为具有多样性,因此应当设计与当事人的违法行为相关联的制裁措施。这种关联性应兼顾两个方面的因素,首先是制裁措施与违法行为关联。根据违法行为的程度和性质,设立相应的制裁措施。如果当事人的违法行为造成了财产损失,处以一定金额的罚款就比较妥当。比如滥用财产保全措施、滥用管辖权异议,这些行为耽误了审判进程,浪费了

---

① 夏炀、李井方:《全国虚假诉讼罪大数据报告》,王亚林刑事辩护网,http://www.ahxb.cn/c/14/2018-11-13/5463.html,下载日期:2019 年 2 月 14 日。

司法资源,给对方造成了一定的经济损失,处以一定金额的罚款是妥当的。如果当事人的行为出于一般的无知或对法庭的漠视,适宜处以一定的人格贬损罚(比如训诫、责令具结悔过)。如果当事人的行为严重违反司法秩序,应当处以人身自由罚(拘留)。其次兼顾的因素是处罚体系的协调性,相对于不同的违法行为,各处罚措施之间方式、程度是恰当的。当事人违反诚实信用原则,如果其目的是谋取不正当利益,设置的制裁措施(法律后果)就要使这种不正当的利益不能实现。如果给对方造成了损失,还要给受损害方必要的救济。①处罚的对象既包括原告,也包括被告。处罚行为针对诉讼过程中所有的行为,即使原告的诉讼请求获得支持,其违法行为亦应受到相应的惩处。比如超过判决金额查封对方财产,应当赔偿对方的损害。

(二)制裁措施的威慑性

制裁措施的设立不是为了制裁,是为了让当事人感受到制裁的威慑力,进而遵守诚实信用的义务。因此,立法确立的制裁措施不宜太轻,而是应具有相应程度的威慑性,这样才能发挥应有的威慑作用。国家市场监督管理总局局长张茅在2019年3月召开"两会"期间提出:"提高违法成本,使弄虚作假者倾家荡产。"诉讼过程中的弄虚作假不一定受到倾家荡产的处罚,但从力度上要使行为人不敢轻易造次,否则起不到应有的威慑作用。

(三)制裁措施对守法行为的引导性

对违法行为设立制裁措施的目的不是进行制裁,而是促进守法。因此如果说制裁的威慑性更考虑的是罚的角度,那么制裁的引导性注重的是奖的角度,以奖励措施来促进守法。我国《诉讼费用交纳办法》第15条规定的以调解方式结案可以减半收取诉讼费用,正是对以"和为贵"的奖励措施。《意大利民事诉讼法典》也有类似的规定,其中第91条规定如果当事人提出的调解建议中的要求获得采纳,法官判定由无正当理由拒绝调解建议的对方当事人,承担提出调解建议后的诉讼程序的费用。参照这项规定,可以考虑对于违反诚信拒绝纠正的,承担此后对方当事人发生的各项费用,以此鼓励当事人及时纠正不诚信行为。

---

① 李浩:《民事诉讼法学》,法律出版社2016年第3版,第23页。

(四)在程序法中规定民事制裁

比较《民法总则》第 179 条[①]、《民法通则》[②]分别规定的民事责任,我们可以发现前者增加了继续履行,但减少了《民法通则》规定的训诫、责令具结悔过、收缴进行非法活动的财物和非法所得、罚款、拘留等内容。《民法通则》规定的这些措施实质上不是民事责任,因为民法作为调整平等主体之间的法律关系,一方对另一方没有任何强制权利,这些措施实质上是民事制裁。[③] 民事制裁是人民法院在审理案件时对当事人采取的措施,应当在诉讼法中予以规定,而不是在民事实体法中规定。《民法总则》中不再规定民事制裁的内容,这是立法的进步。这样规定更加符合实体法的要求,而不是将程序法的内容规定到实体法中。

二、民事制裁的种类

(一)罚款

罚款是最主要的民事制裁方式,也是最为有效的制裁方式。因为当事人提起民事诉讼的目的大多为一定金额的经济利益,以一定金额的罚款规制当事人违反诚实信用的诉讼行为,可以从当事人的诉讼目的上予以惩处,具有直接性的优点。对于罚款金额,立法规定了罚款区间,对个人的罚款不超过 10 万元,对单位的罚款不超过 100 万元。罚款区间的法律规定,有利于审判人员根据实际情况确定不同的罚款金额,但也有罚款幅度极大,最高罚款金额固化

---

① 《中华人民共和国民法总则》(2017 年)第 179 条规定:"承担民事责任的方式主要有:(1)停止侵害;(2)排除妨碍;(3)消除危险;(4)返还财产;(5)恢复原状;(6)修理、重作、更换;(7)继续履行;(8)赔偿损失;(9)支付违约金;(10)消除影响、恢复名誉;(11)赔礼道歉。法律规定惩罚性赔偿的,依照其规定。本条规定的承担民事责任的方式,可以单独适用,也可以合并适用。"

② 《中华人民共和国民法通则》(2009 年修正)第 134 条规定:"承担民事责任的方式主要有:(1)停止侵害;(2)排除妨碍;(3)消除危险;(4)返还财产;(5)恢复原状;(6)修理、重作、更换;(7)赔偿损失;(8)支付违约金;(9)消除影响、恢复名誉;(10)赔礼道歉。以上承担民事责任的方式,可以单独适用,也可以合并适用。人民法院审理民事案件,除适用上述规定外,还可以予以训诫、责令具结悔过、收缴进行非法活动的财物和非法所得,并可以依照法律规定处以罚款、拘留。"

③ 王利明、杨立新等:《民法学》,法律出版社 2017 年第 5 版,第 233 页。

的不足。罚款金额与违法程度如何准确对应,立法并没有给出具体的计算方式。这容易使法官在确定罚款金额时产生随意性和不统一性,对于相同的违法行为处以不同的罚款金额,较轻的违法行为处以较大的罚款金额。同时,最高罚款金额固化,还可能使获利的非法利益超过上述金额时,罚款措施失去威慑力。此时,出于侥幸心理及获利的动机,诱使当事人虚假诉讼。另外,当出现货币贬值时,最高罚款金额固化同样会失去威慑力。我国立法关于人身损害赔偿标准的动态计算方式之所以得到普遍认可,是将赔偿标准与受理法院所在地上一年度人均可支配收入相关联,赔偿标准是动态的,随当前的社会经济生活而变化,且从地域上与案件受理地的标准保持一致。

《意大利民事诉讼法典》规定对当事人的处罚包括承担对方辩护费,承担金额不超过诉讼标的的价值,以及对于具有恶意或严重过失的被诉方赔偿对方损失的处罚。① 《澳门民事诉讼法典》第385条、第386规定对于恶意诉讼行为应进行罚款及损害赔偿,损害赔偿包括诉讼代理人或技术员的服务费。法庭有权确定合理的金额范围。② 这些国家和地区均规定了罚款的处罚措施。

(二)限制人身自由

限制人身自由,是指人民法院在审判过程中采取的,限制违法行为当事人一定时限的人身自由的制裁措施。人身自由罚是民事制裁措施中最严厉的强制措施,执行人身自由罚一般采取关押。对于严重扰乱诉讼秩序的行为(比如殴打审判人员尚未构成犯罪、恶意串通损害他人利益),罚款显然不足以体现对这些违法行为的惩罚,有必要增加处罚种类,且增加处罚种类是财产罚不可替代的,否则司法就演变成了有钱人的游戏。此时,设立人身自由罚是必要的。

(三)人格贬损罚

人格贬损罚具有针对自然人(不适用于除自然人外的其他主体)的特性。基于人类的本性,人们生活在这个社会上需要别人的尊重。受到肯定与表扬,人们心情舒畅;受到否定与批评,人们神情沮丧。1943年,亚伯拉罕·马斯洛

---

① 《意大利民事诉讼法典》,白纶、李一娴译,中国政法大学出版社2017年版,第34~36页。

② 中国政法大学澳门研究中心、澳门政府法律翻译办公室:《澳门民事诉讼法典》,中国政法大学出版社1999年版,第123~124页。

（美国心理学家）在"A Theory of Human Motivation Psychological Review"一文中提出，人类的需求像阶梯一样从低到高，按层次共分为五阶，分别是：Physiological needs 生理需求，Safety needs 安全需求，Love and belonging 社交需求，Esteem 尊重需求，Self-actualization 自我实现需求。尊重需求处于第四阶，高过生理、安全、社交的需求。这种人格尊重有时比生命还重要。"孔明三气周公瑾"就是指周公瑾受不了诸葛亮的讽刺、挖苦、讥笑而气绝身亡的故事。由此可见，人格贬损对当事人的心理能造成巨大的打击，有时比一定金额的罚款更具效力。对于当事人人格贬损的民事制裁主要有训诫、具结悔过。具结悔过在《民法通则》中有所规定，现行《民事诉讼法》中已无此规定，在刑事案件或治安案件中仍有具结悔过的处罚措施。

训诫是对于违反法庭规则的诉讼参与人及其他人员进行的制裁，这里被制裁的对象显然是指自然人。立法关于如何进行训诫、训诫的具体内容、形式等均没有具体的规定，仅规定将其记入庭审笔录。在司法实践中受训诫的行为一般指未经法庭同意离开审判庭，未经同意随意发言，接打电话等，训诫的形式主要是审判人员敲击法槌及大声严厉批评，这些方式的制裁效果不明显。

由于训诫的规定过于简单、笼统，在实践中常发生被训诫者提出训诫合法性的争议。东莞市第一人民法院曾对代理律师开出首份训诫决定书。[①] 该决定书认为，代理律师无视法庭纪律，不服从审判长指挥，在审判长宣布休庭后仍无理要求恢复开庭，并非法强烈要求当庭宣判。此举引起原告及旁听人员的不满及喧闹，造成恶劣影响。且在书记员宣布全体起立后拒不起立，藐视法庭礼仪。东莞市第一人民法院遂认定湖南银联律师事务所刘沛律师在法庭审理过程中存在"不尊重司法礼仪，违反法庭纪律，扰乱法庭秩序"的行为，对其处以训诫的民事制裁。而受到训诫的律师却对此却提出了不同的意见，其所在的律师事务所在互联网发布了受到训诫的律师的陈述，认为其代理行为合法，法院的训诫行为违法，并提出了相应的理由。[②] 早在20世纪60年代，最高

---

① 李金键：《律师违反法庭纪律东莞开出首张训诫决定书》，广东法院网，http://www.gdcourts.gov.cn/gdcourt/web/content/7465-? lmdm=10769，下载日期：2019年3月10日。

② 刘沛：《代理律师依法履职，法官违法作出训诫》，天涯小区论坛网，http://bbs.tianya.cn/post-law-760337-1.shtml，下载日期：2019年3月10日。

人民法院《关于训诫问题的批复》①(刑事轻微案件)有相关的规定,关于形式(口头)、内容(批评→责令改正→不再重犯)比较详尽,虽然已经过去半个多世纪,仍有值得借鉴之处。

(四)纪律处分的司法建议

我国《民事诉讼法》第114条规定了对违反协助调查、执行单位的主要负责人或直接责任人可以提出予以纪律处分的司法建议。大多数学者没有将该条作为民事制裁措施,因为从该条规定的内容上仅是一种建议,并不是直接的制裁。而且,司法建议在多大程度上能得到有关机关的支持,目前尚未确定。由于司法建议的内容是纪律处分,处分属于制裁的性质,将司法建议作为一项制裁措施更符合立法本意,便于发挥其应有的作用。

首先,人民法院发出司法建议的目的是对行为人进行纪律处分,纪律处分显然是一种制裁。人民法院发出司法建议的原因是其依法无权对违法行为人进行纪律处分,只能建议其他有权单位进行处分。

其次,鉴于人民法院是国家的审判机关,属于国家权力部门。其发出的司法建议虽然没有法律强制力,但收文单位都会因特别重视而启动相应的调查程序,且具有进行纪律处分的倾向。

最后,将纪律处分建议作为民事制裁措施还有助于发挥该措施的作用以及规范该措施的实施。在有些案件中,纪律处分的措施有助于案件的执行。与此相类似的案例有:因拆迁补偿事宜与开发商没有达成一致意见,一户村民拒绝签署拆迁补偿协议。该村集体公司的董事长兼党支部书记召开党员会议,在会议上以党员表决的方式一致通过不给该户村民支付年终分红的决议。党支部无权以这种方式决定不给村民分红,党支部的行为侵犯了村民的合法利益,与党的宗旨相违背。在村民起诉及申请执行后,该村集体公司仍拒绝改正。这类案件可以请求司法机关向上级党组织发出司法建议,请求其对该村集体公司董事长及党支部书记进行纪律处分。根据我们社会主义国家的特点,这种司法建议效果显著。由于对司法建议的处罚性质认识不足,在实行司

---

① 《最高人民法院关于训诫问题的回复》之一规定:"人民法院对于情节轻微的犯罪分子,认为不需要判处刑罚,而应予以训诫的,应当用口头的方式进行训诫。在口头训诫时,应当根据案件的具体情况,一方面严肃地指出被告人的违法犯罪行为,分析其危害性,并责令他努力改正,今后不再重犯;另一方面也要讲明被告人的犯罪情节尚属轻微,可不给予刑事处分。"

法建议处罚措施的过程中存在不少争议。关于司法建议适用的范围,根据我国《民事诉讼法》第114条的规定,司法建议处罚的行为仅指违反协助调查、执行义务的行为,处罚对象是单位的主要负责人或者直接责任人员,由此可见适用范围偏窄。2012年3月15日,最高人民法院颁布了《关于加强司法建议工作的意见》,要求认清形势,鼓励创新。全国各级法院积极响应,2017年成都市两级法院共发出452份司法建议,内容涉及行政执法、基层治理、商事登记制度改革、房地产纠纷、农村土地承包经营权流转、金融安全、"僵尸企业"处置等,70%的司法建议受到党委政府主要领导的肯定性批示。①

(五)不利的诉讼结果

学界并未将不利的诉讼结果看作是一种民事制裁措施。究其原因,一方面我国立法没有专门设立的民事制裁章节,所谓的民事制裁是法学家总结归纳出来的。另一方面,我国立法实践以妨碍民事诉讼的强制措施定义民事制裁,这容易使人误认为凡民事制裁,必以强制措施为前提。这种错误认识将无强制措施,有制裁之实的排除在民事制裁之外。前述纪律处分的司法建议未被当作民事制裁,原因与此类似。

事实上,一项措施是否属于民事制裁,与该措施是否通过强制方式实施无关。只要妨碍民事诉讼,人民法院依法对其采取的让其承担一定不利结果的处罚措施,就是民事制裁措施。比如上述罚款,该罚款的执行是否需要强制具有不确定性,可能是当事人主动向法院缴纳。此时虽然没有采取任何强制措施,但该罚款仍是民事制裁措施。

不利的诉讼结果不但是一种民事制裁措施,而且是效力最巨大的一种制裁措施,犹如武器中的核弹头。因为有利的诉讼结果是当事人进行所有诉讼行为的目的,承担不利的诉讼结果无疑从根本上否定了一方的主张,等于支持了对方的主张。不利的诉讼结果包括法官内心对案件事实的判断及诉讼失权。

法官内心对案件事实的判断直接关系到案件的判决结果。客观事实均是发生在诉讼提起之前,时间的不可逆性使历史难以重现,对客观事实的认定仅能凭法官依据证据规则形成内心的确信。当事人一旦在诉讼行为中违背诚实

---

① 晨迪:《2017年全市法院发出452份司法建议》,成都法院网,http://cdfy.chinacourt.org/article/detail/2018/03/id/3222425.shtml,下载日期:2019年3月11日。

信用原则,即使该不诚信行为仅仅涉及无关紧要的事实,法官也会怀疑其所有的言行。当事人在此后的陈述中,除非有直接证据予以证明,法官一般都会质疑其陈述的真实性。此时,法官的主观心态直接影响判决的结果。

诉讼失权是指由于当事人没有在法定期限内行使诉讼权利,而则失去行使该权利的法律后果。一方未行使诉讼上的特定权能,另一方对此产生不行使的期待,此时再允许行为人行使该权利,破坏了另一方的这种期待。① 这对于另一方而言是不公平的,诉讼上权能的丧失是一种公平的体现。诉讼上权能丧失的规定见我国《民事诉讼法司法解释》第 102 条的规定,②该规定的但书内容对诉讼失权作了一定程度的保留,这种保留为诉讼失权的最终确立预留了过渡期。过渡期的设置预示着诉讼失权制度最终会实施,只不过"重实体、轻程序"的司法传统使得实施节奏不宜过快,否则难以令人适应。保留的对象仅限于与案件基本事实有关的证据,与一般事实有关不适用保留,此时诉讼失权立即适用。因逾期而丧失实体权利的法律规定不胜枚举,比如撤销权的行使、解除权异议、诉讼时效等等,过渡期之后应全面适用诉讼失权。

其他国家的立法也有关于诉讼失权的明确规定。《德国民事诉讼法》第 296 条、第 296 条之 1 明确规定,如果被告没有在法定期限内对于原告的起诉作出实质性答辩,或者原告对于被告的答辩没有在法定期间内提出书面意见,除非当事人无过失的情况下,或者法官依自由心证对上述原告的主张或被告的答辩不予采纳,否则,任何一方均不得在言辞辩论终结后提出攻击和防御方法。③《日本民事诉讼法典》第 167 条规定了攻防方法提出的时限,超时后不当然具有法律效力。④《意大利民事诉讼法典》第 208 条规定了因举证期限届满而丧失相应的诉讼权利。⑤

---

① 张卫平:《民事诉讼法》,法律出版社 2018 年第 4 版,第 52~53 页。
② 最高人民法院关于《民事诉讼法司法解释》第 102 条规定:"当事人因故意或者重大过失逾期提供的证据,人民法院不予采纳。但该证据与案件基本事实有关的,人民法院应当采纳,并依照民事诉讼法第 65 条、第 115 条第 1 款的规定予以训诫、罚款。当事人非因故意或者重大过失逾期提供的证据,人民法院应当采纳,并对当事人予以训诫。当事人一方要求另一方赔偿因逾期提供证据致使其增加的交通、住宿、就餐、误工、证人出庭作证等必要费用的,人民法院可予支持。"
③《德国民事诉讼法》,丁启明译,厦门大学出版社 2016 年版,第 69~70 页。
④《日本民事诉讼法典》,曹吉云译,厦门大学出版社 2017 年版,第 57 页。
⑤《意大利民事诉讼法典》,白纶、李一娴译,中国政法大学出版社 2017 年版,第 81 页。

失权规则体现了各国立法对诉讼上认定事实的区别。我国立法追求诉讼中确认的事实与案件事实应保持高度的统一,即"绝对的客观真实"(或称"实体真实")。其他国家更强调依据诉讼规则认定的"法律上的真实"(或称"程序真实")。[①] 两者相比有很大的差别,这种差别与各国的国情及法律传统相关。我国从古代开始,历来强调官员在审判案件明察秋毫,对涉案事实的正确认定是审判过程中追求的重要内容。案件事实认定是否正确是衡量判决是否正确的重要依据。即使牺牲程序正义,对实体正义的追求使得这种牺牲可以被理解。如果相反,牺牲实体正义而追求程序正义,在我国是难以令人接受的。西方国家则与此相反,从古罗马开始,即存在对程序的重视超过对实体的传统。在程序诉讼中,即使动作或法律专业用词出现错误,也会出现案件败诉的结果。

(六)对被执行人的非经济性处罚

我国市场经济得以确立的时间距今比较短,对于市场经济中存在的商业风险,商事主体普遍认识不足,一旦出现问题,商业主体无法独立面对,处理问题的思维方式仍停留在计划经济时代,难以脱离对政府的习惯性依赖。特别是判决书的执行,当事人普遍认为:原告到法院起诉,已经缴纳了诉讼费,法院收了钱就应当为当事人执行到款项,丝毫不管被执行人是否有款项可供执行。再加上确实有些被执行人恶意逃避执行,比如以公司名义对外开展业务,钱却进了个人腰包,"富了和尚穷了庙"的现象使得许多案件没有实际执行到款项。人民群众对此非常不满,戏称此类判决书为"司法白条"。

判决书的有效执行对于司法权威的建立尤其重要,没有执行保障的判决将使法律的强制性荡然无存。但造成执行难的原因是多重的,虽有执行措施的原因,也有诉讼策略(比如在诉讼时申请保全到财产的当事人一般可以确保执行)的原因,更有商业风险(如被执行人因破产等无可供执行的财产)的原因。后两者产生的原因与法院无关,只不过执行措施的主体为法院,从感觉上更容易将执行难归责于法院。既然造成执行难的原因多样化,仅将执行难归责于法院是不妥的,单纯依靠法院解决执行难更是不妥的,甚至是无法实现的。随着社会经济的不断发展,利益冲突加剧,经济总量越大,社会纠纷越多,执行案件就越多。执行难的解决更加应该依靠全社会的协同努力,否则势必

---

① 王亚新:《社会变革中的民事诉讼》,北京大学出版社 2014 年增订版,第 43 页。

造成法院越希望解决执行难,执行却越难。

为了响应人民群众的要求,树立司法权威,解决执行难问题,最高人民法院采取了一系列措施。包括于2010年颁布了《关于限制被执行人高消费的若干规定》,对相关人员的消费行为进行了限制。于2013年颁布了《关于公布失信被执行人名单信息的若干规定》,将被执行人纳入全国失信被执行人名单,且在互联网上进行公布,公众可以任意查询。2016年3月,最高人民法院院长周强在十二届全国人大四次会议上提出"用两到三年时间基本解决执行难"。毫无疑问,法院采取的一系列措施确实对被执行人产生了巨大的威慑力,对解决执行难问题有非常大的促进作用,但距彻底解决执行难的目标尚有不少的距离。

1.关于限制高消费的规定

首先是关于高消费行为的认定。最高人民法院《关于限制被执行人高消费的若干规定》第3条规定了相应的高消费的行为,[①]这些行为是否属于高消费行为存在不同的认识。比如乘坐交通工具、购买不动产、租赁高档写字楼的行为可能属于生产行为,而不是消费行为。还比如被执行人子女就读高收费私立学校,如果这些高收费是被执行人承担的还值得考虑,如果是孩子的亲友赞助的,对孩子就读的限制则缺乏正当性。另外,接受教育的行为与消费行为还是有很大差别的。

其次是关于限制对象。根据上述规定,限制对象不限于被执行人,还包括被执行人子女以及单位被执行人的法定代表人、主要负责人等其他人员,这种扩大限制对象有利于促进执行,但又有哪些法律基础?这些对象如何认定?是否有正确的异议途径?

---

① 《最高人民法院关于限制被执行人高消费及有关消费的若干规定》(2015年修正)第3条规定:"被执行人为自然人的,被采取限制消费措施后,不得有以下高消费及非生活和工作必需的消费行为:(1)乘坐交通工具时,选择飞机、列车软卧、轮船二等以上舱位;(2)在星级以上宾馆、酒店、夜总会、高尔夫球场等场所进行高消费;(3)购买不动产或者新建、扩建、高档装修房屋;(4)租赁高档写字楼、宾馆、公寓等场所办公;(5)购买非经营必需车辆;(6)旅游、度假;(7)子女就读高收费私立学校;(8)支付高额保费购买保险理财产品;(9)乘坐G字头动车组列车全部座位、其他动车组列车一等以上座位等其他非生活和工作必需的消费行为。被执行人为单位的,被采取限制消费措施后,被执行人及其法定代表人、主要负责人、影响债务履行的直接责任人员、实际控制人不得实施前款规定的行为。因私消费以个人财产实施前款规定行为的,可以向执行法院提出申请。执行法院审查属实的,应予准许。"

再次是关于限制措施的关联性与合理性。被执行人未履行生效判决与采取上述限制措施不具有关联性和合理性。即使被执行人存在上述未履行生效判决的行为,采取的措施应与其行为相对应。事实上,与其限制其新建、购买不动产,购买车辆,还不如允许其建设和购买。被执行人取得上述产权后,将这些财产作为被执行财产,相对而言此举更有利于执行。限制被执行人乘坐G字头高铁无非是对被执行人出行设置障碍,使其无法获得方便快捷的交通服务,给其生活、工作带来不便,希望通过这种限制促使被执行人履行债务。但这种限制与其未履行义务没有关联性,如果这种限制成立,那么任何未履行义务的行为均可以采取这种措施。责任与义务的不对应势必造成责任的泛滥化,这种泛滥化的趋势不利于理性、有序、和谐社会的建立。

复次是关于限制行为的合法性。对被执行人的这些限制行为实际上属于限制其一定权利的处罚,根据《立法法》的规定,对公民的处罚只能由全国人民代表大会及其常务委员会制定法律,最高人民法院的规定有与该规定相冲突之处。

最后,这些限制高消费的措施不利于社会经济的发展,由于限制消费,必然影响居民就业和政府税收。

2.关于公布失信被执行人的规定

最高人民法院采取的这一措施同样存在上述类似问题。失信人的界定见之于《最高人民法院关于公布失信被执行人名单信息的若干规定》第1条。[①]"失信"的称谓是贬低被执行人人格的一种惩罚。这种从称谓上贬低他人的行为在我国具有悠久的历史。我国古代对于中原地区以外的地区称为"夷、蛮、戎、狄"。这是古代以中原为中心,四方来朝、唯我独尊的理念的体现。仔细研究该第1条的规定,执行程序中"失信"的称谓与失信这个词语的本意并没有特别直接的关联性。

还有与此类似的将被执行人称为"老赖",这与老赖这个词语的文义不符。

---

① 《最高人民法院关于公布失信被执行人名单信息的若干规定》(2017年修正)第1条规定:"被执行人未履行生效法律文书确定的义务,并具有下列情形之一的,人民法院应当将其纳入失信被执行人名单,依法对其进行信用惩戒:(1)有履行能力而拒不履行生效法律文书确定义务的;(2)以伪造证据、暴力、威胁等方法妨碍、抗拒执行的;(3)以虚假诉讼、虚假仲裁或者以隐匿、转移财产等方法规避执行的;(4)违反财产报告制度的;(5)违反限制消费令的;(6)无正当理由拒不履行执行和解协议的。"

公开公布被执行人信息对于被执行人的隐私是一种侵犯。即使未履行生效判决,被执行人应当承担的是相应的责任,而不是与此无关的责任。否则,制裁措施欠缺合理性及文明度。

在这些规定的指引下,各地法院还创造性地采取了其他执行措施。有多家媒体报道,法院利用抖音新技术促进解决执行难。[①] 法院在抖音软件上播放被执行人照片,对被执行人的信息予以曝光,引来众多网友围观。此举成功地促进了某地一个案件的执行,该案件被执行人的儿子看抖音时,无意间发现其父是抖音上公布的"老赖",儿子最终替父亲还清了债务。有报道利用直播抓捕老赖的,发布悬赏举报财产线索的。直播法院执行行动有时可以引来数百万网友的围观,抖音画面呈现了法警的神勇,被执行人的狼狈。围观者心态各异,有拍手称快的,有幸灾乐祸的。直播丝毫不顾及被执行人的隐私。还有些法院在电影院里利用片头时间播放被执行人信息,以此扩大对被执行人不利的影响,迫使被执行人履行判决。对于法院的执行行为如果不予以规范,这种"智慧"将使执行手段日新月异,解决执行难容易演变成一出出闹剧,全民的狂欢难以替代理性的执行。

《德国民事诉讼法》规定的债务人名簿制度值得我国借鉴。根据该法第882条之2至第882条之8的规定,[②] 未履行生效判决的被执行人应当加载债务人名录。记录债务人名录有严格的程序规定,由主管执行员将债务人记入债务人名录。如果债务人对此有异议,可以向主管执行法院提出。为强制执行,资信审查,给予公共福利审查等法定目的可以申请查看债务人名簿。获得的信息仅能按申请的目的使用,使用完毕应立即删除。债务人名簿只提供给有合法使用目的的注册用户检索,检索内容均被记录,用户不当检索或滥用数据的,取消其资格。无关人员不得查看债务人名簿。债务人履行完毕债务可以申请注销记录。德国的该项制度体现了对债务人合法权益(隐私)的保护。相对于我国的规定,德国的执行力度明显偏弱,但德国并没有出现如我国一样的执行难,这是由于德国社会对法院的执行具有理性、客观的认识。只有将执行视为全社会应共同面对的事,从社会管理的综合角度,才可能真正解决执行难问题。

[①] 乔木:《"抖音"晒老赖,这个可以有》,法制湖南网,http://www.fzhnw.com/Info.aspx?ModelId=1&Id=368811,下载日期:2019年3月12日。

[②] 《德国民事诉讼法》,丁启明译,厦门大学出版社2016年版,第210~215页。

三、虚假诉讼罪

根据《中华人民共和国刑法》第307条之1的规定，在民事诉讼过程中，若以捏造的事实提起民事诉讼，妨害司法秩序或者严重侵害他人合法权益的，则构成虚假诉讼罪。此处规定的"捏造的事实"即违背诚实信用原则的具体表现。当事人在民事诉讼过程中违背诚实信用原则的行为超过一定的限度，达到"妨害司法秩序或者严重侵害他人合法权益"的界限时，民事制裁已经不足以体现对其应有的惩罚，此时对其应予以刑事制裁。由该条法律关于"提起"的规定，可以推定虚假诉讼罪针对的主体是原告或反诉原告，不包括被告。因为被告仅可能"参与"诉讼，不可能"提起"诉讼。立法规定的"提起"不具有合理性，应当将其更改为"参与"。在诉讼过程中捏造事实的既有可能是原告，也有可能是被告。不管哪一方，只要捏造事实参与诉讼都应当予以处罚。如果仅对原告治罪，不对被告处罚，不利于对捏造行为的全面打击，亦不符合立法本意。立法本意在打击对象方面，被告并不享有豁免权。

由立法限定的"民事诉讼"，可见从案件类型上虚假诉讼罪仅针对的是民事诉讼（含刑事附带民事诉讼），不包括刑事诉讼和行政诉讼，也不包括仲裁案件。虚假诉讼罪可以发生在民事诉讼的各个阶段，以法院受理案件为起点，包括一审、二审、强制执行等所有程序。

鉴于本书研究的是诚实信用原则在民事诉讼中的适用，对于刑事责任不作进一步的分析。

第四章 诚实信用原则对司法主体的适用

民事诉讼中的司法主体是指代表国家行使审判权及监督权的机关及人员，包括各级人民法院及法官——审判主体，以及各级检察机关及检察官——检察主体。司法主体主导、决定审判进程，决定审判结果。司法主体是审判过程中最强势的主体，对于如何判决案件以及纠正错误判决发挥着重要的作用。可以说，无论当事人如何不诚信，纵然机关算尽，只要人民法官能够明察秋毫，秉公办案，检察机关依法履行监督职责，任何一方当事人的狡辩都是徒劳的，必将受到法律的惩处。如果司法主体不诚信，犹如水流从源头受到污染，司法海洋里处处漂流着有害元素，任何案件都无法得到公正的处理。

第一节 诚信原则对法院和法官的适用

一、法院与法官的关系

要厘清法院与法官适用诚实信用原则的具体内容，应先行考察法院与法官的制度，以及法官与法院之间的关系。

(一)英美法系国家的法院与法官

美国的法院分为联邦法院和州法院的双重组织体系，这是由联邦宪法所决定的。联邦和州各自有权制定自己的宪法和法律。联邦法院和州法院不存在上下的行政隶属关系及审级关系，管辖上有所交叉，组织上完全独立。联邦法院包括普通法院、专门法院、国会参议员兼任的弹劾法院。联邦普通法院分为三级，分别为联邦地区法院(全美国共94个)、联邦上诉法院、联邦最高法院。美国著名的9个大法官即指联邦最高法院的1名首席大法官以及8名大法官。专门法院有军事法院、军事上诉法院、退伍军人上诉法院和联邦税收法院。大体而言州法院分为一般管辖权初审法院、专门管辖权初审法院、小额法院与其他非正式法院、上诉法院。① 美国的州法院系统堪称全世界最混乱的司法系统,不仅表现在结构上自行其是,而且名称上也是让人莫衷一是。②

美国的法官全部来自律师,是律师业中的佼佼者。美国法官是美国社会的重要阶层,美国的国家名人录中均有收录重要法官的生平事迹。美国法官的地位崇高,受人尊敬。联邦最高法院的有些大法官年过八旬,白发苍苍,皱纹里饱含着岁月的历练与知识的熏陶。法官端坐在高高的法官席上,穿着宽大的法袍,戴着披卷的假发,俨然已非常人,法官已经被幻化为代表正义的神。法官在审理案件时面容祥和,语速和缓,庭审气氛理性而不失庄严。美国法官拥有几乎不被质疑的职务行为豁免权,是世界上最有权力的法官,是受到人们特殊尊敬的人物。③ 法律固然重要,但执行法律的法官的品行更加重要。无论司法制度如何健全,如果不能任用品德高尚的有志之士为法官,以不偏不倚的态度来审理案件,那么最终难以收到实效。④ 就法官的任职期限,以行为良好作为法官继续留任的条件,无疑是现代政府最有价值的一项革新。在任何政府中,此项规定是确保法律被坚定不移、大公无私、公平公正地得以执行的最好措施。⑤ 从这个意义上讲,汉米尔顿的观点与我国古代孟子的观点有类似之处。孟子曰:"徒善不足以为政,徒法不能以自行",意思是说单纯靠法律自身难以确保法律的良好实施,必须与人结合,由具有良好操守的官员执行法令,法律才能良好地运行。美国的许多著名法官兼具备学者、社会学家、哲学家的气质。中国法律界所熟悉的奥利弗·温德尔·霍姆斯就曾经担任美国联邦最高法院大法官(1902年至1932年),他在《普通法》一书中批评了法律形式主义倾向,提出了著名的"法律的生命在于经验,而非逻辑"的法律经验论。美国联邦法官一旦获得就任,除非犯罪或行为不当,不得被撤职。

(二)大陆法系国家的法院与法官

德国法院实行联邦制和多元诉讼管辖体系,在联邦和各州分别设立法院。

---

① 齐树洁主编:《美国司法制度》,厦门大学出版社2010年第2版,第62~69页。
② 何家弘主编:《中外司法体制研究》,中国检察出版社2004年版,第105页。
③ 李昌道、董茂云:《比较司法制度》,上海人民出版社2004年版,第18页。
④ 齐树洁主编:《美国司法制度》,厦门大学出版社2010年第2版,第70页。
⑤ [美]亚历山大·汉米尔顿、约翰·杰伊、詹姆斯·麦迪逊:《联邦党人文集(四)》,张晓庆译,九州出版社2007年版,第999页。

在联邦层面设立有联邦宪法法院、联邦最高法院、联邦行政法院、联邦财税法院、联邦劳动法院、联邦社会法院。普通法院的诉讼管辖由四个审级的法院行使,即基层法院、州法院、州高等法院和联邦最高法院。德国法官的任职资格是必须在德国的大学学习以及通过国家考试,获得法官资格的人员还需要属于《基本法》第116条规定的德国人,以及保证为《基本法》规定的自由民主秩序而努力,具备必要的社会能力。①《德国法官法》(2011年修改)第27条规定,法官通常在某一特定法院担任法官职务,符合法律规定的才可以担任其他法院的法官。法官独立,仅服从法律,法官职务的解除有严格的限制。

(三)我国法院与法官制度

我国法律文化历史悠久,我国古代各类典籍记载有许多关于彰显审判智慧的案件。我国古代没有专门审理案件的人员——法官,也没有专门受理案件的机关——法院。法官由行政官员兼任,各地官府衙门即为审判机关。

根据2018年修订的《法院组织法》,②人民法院是国家的审判机关,依法独立行使审判权。人民法院行使审判权不受其他任何主体的干涉。

根据《法官法》的相关规定,法官是依法行使国家审判权的审判人员。法官忠于宪法和法律,依法履职受法律保护。法官的任免有严格的规定,各级法院的院长分别由全国人大及地方各级人大任免,各级法院其他成员由全国人大常委会及各级地方人大常委会任命。

由此可见,法官虽然在人民法院工作,但法官与法院既有关联性,又有相对独立性。法官与人民法院的关系适用《法官法》和《法院组织法》等法律的调整。法官不是由人民法院任免的,而是由人大任免的。这种任免方式减少了法官对人民法院的依赖,有利于提高法官审判工作的独立性。另外,基于法官

---

① 邵建东主编:《德国司法制度》,厦门大学出版社2010年版,第38~49页。
② 《中华人民共和国人民法院组织法》(2018年修正)第2条第1款规定:"人民法院是国家的审判机关。"第4条规定:"人民法院依照法律规定独立行使审判权,不受行政机关、社会团体和个人的干涉。"第31条规定:"合议庭评议案件应当按照多数人的意见作出决定,少数人的意见应当记入笔录。评议案件笔录由合议庭全体组成人员签名。"第32条规定:"合议庭或者法官独任审理案件形成的裁判文书,经合议庭组成人员或者独任法官签署,由人民法院发布。"第33条第1款规定:"合议庭审理案件,法官对案件的事实认定和法律适用负责;法官独任审理案件,独任法官对案件的事实认定和法律适用负责。"第52条规定:"任何单位或者个人不得要求法官从事超出法定职责范围的事务。"

的相对独立性,在适用诚实信用原则时,对于法院和法官应根据实际情况分别设定相应的内容,不能将两者混为一谈。因为有些行为是法官的个人行为,其行为不是根据法院的规定实施的,甚至是违反法院的相关规定的。有些行为是法院的要求,法官只是遵守,此时不诚信的对象不宜针对法官。

区别对待的另外一个重要原因还在于要确保民事诉讼遵循诚实信用原则,必须设置相应的保障机制。只有区别对待,才能使保障机制有针对性,从而确保行之有效。

二、人民法院及法官违背诚实信用原则的原因

审判主体精通法律条文,审判主体违背诚信原则时的主观心态均为故意,不存在过失。我国审判主体违法犯罪的现象呈犯罪主体的行政级别(已经涉及两任最高人民法院副院长)越来越高,犯罪人数越来越多的倾向。[①] 其他国家和地区亦不乏审判主体涉嫌违法事宜。这些审判主体经过严格选拔,都是行业内的翘楚,毕业于名牌大学,通过严苛的各项考试,为何从法律的守护者演变成法律的践踏者?其中原因值得深究。

(一)官僚主义作祟

我国具有长期封建社会的历史,官僚等级思想影响深远。官僚主义最重要的表现是一言堂,不善于听取不同的意见,认为凡是与其意见不一致的就是挑战权威。子产下令处死邓析的历史事件从另一个侧面折射了官威的不可挑战性。[②] 因为子产并没有具体说明邓析所犯的罪行,"以是为非,以非为是"。其中的"是"指的是"官是","非"指的是"官非"。未以官之"是"为是,未以官之"非"为非,这便是挑战权威,不能为当局所容。我国古代审判权与行政权集于一体,行政官兼为审判官,审判官僚主义有深厚的历史渊源。

1.任性执法

任性执法区别于审判主体的违法行为,任性执法行为没有超越法律规定的界限,但审判主体在审理案件时没有恪守执法为民及善意审判的理念,而是

---

① 蒋超:《三十年来中国法官违法犯罪问题:一个统计分析》,载《宁夏社会科学》2010年第4期。

② 也有观点认为邓析为郑国的驷颛所杀,"郑驷颛杀邓析而用其竹刑。"王振先:《中国古代法理学》,山西人民出版社2015年版,第2页。

在法律规定的范围内唯我独尊、听不进不同意见的随意司法。比如案件审理期限的规定,立法本意既是确保法官有充分的时间审理案件,又避免法官滥用权利,造成案件拖延。审理期限是审理一个案件最长的期限,并不是指每个案件都需要耗费如此漫长的时间。对于那些事实简单清楚,本可以很快审结的案件,如果一定非要拖延到审理期限届满才出判决,有违效率的法律价值。如果当事人对此进行催促与询问,审判人员认为案件在法律规定的审理期限内审结,这没有任何不妥之处,至于何时审结,这是自由裁量权的体现,当事人无权干涉。审判人员以案件没有超过审理期限为由心安理得,这就是典型的司法任性。司法任性是滥用自由裁量权的体现。自由裁量权并不是一项不受任何约束的权利,行使自由裁量权时受公平、正义以及司法良知的约束。司法任性具有合法性的外衣,但不具有公平、正义的法律内核。判断司法任性的依据是司法主体的主观心态。司法任性的主观心态是凭个人好恶,不是本着公平正义。公正是人类社会的永恒目标,是法律的根本出发点。使法律的原则与公正保持一致,否则法律会名誉扫地,国家的稳定将因此而动摇。[①] 不是为了实现公正价值的自由裁量权是司法任性,是司法官僚的具体表现。如果不加以规制,对司法的损害是无形的,是浸入肌体式的彻底损毁。

2.冷漠执法

冷漠执法是审判官僚主义的体现,是指在审判实践中照搬律条,没有根据案件实际情况进行处理。法律不应该是冷漠无情的,而应当具有悲天悯人的特性,应根据实际情况进行调整。这不是为感情司法找借口,而是司法精神得以光大的保障。对于一些财产保全案件,如果按部就班地办理,等案件结束当事人的业务早就没有经营的机会了。我们曾代理一个涉及追讨建筑工程农民工工资的案件,在我们向法院提出财产保全异议后,主办法官回复案件的进程的内容一直是等待。至于案件现在处于何种阶段?申请是否符合要求?是否有需要补充的材料?大概需要等待多久?这些实质性的问题均不得而知。殊不知,等待对于当事人来说可能就意味着破产。

从前述关于"套路贷"案件的发生、发展情况,与司法冷漠不无关联。对于司法冷漠者,在审理"套路贷"案件时机械地适用法律,仅根据表面形式进行审

---

① [英]丹宁勋爵:《法律的正当程序》,李克强、杨百揆、刘庸安译,法律出版社2003年版,"代中译版前言",第8～10页。

查,"套路贷"的问题永远不可能得到解决。对"套路贷"的放任,不知道多少善良的人将流落街头,而为非作歹者积累了大量的财富之后,这些人又可以继续作更大的恶。

3.司法权威的基础

曾任最高人民法院法官的沈德咏指出:"当前,部分群众对司法的不信任感正在逐渐泛化成普遍社会心理,这是一种极其可怕的现象。"①作为最高人民法院的领导,能如此坦诚地指出问题所在,这不仅是对这种现象的担忧,更是直面问题,解决问题的前奏。认识到问题的存在是解决问题的前提。人民群众对司法的不信任进一步说明,司法权威的建立不是仅仅来自法条的规定,也不是来自广东省高级人民对律师的厉声训斥,②而是司法者在执法过程中恪守法律的精神,秉公执法。"公生明,廉生威。"备受律师、法官、专家以及与其有过交往的群众认可的上海市高级人民法院原副院长邹碧华,用实践树立了一个法官的光辉形象。③

(二)对非法利益的攫取

对非法利益的攫取是大多数司法官员落马的主要因素。根据2019年的《最高人民法院工作报告》显示,最高人民法院查处本院违纪违法干警9人,各级法院查处利用审判执行权违纪违法干警1064人,其中追究刑事责任76人。④ 这个数字表明,司法公正与人民群众的期待还存在不少差距。从这些官员被惩处的案件中,可以发现最容易滋生腐败的领域是执行、司法拍卖领域。当前执行程序中的拍卖方式已经作了重大优化,各级法院已经不再按传统的委托拍卖机构进行线下拍卖,而是委托知名网站(阿里、京东)在线上拍卖。这些措施可以降低拍卖成本,增加透明度,减少人为因素。至于实际效果,尚待进一步观察。

---

① 黎纲要:《新形势下如何践行司法群众路线》,载《人民法院报》2011年8月24日第8版。

② 邵克:《广东高院响应法官批"律师水平不够":法官已道歉,对其诫勉》,澎湃新闻网,https://www.thepaper.cn/newsDetail_forward_3525965,下载日期:2019年5月31日。

③ 郝洪:《担当,是改革者必需的修行》,载《人民日报》2018年12月19日06版。

④ 周强:《最高人民法院工作报告——2019年3月12日在第十三届全国人民代表大会第二次会议上》,新华网,http://www.xinhuanet.com//politics/2019-03/19/c_1124253887.htm,下载日期:2019年6月17日。

法官行使案件的审判权,是公平、正义的化身。法官因其特殊身份而受到人们广泛的尊敬。在法律职业共同体内,法官的社会地位是最高的,但收入不是最高的。在美国、英国等西方发达国家,律师的平均收入高过法官。选择法官职业,预示着对职业使命感的追求超越了对金钱的欲望。各国普遍实行的法官职业保障,足以维持法官体面的生活。维持法官俸给的固定性是保障其独立性的重要举措,控制一个人的生计等于控制了这个人的意志。鉴于法官终身制,法官的俸给应随着经济的发展予以调整,不得使其生活恶化。①

在当前以审判为中心的司法改革模式下,司法主体凭借掌握的司法权力可以轻易地获取巨额利益。如果不杜绝对非法利益的攫取,很难实现法律的公平正义。

三、人民法院适用诚实信用原则的具体内容

(一)不得擅自增设或减损适用具体法律规则的条件

人民法院应当成为严格执行法律的典范,严格依法办事。法律有规定的不得拒绝办理,法律没有规定的不得越权办理。当事人在前往法院办理具体法律事务的过程中,时常发现有些法院擅自设定在本院执行的院规,严重损害司法的权威性和统一性。还有些省份的高级法院不断发布指导本省法院审判工作的意见,这些意见的积极意义在于针对性比较强,基本上都是当前审判过程中普遍存在的争议问题,指导意见将这些问题的判决结果明确化,有利于审判人员正确适用法律,提高判决的统一性。不利方面是各高级法院在制定具体规定时,基本上都是组织本院经验丰富的法官具体负责,没有广泛征求各界意见的程序,难以确保指导意见的正确性。有些指导意见甚至超出了立法的规定,这实质上破坏了全国司法的统一性。

这一现象的形成还引发的另外一个不利之处是各级法院纷纷效仿,有中级法院出台指导意见的,也有各基层法院执行自行制定的政策的,这些行为和省高院出具指导意见的行为不无关联。

1.不当限制当事人对快递公司的选择权

有些法院拒绝收取当事人通过顺丰快递的文件,只能收取通过 EMS 快

---

① [美]亚历山大·汉米尔顿:《论司法部门的俸给与法官责任(第四卷)》,张晓庆译,载《联邦党人文集》,九州出版社 2007 年版,第 1013 页。

递的文件,变相剥夺当事人的选择权。法院此举毫无法律依据。当事人有权根据提供快递服务企业的服务质量、价格、方便程度进行选择。2015年修正的《中华人民共和国邮政法》第55条规定:"快递企业不得经营由邮政企业专营的信件寄递业务,不得寄递国家机关公文。"这里规定的是快递企业不得邮寄国家机关公文,只能由EMS快递法律文书,针对的对象是人民法院向当事人邮寄的文件,不是当事人向人民法院邮寄的文件。当事人向人民法院邮寄的文件不是国家机关的公文,不属于邮政专营的范围,法院对此予以禁止有违反法律之嫌。

2. 违法拒绝诉前保全申请

有些法院在收到当事人提交的诉前保全申请时,口头告知当事人,本院一律不受理诉前财产保全,且不出具任何拒绝受理的依据,也不出具不予受理的裁定。法院拒绝的理由让人难以尊重及接受,该行为实质上损害的是司法的统一与执行。基层法院内部的规定变成可以对抗全国人大制定的法律。

3. 拒绝受理支付令申请

申请法院签发支付令的制度可以极大地提高实现债权的效率。由于支付令是否得到执行具有很大的不确定性,只要被申请人提出异议,不管异议的理由是否属实、合法,支付令即失去法律效力。实践中支付令能发生法律效力的偏少,通常均由于被申请人提出异议而使支付令失去效力。但鉴于支付令成本低廉以及方便快捷,仍有诸多当事人愿意尝试。当事人之所以愿意尝试的另外一个重要原因,是即使支付令失效,并不影响当事人起诉。但法院认为被申请人不对支付令提异议的微乎其微,申请支付令纯粹属于增加法院的工作量,因而不受理当事人申请签发支付令的诉求。此举不但变相地剥夺了当事人申请支付令的权利,还使支付令制度成了一纸空文。面对当事人的质疑,某些经办人员辩称我们法院不受理支付令申请,这显然与立法精神严重不符。

4. 强制调解

强制调解是指人民法院的立案部门没有贯彻立案登记制的要求,对符合当场立案条件的案件不给予立案,而是强迫原告进入诉前联调。法院此举的目的之一是提高法院调解率,却漠视了当事人的处分权。法院此举的另外一个目的是年度结案率的考核,这种现象在每年年底特别明显。因为年底受理的案件当年肯定无法结案,无法结案则降低了法院的年度结案率。但这个理由又无法与当事人解释,只得以调解拖延立案。

法院年底不受理案件的行为与不当的年度结案率考核制度有关。以年度结案率考核法院的工作不具有科学意义，不符合诉讼规律。结案率以年度考核没有实际意义，案件是否在法律规定的审理期限内审结，是否存在超期，这种指针才有实用价值。按期结案率是指法官审理的案件在法律规定的审限内审结案件。以按期结案率进行考核，就不会出现年底法院不愿收案的弊端。

5.财产保全担保各自为政

在申请财产保全的案件中，对于当事人提供担保财产的方式，各地各自为政。大多数法院规定可以由保险公司担保，而北京的法院拒绝收取保函，要求以现金担保，且这些现金必须汇入法院的账户。《北京市高级人民法院关于财产保全若干问题的规定(试行)》第4条规定："申请人申请财产保全可以以下列方式提供担保：(1)申请人提供物的担保或现金担保；(2)第三人提供信用担保、物的担保或现金担保；(3)专业担保公司提供信用担保。"具体采取哪种方式作为担保，目前北京市各个法院并无统一的做法。有的法院只需提供与申请保全的房屋价值相当的房屋作为担保即可，即物的担保；有的法院除了提供房屋，还要求提供一定比例的担保金；也有些法院只要求提供担保金，不同意以房屋担保。

(二)坚持阳光司法

阳关司法指除非法律规定(如涉及侵犯当事人商业秘密、婚姻案件)不公开审理的案件，其他案件的审判信息均应公开。包括立案公开、合议庭成员公开、审判流程公开、裁判文书公开。审判信息公开能够摒弃暗箱操作，倒逼审判机关提升司法的专业性，从而提高司法的公正性。

1.裁判文书公开

2016年8月29日，最高人民法院颁布了《关于人民法院在互联网公布裁判文书的规定》(法释〔2016〕19号)，规定了除非特殊情况，人民法院作出的裁判文书均应公开。截至2019年2月，中国裁判文书网公开裁判文书6382万份，访问量总计226亿次。[①]

裁判文书公开对于中国司法制度而言无疑是一项创举，这项创举对于提高司法公信力，指导司法实践，研究司法现状具有极大的帮助作用。法律文书

---

① 南枫古滕：《以公开促公正以公开提公信》，中国法院网，https://www.chinacourt.org/article/detail/2019/03/id/3789334.shtml，下载日期：2019年11月10日。

公开后,公众可以轻松地查询到所需要的案例。以中国13亿人口计算访问量,人均访问次数超过17次,该数据足以说明公众渴求知晓案件的判决情况。尽管如此,裁判文书公布的数量仍有待于提高。目前上网公开的裁判文书不及审结案件的一半,还存在大量没有公布的裁判文书,这与司法公开的要求不相符。根据最高人民法院公布的数据,2018年各级人民法院受理案件2800万件,审结、执结2516.8万件。2017年审结2275万件,2016年审结1997万件,2015年审结1671万件,2014年审结1380万件。① 比较审结案件的数量和公开案件的数量,可以印证上述裁判文书公开不足的现实。

2.审理进程信息公开

原告起诉以及申请财产保全以后,无不盼望法庭尽快查封对方财产,尽快开庭及作出判决。被告提出管辖异议或保全异议,也希望法院尽快处理。但法庭案件众多,各项事务的处理均需要一定的时限,这就造成当事人提起申请到申请事项得到结果之间有一个时间空挡。在这个时间空挡内,如果不对审判进程信息进行公开,当事人势必以多种方式联系法官,不但浪费了当事人的时间,还干扰了法官的正常工作。因此,从案件得到受理开始,审判流程就应当公开。这对于诸如审限等过程监督行之有效。案件流程公开有助于审判团队迫于延期压力而在法定期限内审结案件。同时,如果情况特殊,也便于当事人对审判工作的理解,有利于构建和谐的诉讼法律关系。

(三)改进人民陪审制度

如何确保法官秉公执法,在诉讼中实现个案的公平正义,各国的精英都作了广泛的思考,其中陪审制是各国普遍采纳的一项制度。我国自清代修律时已经设立了陪审员制。"凡陪审员有助于公堂秉公行法,与刑事使无屈抑,于民事使审判公直之责任。"②

陪审制是司法机关吸收法官以外的普通人组成审判组织,参与案件审理活动的制度。其目的在于避免司法机关在裁决案件时脱离社会。③ 陪审制又

---

① 中华人民共和国《最高人民法院公报》,http://gongbao.court.gov.cn/Details/c15ac3fd6bd534567eec8e047941eb.html,下载日期:2019年6月10日。

② 沈家本、伍廷芳:《奏进呈诉讼法拟请先行试办折》,载《大清新法令》(第一卷),商务印书馆2010年版,第450页。

③ 齐树洁主编:《民事诉讼法》,厦门大学出版社2019年第13版,第97页。

分为陪审团制和参审制两种形式。陪审团制是指由一定数量的陪审员组成陪审团参与案件的审理,案件的事实问题由陪审团决定,案件的法律问题由专业法官决定。这种分别决定制既有利于提高客观性,又有利于提高专业性。霍姆斯大法官提出的"法律的生命不在于逻辑,而在于经验。"这一论断用于评价陪审团对事实的决定再合适不过了。基于法官工作的专业性以及生活的局限性,来自各行各业的陪审员的生活经验普遍高于法官,由陪审员依据经验认定事实更具有优越性。而对于法律问题,因陪审员并没有接受过专门的法律训练,法律问题由法官决定更为妥当。参审制是指由陪审员与专业法官共同组成合议庭,共同决定案件的事实问题和法律问题。英美法系国家采用陪审团制,大陆法系国家采用参审制。[①]

我国实行的是参审制,为确保人民陪审员在案件审理过程中发挥积极作用,我国先后出台了相关制度。2004年8月28日通过了《关于完善人民陪审员制度的决定》,2015年4月24日通过了《关于授权在部分地区开展人民陪审员制度改革试点工作的决定》,最终于2018年4月27日通过了《中华人民共和国人民陪审员法》(以下简称《陪审员法》)。我国实行人民陪审员制度具有悠久的历史及丰富的经验,但现实中存在的问题也不少。根据当代认知科学研究者的实证研究,陪审员在参与司法审判时,可能会偏离法律理性的认知轨道,无法防御市民生活中形成的朴素理念与法律价值差异性的影响。[②] 我国的陪审制存在如下待改进的问题:

1.陪而不审

根据本人代理的多起有陪审员共同参与审理的案件,我发现在庭审过程中,陪审员很少主动询问。即使主审法官主动询问人民陪审员是否有问题需要发问,绝大多数人民陪审员均没有提出任何问题。如果有个别人民陪审员有发言,但发言内容基本与案件无关。国家为人民陪审制度的设立及运行投入了大量资源,安排大量人民陪审员参与了案件的审理工作,但是参与审理案件数量的增加改变不了陪审员在案件审理过程中的流于形式。[③]

---

① 齐树洁主编:《美国司法制度》,厦门大学出版社2010年第2版,第91页。
② 樊传明:《陪审员是好的事实认定者吗?——对〈人民陪审员法〉中职能设定的反思与推进》,载《华东政法大学学报》2018年第5期。
③ 王亚新、陈杭平、刘君博:《中国民事诉讼法重点讲义》,高等教育出版社2017年版,第63页。

2.陪审员与法官分工不明确

我国实行的参审制与陪审团制不同,后者对于陪审员与法官的分工明确。即陪审员决定案件的事实问题,法官决定案件的法律问题,两者相互分工,各不相干。我国的《陪审员法》第 21 条规定:"人民陪审员参加三人合议庭审判案件,对事实认定、法律适用,独立发表意见,行使表决权。"第 22 条规定:"人民陪审员参加七人合议庭审判案件,对事实认定,独立发表意见,并与法官共同表决;对法律适用,可以发表意见,但不参加表决。"可见对于事实认定与法律适用问题,立法已经注意到应对陪审员进行区别。但规定陪审员在 3 人合议庭中可以就法律适用独立发表意见和表决,在 7 人合议庭仅能就法律适用发表意见,不参加表决。人民陪审员在 3 人合议庭与 7 人合议庭中对于法律适用是否能发表意见的规定不同,这种不同与合议庭成员的数量似乎没有任何关系。

没有明确的分工是人民陪审员"陪而不审"现象的成因。一方面,陪审员是随机抽取产生的,是没有任何法律专业知识背景的人员。另一方面,案件的法律适用需要有专门的法律知识,否则对于法律适用无从发表意见,只能跟随法官进行表决。"陪而不审"现象的产生不能归责于陪审员,而是陪审员制度中分工不明确造成的。司法改革将陪审员参与审理的范围限制在事实认定,表面上是限制了陪审员的参与范围,实质上这种分工由于发挥陪审员在事实认定方面的优势,促使其实质参与到诉讼中。①

3.陪审员与审判人员权利义务同等的不可行性

根据《陪审员法》的规定,人民陪审员的任期是 5 年,不得连任。而法官实行的是终身任职制,责任追究也是终身制。法官制度发展至今已经非常健全,包括任职、考核、奖惩等。立法规定人民陪审员与法官同等的权利义务,貌似给人民陪审员授权,实质无法落实。这种情况更容易产生"陪而不审",因为对于陪审员而言,随附法官,不另行发表意见是最安全之举。

虽然我国陪审制有许多问题,但该制度的积极作用是显而易见的。《陪审员法》第 15 条、第 16 条规定的应当由人民陪审员共同参与审理的案件,这些案件涉及征地、食品、环境污染,涉及公共利益,属于人民群众广泛关注的案

---

① 胡媛:《陪审员职权的限缩与扩张》,载张卫平、齐树洁主编:《司法改革论评》(第 21 辑),厦门大学出版社 2016 年版。

件,这些案件由人民陪审员参与,有利于获得社会的广泛支持与认同。① 陪审员决定事实问题还具有平衡案件认定权限的优点,以制度防止腐败。这种平衡使案件认定不仅仅集中于审判员一个人,合议庭陪审员人数越多(2个或4个),腐败的概率就越小,进而保护审判人员。未来,我国陪审制还能发挥更加积极的作用。

四、法官适用诚实信用原则的具体内容

对于法官在民事诉讼中是否适用诚实信用原则曾经产生过不同的观点。否定的观点以中国政法大学杨秀清教授、韩波教授最为有代表性。杨秀清教授认为,民事诉讼中的诚实信用原则是用来规制当事人的。该原则要求当事人在行使诉讼权利时,应履行诚信的诉讼义务,从而防止当事人滥用诉权。至于法官行使的自由裁量权,这是法官依法行使审判权的表现。因为社会生活千变万化,法律规定难免百密一疏,不赋予法官自由裁量权,法官难以正确审判案件。因此,根据自由裁量权确立的缘由和依据,自由裁量权不是诚实信用原则功能所及的范围。恰恰相反,如果要求法官依据诚实信用原则行使自由裁量权,由于诚实信用原则的标准和内容是主观的,显然这意味着允许"感情司法",这与审判权的内容及其行使原则格格不入。② 民事诉讼得以进行的基本框架在于确认法官中立,中立的要求是不偏不倚,值得信赖,如果怀疑法官不遵守诚实信用原则,那么判决结果就没有任何公正性,这样的诉讼就没有任何意义了。③ 这些理由铿锵有力、掷地有声。但有一点是毋庸置疑的,那就是忽视了法官也是人,有人的本性。而人性的特点之一就是人的复杂性,人的才情、观点不是一成不变的,昔时的神童,日后可能"泯然众人矣"。某些官员当年上任时的豪言壮语,日后成为自己的反面写照。难怪曾子曰:"吾日三省吾身,为人谋而不忠乎?与朋友交而不信乎?传不习乎?"道德如此高洁的人都要通过每日三省吾身来鞭策自己,凡夫俗子更加难以做到。

对于诚实信用原则的遵守,依靠主体自律还是依靠制度约束?从实际作用的角度进行考察,两者不可相互替代,应共同发挥作用。主体的自律是内心

---

① 齐树洁主编:《民事诉讼法》,厦门大学出版社2019年第13版,第97页。
② 杨秀清:《解读民事诉讼中的诚实信用原则》,载《河北法学》2006年第3期。
③ 韩波:《错觉抑或幻象:民事诉讼法诚信原则再省思》,载《暨南学报》2014年第3期。

的导向,这对主体的行为具有决定作用,只有内心秉持诚信,实际行为才可能诚信。制度约束是对内心诚信的促进,不是改变。制度的约束在表面上确实阻碍了虚假的发生,但一旦制度失控,虚假就会抬头。正所谓"知之不如好之,好之不如乐之。"以学为乐比以学为知更具有学习的动力与持久性。

恪守诚实信用原则理念的主体,行事必然以诚实信用原则的本意为准则。即使制度中没有规定的要求,主体亦能依据本意执行。自律性约束在短期、个案中的表现要优于制度约束,但制度制约在长期实行方面具有更大的优势。相对于制度性制约,主体自律性的失控后果更加严重。即使在法官地位如此崇高的美国,无论司法如何将法官神化,宽大的法袍,披卷的假发之下包裹的仍是人,无法杜绝法官犯错。自 1789 年以来,美国共有 7 名法官被认定有罪。

根据 2017—2019 年最高人民法院在全国人大会议上所作的工作报告,2017 年的工作报告显示对 769 名履职不力的法院领导干部进行问责,查处违反中央"八项规定"精神的干警 220 人。最高人民法院查处本院违纪、违法的干警 13 人,各级法院查处利用审判执行权违纪、违法的干警 656 人,其中移送司法机关处理的合计 86 人。2018 年的工作报告指出,各级法院查处违反中央"八项规定"精神的干警 1011 人,对 1762 名履职不力的法院领导干部严肃问责。最高人民法院查处本院违纪、违法的干警 53 人,各级法院查处利用审判执行权违纪、违法的干警 3338 人,其中移送司法机关处理的 531 人。最高人民法院 2019 年度的工作报告显示,各级法院查处违反中央"八项规定"精神的干警 369 人。最高人民法院查处本院违纪、违法的干警 9 人,各级法院查处利用审判执行权违纪、违法的干警 1064 人,其中追究刑事责任的 76 人。我国每年违法、违纪的干警人数总量均过千,严重损害了我国的司法形象,损害了人民群众的利益。相关部门虽然对此进行了严厉的问责,数据表明该现象并没有明显好转的趋势。这足以说明仅依法严惩是远远不够的,应注重防范制度的建设,减少或杜绝司法干警的违纪、违法现象,此举不但可以减少司法腐败带来的社会危害,还可以真正挽救我们的司法干警。

适用诚实信用原则正是这种防范机制的底层基础,因为诚实信用原则与违法乱纪相距甚远,遵循诚实信用原则的法官不可能违法乱纪,在基础层面进行规制可以起到规范以及保护的作用。对于法官在民事诉讼中是否适用诚实信用原则,国内大多数学者持肯定态度。所有参与民事诉讼的主体都应当遵循诚实信用原则,包括当事人、诉讼代理人、法官和其他辅助人员。①

(一)勤勉尽责,清正廉明

《法官法》第 5 条规定:"法官应当勤勉尽责,清正廉明,恪守职业道德。"该条规定的内容与诚实信用原则的内涵高度一致。法官的勤勉尽责、清正廉明是在履职中遵循诚实信用原则的体现,是正确办理案件、净化诉讼环境、遏制虚假诉讼的前提,而疏懒懈怠是滋生虚假诉讼的温床。上海市第一中级人民法院审结的一起美明餐饮公司申报虚假租赁权处罚案,②如果主审法官没有秉承勤勉尽责,案件可能会是另外一种结果。

2013 年 12 月,上海宇达投资公司与银行签订了一份《最高额抵押合同》,以其名下房产对上海一虹公司的债务提供抵押担保。2014 年 12 月,上海一虹公司向该银行借款 2 亿余元。合同到期后,一虹公司未按约还款。银行向上海市第一中级人民法院提起诉讼,经调解,一虹公司承诺于 2017 年 7 月 31 日前清偿相关债务及利息,若未能履行,银行可申请处置上海宇达投资公司名下的抵押物,进行折价或拍卖、变卖,抵押物处置所得价款,银行有优先受偿权。直至 2017 年 10 月,上海一虹公司仍未履行协议,于是银行向上海一中院申请强制执行。然而,2018 年 11 月,当拍卖即将启动时,案外人美明餐饮公司对此次拍卖提出了异议。该公司声称,十多年前,该公司便向上海宇达投资公司租下了这处房产。该公司出示了两份租赁合同,租期分别为 2004 年 8 月至 2012 年 8 月、2012 年 8 月至 2032 年 8 月。根据租赁合同签订的时间,显然该时间早于房产的抵押时间。即当事人没有违反租赁物在抵押后,签署租赁合同应得到抵押权人同意的规定。

主审法官经仔细研究案件材料,发现了以下事实:

1.餐饮公司和上海宇达投资公司之间并没有任何支付租金的相关证明。

2.两份合同中均记载了两家企业的代码,而根据国务院 2015 年 6 月发布的《关于批转发展改革委等部门法人和其他组织统一社会信用代码制度建设总体方案的通知》,两份租赁合同中显示的 18 位企业代码均是 2015 年才统一启用的。在所谓 2004 年签订的合同中,却出现了 2015 年才实施的企业统一

---

① 李浩:《民事诉讼法学》,法律出版社 2016 年第 3 版,第 22 页。
② 姚卫华:《伪造"穿越"合同上海一公司悔过并被罚》,载《人民法院报》2019 年 6 月 12 日,第 6 版。

社会信用代码,这明显有悖事实。餐饮公司对此难以作出任何解释。2018年12月,上海一中院驳回了案外人美明餐饮公司的异议请求。

随后,餐饮公司承认了两份房屋租赁合同均为补签的事实,并声称其试图通过补签租赁合同来继续占有该房屋。餐饮公司的异议申请,拖延了执行案件的进度,法院根据规定遂对餐饮公司作出了罚款20万元的决定。

(二)禁止滥用自由裁量权

法律的实用性要求立法具有一定的弹性,固化、呆板、机械的立法难以适应丰富、多变的社会实际。这种立法的弹性更加要求法官在审理案件时遵循诚实信用原则,恪守善良的心态行使审判权。因为弹性立法的前提就是法官诚信、善意适用法律。在弹性立法模式下,弹性的最小值和最大值之间都是合法的,唯有善意司法才能体现司法的公正性。

1.各项诉讼行为的行使期限

当事人到法院提起诉讼,案件的审理期限对当事人影响巨大。有些期限甚至关系到当事人的诉讼目的是否能够实现。

对于财产保全申请,法律规定情况紧急的应当在48小时内作出裁定并立即执行。该条确立的时限在司法实践中很难得到贯彻实施。当事人向法院提出财产保全申请后,案件流转过程中一般很难联系到主办法官。司法实践中的管辖权异议期限、案件审理期限、执行期限经常超期,且法院并不告知当事人相应的理由。对于这些期限,实际上不但不应超期,且在审理期限内应当尽量提前。比如一审案件的审理期限是6个月,立法规定的6个月是最长审理期限,并不是所有案件都要等待6个月才能出判决。只要条件许可,法院应当尽早作出判决,但在司法实践中时常发生判决严重超期的现象。

2.财产保全解封条件

在司法实践中解除财产保全的条件混乱不一,没有从诚实信用角度公平对待原、被告双方的合法权益。《民事诉讼法》第104条规定:"财产纠纷案件,被申请人提供担保的,人民法院应当裁定解除保全。"这项规定表明只要被申请人提供担保,财产保全措施就应当解除。可是,2015年《民事诉讼法司法解释》第167条又规定:"财产保全的被保全人提供其他等值担保财产且有利于执行的,人民法院可以裁定变更保全标的物为被保全人提供的担保财产。"至于何为有利于执行,司法解释对此并未作进一步的规定。在2005年1月1日实施的《最高人民法院关于人民法院民事执行中查封、扣押、冻结财产的规定》

第31条,解除查封的规定为:"有下列情形之一的,人民法院应当作出解除查封、扣押、冻结裁定,并送达申请执行人、被执行人或者案外人:……(五)被执行人提供担保且申请执行人同意解除查封、扣押、冻结的。"由于上述法律规定的混乱,对于解除查封事宜,司法实践中认为除非被查封一方提供了与诉讼请求一致的现金,否则必须征得对方同意才能解除。作为对抗的双方,原告查封被告财产的目的就是在一定程度上控制被告的财产,除非以银行存款置换,否则原告根本不可能同意。以银行存款进行查封置换,不但增加了被查封人的负担,而且还影响了现金的流通性,减损了社会创造力。该条规定在司法实践中缺乏可行性。

最高人民法院在对十三届全国人大一次会议第5054号关于完善财产保全有关机制的建议答复中指出:2016年全国法院保全案件立案418351件,结案390288件;2017年全国法院保全案件立案771488件,结案751179件。根据各地法院回馈的情况,已实施诉讼保全的裁判案件在执行中基本上得到较好的执行,产生了良好的社会效果。全国法院执行案件实际执结率2017年比2016年提高了7.34个百分点。可见在诉讼中涉及保全案件的数量是巨大的,值得就其中存在的普遍性问题进行统一规定。

造成财产保全解封条件不一的原因首先在于没有正确认识财产保全的作用。财产保全是案件得以有效执行的一种保障,财产保全并不代表被保全对象在法律上没有胜诉的可能。其次没有平等对待双方权益,在为申请人减负的同时,没有同等为被申请人减负,特别表现在要求被申请人置换的担保有利于执行。这实际上对被告存在败诉推定,对原告存在胜诉肯定。申请人在为申请执行提供担保时,并没有此项要求,从平等的角度,对被申请人也不应当有此要求。从财产的等值角度,银行存款和不动产等均有财产的属性,但对于被执行人生产经营来说是截然不同的。如果查封被申请人银行账户,会带来两个方面的直接危害,第一是存款无法使用,影响资金周转。第二影响银行对被申请人的征信。我们就曾经多次遇到由于查封银行账户影响企业融资的案例。既然允许申请人委托保险公司提供保函作为担保,则应同等对待被申请人,被申请人同样可以申请担保公司出具保函进行置换。在置换财产的方式上应多样化,包括银行存款、动产、不动产、保险公司保函,否则等于否定动产、不动产的财产属性。对等对待被查封一方对于查封财产的置换符合公平精神,只要被查封方提出以对等的担保财产进行置换,人民法院就应当解除对被保全财产的查封,无须征求原告的同意。尽管解封在一定程度上影响执行,但提升案件的执行率,不应以牺牲公平为代价。

3.不得主动适用诉讼时效制度

根据法律的规定,诉讼时效应由被告进行主张,如果被告没有主张,法官不得主动适用诉讼时效制度。虽然法律对此有明文规定,但有些法官基于"轻程序,重实体"的理念,在被告没有提出诉讼时效抗辩时,主动提醒被告诉讼时效事宜。还有些案件,虽然被告提出了诉讼时效进行抗辩,但被告提出的诉讼时效理由不能成立,法官从另外的角度为被告寻找理由,并据此判决驳回原告的诉讼请求。此时法官完全违背了中立的地位,变成被告的代言人了。实际上这种做法也违背"不诉不理"的辩论规则,即法院判决的内容应以双方争议的内容为限,不得自行援引其他内容进行判决。

4.依法适用先行判决

《民事诉讼法》第153条明确规定,对于一部分事实已经清楚的案件可以适用先行判决。先行判决的适用对于及时处理纠纷,节约当事人诉讼成本具有显著的作用。我们曾经代理的一个案件,对方在起诉公司的过程中,为了宣泄不满情绪,将公司员工(为该项目的经办人,非法定代表人)作为被告予以起诉。根据法律的规定,该员工履行的是职务行为,相应法律责任由用人单位承担,员工不是适格的被告。而且,原告委托律师进行诉讼,律师熟知该项法律规定,原告起诉员工是故意滥用诉权的表现。我们请求法庭查明事实,先行作出驳回原告对于被告公司员工起诉的判决。法院没有采纳员工的意见,仍多次通知员工参与开庭质证等。法官这种漠视员工申请的行为,迫使员工多次请假前来开庭,严重违背了善意司法的原则。

根据2019年3月25日下午5时查询中国裁判文书网的结果,此时民事案件的裁决文书共41033683份,在高级搜索全文检索项中键入"先行判决",显示的裁判文书数量为5616份。在民事案件高级检索判决结果检索项中键入"先行判决",搜索出的判决文书仅为9份。上述数据说明先行判决在审判实践中的适用极少。从主文检索仅有5616份裁决书涉及"先行判决"内容,这一数据说明当事人申请要求适用先行判决的不多。根据仅有9份判决书适用"先行判决"的结果,法官适用先行判决制度的就更少。法官在审判实践中缺乏适用先行判决的主动性,这种主动性的缺乏是否与结案考核有关不得而知。因为先行判决并不构成对整个案件的结案,不利于提高法官的结案率。对保护当事人合法权益行之有效的先行判决制度,在司法实践中却遭受如此冷遇,其中缘由不得不令人深思。

(三)坚持法律适用统一性原则——同案同判

同案同判包含四层含义,首先在我国大陆地区的法域内,适用法律应保持一致。人民法院在审判案件时,应当根据事实及统一的法律规定进行判决,不应选择性、片面性地适用法律。其次,同一名法官在任何时期对类似案件所持的法律观点应是一致的,作出的判决结果也应当是一致的,除非立法发生变化(比如普通诉讼时效由《民法通则》规定的两年改为《民法总则》规定的三年)。不应当在判决此案时持此观点,判决相似案件时又持不同的观点,这是极其不严肃的,有恣意司法甚至以权谋私的嫌疑。即使此观点与彼观点存在交叉之处亦不应如此判决。当前的裁判文书全部公开上网,公众可以查询到任一法官任何时期的判决,可以很方便地作出比较。再次,法官作出的判决应参照最高人民法院公布的指导案例。[①]《最高人民法院发布案例指导工作规定实施细则》(法〔2015〕130号)第9条、第10条、第11条对于参照的内容作了进一步的详细规定,[②]而且要求审判人员在审理案件时应当主动查找适用指导案例,对于代理人提出的指导案例应进行是否采用的响应。这些规定进一步强化了指导案例在审判实践中的指导,有助于提高法律适用的统一性。

虽然我国不是实行判例法的国家,基于法律适用的统一性,法院对于相同案件的判决结果应当一样,即同案同判。同案同判对司法公信力的确立具有极大的作用。由于法律的专业性和个案的差异性,普通民众无法对法院判决的正确性擅自揣测,通常对判决具有较大的崇拜性和接受度。但如果同案不

---

① 《最高人民法院关于案例指导工作的规定》(法发〔2010〕51号)第7条:最高人民法院发布的指导性案例,各级人民法院审判类似案例时应当参照。

② 《最高人民法院发布案例指导工作规定实施细则》(法〔2015〕130号)第9条:各级人民法院正在审理的案件,在基本案情和法律适用方面,与最高人民法院发布的指导性案例相类似的,应当参照相关指导性案例的裁判要点作出裁判。第10条:各级人民法院审理类似案件参照指导性案例的,应当将指导性案例作为裁判理由引述,但不作为裁判依据引用。第11条:在办理案件过程中,案件承办人员应当查询相关指导性案例。在裁判文书中引述相关指导性案例的,应在裁判理由部分引述指导性案例的编号和裁判要点。公诉机关、案件当事人及其辩护人、诉讼代理人引述指导性案例作为控(诉)辩理由的,案件承办人员应当在裁判理由中回应是否参照了该指导性案例并说明理由。

同判,基于直观性和逻辑推理,公众普遍坚信两份判决中必有一份是错的,这种情况严重损害司法的公正性、权威性。最高人民法院刘贵祥法官在全国法院民商事审判工作会议中指出,司法实践要坚持同案同判思维。任何一个判决,都应当作为解决此类纠纷确立的普遍性规则。审判人员在进行裁决时应主动检索,适用已经形成的规则。① 在适用时不应该有所区别,更不应该截然相反。法院的生效判决对司法实践具有重要的参考作用,截然相反的判决将使审判人员在判决此类案件时无所适从。例如,2015年中期,深圳二手房价格飞涨。由于从签约到赎楼、申请贷款、过户尚需2~3个月的时间。在双方办理手续的过程中房价已经悄悄上涨几十万元甚至几百万元。在巨大的利益面前,信守合同、履行承诺显得不堪一击。房价的飞速上涨引发了大量卖方违约潮。买方为维护自身合法权益纷纷向法院提起诉讼,要求追究卖方的责任。买方的诉求有两类,一类是要求过户,一类是要求赔偿。在是否过户方面,有些法官判决支持过户,②有些法官判决不支持过户。在判决赔偿方面,有些法官判决双倍返还定金,有些法官判决按房款的20%作为违约金,有些判决房屋增值部分作为违约金。一时间,各类不同判决极大地影响了法律适用的统一性。

对于持有发票是否代表已经付款,也存在同案不同判的情形。在最高人民法院作出不同判决以前,各地法院原则上均认为发票不具有直接证明款项已经支付的作用。③ 江苏南通二建集团有限公司(以下简称南通二建)与新疆创天房地产开发有限公司(以下简称新疆创天)建设工程纠纷案。④ 其中有一笔款项244万元,南通二建主张新疆创天没有支付,新疆创天主张已经支付了,是以现金方式支付的,证据见南通二建向其开具的发票。新疆维吾尔自治区高级人民法院经审理后认为,新疆创天以发票主张款项已经支付的事实不

---

① 王茜、梁书斌:《最高法:要在民商事审判中统一裁判尺度》,中国法院网,https://www.chinacourt.org/article/detail/2019/07/id/4151386.shtml,下载日期:2019年8月27日。

② 周某诉吕某房屋买卖合同纠纷案(深圳市宝安区人民法院[2015]深宝法民三初字第721号)、邬某诉韩某房屋买卖合同纠纷案(深圳市中级人民法院[2015]深中法房终字第652号)。

③ 赵毅:《仅凭发票不能作为已付款凭证》,河北法院网,http://www.hebeicourt.gov.cn/public/detail.php?id=15638,下载日期:2019年6月13日。

④ 江苏南通二建集团有限公司与新疆创天房地产开发有限公司建设工程纠纷案(最高人民法院[2005]民一终字第82号)。

能成立。最高人民法院在二审时却认为,双方争议的244万元款项应当认定为创天公司已经支付给南通二建公司。创天公司持有南通二建为其开具的收款发票。发票应为合法的收款收据,是经济活动中收付款项的凭证。双方当事人对244万元发票的真实性没有提出异议,创天公司持有发票,在诉讼中处于优势证据地位,南通二建没有举出有效证据证明付款事实不存在。一审法院认为发票只是完税凭证,而不是付款凭证,不能证明付款事实的存在,曲解了发票的证明功能,应予纠正。该案至今虽然尘埃落定,但关于该案的讨论从未停止。有支持的,有反对的。鉴于该案中的一些观点与社会实际紧密相关,最高人民法院的判决值得进一步商榷。

首先,人民法院审理案件不能违背常理。根据常理,公司经营实践中有付完款再开发票的,也有先开发票后付款的。一方持有发票就认为已经支付款项,这个观点不符合常理。

其次,对于是否付款不应舍近求远,舍直接求间接。是否付款的直接凭证是银行转账记录,不是发票。且本案金额巨大,现金付款没有相应现金来源,缺乏证据证明。

再次,要求南通二建举证证明付款事实不存在明显违背举证的基本原理。证据仅能证明一项存在的事实,无法证明不存在的事实。最高人民法院在审理案件的过程中错误地分配了举证责任。

最后,法院的判决不能脱离日常经验生活法则。商业活动中的付款方式一般有现金、银行转账、支票等方式。除非双方在合同中明确约定以现金方式付款,否则持有人民币244万元现金不合常理。该金额不是一个小数目,如果新疆创天主张以现金的方式支付,那么现金从何而来?是否有取款凭证?现金是如何提交的?这些问题新疆创天并没有予以说明。

此后,最高人民法院又发布了《关于审理买卖合同纠纷案件适用法律问题的解释》(法释[2012]8号)第8条规定:"出卖人仅以增值税专用发票及税款抵扣资料证明其已履行交付标的物义务,买受人不认可的,出卖人应当提供其他证据证明交付标的物的事实。合同约定或者当事人之间习惯以普通发票作为付款凭证,买受人以普通发票证明已经履行付款义务的,人民法院应予支持,但有相反证据足以推翻的除外。"该文件的发布纠正了上述错误认定,发票不再作为交货或付款凭证。

在交易实践中存在先开发票后付款的情况,也有先付款后开发票的情况,还有钱票实时两清的情况。除非有丰富的收款、结算的实践经验,依靠法官的日常经验法则,法官较容易接受的是后两者情形。因为基于权利保护,法官会认为没有收到款可以不开票,或者类似于吃饭、购物,都是钱票两清,开票即视为付款。对于市场地位,法官缺乏直接认识。事实上,市场地位对于当事人的行为具有巨大的影响。除非特别垄断的行业或稀缺的产品,一般来说买方市场居多,即付款人更具有主动权。如果他要求先开票后付款,卖方只得先开票。这就会出现发票已开,对方的款项还没付的情况。经验丰富的财务人员在开具发票(收据)时,如果没有实际收到款项,备注栏写明"款未收到,以银行转账为准"等字样。在诉讼发生时,是否付款的事实就比较容易认定。如果财务人员不够专业、谨慎,不排除法院以开具发票为由认定款项已经支付。

为顺应公众对"同案同判"的期盼,2019年10月28日,最高人民法院适时发布了《关于建立法律适用分歧解决机制的实施办法》(法发〔2019〕23号)。发布该文件是"为统一法律适用和裁判尺度,树立与维护人民法院裁判的公信力"。这进一步说明我国司法机关对于法律适用统一性的重视。

(四)正确行使释明权(履行释明义务)

笔者于2019年3月28日登录中国裁判文书网,在"民事案件"中通过高级检索全文搜索"释明",搜索到的裁判文书数量为643522份;键入"释明义务",搜索到的裁判文书数量有5368份,键入"释明权",搜索到的裁判文书数量有9553份。可见在我国的司法实践中,在"释明"、"释明权"或"释明义务"这三个词中,最常用的是"释明",较少用"释明权"或"释明义务"。

事实上,在我国的司法语境中,这三个词的含义表达的是同一个意思,是指法官在审理案件时,指引当事人依法正确地主张权利。它虽然被称为释明权,实质上是一项法官的义务。如果法官违背这项义务,怠于释明或释明不当,在二审程序中其法律后果应当是发回重审。根据张卫平教授的考证,"释明"是一个外来语,来自日本。而日本关于释明的规定又源自德国。《日本民事诉讼法典》第149条规定了释明权,裁判长为使诉讼关系明确,关于事实上及法律上的事项可以向当事人发问或促其举证。《德国民事诉讼法》第139条规定了法官的释明义务,该条共5款,规定的内容非常详细,规定了对重要事实应进行释明。我国立法没有关于释明权定义的直接规定,通说认为主要的依据为最高人民法院颁布的《民事证据规定》第53条第1款:"诉讼过程中,当事人主张的法律关系性质或者民事行为效力与人民法院根据案件事实作出的认定不一致的,人民法院应当将法律关系性质或者民事行为效力作为焦点问题进行审理。但法律关系性质对裁判理由及结果没有影响,或者有关问题已经当事人充分辩论的除外。"第 4 条规定:"一方当事人对于另一方当事人主张的于己不利的事实既不承认也不否认,经审判人员说明并询问后,其仍然不明确表示肯定或者否定的,视为对该事实的承认。"该条是关于拟制自认问题的规定,此处"经审判人员充分说明并询问后"即指释明。不过这些规定在具体适用时并没有引起统一的认识,在适用中意见不一。

根据该司法解释的标题《关于民事诉讼证据的若干规定》,容易让人产生该规定仅是针对证据的,适用于举证、质证等内容。从通篇所包括的举证、人民法院调查收集证据、举证时限与证据交换、质证、证据的审核认定这五大内容,该规定与释明权无关。颁布该规定的目的是"为保证人民法院正确认定案件事实,公正、及时审理民事案件,保障和便利当事人依法行使诉讼权利,根据《民事诉讼法》等有关法律的规定,结合民事审判经验和实际情况,制定本规定"。该目的与释明权的设立目的一致。释明权的本质就是使案件获得正确的裁判。为便于探讨释明规则在司法实践中的运用,我们尝试结合最高人民法院作出的相关具体判决进行说明。

案例 1:"浙江中成建工集团有限公司与陈中林建设工程分包合同纠纷再审案"[①]。该案申请人申请再审的理由之一是被申请人的起诉超过诉讼时效。最高人民法院经审查后作出的裁定认为,申请人一审时未提出本案起诉超过诉讼时效进行抗辩,一审法院未予主动适用诉讼时效制度符合法律规定。二审程序中申请人虽然提出诉讼时效抗辩事宜,由于申请人在一审法院审理时并未提出诉讼时效抗辩,根据法律的规定,除非基于新的证据,否则二审法院对于诉讼时效抗辩不得再予以支持。二审法院不予支持其上诉请求符合相应的法律规定,最高人民法院遂作出驳回其再审申请的裁定。

案例 2:"广西嘉美房地产开发有限责任公司与杨伟鹏商品房买卖合同纠纷再审案"[②]。最高人民法院在再审程序中向杨伟鹏释明,要求其对于款项的性质予以说明,否则应承担相应的不利后果,杨伟鹏仍以该款涉及商业秘密违

[①] 浙江中成建工集团有限公司与陈中林建设工程分包合同纠纷再审案(最高人民法院[2014]民申字第 718 号)。

[②] 广西嘉美房地产开发有限责任公司与杨伟鹏商品房买卖合同纠纷再审案(最高人民法院[2013]民提字 135 号)。

约拒绝说明。最终法院判决支持申请人再审请求,被申请人承担了不利的法律后果。

案例3:"窦存平与嘉峪关市瑞华冶金材料有限责任公司、殷耀文等买卖合同纠纷再审案"。① 最高人民法院经审查后认为,尽管申请人在起诉时表达不够准确,但一、二审法院简单驳回其诉讼请求有失公允,一、二审法院应向其释明。鉴于一、二审判决书中均没有释明内容的记载,最高人民法院裁决申请人再审理由成立,指令甘肃省高级人民法院再审。

从上述三个案例可以归纳出我国司法实践中对释明规则的适用具有如下特点。

其一,释明制度适用的程序。根据上述三个案例的内容,释明制度适用于所有审判程序,包括一审、二审、再审程序。根据两审终审制的要求,释明应当在一审时予以适用。虽然二审、甚至再审均可以适用,如果一审法院没有释明,二审法院应据此发回重审。如果二审法院也没有予以释明,再审法院应据此指定再审。如果直接改判,将违背两审终审制的法律规定。故此,释明应当在一审程序进行时完成。

其二,释明是法官的一项法定义务,案例3说明如果法院没有依法进行释明,案件因违反程序而需要再审。

其三,设立释明义务的目的是引导当事人正确维护合法权益,以便法院作出正确的判决,从而节约司法资源,化解社会矛盾。我国并没有实行律师强制代理制,有相当一部分案件没有律师参与代理。这些案件的当事人主张的法律关系,难免与法院根据证据材料认定的法律关系不一致。在这种情况下,当事人的诉讼请求就难以得到支持。从纯粹的当事人主张角度出发,法院驳回其诉讼请求没有任何问题,但诉讼作为解决社会矛盾的作用并未得到体现。相反,由于当事人的纠纷没有得到解决而产生了新的社会矛盾。"不对当事人放任不管",当事人在诉讼活动中存在不明确或可疑时,法院可以要求当事人予以释明,敦促当事人主张事实,提交证据,从而实现公正的裁判。②

其四,释明的界限。释明的界限一方面要求法官对存疑的事项进行释明,

---

① 窦存平与嘉峪关市瑞华冶金材料有限责任公司、殷耀文等买卖合同纠纷再审案(最高人民法院[2016]最高法民申字第1901号)。

② [日]高桥宏志:《民事诉讼法:制度与理论的深层分析》,林剑锋译,法律出版社2003年版,第357~358页。

另一方面法官在进行释明时应保持必要的限度,不失法官的中立性。除了诉讼时效不得主动释明外,关于释明权的界限并没有明确的规定。这就要求法官恪守诚实信用原则,严格遵循释明的界限。同时,法官在释明时应考虑当事人的接受程度,不能超越当事人的处分权。法官释明后,是否变更事实理由及诉讼请求由当事人自行决定。

第二节 诚信原则对检察机关及检察官的适用

2018年修订的《中华人民共和国人民检察院组织法》第2条、第4条规定:人民检察院是国家的法律监督机关;人民检察院依照法律规定独立行使检察权,不受行政机关、社会团体和个人的干涉。各级人民检察院依法行使监督、检察职权。2019年修订的《检察官法》第2条、第6条、第12条规定,检察官是依法行使国家检察权的检察人员;检察官依法履行职责,受法律保护;检察官的职责是依法进行法律监督工作,代表国家进行公诉,对法律规定由人民检察院直接受理的犯罪案件进行侦查,法律规定的其他职责;检察官职务的任免,依照宪法和法律规定由全国人大及其常务委员会,地方各级人大及其常务委员会按相应的任免权限和程序办理。由此可见,检察机关与检察官的关系既有关联性,又有独立性,这种独立性的来源是法律的直接规定。尽管如此,在监督程序中,检察机关的地位相对突出,检察官个人的作用更多地体现在检察机关的职责中。根据2017年新颁布的《民事诉讼法》,立法机关赋予了检察机关更大的监督职能。十八届四中全会通过的《中共中央关于全面推进依法治国若干重大问题的决定》提出:要"完善检察机关行使监督权的法律制度,加强对刑事诉讼、民事诉讼、行政诉讼的法律监督"。近年来,检察机关在民事诉讼中发挥了越来越重要的作用。

一、检察机关对民事诉讼监督的现状

近三年最高人民检察院在全国人大会议上所作的工作报告显示,最高人民检察院对民事诉讼监督非常重视,突出解决了"套路贷"、"虚假诉讼"问题,净化了诉讼环境,维护了司法权威。

最高人民检察院2017年的工作报告显示:全国各级人民检察院对认为确有错误的民事、行政生效裁判文书及民事调解书提出抗诉3282件,再审检察建议2851件,对民事行政审判程序中的违法情形提出检察建议13254件,对民事执行活动提出检察建议20505件。全国各级检察机关重点加强对虚假诉讼民事案件的监督:对民间借贷、企业破产等虚假诉讼高发领域共提出2017件"假官司"的监督意见,对涉及民事虚假诉讼的职务犯罪案件合计立案146件。

最高人民检察院2018年的工作报告显示:对认为确有错误的民事行政生效裁判、调解书提出抗诉2万余件、再审检察建议2.4万件,对审判程序中的违法情形提出检察建议8.3万件,对民事执行活动提出检察建议12.4万件。针对民间借贷、企业破产、房屋买卖、驰名商标认定等领域,为谋取不正当利益打"假官司"问题,开展虚假诉讼专项监督。重点监督"规模性造假"和中介服务机构"居间造假",2016年以来共向人民法院提出抗诉或再审检察建议3877件,对构成犯罪的起诉452人。

最高人民检察院2019年的工作报告显示:共提出民事抗诉3933件,同比上升25.1%,法院已审结1982件,其中改判、发回重审、调解、和解撤诉1499件;提出再审检察建议4087件,同比上升32.1%,法院已启动再审程序2132件。最高人民检察院对33件典型案件提出抗诉,同比上升6.5%。就监督案件反映出的民事公告送达不尽规范问题,向最高人民法院发出检察建议,得到积极响应。严惩虚假诉讼,会同最高人民法院制定相关司法解释,监督纠正1484件"假官司",同比上升48.4%;对涉嫌犯罪的起诉500人,同比上升55.3%。监督、支持法院依法执行。对选择性执行、超范围查封扣押等违法情形提出检察建议23814件,同比上升12.7%;对拒不执行判决裁定情节严重的,批捕2376人,同比上升36.9%。

根据上述数据,可以说明检察机关对于虚假诉讼案件的监督是非常重视的,并且取得了良好的实际效果。

二、检察机关监督民事诉讼的特点

(一)检察机关监督的案件数量偏少

检察机关对民事案件监督的数量逐年上升,但相对于人民群众对案件的满意度以及人民法院每年受理1000余万件案件而言数量仍然偏少。这个偏少的比例不足以说明人民群众对民事案件判决的满意度,只能说明民事案件得到检察机关的监督仍存在极大的困难。

(二)个案监督效果显著

检察机关监督案件的受理率、改判率高。受理率达 100%,改判率将近 50%。这是检察机关在监督案件中发挥的重要作用的体现,这也吸引当事人越来越愿意通过检察机关进行维权。对案件改判的比例说明检察机关对监督案件的效果是显著的,同时说明检察机关对监督案件的把关是严格的。检察机关不轻易监督,监督的案件必然符合受理的条件。

(三)以典型案例指导监督实践

最高人民检察院通过发布典型案例的方式指导民事案件的监督实践。2018 年 10 月 25 日,最高人民检察院发布民事诉讼和执行活动法律监督典型案例。这些案件涉及裁判结果监督,虚假诉讼监督,虚假仲裁监督,执行监督案例,审判、执行人员违法行为监督,化解矛盾案例等。许多指导案件发挥了重要的示范作用,特别是虚假诉讼案,媒体有许多关于高利贷为非作歹、虚假诉讼的报道。如果没有检察机关的监督,很难认定这些案件中的端倪。2018 年 12 月 25 日,最高人民检察院发布检察公益诉讼十大典型案例。

但也有些案件,最高人民检察院作为指导案例发布后,不但没有起到积极作用,反而产生了不利的影响。2018 年 10 月 25 日,最高人民检察院发布 6 起民事诉讼和执行活动法律监督典型案例,其中有一起审判人员丁某违法案,检察机关就主审法官丁某违反回避规定事宜向区法院发出检察建议,区法院作出回复:系书记员笔误。市检察院经调查核实,发现本案与丁某的父亲丁某作(区法院原副院长)此前办理的一起支付令案件有关。该案系以丁某母亲名义提起的虚假诉讼,系丁某作为实现上述案件当事人给予 10 万元好处费的许诺。检察机关遂对丁某作立案侦查,丁某作被判处有期徒刑 1 年,缓刑 1 年 6 个月。经继续深入调查,又发现其他 5 名审判人员违法审判的问题,相关人员均受到党纪、政纪处分。原民间借贷纠纷案也在检察机关发出再审检察建议后得以改判。[①]

[①] 《最高人民检察院发布 6 起民事诉讼和执行活动法律监督典型案例》,北京市人民检察院,http://www.bjjc.gov.cn/bjoweb/sfyj/100824.jhtml,下载日期:2019 年 11 月 12 日。

该民间借贷的错案虽然得到纠正,但这个案件对相关审判人员的处理力度不够。首先,丁某作为执法者违反法律,严重损害司法的公信力,对其适用缓刑依据不足。其次,面对检察机关的监督,法院没有对案件进行认真调查,足以说明法院面对监督不够重视的,企图搪塞了事,视监督为儿戏。但法院经办此事的具体负责人并没有受到任何惩罚。再次,相关人员的行为明显涉及违法犯罪,仅对其予以党纪、政纪处分是不够的,与其行为的违法性以及造成的恶劣影响严重不符。这个案例的处理结果容易使人产生检察机关对法院的监督是软弱的,在处理结果上难以体现监督的严肃性。

三、检察主体适用诚实信用原则的内容

(一)坚持全程监督

根据《民事诉讼法》第 14 条的规定,"人民检察院有权对民事诉讼实行法律监督"。人民检察院对民事案件的监督包括对整个诉讼程序进行监督。相对于对生效法律文书的事后监督,在案件审理过程中的监督更具有积极意义。只要程序设置得当,这种监督并不会影响对案件的审判。当事人要求对案件审理过程的监督必须经检察机关初步审核,检察机关监督的形式主要限于书面监督,该书面监督作为日后司法机构是否存在相应违法行为的依据。

鉴于立法对于检察机关如何启动监督程序并无详细的规定,实践中当事人申请启动监督程序相对较难,这就要求检察机关本着诚实信用原则,对于该启动监督的案件,应及时、迅速地启动监督程序。

(二)积极推进公益诉讼

《民事诉讼法》第 55 条规定的公益诉讼,对整个社会的健康发展具有积极意义。各地检察机关认真履行相应职能,积极提起公益诉讼,成为推进公益诉讼的主力军。四川省自贡市人民检察院自 2018 年至 2019 年 3 月,共掌握公益诉讼案件线索 180 件,立案 117 件,发出诉前检察建议 101 件,向法院提起刑事附带民事公益诉讼案件 7 件,提起行政公益诉讼案件 2 件。通过公益诉讼诉前检察建议督促治理恢复被损毁国有林地 71 亩、被污染水源地面积 1498 亩,清理被污染水域面积 27 亩,清除处理违法堆放的各类生活垃圾 238 吨,占地面积 620 亩,回收和清理生产类固体废物 2050 吨,收回国有专项资金 300 余万元。河北衡水检察机关积极开展公益诉讼,共立案办理公益诉讼 575

件。其中,涉及生态环境和资源保护405件、食品药品安全110件、国有财产保护37件、国有土地使用权出让7件、英烈保护16件。该市检察机关还在诉前发出公告或检察建议,促使有关主体提起诉讼、行政机关依法履职,及时保护公益,以最少司法投入获得最佳社会效果。全市检察机关共向行政机关发出检察建议501件,已得到整改469件,使更多问题在诉前得以解决。①

---

① 郎海江、翟一杉:《衡水检察机关立案公益诉讼案件575件》,河北新闻网,http://hebei.hebnews.cn/2019-04/03/content_7378289.htm? from=groupmessage,下载日期:2019年6月11日。

第五章　诚实信用原则对其他诉讼参与主体的适用

民事诉讼参与的主体众多，前文已经探讨过诚实信用原则对当事人、司法主体适用的问题，本章重点探讨诚实信用原则对其他诉讼主体的适用问题。其他诉讼主体主要包括诉讼代理人（律师和法律工作者）、鉴定人、证人、翻译人员、勘验人员等。律师事务所不是参与案件的诉讼主体，不受民事诉讼诚实信用原则规制。这是因为在民事诉讼过程中，律师事务所除为出庭律师开具公函之外，在诉讼过程中不实施任何具有诉讼上的法律效力的行为，但这绝不等同于律师事务所执业时可以不遵循诉讼中的诚实信用原则。律师事务所违反诚实信用原则应向委托人承担合同责任，司法行政部门亦应对其失信行为进行处罚。对律师、鉴定人进行失信的联合惩戒，可以限制此类失信人继续从事专业活动，防止因其再次失信而造成的社会伤害，强化对失信行为进行处罚的威慑力。[①]

第一节　诚实信用原则对诉讼代理人的适用

诉讼代理人是指接受当事人委托，在法律规定或者当事人授权范围内，以当事人名义代替或协助当事人进行民事诉讼活动，维护当事人合法权益的人。[②] 诉讼代理人分为法定诉讼代理人和委托诉讼代理人。前者代理权的获得基于法律规定，后者则基于当事人的委托。

[①] 沈毅龙：《论失信的行政联合惩戒及其法律控制》，载《法学家》2019 年第 4 期。
[②] 常怡主编：《民事诉讼法学》，中国政法大学出版社 2017 年第 4 版，第 95～96 页。

一、民事诉讼代理制度

因诉讼案件具有很强的专业性,除非受过专门训练的法律界人士,其他人员很难应对繁复的诉讼程序。为维护被代理人的合法利益,保障诉讼的正常进行,许多国家的立法对民事案件诉讼代理人的资格均进行了特别规定。有些国家规定只有律师才能作为诉讼代理人代为进行诉讼,其他民事主体不得作为委托诉讼代理人参与诉讼,此即律师强制代理制,比如德国。①

综合世界各国和地区关于委托诉讼代理人的规定,大体有三种模式。一种是律师强制代理制,即诉讼行为只能委托律师代理,比如德国。一种是混合律师代理制,较高层级法院受理的案件实行强制委托律师代理,其他较低层级法院受理的案件当事人可以自行参与诉讼,比如日本。一种是任意代理制,对被委托人没有律师资格限制,可以委托非律师参与诉讼,当事人本人也可以参与诉讼,比如我国、俄罗斯。即使如此,我国法律规定的非律师代理的诉讼案件的数量及类型极少,本书着重讨论律师作为诉讼代理人对诚实信用原则的适用。

德国立法关于诉讼委托实行的是律师强制代理制,根据《德国民事诉讼法》第二章第四节"诉讼代理人和辅佐人"的规定,②律师强制代理是指在州法院、州高等法院或者联邦最高法院审理的一般民事案件中,当事人在任何程序中都必须委托律师代理,不得自行参与诉讼。由联邦最高法院审理的案件,当事人委托的律师还必须是获得联邦最高法院特别许可的律师,未获得特别许可的律师不得代理在联邦最高法院审理的案件。在部分家庭案件中也要求律师强制代理。对于需要律师强制代理的案件,如果当事人没有可以委托代理的律师,那么依其申请,由法院为其指定,以便保护其合法权益。③

日本的立法大多遵从德国法律,日本法学界将德国法尊称为母法。作为深受德国法影响的日本并没有实行完全的律师强制代理制度,日本关于诉讼委托采取的是混合律师代理制,即在地方裁判所审理的案件不实行律师强制代理制,在地方裁判所以上的法院审理的案件,委托的诉讼代理人必须是律

---

① 张卫平:《民事诉讼法》,法律出版社 2018 年第 4 版,第 171 页。
② 《德国民事诉讼法》,丁启明译,厦门大学出版社 2016 年版,第 16 页。
③ [德]罗森贝克、施瓦布、戈特瓦尔德:《德国民事诉讼法》(第 16 版),李大雪译,中国法制出版社 2007 年版,第 353 页。

师。其目的是依法保护当事人合法权益及保证诉讼程序的顺利进行,但当事人自己也可以参与诉讼活动。① 根据《日本民事诉讼法典》第54条、第60条的规定,非律师可以被委托为诉讼代理人,当事人自己也可以参与诉讼。第55条规定了对于反诉,以及本诉的撤回、和解、请求放弃或认诺,控诉、上告的撤回等应当有当事人的特别授权。② 日本将委托诉讼代理人称为任意代理人,其意应指与法定代表人相比,委托代理人的对象具有可选择性,因而是任意的。

意大利也是实行混合律师代理制的国家。意大利将民事案件的委托代理人称之为辩护人。根据《意大利民事诉讼法典》第82条的规定,当事人本人可以参加治安法官主持的标的不超过1100欧元的案件。对于其他案件,如果没有执业律师的协助,当事人不得参加在地方法院和上诉法院审理案件的诉讼活动。参与最高法院审理的案件,当事人必须委托列入辩护律师名册的律师。③ 第86条规定,如果当事人本人具备必要的辩护能力,无须辩护人的协助即可参与诉讼。

根据《俄罗斯民事诉讼法典》第48条、第49条、第50条、第51条的规定,俄罗斯实行的诉讼代理是任意代理制。当事人可以自行参与诉讼,可以委托律师代理,也可以委托非律师进行代理。④

在我国台湾地区,律师和非律师均可以被委托为诉讼代理人,但委托非律师作为诉讼代理人应得到审判长的许可。且在案件审理过程中,作为非律师的诉讼代理人如果被审判长认为诉讼行为不合时宜,那么审判长可以随时撤销这种许可。⑤ 这实际上偏向于律师强制代理制,因为立法虽然规定非律师也可以被委托为诉讼代理人,但作为委托人,不希望由于诉讼代理人有随时被撤销的可能而使委托人的授权处于不确定的状态,一般会考虑委托律师作为诉讼代理人。

我国澳门地区的民事诉讼实行律师强制代理制,其具体内容有独特之处。

---

① [日]高桥宏志:《民事诉讼法:制度与理论的深层分析》,林剑锋译,法律出版社2003年版,第185页。
② 《日本民事诉讼法典》,曹云吉译,厦门大学出版社2017年版,第23~24页。
③ 《意大利民事诉讼法典》,白纶、李一娴译,中国政法大学出版社2017年版,第31页。
④ 《俄罗斯民事诉讼法典》,程丽庄、张西安译,厦门大学出版社2017年版,第18~19页。
⑤ 齐树洁主编:《台港澳民事诉讼制度》,厦门大学出版社2014年第2版,第76页。

一般案件均需委托律师代理,在非讼事件过程中,没有委托律师的限制,但上诉阶段必须委托律师代理。如果必须委托律师的当事人未能委托律师,法庭可以依职权为其指定,否则视情况驳回起诉,或不得进行上诉,以及防御行为不产生法律效力。[①]

我国大陆立法采取的是任意代理制,即既可以委托律师,也可以委托非律师,当事人自己也可以参与。《民事诉讼法》第58条、第59条,以及《民事诉讼法司法解释》第85条至第88条规定,民事诉讼代理人包括律师、法律工作者、其他符合法律规定的公民。在司法实践中,后两者在代理民事诉讼时有许多限制,比如地域限制、法律关系限制等。这使得后两者代理的民事案件数量较少,实践中民事诉讼代理人主要是指律师。本节我们主要探讨的是,律师参与民事诉讼时适用诚实信用原则事宜。我国实行的任意代理制与我国的社会实际情况密不可分。律师制度在我国的历史比较短暂,自晚清时才开始引进,但未及实施。律师制度真正得以发展是新中国实行改革开放政策以后。任意代理制确实不利于诉讼的及时、高效推进,但律师强制代理制会增加当事人的负担。两厢比较,任意代理制更适合我国国情。对于任意代理制,2012年修订的《民事诉讼法》对于公民代理进行了适当的调整,对公民代理进行一定程度的限制,以提高诉讼代理的专业性。参照混合代理制,我国司法行政部门曾经尝试对律师进行分级评定,以此作为不同级别的律师在相应级别法院代理案件的许可依据。律师等级的依据为律师的学历、执业年限、专业能力、执业纪律与执业道德等。但律师界普遍不接受这种分级评定的方法,认为律师级别应由市场来决定。故此,该提议历经多年仍未能真正实施。

对是否采取律师强制代理制,各国的立法是谨慎的,这关系到该国的社会实际、法律文化传统以及相应的诉讼制度。在实行律师强制代理制的国家,如果没有律师的参与,相应的诉讼制度无法正常运作,甚至会伤害到不具备法律专业知识的当事人。即这些国家的法律制度决定了必须采取律师强制代理制。

实行强制答辩制的国家必须采取律师强制代理制。强制答辩制要求被告在法定的时限内,对原告起诉的事实进行实质性响应。包括自认、反驳或另行

[①] 中国政法大学澳门研究中心、澳门政府法律翻译办公室编:《澳门民事诉讼法典》,中国政法大学出版社1999年版,第26~29页。

主张事实。《英国民事诉讼规则》第 15.4 条第 1 款规定的答辩期是 14 日,最长可以为 28 日。① 如果被告没有按期进行答辩,法院就可以支持原告的诉讼请求,原告可以取得缺席判决(缺席之意是指缺少被告的答辩)。此处的缺席判决与我国法律规定的缺席审理不同。我国的缺席审理是指即使被告不按法院通知的时间到庭参与诉讼,人民法院仍有权依法继续审理案件。在这种诉讼模式下,如果被告不委托律师,根本无从知晓强制答辩制度,或者即使知道强制答辩制度也无法按法律规定进行答辩。强制答辩的诉讼制度决定了实行律师强制代理制是必须的选择。

而且,这些国家的法律为律师强制代理制的有效运行设计了相应的促进制度。比如律师费转付制度,该项制度的设立为律师强制代理制提供了有力保障。律师强制代理制的有利之处是可以使当事人获得更加专业的法律服务,弊端是增加当事人的经济负担。律师费转付制度规定律师费由败诉方承担,这就确保当事人聘请律师时无后顾之忧。当事人唯一要考虑的是,自己的主张是否实事求是、有理有据。只要据实起诉、应诉,最终无须承担任何律师费。这些制度的实施彰显了对恪守诚信予以肯定的价值观。

《德国民事诉讼法典》的不断修订使得程序日益复杂和专业,以至于难以为普通人所理解。② 法律的专业性促进律师强制代理制的实施,律师费转付制度为律师强制代理制的实施提供了保障。民事诉讼的各个制度之间相互配合,相互促进,犹如一台精密的机器协调运转。

鉴于民事诉讼的专业性,尽管我国民事诉讼并未实行律师强制代理制度,大多数民事案件的当事人均委托律师进行代理。同时,我国实行的法律援助制度,要求律师每年均应接受司法行政部门的指派,承办一定数量的法律援助案件。律师在承办法律援助案件时,对当事人免收律师费,仅由司法行政机关给律师支付一定金额的交通、通信等办案补助,以此作为履行一定社会义务的体现。这样,大量无力承担律师费的群体可以无偿获得专业律师提供的法律服务,这进一步提高了民事案件的律师代理比例。2018 年,全国律师办理各类法律事务 1068 万多件。其中,办理诉讼案件 497.8 万多件,办理非诉讼法律事务 105.8 万多件,为 70 万多家党政机关、人民团体和企事业单位担任法

---

① 《英国民事诉讼规则》,徐昕译,中国法制出版社 2001 年版,第 73~74 页。
② 《德国民事诉讼法典》,丁启明译,厦门大学出版社 2016 年版,译者前言,第 4 页。

律顾问。2018年,律师共办理各类诉讼案件497.8万多件,其中刑事诉讼辩护及代理81.4万多件,占诉讼案件的16.36%;民事诉讼代理396.9万多件,占诉讼案件的79.72%;行政诉讼代理16.5万多件,占诉讼案件的3.3%;代理申诉2.9万多件,占诉讼案件的0.58%。2018年,律师共提供各类公益法律服务127.2万多件(不含村居法律顾问提供法律服务数),其中办理法律援助案件81.3万多件,参与接待和处理信访案件31.1万多件,参与调解13.3万多件,参与处置城管执法事件1.3万多件。律师为弱势群体提供免费法律服务108.1万多件,为60多万个村(居)担任法律顾问,建立村(居)法律顾问微信群27万多个。①

二、诉讼代理人适用诚实信用原则的内容

诉讼代理人的代理权来自当事人的授予,因此,当事人适用诚实信用原则的内容均适用于诉讼代理人。另外,基于代理行为的特殊性,诉讼代理人适用诚实信用原则的内容与当事人又有一定的不同之处。

(一)促进诉讼进行的义务

在民事案件中,基于律师职业道德和执业纪律,律师一般不会直接故意拖延诉讼。但有些行为间接拖延了诉讼,比如不按法定期间提交答辩意见。虽然根据法律的规定,未在法定期间提交答辩意见并不影响审判的进行,但如果答辩状主张的事实与原告主张的事实截然相反,这必然需要原告继续举证。原告的继续举证必然又引起被告的再次举证,这样无形中拖延了诉讼进程。特别是我国立法并没有明确的促进诉讼进行的相关规定,也没有促进诉讼进行的相应配套措施,这使得拖延诉讼无须承担任何法律责任。

(二)对证据的质证意见应尊重客观事实

1.质证意见应符合常理

笔者曾代理过一个涉及转业军人家属退休待遇事宜的案件,家属起诉后,被告没有在法定期限内提交书面答辩意见,原告无法针对被告的答辩意见准备相应的材料。原告自信地认为,她已经在那家公司工作十余年时间,在基本

---

① 司法部:《2018年度律师、基层法律服务工作统计分析》,司法部政府网,http://www.moj.gov.cn/Department/content/2019-03/07/613_229828.html,下载日期:2019年4月5日。

事实上估计不至于被对方否认。至于法院是否支持自己的诉讼请求，原告表示到时尊重法庭意见，即使判决案件败诉也服从。这是一种很善良的心理状态。开庭时，对方没有指派工作人员到场，只是安排律师出庭应诉。对方在开庭时提交的一份书面答辩状中确认了我方主张的部分事实，但就一些关键事实，被告的书面答辩中没有回应。在法庭调查阶段，对方出庭律师当庭对一些关键事实口头予以否认。鉴于此，法官对该案证明事宜及时、正确地予以释明。法官指出按目前原告提交的证据难以证明原告主张的事实，法官指引原告宜进一步举证。原告经回忆，提出曾就此事与被告的办公室主任进行过联系，双方还有微信聊天记录。原告当场从手机中调取了微信记录。法庭指示将手机展示给被告律师质证，被告律师经查阅后，否认该微信聊天记录的真实性。我们认为被告代理人的质证意见明显违背常理，属于虚假陈述。这份证据是当事人在法庭的引导下才找到并当庭提交的，即使原告的代理人此前都没有见过。被告代理人没有向被告进行核实，径行否认该证据的真实性，这种行为明显违背常理，且违背诚实信用原则。就事实问题，除非得到当事人的确认，代理人无权擅自承认或否认。对于本案新出现的事实，代理律师至少应询问当事人意见后再回复。被告代理律师对被告单位是否有蒋姓主任都不知情，直接否认的依据何来？这样的质证意见既不尊重法庭，又不尊重当事人，与法律公平正义的价值背道而驰。原告将会进一步提交证据，也会前往被告单位核实，如果被告确认原告提交的证据，那么被告代理律师应自行承担虚假质证意见，与被告单位无关。"代理人只要有代理权，就不承担行为的后果。"①显然，代理权不包括撒谎的代理，代理人撒谎应自行承担责任。如果被告否认原告主张的事实，日后经查证原告提交的证据属实，那么我们请求法庭依法追究被告虚假陈述的法律责任，与被告代理人无关。同时，如果我方虚假陈述，我们愿意承担相应的法律责任。法官进一步向被告代理律师释明，对于原告方的意见有何响应？是否需要撤回刚才的质证意见，还是与当事人核实后再回复法庭？被告代理律师沉默良久，最终表示撤回刚才的质证意见，待与当事人核实后再回复法庭。

在当事人未出庭，仅有律师代为出庭时容易发生上述情况。不乏有些代

---

① ［德］罗森贝克、施瓦布、戈特瓦尔德：《德国民事诉讼法》(第16版)，李大雪译，中国法制出版社2007年版，第349页。

理律师为了追求案件的胜诉,在质证时完全罔顾客观事实,凡是对方主张的一概予以否认,即使这种否认明显不合常理。此时,法官对于案件的主导非常重要。本案法官正确地进行了释明,从释明的内容上可以感觉到法官对于被告代理人质证意见的不赞同。

2.不得对符合事实的复制件证据材料一概否认

《民事诉讼证据规定》第90条第1款第4项规定,无法与原件、原物核对的复制件、复制品不得单独作为认定事实的根据。这本是对认定事实的谨慎之举,因为复印件容易被伪造,难以确认其真实性。但在司法实践中有些律师将该条的规定演变成了只要是复印件一概不确认其真实性,即使明知复印件所证明的事实的真实性。该法条没有作为谨慎认定事实的依据,却变成了否认事实的堂皇借口,不得不说这种行为严重违背诚信诉讼的本意。对复印件的质证应遵循案件客观事实,除非复印件记载的内容不符合客观事实,否则即使仅有复印件亦应当予以认可。

(三)不得参与虚假诉讼

当前社会影响恶劣的"套路贷"等虚假诉讼,其中不乏律师共同参与甚至炮制的案件。

案例1:"曹一帆、陈寅岗、韩世平诈骗案"[①]。被告人陈寅岗、韩世平、魏伟斌、俞果以虚假债权非法拘禁、敲诈勒索被害人,构成诈骗罪。上海辰禾律师事务所曹一帆律师明知涉案债权虚假仍向上海法院提起诉讼并查封、冻结被害人财产,后得知陈寅岗等人被采取强制措施后才向法院申请撤诉。曹一帆等人以捏造的事实提起民事诉讼,构成虚假诉讼罪。同时,又以非法占有为目的,以提起民事诉讼为手段,通过提供虚假证据,隐瞒真相的方式,意图使法院作出有利于自己的判决,从而获得他人财产,其行为亦构成诈骗罪。根据《中华人民共和国刑法》第307条之1的规定,既符合虚假诉讼罪的构成要件,又构成诈骗罪的,依照处罚较重的规定定罪从重处罚,故应以诈骗罪从重处罚。曹一帆身为律师,利用法律专业知识,与犯罪分子相勾结,妨害了正常的司法秩序,应当酌情从重处罚。曹与陈寅岗等人勾结,积极实施诈骗行为,在共同犯罪中起主要作用,系主犯。曹一帆已经着手实行犯罪,因意志以外的原因而未得逞,系犯罪未遂。综上所述,判处曹一帆犯诈骗罪,判处有期徒刑3年,并

---

① 曹一帆、陈寅岗、韩世平诈骗案(上海市第二中级人民法院[2017]沪02刑终1182号)。

处罚金 6 万元。

案例 2:"郑娟华、林祖阳虚假诉讼案"[①]。被告人林祖阳系福建合伦律师事务所律师。作为职业律师,林祖阳精通法律。林祖阳知道在执行案件中,自然人的财产不能清偿全部债务时,各债权人依法按债权比例清偿。林祖阳明知郑娟华与他人有民事纠纷,欠他人款项且房产被查封,为达到不法目的,其与郑娟华恶意串通,提起虚假诉讼。双方虚构的债务计人民币 129.9 万元,按比例可以分配人民币 376512.05 元。由于检察机关的介入未领取该款。被告人林祖阳犯虚假诉讼罪,判处有期徒刑 9 个月,缓刑 1 年,并处罚金人民币 3000 元。

案例 3:"陈明彪、赵胜虚假诉讼案"[②] 被告人赵胜系贵州黔山律师事务所实习律师。其与陈明彪串通,为使陈明彪在慈竹林煤矿的债权能优先受偿,将该工程款虚构为 16 名民工工资,并在仁怀市人民法院提起诉讼。仁怀市人民法院分别立案后对案件进行合并审理,于 2016 年 1 月 20 日对案件进行调解,并制作了民事调解书。后该案在申请执行时被发现涉嫌虚假诉讼而被移送仁怀市公安局调查处理。法院最终判决被告人陈明彪犯虚假诉讼罪,判处有期徒刑 1 年零 4 个月,缓刑 2 年,并处罚金 3 万元。被告人赵胜犯虚假诉讼罪,判处有期徒刑 1 年零 2 个月,缓刑 2 年,并处罚金 5000 元。

上述三个案例表明律师参与虚假诉讼的主观故意明显,有些律师仅仅为了区区 3000 元的代理费就断送了自己的职业前程。这些律师参与虚假诉讼更深层次的原因,是对于诚实信用原则缺乏必要的敬畏,以所谓的执业技巧挑战司法权威,如果以这种心态执业,出现问题只是迟早的事。诗经云:"战战兢兢,如临深渊,如履薄冰。"唯有如此,才可以确保谨慎执业。只有善于保护自己的律师才能保护当事人。司法部傅政华部长指出,对于律师参与虚假诉讼,司法行政部门的处理方式绝不手软。一旦发现,有一起查处一起,以确保我们社会的公平正义,以确保诉讼的权威。[③]

---

① 郑娟华、林祖阳虚假诉讼案(福建省福州市中级人民法院[2017]闽 01 刑终 864 号)。
② 陈明彪、赵胜虚假诉讼案(贵州省绥阳县人民法院[2017]黔 0302 刑初 25 号)。
③ 王姝:《傅政华谈"律师参与虚假诉讼":"有一起查处一起,有一起严厉追究一起"》,新京报网,http://www.bjnews.com.cn/news/2018/10/25/514090.html,下载日期:2019 年 4 月 6 日。

三、诉讼代理人违背诚实信用原则的原因

诉讼代理人熟悉法律知识,因此,其违背诚实信用原则的心态均为主观故意。从诉讼代理人违背诚实信用原则的行为是否与当事人串通进行分类,可以将诉讼代理人的行为分为与当事人串通的行为和诉讼代理人独自的行为。如此分类的主要原因是,如果诉讼代理人没有与当事人恶意串通,即使当事人违背诚实信用原则,亦不应当认定诉讼代理人也违背诚实信用原则。另外,诉讼代理人是以被代理人的名义参与诉讼活动的,相应的法律后果(无论有利还是不利)一般均由被代理人享有或承担,只有当法律后果与诉讼代理人利益相关时,虚假诉讼的动机会相应增强。

诉讼代理人违背诚实信用原则的主要原因如下:

(一)经济利益驱动

根据我国律师行业的收费规定,允许律师实行风险收费,即实现约定的诉讼结果才收费,否则不收取律师费。风险收费的好处是降低当事人的风险,提高律师可能获得的收益。弊端是代理律师的利益与诉讼结果相关,这就使得代理律师具有不惜违背诚实信用原则而追求胜诉结果的动力。这种动力还表现在诉讼之前,代理律师为了获得代理案件的机会,在洽谈委托代理合同时往往夸大其词,或者做不切实际的承诺。

(二)盲目追求胜诉率

犹如"不想当元帅的士兵不是好士兵","不追求胜诉率的律师不是好律师"。常见有些律师自夸为"常胜将军"。这容易导致案件的判决结果虽然与代理律师的收益无关,但"常胜将军"为了追求胜诉率而不惜虚假陈述。实际上代理律师的这种行为不但无法改变案件的结局,反而有可能使自己陷入被动的局面。审判人员乐于接受谨慎、诚信的代理意见,代理律师的虚假陈述更令人反感。诚然,律师对于案件的胜诉功不可没,每个案件的胜诉都与律师谨慎梳理法律关系,充分提交相关证据密不可分。但当事人的主张有相应的法律依据,以及人民法院正确审理在案件胜诉中所占的比重更大。

四、诉讼代理人违反诚实信用原则的法律责任

(一)代理律师言论豁免权的界限

2007年10月28日,第十届全国人大常委会第三十次会议表决通过的修改后的《律师法》第37条,将律师权利保障的原则进一步具体化。"律师在法庭上发表的代理、辩护意见不受法律追究。"这就是通常所认为的律师豁免权。毫无疑问,《律师法》第37条规定的律师豁免权对于保障律师执业,以及进一步保障当事人的合法权益具有积极的作用。律师豁免权可以保障代理律师在为当事人维护权益时无后顾之忧,不用担心因观点错误而遭受惩戒,可以尽情陈述所有对当事人有利的观点。但也有观点认为这种豁免权是有界限的,并不是律师庭审的所有言论均不受追究。律师依法履行职责应当受到法律的保护,这不代表在庭审中可以发表奇谈怪论、哗众取宠。根据我国《民事诉讼法》第10条的规定,我国实行的是公开审判原则,法庭在审理案件时允许公众旁听,法院作出的判决均应在网上公开。律师的言论对社会有一定的影响力,这就要求律师的言论应受到一定程度的约束,不能天马行空、肆无忌惮。对律师执业进行保障并不能演变为律师违法行为的免责金牌。而且,法律不予追究并不代表部门规章、行业纪律不能追究。该条但书内容规定了应当追究责任的情景,即如果律师发表危害国家安全、恶意诽谤他人、严重扰乱法庭秩序的言论,律师应被追究责任。由于许多律师没有认识到庭审言论豁免权的界限,这些律师在执业时受到不同程度的惩处。

案例4:"律师庭审言论不当检察函"。湖南刘志江律师因在庭审中发表"卖淫嫖娼有利于减少强奸的恶性犯罪的案发,有利于社会稳定"的辩护意见,长沙市雨花区人民检察院给长沙市司法局发出《工作联系函》,认为律师辩护应根据事实及法律,应遵守社会道德规范及公序良俗,要求司法行政机关对该辩护律师进行处理,并要求"函复"处理结果。①

此事引起了对律师庭审言论豁免权的进一步探讨,豁免权的界限到底在哪里?但书的界限是否如长沙市雨花区人民检察院所言指社会道德规范以及公序良俗?从社会的反映判断,对于检察机关发函内容都表示赞同,认为律师

---

① 《真相了! 长沙雨花区检察院的〈函〉与当事律师的情况说明》,腾讯网,https://new.qq.com/omn/20180805/20180805B19ZKC.html,下载日期:2019年4月7日。

的言论确实有违社会道德规范及公序良俗,特别是我国《治安管理处罚法》(2012年修正)第66条至第69条明文规定卖淫嫖娼以及与此相关的行为均是违法行为,律师辩论的内容强词夺理、毫无意义,最终没有被法院采纳就是最好的证明。检察机关作为法律监督机关有权发函给司法局,但就监督内容而言,存在与律师言论豁免权的冲突。相对而言,由法院在判决书中对律师的言论进行批驳,此举比检察院发函更能发挥判决的教育作用。

案例5:"律师言论不当处罚案"。2017年12月,湖南大相正行律师事务所律师曾武律师、胡林政律师在庭审过程中否定某邪教组织的非法性质,扰乱法庭秩序。2018年11月2日长沙市司法局给予曾武律师、胡林政律师停止执业6个月的行政处罚。① 这个案例同样涉及豁免权界限问题,作为邪教组织的认定早有定论,这不是任何人可以挑战的。逞一时口快,既不能帮助当事人,反而使辩论行为备受争议,从辩护策略来说并不可取。

(二)律师承担法律责任的条件

代理律师承担法律责任的前提是其具有违反诚实信用原则(撒谎)的主观故意。如果没有虚假陈述的主观故意,即使律师的主张没有得到法庭的支持或被证明是虚假的,代理律师仍不应承担法律责任。

根据代理律师是否与当事人进行串通,应分别规定相应的法律责任。如果代理律师与当事人串通虚假陈述,那么律师应与当事人共同承担责任。如果是一方的单独行为,那么由行为人承担责任。在司法实践中由于当事人没有告知代理律师真实情况,律师因而作出了虚假陈述。此时应由当事人承担责任,代理律师无须承担责任。至于有些法官认为,只要律师陈述的事实虚假,律师就应单独或和当事人共同承担责任。法官之所以如此认为,理由是律师应核实当事人陈述的真实性,不能当事人怎样认为律师就怎样认为,对事实陈述,律师应有独立的判断。法官的观点存在如下可商榷之处:

其一,违背虚假陈述的定义。所谓虚假陈述是指当事人出于故意而向法庭陈述虚假的事实,如果不存在主观故意,即使当事人陈述的事实与法院查明的客观事实不一致,亦不应认定为虚假陈述。

其二,违背虚假陈述的对象限定。虚假陈述的对象仅为事实,不包括价值

---

① 《警示两名律师因扰乱法庭秩序受到行政处罚》,湖南律师网,http://www.hnlx.org.cn/d_shown.php? d=2&id=502,下载日期:2019年4月6日。

判断。当事人更改对合同的成立、效力等观点,这些内容是价值判断,并不构成虚假陈述。因为这些价值判断并不因当事人的主张而改变,无效的合同,无论当事人如何主张,其自始无效。

其三,违背故意或共同故意的要件。只有代理律师故意或明知当事人虚假陈述,仍故意与当事人共同欺骗法庭,代理律师才单独或与当事人共同承担责任。只要代理律师在陈述事实时主观诚信,不存在欺骗故意,即使事实与陈述不一致,亦不应要求律师承担责任。

其四,该观点违背了律师作为代理人的职业伦理。所谓代理,是代理人以被代理人名义作出的,法律后果由被代理人承担的行为。只有在被代理人同意代理人从事的行为对自己产生效力的情况下,才能与被代理人的私法自治相一致。① "诉讼代理的权限范围和代理事项由被代理人决定。"② 律师在民事诉讼中并不具有独立的法律地位,他应根据被代理人的意志进行代理活动。

其五,违背了律师法庭言论豁免的基本规定,我国《律师法》第 37 条规定:"律师在执业活动中的人身权利不受侵犯。律师在法庭上发表的代理、辩护意见不受法律追究。"除非"发表危害国家安全、恶意诽谤他人、严重扰乱法庭秩序的言论"。如果律师因在法庭陈述的事实与法庭查明的事实不一致就受到处罚,其代理(工作)活动将无法进行。

其六,对律师在事实真伪的判断上超过了必要的限度,除非明显不合常理及有证据证明的虚假事实,否则不能苛求律师。

(三)代理律师承担责任的方式

律师的代理权来自当事人的授予,除非特别适用于当事人的处罚措施,如拘传外,其余对当事人适用的处罚措施均适用于代理律师。第三章已经探讨过当事人违反诚信原则承担法律责任的内容,律师承担责任的内容与此类似部分我们不再赘述,重点讨论特别针对律师的处罚方式——行政处罚。

1.对律师行政处罚的种类

律师承担责任的方式包括民事责任与行政责任。鉴于律师执业实行的是准入制,除非获得执业许可,否则任何人均不得以律师名义执业。因此,对律

---

① [德]迪特尔·梅迪库斯:《德国民法总论》,邵建东译,法律出版社 2013 年版,第 705 页。
② 张卫平:《民事诉讼法》,法律出版社 2018 年第 4 版,第 171 页。

师而言,行政处罚比民事赔偿更加具有威慑力。行政处罚与民事赔偿的界限,在于律师违反的是行政法规还是与当事人的委托代理合同,前者适用行政处罚,后者适用民事赔偿。对律师处罚的种类包括:警告,罚款,没收违法所得,6个月以下的停止执业,吊销其律师执业证书。这些处罚措施从轻到重共有5种。特别是吊销律师执业证,这是非常严厉的处罚措施,这不但标志着被处罚人被开除出律师队伍,还意味着终身禁止从事律师职业。因为根据我国《律师法》第7条第1款第3项的规定,被吊销律师执业证的,不予颁发律师执业证书。

2.对律师处罚的实施

我国没有设立专门审理律师处罚案件的法院,对律师的处罚由司法行政部门实施。这种制度的设计体现了行政部门对于律师群体的管理权。德国设立了三级法院(律师法庭、律师高级法院、联邦最高法院的律师事务委员会)专门处理律师惩戒事宜,德国在对律师惩处方面表现出更加独立、专业、谨慎。

五、我国以及其他国家对诉讼代理人诚信的立法规定

律师在执业过程中恪守诚信对法律制度的有效运行非常重要。因为律师是掌握法律知识的专业人士,如果律师不诚信,其更能利用法律知识为非作歹,助纣为虐。律师的不诚信将严重扰乱司法秩序,造成恶劣的社会影响。

中国古代没有律师制度,民间讼师可谓是现代律师的雏形。与现代社会认为律师的职责是协助法官发现案件的真实情况,共同推进案件进行的观点不同,古代官府对讼师并不待见,认为讼师纯粹是来捣乱的。讼师是"操两可之说,设无穷之变"的道义小人。洧水甚大,郑之富人有溺者,人得其死者。富人请赎之,其人求金甚多。以告邓析,邓析曰:"安之。人必莫之卖矣。"得死者患之,以告邓析,邓析又答之曰:"安之。此必无所更买矣。"如此"以非为是,以是为非,是非无度,而可与不可日变。"进而"是可不可无辨也。"当时的统治阶级对社会的管理秉承的是人治、德治,他们认为邓析的言论蛊惑视听,是与统治阶级作对,使人民不服从管理。由于官府的不同理念,邓析最终落得个被杀的下场。以今天的眼光来判断,古代的立法比较粗糙,法律专业人才缺乏及立法程序欠缺科学性,因而在逻辑性、严谨性、立法的全面性等方面存在破绽。而邓析善于思辨,运用立法的欠缺性主张权益,统治者因而怀恨在心。时至今日,仍有不少当事人认为打官司就是找法律漏洞的。

西方国家虽然很早就有律师制度,但对律师的评价可谓褒贬不一,属于既爱又恨。一方面由于国家法律制度的完善,人们的日常生活、经营活动等均离不开法律,时刻需要律师的协助。另一方面,莎士比亚发出的"杀光所有律师"(The first thing we do, let's kill all the lawyers)的呐喊得到公众的普遍响应。这是由于律师的诚信对法律的公正实施影响太大。英美法系国家的法官大多来自律师,律师是法官成长的摇篮。如果律师不诚信,不诚信的律师队伍很难成就诚信的法官队伍。

在日本,律师又被称为在野法曹。这个名称的意思就是律师是不在编的法官,突出强调律师的作用在维护正义以及法律的正确适用方面与法官类似,律师是维护社会正义的一种力量。由于律师与当事人之间系委托代理关系,律师的职责是维护当事人的合法权益。律师天然具有极尽偏袒当事人的热忱。① 基于律师工作的特殊性,律师具有保守当事人秘密的职责,这是为律师设置的与一般人不同的权利义务。②

面对法官同案不同判的非议,有观点认为,同为法律职业共同体,为何不非议律师在相同案件中持不同观点?或者在不同案件中持相同观点?虽然基于不同的立场及律师执业伦理,律师同案不同说可以被接受。但这种观点也可以说明公众对律师的操守提出了更高的要求。即律师执业应受诚信原则规制,即使律师的法律观点不同,在事实主张上应保持相同——真实。因为真相只有一个,必须保持相同。律师受诚信规制对外表现为尊重事实,对内表现为对法律的敬畏。如果律师不诚信,凭其专业知识巧舌如簧,搬弄是非,既可以让当事人上天堂,也可以让当事人下地狱,那么律师不但没有协助实现正义,相反制造了不正义。

各国立法对于律师恪守诚信均作出了明确的规定。德国对于律师的管理法规全面而又细致,《德国联邦律师法》多达200余条,合计6万多字,③条文数是我国《律师法》的3倍有余。《德国联邦律师法》第1条规定,律师是司法中

---

① [澳]汤姆·坎贝尔(Tom Campbell):《法律与伦理实证主义》,刘坤轮译,中国人民大学出版社2014年版,第46页。

② R Wasserstrom, Lawyer As Professionals: Some Moral Issues, *Human Right*, Vol.5, 1975, 1-24。

③ 钟坤凡:《从比较中外律师管理体制中探索中介组织规范化的途径》,载《西南科技大学学报》2004年第1期。

的独立组织,不是一个营利行业,律师不允许充当当事人的温顺仆人。律师强制代理制可以确保为律师界谋得一定的经济基础。律师与当事人约定胜诉收取律师费是非法的,律师收费应按《联邦律师报酬规则》,可以更高,不可以更低,除非特殊情况。律师必须向当事人阐明诉讼的必要以及风险。如果律师在代理过程中出现错误,他必须主动向当事人提示可以主张赔偿。律师违反义务的惩罚由专门的机构处理。律师惩罚权分为三个审级:律师法庭、律师高级法院、联邦最高法院的律师事务委员会。对律师的处罚措施包括警告到开除。[1] 律师法院对律师的制裁措施包括:警告、严重警告、最高不超过25000欧元的罚款、禁止在特定的法律领域内担任代理人或辅佐人(时间为1年至5年)、开除出律师界。[2]

《意大利民事诉讼法典》则直接规定了律师的诚信义务,在第88条规定:"在诉讼中,当事人及其辩护人应履行忠实和诚实义务。辩护人违背该义务时,法官应向行驶惩戒权力的主管部门报告。"[3]

我国香港地区对于律师的诚信管理值得借鉴,其中香港律师协会(THE SOCIETY OF HONGKONG)发挥了巨大的作用,在其制定的《香港事务律师专业操守指引(第一册)》第七章专门规定了受信责任。[4] 该章详细列举了关于律师的忠诚责任,包括律师必须忠诚服务、开诚布公、公正中肯,律师事务所不得获取秘密利润。

中国法制现代化先驱沈家本先生在清末主持修律时,在我国首次引入了律师制度。他在引入律师制度之初,从律师制度准入上已经设定了律师执业应秉承诚信原则。"盖人因讼对簿公庭,惶悚之下,言词每多失措。故用律师代理一切质问、对诘、覆问各事宜。"律师在申请执业文凭时,应"自行立誓,概无假冒情节"。而且,在申请时还要提供与该律师相识的殷实保人两名,以确保律师品行端正,人凭相符。如此,方准在公堂辩案。即使获得批准之后,亦

---

[1] [德]奥特马·尧厄尼希:《民事诉讼法》(第27版),周翠译,法律出版社2003年版,第69~77页。

[2] 邵建东主编:《德国司法制度》,厦门大学出版社2010年版,第61页。

[3] 《意大利民事诉讼法典》,白纶、李一娴译,中国政法大学出版社2017年版,第33页。

[4] 《香港事务律师专业操守指引(第一册)》,香港律师协会网,http://www.fjt2.net/gate/gb/www.hklawsoc.org.hk/pub_c/professionalguide/volume1/default.asp,下载日期:2019年6月26日。

不得"在公堂作伪或许人作伪,不得助人诬告,恪守法律,不得倾陷他人。"如律师有"故意不敬或语言轻侮"则处以禁止执业三个月以下。如"唆讼、诬告、欺骗或其他重大不职情事""可立予黜革,并可按所犯科以应得之罪,并永远不准充当律师"。① 这些规定对律师的处罚不谓不重,以此防止律师调词架讼、影响法律的公正实施。我国《律师法》第2条规定,律师应当维护当事人合法权益,维护法律的正确实施,维护社会公平和正义。维护法律的正确实施即包括诚实信用,因为这是法律正确实施的前提。根据该条规定,律师在代理诉讼案件时的界限是不得单独或协助当事人弄虚作假,不得故意拖延诉讼进程。《律师法》第40条第1款第6项规定:律师不得故意提供虚假证据或者威胁、利诱他人提供虚假证据,妨碍对方当事人合法取得证据。这些都是律师应当诚信诉讼的法律规定。

第二节　诚实信用原则对鉴定人的适用

　　社会生活千姿百态,各类纠纷层出不穷,矛盾各方将纠纷诉至法院,孰是孰非莫衷一是。一般的民事纠纷法官尚能独立作出判断,但涉及专业问题,比如某些产品的质量是否符合国家标准,某些混合物的纯度如何等,法官必须凭借专业鉴定人的意见才能作出认定。如同现代医学,病人前往医院就医,再高明的医生也要借助检验手段,查明病人的相应生化指标后才能作出正确的诊断。

　　对于这些专业问题,当事人有权申请法院委托专业机构进行鉴定,鉴定机构根据法庭的委托就专业问题发表鉴定意见。鉴定意见经各方质证后,法庭根据实际情况可以采纳该鉴定意见,也可以不采纳该鉴定意见,也可以另行委托鉴定。2005年2月通过的《关于司法鉴定管理问题的决定》第1条规定:"司法鉴定是指在诉讼活动中鉴定人运用科学技术或者专门知识对诉讼涉及的专门性问题进行鉴别和判断并提供鉴定意见的活动。"该规定准确定义了鉴

---

　　① 沈家本、伍廷芳:《奏进呈诉讼法拟请先行试办折》,载《大清新法令(第一卷)》,商务印书馆2010年版,第419、448~450页。

定人的工作成果——"鉴定意见"。此举改变了此前将鉴定人的鉴定成果表述为"鉴定结论"的规定。虽然是两字之差,但法律意义大相径庭。所谓"意见",即鉴定人对专业问题的观点,该意见是否采纳由法院依法进行认定。所谓"结论",从文义上表明是最终的、权威的、不容更改的。结论是必须被采信的,不能被推翻的。鉴定"结论"的文字表述混淆了鉴定工作的协助性,有喧宾夺主之嫌。鉴定人是法官的主人还是仆人?这关系到鉴定结论是限制法官对事实的认定还是为法官认定事实提供帮助。必须明确鉴定人的仆人地位,方可厘清鉴定意见在诉讼中的辅助作用。

中国古代官员在审理案件时早就已经注意到这些专业问题的存在,并且已经认识到对这些专业问题的判断超出自己的能力所及,他们尝试借助于其他方法对这些专业问题进行判定。有些方法具有广泛的民间基础,深受普罗大众所接受,比如滴血认亲。据文献记载,古代滴血认亲有两种方法,一种是滴骨法,一种是合血法。"以生者血沥死者骨,渗者即为父子。"三国时期的谢承所撰的《会稽先贤传》,记述了陈业之兄在渡海时因感染传染病而去世,同船去世的还有56人,因"骨肉消烂而不可辨别"。陈业"因割臂流血,以洒骨上",其中一具尸骨,将陈业的血渗下,"余皆流去",陈业于是找到了哥哥的尸骨。《洗冤集录》:"滴骨检亲法,谓如某甲是父或母,有骸骨在,某乙来认亲生男或女,何以验之?试令某乙就身刺一两点血,滴骸骨上,是亲生则血沁入骨内,否则不入,俗云滴骨亲,盖谓此也。"在民间流传甚广的戏剧"孟姜女滴血认夫"又将滴血认亲的范畴由血亲扩大到姻亲,这种安排一方面是对滴血认亲方式的认可,另一方面是中国古代对婚姻家庭伦理的敬重。相对于上述文献记载,这种通过戏曲传播的方式更容易为老百姓所接受。随着这个剧目的流传,中国民间对滴血认亲方式津津乐道、耳熟能详。经现代科学证明,这两种方法显然都是不正确的,滴血都会浸入尸骨,血滴在水中也都会融合,这些现象与是否是血亲无关,最可靠的亲子鉴定是通过比对DNA进行鉴定。但这足以说明我国古代官员在审理案件时不盲目自大,对于超出审判者认知能力的事宜希望通过其他方式来获得帮助。在现代司法中,这种方式就是鉴定。

随着科技水平的不断发展,当今社会的分工越来越专业,除了传统的鉴定项目以外,在诉讼中越来越多地涉及新兴领域,比如生物、医疗、信息产业等。法院在审理涉及这些新兴领域的专业问题时,必须得到精通该专业的人士的协助。因此,各国法律均规定了鉴定制度和专家证人制度。

一、鉴定人适用诚信原则的内容

总体而言,鉴定人适用诚实信用原则的内容简单而直接,那就是依法、如实、全面进行鉴定。在我国,司法鉴定意见是《民事诉讼法》规定的八大类法定证据之一,一度被认为是"证据之王"。但近年的鉴定乱象使得这个原本雄踞"证据之王"地位的鉴定意见沦落为"是非之王"。同一案件,如果各个鉴定机构的鉴定意见混乱不一,必然出现案件的结果跌宕起伏。特别在一些人命关天的案件中,一纸鉴定意见,事关当事人生死。这些案件备受社会各界关注,鉴定乱象的出现严重损害了司法权威性。

《浙江日报》曾刊登了一个案例,一份合同居然出现了五种不同结论的鉴定意见。① 更有甚者,鉴定机构的鉴定人员举报鉴定机构弄虚作假,鉴定人仅在鉴定机构挂职,并没有实际开展鉴定业务。鉴定机构私刻鉴定人印章,出具虚假鉴定报告。只要申请人肯付钱,想要鉴定机构出啥结果都行。② 根据上海市人大的调研报告,司法鉴定本是保障司法公正的基础性制度,可实际上一个案件中多份司法鉴定意见之间互相矛盾、各执一词,直接影响案件审理的公正性。有些鉴定机构只有一两台电脑,两三个人,无执业资质,依靠低层次的技术,这样的鉴定机构出具的鉴定意见必然缺乏科学性。而且,鉴定机构没有退出机制,没有优胜劣汰的模式,其后果必然是鱼龙混杂。③

我曾经代理过一个案件,其中涉及的鉴定问题具有典型意义。原告(发包方)与被告(施工方)存在装修合同关系。原告起诉被告,认为被告的施工质量不合格、延误工期等要求赔偿损失。被告答辩称涉案工程原告已经擅自使用,不存在质量问题。原告委托鉴定机构进行鉴定,鉴定内容为装修工程质量不合格和未完工部分的整改费用,多领用墙砖、地砖给原告造成的损失。鉴定机构鉴定后,出具了鉴定意见为:(1)未施工工程170万元;(2)质量不合格列表扣减64万元;(3)质量不合格部分主材扣减66万元,(4)墙地砖质量不合格恢

---

① 黄宏、徐露佳:《司法鉴定乱象惹人忧雾里看花到底谁是真》,浙江在线,http://zjnews.zjol.com.cn/system/2013/10/17/019649768.shtml,下载日期:2019年4月8日。

② 黄柯杰:《鉴定人举报鉴定所造假揭露精神司法鉴定乱象》,网易新闻网,http://news.163.com/10/0510/15/66B5C711000146BC_mobile.html#,下载日期:2019年4月8日。

③ 王海燕:《鉴定人为何不愿出庭?司法"罗生门"怎么破?上海人大调研司法鉴定》,上海观察网,https://www.jfdaily.com/news/detail?id=87629,下载日期:2019年6月11日。

复费用(不含主材)80万元;(5)多领用材料66万元;上述五项合计约450万元。鉴定机构收取的费用为人民币39万元。在本案鉴定过程中,鉴定机构存在如下问题:

第一,超越经营范围进行鉴定

鉴定机构据以作出鉴定的前提是在特定领域具有专业知识,该特定领域就是鉴定范围。超出鉴定范围就不能证明其有专业知识,鉴定机构无权对此作出鉴定。经审查,该鉴定机构的鉴定范围是工程造价鉴定,与本案鉴定内容涉及的范围不符。

第二,鉴定材料不真实,不应受理鉴定

鉴定材料不真实。鉴定材料未经双方质证,被告对鉴定材料的真实、合法、关联性均不予确认。鉴定材料系原告单方提供,鉴定机构据以鉴定的材料没有被告盖章确认,鉴定机构据此鉴定违背合法性、真实性的要求。

第三,鉴定项目非委托项目

鉴定机构作出的鉴定意见的项目不是当事人申请的或是法院委托的项目,委托的项目没有鉴定,非委托项目进行了鉴定。

第四,鉴定项目之间有重复计算的内容

鉴定项目2、3、4有相互重复、交叉计算的内容,鉴定结果明显错误。

第五,鉴定对象明显违背立法限定

我国《民事诉讼法》第76条规定,鉴定对象为"查明事实的专门性问题"。至于何为查明事实的专门性问题,立法并没有进一步解释,这在一定程度上容易对鉴定对象产生混淆。虽然我国没有采取法国的立法模式(法国民事诉讼法明确规定,鉴定机构的鉴定内容限定为对事实的鉴定),但结合《民事诉讼法司法解释》第121条,"申请鉴定的事项与待证事实无关联,或者对证明待证事实无意义的,人民法院不予准许。"可以很容易地推导出我国立法关于鉴定对象仅为事实的规定,不包括对事实问题的价值判断。

鉴定项目之5为"多领用的材料",显然此处的"多"是指司法判断,不是事实认定。因为所谓多领,是指将完成涉案工程应当领用的材料,与实际领取的材料进行对比。如果后者比前者多,则存在多领,否则不存在多领的问题。因委托鉴定的项目违反对事实鉴定的限定,鉴定机构不应予以鉴定。如果鉴定机构进行鉴定,在该项鉴定申请中,鉴定机构可以鉴定的是前者,后者因不涉及专门性问题而不需要鉴定。要得到后者的数据,将相关材料领用单中的数据相加,就可以统计出实际领用的数量。本案原告并没有申请鉴定完成涉案工程量实际应该领取多少材料,何来确定多领的材料呢？至于鉴定机构将没有被告确认的材料领用单数据相加,相加的结果就当作多领材料的款项了,这完全不符合多领的数学含义及法律定义。

第六,鉴定费用明显偏高,违反收费标准

根据《司法鉴定程序通则》第8条的规定,司法鉴定收费执行国家的有关规定。即使按鉴定机构的鉴定意见,本案鉴定标的金额为人民币450万元,鉴定机构收取的鉴定费高达39万元,占鉴定标的将近8%,该收费金额也明显违背了政府部门对于鉴定收费的规定。

二、司法鉴定乱象的成因

(一)鉴定意见之"重"与法律责任之"轻"

一方面,鉴定结论对于事实认定极其重要,无论如何强调法官的独立性,法官实际上很难排除对鉴定结论的依赖。这些鉴定结论,常常至关重要。另一方面,面对同一事实,不同的鉴定机构作出的鉴定结论各不相同,让人不免怀疑鉴定意见的科学性到底何在？待鉴定的事实是唯一的,鉴定结论也应当是一致的,鉴定意见不应大相径庭。否则,鉴定意见必有错误的一方。但鉴定机构或鉴定人员鲜见有承担相应法律责任的,这与立法关于鉴定机构及鉴定人法律责任之"轻"的规定有关。

(二)当事人维权之"难"与鉴定机构(鉴定人)免责之"易"

鉴定机构因违反鉴定程序或鉴定错误,当事人对此是否拥有诉权？司法实务界对此尚未形成定论。否定的观点认为,鉴定机构与当事人之间不存在直接的法律关系,鉴定机构是接受法院的委托而不是当事人的委托。而且,鉴定机构出具的鉴定意见仅是证据的一种,并不当然为法院所采纳。据此,鉴定机构不该承担责任。这种观点会使当事人维权陷入困境。鉴定虽然不是当事人直接委托的,但鉴定的缘起是当事人,并不是法院。鉴定结论与当事人的合法权益密切相关。如果鉴定人依据鉴定程序进行鉴定,即使鉴定意见存在错误也不应承担责任。但是鉴定人如果出于故意或者重大过失,由此而产生的鉴定错误其应当承担相应的责任,否则难以体现法律的公平理念。

(三)鉴定机构演变为鉴定人承担义务的"隔离墙"

与其他国家立法规定由法院指定鉴定人(自然人)不同,我国法律规定法院委托的对象是鉴定机构,不是鉴定人(自然人)。但实际上鉴定意见又是由具体的鉴定人(自然人)作出的,由鉴定机构在鉴定意见上加盖公章。这种实际操作模式存在许多弊端。其一是回避制度形同虚设。法院确定鉴定机构通常有两种方式。一种是原、被告协商一致确定鉴定机构。基于双方的对抗性,能达成一致意见的情况较少。若双方达不成一致意见,则按另一种摇珠的方式确定鉴定机构。摇珠是指若双方当事人不能就选定具体的鉴定机构达成一致意见,则由法院通过摇珠机摇号的方式在鉴定机构目录库内确定鉴定机构。鉴定机构目录库是根据鉴定机构的申请及法院的考核,由法院建立的符合司法鉴定条件的鉴定机构名录的汇总。摇珠方式由于具有随机性,各方都不得有异议。因此,对鉴定机构无法申请回避。案件委托给鉴定机构之后,鉴定机构具体安排哪些鉴定人员并不通知当事人,当事人对鉴定人的回避申请也落空。其二是容易导致鉴定机构管理混乱。前文所述的鉴定人举报鉴定机构事件,正是鉴定机构的实际控制人利用鉴定管理的疏漏而导演的闹剧。鉴定机构的实际控制人通过挂靠的鉴定人获得鉴定资质,成立了鉴定机构。实际控制人还通过私刻鉴定人印章的方式,完全控制了鉴定机构。在对具体案件进行鉴定时,鉴定机构的实际控制人为了谋取不当利益,根本没有依法对案件的事实进行鉴定,而是根据利益大小进行鉴定。鉴定人的私章在手,实际控制人完全掌握了出具鉴定意见的所有权利,他想出任何内容的鉴定意见都可以。我国的学者也注意到了这个问题,鉴定人只能是自然人,不应为鉴定机构,因为从知识的属性上,知识只能是专业人士具有的,不是机构的。自然人可以在一定的鉴定机构任职。从实践中发生的问题来看,鉴定机构作为鉴定人的弊端极多。①

三、鉴定机构及鉴定人应承担的法律责任

鉴定机构及鉴定人员承担的法律责任是指在从事鉴定行为时,因违背鉴定委托合同的约定或法律规定,鉴定机构及鉴定人员应承担的民事、行政及刑事责任。尽管鉴定意见并不当然为法庭所采纳,但鉴定人所做的鉴定意见对

---

① 张卫平:《民事诉讼法》,法律出版社2018年第4版,第213页。

诉讼结果有重要影响。鉴定人违法鉴定,应承担相应的法律责任。

(一)承担法律责任的条件

1.鉴定行为的违法性

鉴定行为的违法性指鉴定机构或鉴定人员对委托事项鉴定的行为违法。包括鉴定主体违法、鉴定依据违法。鉴定主体违法主要包括鉴定机构或鉴定人不具有鉴定资质,或者虽有鉴定资质,但不具有案涉项目的鉴定资质而伪造鉴定资质进行鉴定。鉴定依据违法指鉴定机构或鉴定人依据没有按照法律规定的标准进行鉴定,而是擅自以其他标准进行鉴定。在司法实践中,每逢法庭询问鉴定人关于鉴定依据的问题,鉴定人通常回答是"我认为"。鉴定人的回答足以说明鉴定人的鉴定依据不是客观、科学的,而是主观的。如果每个鉴定人均按照"我认为"进行鉴定,必然出现不同鉴定人出具的鉴定意见五花八门,各不相同。我所在的律师事务所还曾代理过一个关于建筑外墙质量是否合格的纠纷,鉴定人的鉴定依据是双方签署的施工合同,而施工合同中并没有关于施工质量标准的约定。关于质量标准,《合同法》明确规定当事人没有约定质量标准的,应按照国家标准、行业标准的规定处理,施工合同并没有约定质量标准,鉴定机构应当以相应的国家标准作为鉴定依据。

2.鉴定行为的违约性

鉴定行为的违约性指的是鉴定机构或鉴定人没有按照委托内容进行鉴定。鉴定机构或鉴定人提供的是专业技术服务,各方建立的是技术服务合同法律关系,如鉴定机构未按合同约定履行义务,应承担相应的违约责任。

3.主观故意或重大过失导致的错误鉴定

鉴定意见是否正确与鉴定方式、鉴定仪器等均有密切关系。鉴定人按鉴定流程操作,如果不存在主观故意或重大过失,即使鉴定结论有失偏颇亦不应承担责任,否则应承担责任。如何辨别鉴定人是否存在主观故意或重大过失?可以结合当事人对鉴定人的过错是否提出异议?鉴定人是否积极予以处理?以及鉴定人以往的鉴定案例进行核对。对于违反以往一贯鉴定方式的行为可以认为存在主观故意。

(二)承担责任的种类

1.赔偿损失

鉴定人在鉴定过程中由于违法或违约将给当事人造成相应的损失。故此,鉴定人承担责任的方式首当其冲是赔偿损失。鉴定人赔偿损失的金额应与造成的损失相当。鉴定机构应为鉴定人承担连带赔偿责任。

2.失信惩戒

我国正着力建设诚信社会,鉴定人在鉴定过程中具有高于普通公民的诚信义务,鉴定人违背诚信原则进行鉴定是严重的失信行为,应依法纳入失信记录。

3.行政处罚

对鉴定人的违背诚实信用原则的行政处罚包括警告、责令改正、罚款、吊销执业证等行政处罚。对于鉴定专业知识欠缺的鉴定人尚可通过培训提高其专业水平,对于不守诚信的鉴定机构以及鉴定人,必须处以包含吊销其鉴定许可证的处罚方式,从源头杜绝不诚信鉴定行为。

4.刑事责任

关于鉴定机构(鉴定人)承担刑事责任的法律规定比较笼统。2015年修正的《中华人民共和国刑法》第305条关于(鉴定人)伪证罪的规定仅限于鉴定人在刑事诉讼中故意作出虚假鉴定,不包括在民事诉讼中的虚假鉴定行为。这不得不说是立法的缺失。在民事诉讼中,鉴定人故意或重大过失进行虚假鉴定的行为不但严重扰乱了司法秩序,还可能造成严重后果。鉴定人在民事诉讼中的一般违法行为可以处以民事赔偿及承担行政责任,对于严重违法行为鉴定人应承担相应的刑事责任。

四、我国以及其他国家关于鉴定的立法规定

《德国民事诉讼法》关于鉴定的规定十分具体,共有16条。德国法律规定的鉴定人是指自然人,不是鉴定机构。鉴定以鉴定人个人名义作出,这样规定有利于申请回避及责任追究。如果鉴定人是机构,这些目的很难实现。"始终应当选任具体的人作为鉴定人,'专业机构'不能作为这种具体的人被选任为鉴定人。"[①]鉴定人在鉴定前或后应进行宣誓,宣誓的内容为其作出的鉴定是依据良心和良知,以此表明其鉴定的公正性。鉴定人从本质上属于法官的"帮手",但由于鉴定的发起是因为法官不具备某一领域的专业知识,因此,鉴定人

---

① [德]罗森贝克、施瓦布、戈特瓦尔德:《德国民事诉讼法》(第16版),李大雪译,中国法制出版社2007年版,第911页。

这个"帮手"容易僭越为"主人"。德国法学界对此都持以高度的警惕,明确指出鉴定人是审判法官的咨询者,其作出的鉴定书并不当然获得法官的采纳,法官应自由评定鉴定意见,法官任何时刻均不受鉴定意见的约束。法院不应下意识地接受鉴定意见,而应该努力形成自己的意见。但法学界也同时意识到,随着鉴定事项专业性的提高,法官在司法实践中几乎不可能做到如此超然,"主人"对"帮助人"的日渐依赖令人不安。[①] 对鉴定人的惩处包括警告、损害赔偿直至刑事责任。

日本关于鉴定的立法见《日本民事诉讼法典》第二编第四章第四节,共十个法条。日本法律关于鉴定的规定相对于德国来说略显简单。日本法律规定鉴定人主要为自然人,也可以是政府机关、公共团体或法人。鉴定人由法官指定,当事人对鉴定人的指定无权参与,也无权提出任何异议。但如果认为鉴定人在鉴定过程中违背诚信,那么可以申请鉴定人回避。根据裁判所的要求,鉴定人可以书面或口头方式陈述意见。[②]

意大利民事诉讼法没有关于鉴定人的规定,其中关于专家的规定与鉴定类似。根据《意大利民事诉讼法典》的规定,专家是掌握特定领域专业知识的自然人,是法官的辅助人员。法官应从专家名册中挑选专家,当事人也可以从中指定专家。专家适用回避制度,对于因专家的过错造成的损失,专家应承担赔偿责任。专家因重大过失将承担刑事责任以及被处以罚款。专家出庭应进行宣誓,表明本着诚实、认真的态度履行职责。专家出庭的唯一目的是让法官了解事实真相。法官可以依法替换专家。[③]

《法国新民事诉讼法典》将如何解决法官在审判过程中涉及的专业问题独立成章,即《法国新民事诉讼法典》第一卷(适用一切法院的通则)第七编(提出证据)第二副编(审前预备措施)第五章,"由技术人员执行的审前预备措施"。该章规定,法官可以委派技术人员通过验证、咨询或鉴定以查明事实。技术人员应当认真、客观、不偏不倚地完成任务。技术人员仅可以对事实问题发表建议,不得作出法律性质的评判。为保证法官的独立性,立法还特别规定了法官

---

① [德]奥特马·尧厄尼希:《民事诉讼法》(第27版),周翠译,法律出版社2003年版,第291页。
② 《日本民事诉讼法典》,曹云吉译,厦门大学出版社2017年版,第67～69页。
③ 《意大利民事诉讼法典》,白纶、李一娴译,中国政法大学出版社2017年版,第24、77～79页。

不受技术人员的验证或结论的约束。验证或咨询适用于比较简单的技术事宜。如果验证与咨询均无法查明案件事实,法官方可命令进行鉴定。鉴定意见以口头方式或书面方式作出,以口头方式作出的,应记入笔录。①

我国《民事诉讼法》关于鉴定的内容规定得比较简单,仅有四条相关规定。根据我国法律的规定,鉴定意见属于法定证据之一。鉴定程序的启动可以根据当事人的申请,也可以由法院依职权委托。鉴定意见以书面方式作出,当事人对鉴定意见有异议可以申请鉴定人出庭接受质询。除了《民事诉讼法》关于鉴定的规定之外,还有 2005 年 2 月 28 日全国人大常委会通过的《关于司法鉴定管理问题的决定》,最高人民法院于 2001 年颁布的《人民法院司法鉴定工作暂行规定》,司法部 2007 年颁布的《司法鉴定程序通则》等。后者是我国司法鉴定实行社会化改革的重要依据。

比较各国关于鉴定的立法可以发现有如下特点:

1. 明文规定鉴定人的辅助地位,保障法官的独立判断,杜绝"以鉴代审"。

2. 明确规定将鉴定范围限制在事实的框架内,严禁作出法律性质的评判。这对于防止"以鉴代审"效果显著,值得我国立法借鉴。我国目前的鉴定乱象与我国鉴定立法对此未予明确规定有关。虽然我国立法规定鉴定的目的是"查明事实的专门性问题",但对于哪些属于事实的专门性问题是模糊的。在司法实践中,如果原告申请的鉴定内容为"多领用的材料",这里的"多"即是法律性质的判断。鉴定人可以鉴定具体某项工程包含多少材料,是否多领是一种法律价值判断,不应由鉴定人作出。尽管立法没有对此予以明确,学界对此达成了共识。鉴定过程即使涉及法律问题,也不属于鉴定人的鉴定范围。②

3. 多数国家规定鉴定人为或主要为自然人。相对于鉴定人为法人的规定,因自然人作为鉴定人具有便于申请回避、便于追究责任的制度性优点,从而提高了鉴定的公正性。立法规定鉴定人为法人的,实际上作出鉴定还是自然人,因此将鉴定人规定为自然人的更符合实际情况。

---

① 《法国新民事诉讼法》,罗结珍译,中国法制出版社 1999 年版,第 48~57 页。
② 李浩:《民事诉讼法学》,法律出版社 2016 年第 3 版,第 157 页。

第三节　诚实信用原则对证人的适用

证人制度起源于罗马法。证人是指在诉讼过程中知晓案件事实,并经一方当事人向法院申请,得到法院同意后前往法院当庭陈述案件事实的人。证人就案件事实向法庭所作的陈述称为证人证言。[1] 证人证言如运用恰当,可以协助法庭认定客观事实,缩小法律事实与客观事实之间的差距。可见证人在民事诉讼中遵循诚实信用原则关系到法院对案件事实的正确认定。证人只有在恪守诚信原则下作出的证言才对法院正确审理案件有积极作用,否则证人证言不但不能协助法庭,反而混淆视听,干扰法庭对客观事实的认定。

证人出庭作证的目的大多是协助申请方提供对其有利的证言,而法庭同意证人出庭作证的申请是为了全面了解案件的事实。因此,证人在回答法庭询问时对事实陈述的真实、全面性非常重要。证人应以各种方式(宣誓、签署保证书)向法庭保证其陈述的内容真实。为了确保证人证言的真实性,历史上曾将证人品德以及证人人数作为证人作证制度的考虑因素。法国历史上曾规定为保证证言的真实性,必须要求有两名以上的证人作证。为防止在某些具有重大利益的诉讼案件中出现证人被当事人收买的情况,法国于1667年的法律规定,150法郎以下的民事案件可以申请证人,否则不允许申请证人。这主要是考虑到小金额案件的当事人,收买证人的成本被扣除之后的获利小,当事人收买证人的驱动力小,因而可信度高。大金额案件当事人收买证人的收益大,当事人实施收买证人行为的驱动力大、可能性高,在这种情况下,索性禁止证人作证。[2] 当然,证人的拒绝作证权还来自一定的伦理价值,比如说一定血缘关系的他人,或者一定的职业因素,比如律师、医生享有的作证豁免权。证人拒绝作证时,必须说明拒绝作证的理由,否则应受处罚。[3] 特定主体享有拒

---

[1] 齐树洁主编:《民事诉讼法》,厦门大学出版社2019年第13版,第236页。

[2] [日]松冈义正:《民事证据论(上、下册)》,张知本译,中国政法大学出版社2004年版,第136~137页。

[3] [日]高桥宏志:《重点讲义民事诉讼法》,张卫平、许可译,法律出版社2007年版,第83页。

绝作证的权利,这是将民事诉讼作证规则纳入司法伦理体系内的一种平衡,因为民事诉权相关规则的效力不能不受任何限制。这种限制包括受社会基本伦理的限制。法律的公平在一定限度内应为人类的亲情让步,在没有法律之前已经存在人类的亲情,法律是在这些伦理基础上建立起来的,漠视这些基础,法律就没有存在的前提了。律师、医生基于职业特点更容易获得当事人的秘密,赋予律师、医生的作证豁免权(与拒绝作证权相比,作证豁免权的表述更符合该制度的伦理价值。),这是基于对基本人权的保护。尽管这种保护减少了证据获得的手段,但这无疑是值得的,不但体现了司法文明,而且提高了整个社会的安全感。为了确保证人证言的真实性,发挥证人在案件事实认定方面的积极作用,从证人制度诞生之日,各国立法从来就没有停止过对如何确保证人证言真实的探索。

一、证人适用诚实信用原则的内容

(一)如实、全面陈述的主观心态

证人在民事诉讼中遵循诚实信用原则的具体要求是,证人如实、全面地陈述其所知道的事实。如实、全面就是还事实于原貌,对事实的陈述既不增加,也不减少。陈述的全面性对法庭正确认定事实极其重要,只有全面陈述的事实才是正确的事实。任何断章取义、掐头去尾地对事件的陈述均不能作为法庭判决案件的依据。

(二)证明对象仅限于亲身感受的事实

最新修正的《民事证据规定》明确要求证人对待证事实必须是亲自经历的。[①] 现行司法解释要求证人证言的内容一定是亲自知悉(personal knowledge)的事实,这使得道听途说的传来证据无法作为证人证言,极大地提高了证言的可信度。

同时,这一要求还将证人证言的对象限定于事实,不包括价值判断。对案件进行价值判断是法官审理的内容,诸如合同是否成立、原、被告之间存在何种法律关系等事宜,证人无权作证。

[①] 《最高人民法院关于民事诉讼证据的若干规定》(法释[2019]19号)第72条第1款:"证人应当客观陈述其亲身感知的事实,作证时不得使用猜测、推断或者评论性语言。"

(三)证人不得接受任何形式的培训

证人向法庭陈述的是亲身感受的事实,该事实对证人而言有一定的人身专属性,如果允许对证人予以培训,那么就失去了证言的本真性与专属性,不能正确发挥证人的作用。

(四)证人不得擅自接受申请人额外报酬

对于证人出庭作证的费用,法律有专门的规定,如果由申请人擅自支付,必将影响证人作证的如实性及中立性。

二、证人违背诚实信用原则的原因

证人是基于申请人的申请而到法院作证的,证人不是案件的当事人,案件的处理结果与证人无关,因此证人违背诚实信用的原因无不与申请人有关。

(一)利益驱动

申请人申请作证的内容一定是对其有利的,在这种有利结果的驱使下,为使证人同意作证,极易诱使申请人在法律规定的费用之外向证人支付额外的报酬。而证人收取相关报酬后,出于回报,证人有选择性地向法庭陈述对申请人有利的事实,隐瞒对其不利的事实,从而干扰法庭对事实的正确认定。

(二)帮助申请人的心态

并不是所有证人都是基于利益驱动而虚假陈述的,有些证人并没有获得不当利益,但为了体现对申请人的帮助而虚假陈述。同意为申请人作证的人一定与其有较为友好的关系,有些法律意识淡薄的证人容易因这种友好关系而违背诚信。

三、我国以及其他国家关于证人适用诚信原则的立法

(一)英国民事证据法关于证人作证应遵循诚信义务的规定

英国证据法历史悠久,英国证据制度的原理以及实务对世界各国和地区的证据制度具有重大影响。英国法律历来重视证人证言(testimony of witness),证人证言是指证人经过宣誓后在法庭上以公开的方式所作的口头陈述。为了确保证人在作证时遵循诚实信用原则,英国证据法在证人资格、作证方式、证人保护等方面均做了合理而又详细的安排。

1.证人资格

关于证人资格,英国证据法采用排除法进行规定。即在通常情况下,出庭作证是普通公民(国家元首、外国使节、银行等行业的从业人员例外)的一项基本义务均应遵守,除非立法规定予以排除的对象。早先的英国证据法规定,只有基督徒才能在诉讼中作证,非基督徒及无神论者因无法通过依圣经宣誓而不具备证人资格。后经修正,逐渐排除了对证人作证资格的基督教信仰限制。与此类似的还有罪犯、与诉讼有利害关系者、当事人、当事人的配偶,对证人的这些限制就是为了从证人主体的选择上排除不诚信因素。①

2.证人宣誓及"正式的陈述或声明"

为了确保证人证言的真实性,除儿童外,对于作证的人均要求进行宣誓。宣誓是在庄严肃穆的氛围下,由宣誓人宣读一定内容的誓词,以表明自己作出的言论符合真实的一种仪式。宣誓这种仪式具有悠久的历史,宣誓有宗教形式的和非宗教仪式的。有宗教信仰的人,要求按宗教信仰的内容进行宣誓,其他证人可以以正式的陈述或声明替代。宣誓的内容为确保证言的真实性。②英国证据法规定,如果证人信奉基督教或犹太教,在宣誓时必须手持《新约》(适用于基督教徒)或《旧约》(适用于犹太教徒),宣读的誓词通常为:"以全能的上帝为名,我宣誓我所提供的证据将是实情,全部是实情,只是实情。"经过宣誓仪式之后,有宗教信仰的宣誓人由于不能违背上帝(是否撒谎上帝知道),其他人由于不能违背誓言而如实陈述。经过这个仪式后的证人证言才具有可信的前提。孟德斯鸠在其名著《论法的精神》中认为:"誓言"在罗马人中有很大的力量,所以没有比"立誓"更能使他们遵守法律了。③

(二)美国《联邦证据规则》对证人应如实作证的规定

美国《联邦证据规则》第六章规定了证人制度,④这些制度的内容具有很强的可操作性。除非另有规定,任何人均可以作为证人(Every person is competent to be a witness unless these rules provide otherwise.)。但证人作证的

---

① 齐树洁主编:《英国证据法》,厦门大学出版社2014年第2版,第139～143页。
② 齐树洁主编:《英国证据法》,厦门大学出版社2014年第2版,第158页。
③ [法]孟德斯鸠:《论法的精神(上)》,张雁深译,商务印书馆1997年版,第122页。
④ 王进喜:《美国〈联邦证据规则〉(2011年重塑版)条解》,中国法制出版社2012年版,第151～207页。

内容应为亲自知悉(personal knowledge)(指依靠自身的感官、经历而不是从传闻获知情况。)的事实,①否则不可以就该事实作证。证人在作证前,应进行如实作证的宣誓(oath)或郑重声明(affirmation)。证人是否具有良好诚信品德可以作为影响其证言可信度的依据。

(三)《德国民事诉讼法》对证人作证应遵循诚信义务的规定

1.作证的可行性(作证义务的限制以及豁免)

《德国民事诉讼法典》详细规定了证人作证事宜,共有 28 个条文。证人是在诉讼中向法庭报告其对"过去的事实和情况"感知的人。证言的对象是事实,即证人仅对过去所见所闻的事实如实发表意见,不应对这些感知进行个人价值判断。因此,证人具有不可替代的特点。② 为保证证人能够如实作证,德国立法在确立公民有作证义务的同时,优先确立了作证义务限制以及豁免。这种立法不但不会降低作证义务的履行,相反,由于避免了作证义务与既定伦理的冲突,反而有利于作证义务的有效履行。立法中对从事一定公务的人的作证询问应适用公务员法。同时,立法还设立了作证豁免权。作证豁免权是指因身份关系(婚姻、血亲)等,以及职业关系(如宗教人员、新闻广播、律师、医生)而享有拒绝作证的权利。作证豁免权以立法的形式划定了作证义务的界限。作证义务不能逾越亲属伦理关系,亲属血缘性与生俱来,是天然属性。立法是人为的,人为应为天然让步。德国的法律规定类似于我国古代的"亲亲相隐不为罪"。特定职业的作证豁免权是因为这些职业的特殊性,否定这种界限将威胁这些职业存在的前提。比如神职人员必须为信徒的忏悔保密,如果神职人员将信徒的忏悔内容公之于众,宗教信仰的伦理基础将不复存在。

2.证人进行真实陈述的宣誓

《德国民事诉讼法》第 391 条规定为了使证人作出真实的证言,法官可以要求证人进行宣誓。第 392 条规定誓词中应表明证人按照良心真实陈述,毫不隐瞒。宣誓的仪式、程序、誓词内容等有专门的章节予以规定。③ 宣誓可以按宗教方式进行,也可以不按宗教方式进行。宣誓时证人应举起右手,誓词内

---

① 薛波主编:《元照英美法词典》,北京大学出版社 2017 年版,第 1050 页。
② [德]罗森贝克、施瓦布、戈特瓦尔德:《德国民事诉讼法》(第 16 版),李大雪译,中国法制出版社 2007 年版,第 892 页。
③ 《德国民事诉讼法》,丁启明译,厦门大学出版社 2016 年版,第 107 页。

容因是否按宗教方式有所不同。由于证人的错误观察或者是记忆差错,法官对证人的询问以及自由心证时对证言的认定是司法实务中最重要的工作。①

(四)日本关于证人在民事案件中作证应遵循诚信的规定

日本民事诉讼法关于证人作证的规定共有19条。② 日本民诉法规定除特别例外的情况(如对于涉及公务员职务上的秘密,以及配偶、四亲等以内血亲、监护等特定身份关系,医生、律师等特定职业),任何公民均有作证的义务。除未满16岁或无法理解宣誓含义的人,证人都应进行宣誓。对证人可以予以陪护,采取隔离措施,可进行交叉询问。

(五)意大利立法关于证人遵循诚实信用原则作证的规定

1.证人宣誓

《意大利民事诉讼法典》第251条规定了证人宣誓制度,具体内容如下:调查法官先向证人作出提醒,告知其进行宣誓的道德意义,以及作伪证或隐瞒真相会承担的刑事责任后果,并向证人宣读:"你很清楚你对人民和上帝(如果是基督徒)所承担的责任,通过宣誓,你要发誓讲真话,并且除了真话什么都不讲。"随后,证人必须起立并进行宣誓说:"我发誓。"

2.证人义务

被调查法官指定出庭作证的证人不得反悔,除非对方当事人和法官同意,证人反悔无效。证人应出庭作证,接受调查法官的提问。当事人无权直接向证人提问,但可以向法官申请需要向证人提问的内容,获得法官同意后,由调查法官进行提问。出庭证人无正当理由拒绝宣誓或作证,则有理由认为其说谎或隐瞒真相,调查法官应向公诉人检举并递交记录证人证言的诉讼笔录副本。如果多名证人之间的证言存在分歧,调查法官可以要求证人进行对质。当事人可以对证人的可信度提出质疑,证人应对此予以回应。

(六)我国关于证人遵循诚实信用原则的立法规定

沈家本、伍廷芳在清末主持司法改革时,已经设立了证人作证制度。在《奏进呈诉讼法拟请先行试办折》中规定证人应到公堂作证,违背作证义务可

---

① [德]奥特马·尧厄尼希:《民事诉讼法》(第27版),周翠译,法律出版社2003年版,第287页。

② 《日本民事诉讼法典》,曹云吉译,厦门大学出版社2017年版,第63~66页。

处以罚款。该文件同时规定,未成年人及患心病、疯病之人不得作为证人,证人作证"须以目睹或自知之实情,不得以传闻无稽之词妄行陈述"①。可见当时立法已经规定证人仅对自己亲自感知的事实才能作证,否则不能作证。这种对证人证言的内容予以限定的先进立法借鉴了当时德国及日本的立法实践。

我国《民事诉讼法》关于证人规定见第72条至第74条共3条法律条文,分别规定普遍作证义务(除不能正确表达意思的人),作证方式(出庭、书面证言、视听传输技术、视听数据等),证人因作证而发生的费用的负担。上述规定总体来而言内容比较简单。有关司法解释中增加规定了证人作证,人民法院应告知其如实作证的义务以及伪证的法律后果,并责令其签署保证书,不签署保证书的保证人不得作证。最高人民法院于2019年12月颁布了最新修正的《关于民事诉讼证据的若干规定》,该规定从第67条到第78条进一步细化了证人作证事宜,包括对证人作证能力作合理的限制;明确了证人证言的证明对象仅为亲身感受的事实,不得包括价值判断;要求证人对待证事实如实全面陈述,这些规定非常先进、科学及具有针对性,符合证人作证的伦理价值。

与其他国家证人作证制度的立法相比,我国立法有如下特点:

第一,未设立作证豁免。我国实行普遍作证主义。法律规定,除非不能正确表达意志的人,其他知道案件情况的人(包括单位)均具有作证义务。民事诉讼立法(律师法规定保守秘密)没有明确规定基于特定职业(医生、律师、新闻工作者、公务人员)或身份关系(配偶、四等以内血亲)的作证豁免权。

第二,对证人如实作证的强调不足。关于强调证人如实作证的立法内容,其他国家的立法不厌其烦地要求证人声明"发誓讲真话,除了真话什么都不讲",以此确保证人作证的真实性。我国立法对于证人证言的真实强调寥寥,《民事诉讼法》仅在第72条规定知道案件情况的人有义务出庭作证,这是证人的出庭义务,不涉及证言的真实性。《民事诉讼法》司法解释第119条、第120条规定证人签署保证书义务。这些保证书一般都是由法庭事先拟好让证人签署的,证人缺乏参与感。这种参与感的缺乏不利于激发证人从内心对如实作证的遵守。

---

① 沈家本、伍廷芳:《奏进呈诉讼法拟请先行试办折》,载《大清新法令(第一卷)》,商务印书馆2010年版,第454页。

第三,缺乏证人作证能力要求。作证能力包括以下两个方面的内容:其一,是否具备相应的知识,能够准确理解作证的含义,以及相应的法律后果。《澳大利亚联邦证据法》第13条规定了证人能力事宜,对于无能力理解就待证事实提出的问题,或者无能力就待证事实问题作出可被理解的回答,视为缺乏证人能力。[①] 最高人民法院2019年修正的《关于民事诉讼证据的若干规定》第67条第1款规定:"不能正确表达意思的人不能作为证人。"再结合该条第2款:"待证事实与其年龄、智力状况或者精神健康状况相适应的无民事行为能力人和限制民事行为能力人,可以作为证人。"我国实际采纳的是普遍作证制,即人人都可以作证。我国人口众多,受教育程度参差不齐,有些证人并不能正确理解法庭询问的含义,不清楚法律行为及法律责任的具体内容。我国立法没有对此予以限制,没有作证能力的证人的证言,证人证言不但无法发挥证明事实的作用,相反,极有可能混淆了法庭对事实的判断。其二,是否具有承担伪证法律后果的能力。伪证的法律后果包括罚款、赔偿损失、刑事责任等,证人的资信情况与能否承担经济责任以及是否如实作证具有很大的关联性。

第四,缺乏有效的单位承担伪证责任的机制。根据我国关于证人的规定,证人包括单位和个人。对于单位证言,虽然证言是以单位名义作出的,但作出具体行为的是自然人,如果单位证言存在虚假,该自然人无须承担任何责任。这种制度一方面不利于单位谨慎出具证人证言,另一方面容易使单位沦为承担责任的挡风墙。

第五,缺乏证人作证的仪式。我国司法解释规定,证人出庭作证,法官告知证人应如实陈述以及作伪证的法律后果,还可以要求保证人签署保证书,保证书的内容为证人确保陈述的真实性以及虚假陈述愿意承担相应的法律责任。其他国家规定证人出庭作证,由调查法官主持宣誓仪式,包含证人起立、以宗教仪式宣读誓言等内容。这些仪式可以提高虚假陈述的心理障碍,以达到促进当事人如实陈述的目的。相对而言,我国立法关于类似的仪式感稍弱。

第六,缺乏对证人人品及矛盾证言的质疑。美国《联邦证据规则》规定对证人的诚信品格可以提出质疑。言而无信、劣迹斑斑之人作出的证言,其可信度值得怀疑;相反,德高望重、信誉良好之人的证言其可信度较少受到质疑。

---

① 《澳大利亚联邦证据法》,王进喜译,中国法制出版社2013年版,第23~25页。

对于同一事实，如果存在不同证人的证言内容不一致，那么允许各方证人进行对质。我国对此没有相关规定。

第七，对证人积极证言的采信度较低，消极证言采信度较高。证人的积极证言指有利于申请人的证明待证事实成立的证言。证人的消极证言是指不利于申请人的证明待证事实不成立的证言。其他国家特别是宗教宣誓国家，对证人证言的采信度较高。我国虽然设立有证人制度，但在司法实践中对证人的积极证言的采信度普遍不高。或许法官考虑到证人是基于一方的申请进行作证的，证人与申请方有着千丝万缕的关系，证人倾向于陈述对其有利的事实，故此，证人积极证言的可信度较低。相反，如果证人陈述的证言为对申请方不利的消极证言，这些内容的证言则较容易获得法官的采纳。采纳的理由类似于自认中对己不利的事实的承认。基于常理，人们乐于陈述于己有利的事实，如果陈述于己不利的事实，只能说这个事实是真实的，因为较少有人杜撰于己不利的事实。

第六章 我国民事诉讼诚实信用原则适用机制之完善

完善我国民事诉讼诚实信用原则适用机制是指根据诚实信用原则的含义,确定诚实信用原则在民事诉讼中的适用内容,并结合我国的实际情况,研究我国诚实信用原则适用现状及成因,在考察、借鉴其他国家和地区的理论及立法经验的基础上,在现有条件下以促进诚实信用原则在民事诉讼中的适用为目的提出相关法律建议。

虽然诚实信用原则起源于罗马法,但作为道德规范的诚实信用在我国具有悠久的历史及深厚的文化基础,"人而无信,不知其可也"。与民事诉讼的其他基本原则相比,诚实信用原则最能实现与中华传统文化的无缝对接,体现中华文明的传统美德。在2012年我国《民事诉讼法》进行修正之前,我国法律界已经对诚实信用原则予以高度关注,仅在2009年就有三篇法学博士论文专门研究诚实信用原则。在立法稿征求意见期间,对于民事诉讼是否应确认诚实信用原则,各个方面均发表了充分的意见。其中虽然也有不同的意见,但赞同的意见占绝对多数,最终我国民事诉讼确认了诚实信用原则。

诚信入法为惩治虚假诉讼提供了明确的法律依据,在民事诉讼中发挥了积极作用。"世人无不向善,作恶从未停止。"[①]诉讼中同样存在"诚信无不向往,欺骗无处不在"。虚假诉讼的存在促使我们必须从立法层面解决诚实信用原则的适用问题,使诚实信用原则在司法实践中发挥应有的作用。

西方国家关于诚信诉讼的立法实践不能直接适用于我国。比如被许多国家法律所确立的宣誓制度,在这些国家的司法实践中发挥了积极的遏制虚假诉讼的作用,作用的发挥与该国公民的宗教信仰密不可分。在诉讼过程中,法庭可以要求当事人、证人就陈述的真实性进行宣誓,宣誓仪式严肃、庄重,宣誓内容与宗教信仰相关联。西方多数国家有悠久的宗教信仰传统,民众信仰宗

---

① 柏拉图:《柏拉图全集(第一卷)》,王晓朝译,人民出版社2018年版,第501~502页。

教的人数众多,历史上还曾经出现过政教合一、宗教法庭的现象,宗教对社会生活具有重大的影响,所以在这些国家宣誓制度可以取得很好的效果。我国虽然有宗教信仰的自由,但实际信仰宗教的人数较少。而且我们国家幅员辽阔,各地风俗习惯不尽相同,在其他国家适用的宣誓制度对我们国家不一定适用,域外的经验只能作为参考。我国民事诉讼诚实信用原则的适用必须立足于我国的实际情况,构建适合中华文明的诚信诉讼机制。

第一节　完善诚实信用原则对当事人适用的保障机制

一、诚实信用原则对当事人适用内容的立法建议

诚实信用原则具有抽象性、概括性、宣示性的特点,不具备优先适用性。因此,立法首先应明确诚实信用原则对当事人适用的具体内容,在此基础上设计相应的法律制度,以实现诚实信用原则在民事诉讼中的适用。

(一)明确诚实信用原则对当事人适用的具体内容

1.真实义务

真实义务是诚实信用原则最直接、最基本的体现。诚实信用首先就是实事求是,这种真实义务贯穿整个民事诉讼的全过程。在起诉时,原告不得虚构、隐瞒事实,不得通过虚假方式获得有利的诉讼状态,如虚构事实获得管辖、保全等。被告在答辩时不得虚假陈述,应实事求是,客观、真实地回应原告的诉请。在法庭调查时,如实回答法庭询问。在执行程序中不得隐匿财产,逃避执行。

2.促进诉讼的义务

促进诉讼的义务是诚实信用原则"善意"的体现,也是协同型诉讼模式的要求。当事人在诉讼过程中均具有促进诉讼进行的义务,任何一方不得提出以拖延诉讼为目的的诉请。在诉讼过程中,被告不得为拖延诉讼的进行滥用诉权,不得提出不符合法律规定的管辖权异议、回避申请、鉴定申请等。当事人不得提出纯属为拖延时间的明显没有事实及理由的上诉。在合法性的前提下,根据行使诉权时当事人的主观善恶对是否滥用诉权进行划分。这种区分

方式有利于对合法行为进行细分,辨别恶意的诉讼行为,维护立法本意,减少司法资源的浪费。根据 2019 年深圳市中级人民法院发布的统计数据,深圳市 2018 年全年收案 483116 件,同比增加 3.4 万件,上升 7.6％;办结 410378 件,同比增加 3.3 万件,上升 89％;法官人均结案 452 件,同比增加 44 件,收结案总量和法官人均结案数量均位居全省第一。这个数据表明法官每年人均办案 452 件,按一年 250 个工作日计算,法官平均每个工作日办结 1.8 件案件,包括开庭、书写判决书,法官的工作压力相当巨大,且呈不断上升的趋势。因此,即使是简易的管辖权异议案件,如果不加以规制,也会极大地增加法官的工作量,从而影响案件的审理周期。

(二)完善诚实信用原则对当事人适用的立法建议

为提高"民事诉讼应遵循诚实信用原则"的明确性,宜将该条内容进行细化,建议在《民事诉讼法》第 13 条中增加一款,内容为"当事人在诉讼过程中应履行真实义务,促进诉讼的进行。"如此建议的理由有三:

其一,将促进诉讼的进行作为诚实信用原则的适用内容,是充分贯彻民事诉讼诚实信用原则具体含义的表现,避免将诚实信用原则的适用单一化。

其二,将诚实信用原则对当事人适用的内容具体化、明确化,便于理解、执行,避免诚实信用原则适用泛滥。

其三,通过在《民事诉讼法》第 13 条中增加规定,使其处于总则的地位,便于该原则在民事诉讼各个程序中的适用。与在《民事诉讼法司法解释》第 110 条中规定当事人到庭应据实陈述相比,该建议提高了当事人诚信义务的重要程度,更有利于该原则的适用。

二、完善诚实信用原则对当事人适用的配套法律制度

为实现上述诚实信用原则对当事人适用的具体内容,必须设计相应的法律制度。法律制度是上述内容的载体,是实现上述内容的具体措施。

(一)增设违背诚信义务的全面赔偿制度

当事人违背诚实信用义务,不但是对法律的不尊重,同时也造成了对方当事人的损失。我国法律规定对于虚假诉讼的当事人应予相应的处罚,"全国虚假诉讼第一案"对双方当事人各罚款人民币 50 万元,但对另一方当事人因虚假诉讼造成的损失没有予以补偿。我国法律规定对证人出庭产生的交通、住

宿、就餐、误工等费用，败诉方应予承担。对于劳动合同纠纷案件、知识产权案件的合理律师费用，败诉方应予承担。这说明我国实行的是有限的损害赔偿制，即仅对极少部分的案件适用赔偿，且赔偿范围很小，没有按照实际损失进行赔偿。这种规定显然是欠缺合理性的，不利于促进诚实信用原则的适用，也不利于对守信当事人权益的保护。

《德国民事诉讼法》第91条规定，败诉方应承担的诉讼费用应包括对方当事人为了达到伸张权利或防卫权利的目的而支出的必要费用，如旅费，以及误工费、律师费。①《日本民事诉讼法典》第62条亦有类似的规定，即使胜诉方应承担因其不必要的权利主张或防御行为而使相对方产生的诉讼费用。②《俄罗斯民事诉讼法典》第99条规定，当事人非善意提出无理诉讼请求或者多次阻挠案件的及时审理，另一方当事人可以向其追索实际耗费时间的赔偿费用。赔偿金额由法院合理决定。根据该法第94条的规定，败诉方应承担的费用包括对方为出庭而产生的交通和住宿费用。以及法院认可的其他必要开支。③《意大利民事诉讼法典》第96条直接规定了败诉方具有恶意或严重过失，应承担相应的赔偿责任。我国澳门地区的《民事诉讼法典》第386条也直接规定了损害赔偿事宜，法院对恶意诉讼人应作出损害赔偿的处理，赔偿范围为另一方当事人的所有开支，以及造成的其他损失。赔偿金额由法官认定。

在当前形势下，我国宜建立全面赔偿制。全面赔偿制的含义是指无论案件的类型，以及损失的种类，由于另一方违背诚实信用原则给另一方造成的损失都应予以赔偿。我国建立全面赔偿制的理由如下：

1.罚款不能替代赔偿

与刑事案件不同，对犯罪分子的刑罚在一定程度上具有替代受害人的精神损失的作用。在民事案件中，对一方违背诚信义务的惩罚对另一方的经济损失没有任何弥补作用。不予以赔偿，不符合法律公平、正义的价值。

2.行为与责任的相当性

一方违背诚信义务，不仅是对法律秩序的一种侵害，也是对另一方合法权益的侵犯。对于前者的侵犯，其应受到罚款的处罚。对于后者的侵犯，其应予

---

① 《德国民事诉讼法》，丁启明译，厦门大学出版社2016年版，第19～21页。
② 《日本民事诉讼法典》，曹云吉译，厦门大学出版社2017年版，第25页。
③ 《俄罗斯民事诉讼法典》，程丽庄、张西安译，厦门大学出版社2017年版，第32～34页。

以赔偿。

3.有限赔偿的缺陷

有限赔偿建立在认可赔偿的基础上,即认为损失应予以赔偿。但有限的依据不足,未能合理解释为何对于一方申请证人、鉴定人员参与诉讼的费用可以予以赔偿,而对于其他损失不予赔偿?也没有合理解释对部分类型案件当事人的损失予以赔偿,其他案件不予赔偿?

4.有效遏制违背诚实信用义务的行为

全面赔偿制加重了违背诚信义务当事人的责任,增加了对其之威慑力,从而达到遏制虚假诉讼的目的。

5.符合国际通行规则

考察其他国家和地区的立法,对于一方违背诚实信用义务给另一方造成损失的,法律都规定应当全面赔偿。即所有的案件类型,所有的损失均予以赔偿,没有对案件类型及损失类型予以限制。我国的有限赔偿制缺乏法律依据,应予以改进。

虚假诉讼是对民事诉讼制度的直接挑战,若不予以高度重视并完善解决对策,将造成对我国民事诉讼制度的结构性侵害。在我国现有的民事制度框架内,构建虚假诉讼侵权损害赔偿制度,增加虚假诉讼行为人违法行为的经济风险,调动受损害一方当事人与虚假诉讼行为作斗争的积极性,从而起到预防和遏制虚假诉讼的目的。

2019年5月22日,最高人民检察院副检察长张雪樵在以"打击虚假诉讼 共筑司法诚信"为主题的新闻发布会上指出,近半年时间,全国检察机关对虚假诉讼刑事犯罪案件共批捕206件,涉及319人;决定起诉138件,涉及315人;法院已作出生效判决87件,涉及157人,均为有罪判决。虚假诉讼的行为人不但藐视司法权威,还构成了对其他当事人合法权益的侵犯,造成其他当事人的经济损失。虚假诉讼行为人的不法行为与其他当事人的损害后果之间的因果关系清楚,完全符合民事侵权损害赔偿的构成要件。应该通过立法,建立虚假诉讼民事侵权损害赔偿制度。防范打击虚假诉讼,不仅要通过司法途径严厉打击,同时要强化社会诚信体系建设、提升社会诚信氛围。进一步完善针对企业和公民的征信管理系统,将虚假诉讼参与人列入失信名单,完成将现有相关信息平台与社会信用体系接轨的工作。①

(二)增设逾期失权的诉讼机制

逾期失权是指对于当事人的特定诉讼权利,若当事人不在规定的时间内行使,则失去行使该项权利的规定。这项规定要求当事人必须遵守诉讼法的规定,采取积极的态度参与诉讼,促进诉讼的进行,共同实现法律公正、效率的价值。我国立法部分采纳了这项制度,比如举证时限制度。我国《民事诉讼法》第 65 条规定了举证时限制度,同时规定对于逾期提交的证据,人民法院责令其说明理由,拒不说明或理由不成立的,该证据不予采信。或者予以采信,但予以训诫、罚款。

在司法实践中适用逾期失权规则进行判决的案例日渐增多。"谷秀英与吉林环城农村商业银行股份有限公司金融借款合同纠纷再审案",再审申请人谷秀英在收到一审法院送达的起诉状及应诉通知后,没有提交任何答辩意见,也没有出庭应诉。在该案二审期间,谷秀英并未对一审未予答辩、没有出庭等事项进行合理说明,二审法院认为其存在故意和重大过失而适用逾期失权。②"中铁二十三局集团第一工程有限公司与福建省长鸿建筑工程有限公司建设工程施工合同纠纷再审申请案"③,最高人民法院经审查后认为,中铁二十三局一公司在案件一审、二审及在再审一审、二审中均没有提交涉案证据,也没有对未提交这些证据进行说明,目前提交的证据均形成于庭审之前,不符合新证据的规定,故此已经发生证据失权的效力。

诉讼上的失权是诚实信用原则对当事人适用的具体内容,一方长时间不行使诉讼上的权利,则无权再行使该权利。诉讼失权既有利于促进诉讼的进行,又有利于对另一方当事人的保护。

(三)增设强制答辩制

强制答辩制是指对于原告的起诉,被告应在规定的时间内就原告起诉的事实和理由予以自认或否认,并提交相应的证据,否则应承担不利法律后果的

---

① 王阳:《将虚假诉讼参与人列入失信名单》,载《法制日报》2019 年 5 月 30 日第 4 版。
② 谷秀英与吉林环城农村商业银行股份有限公司金融借款合同纠纷再审案(吉林省高级人民法院[2018]吉民申 1682 号)。
③ 中铁二十三局集团第一工程有限公司与福建省长鸿建筑工程有限公司建设工程施工合同纠纷再审申请案(最高人民法院[2013]民再字第 11 号)。

制度。与此相对应的是任意答辩制。任意答辩制是指对于原告的起诉,被告可以选择是否答辩,对原告在起诉状中主张的事实及理由,被告可以选择性地予以回应或不回应。即使被告不答辩,被告亦不承担任何法律责任。毫无疑问,强制答辩制对提高审判效率具有积极的作用。

1. 任意答辩制度的弊端

我国《民事诉讼法》第125条规定,①被告应当在收到起诉状副本之日起15日内提出答辩状。根据此处关于"应当"的表述,可见提出答辩状属于被告的义务。但立法并没有为该项义务设置任何法律责任,这容易形成义务落空的局面。又由于答辩的实质是指被告对原告的起诉发表同意与否的意见,答辩显然具有权利的法律属性。而权利可以被放弃,被告答辩与否均不违反法律规定,完全由被告随意。法律规定答辩状的内容应包括被告的姓名、性别、年龄、联系方式等当事人基本信息,除此之外,没有其他关于被告必须对原告起诉的事实与理由进行响应的法定要求。这实质上对被告提交的答辩状在内容上没有任何要求。结合前述关于强制答辩制和任意答辩制的概念,可以看出我国实行的是任意答辩制。该条第2款同时规定,"被告不提出答辩的,不影响人民法院审理"。该条是对被告不按时提交答辩状,人民法院仍可以继续审理案件的授权性规定,但可能被误解为对任意答辩的默许。既然不提出答辩不影响审理,被告不答辩就显得理所应当,没有任何不利后果,无须承担任何责任。从逻辑的角度考察,该规定对强制答辩制才有适用的意义,对任意答辩制则不适用。对于任意答辩制,被告的答辩是任意的,其是否答辩本就不影响审理。而在强制答辩制模式下,被告必须进行答辩,在此情况下规定被告不答辩不影响审理才有逻辑的合理性。

任意答辩制的弊端是显而易见的:

其一,没有充分发挥举证时限的积极作用。虽然被告在举证时限内提交了相关证据,但如果没有提交答辩状,没有对关键事实予以回应,单纯凭被告提交的证据很难全面厘清案件争议的焦点问题。

---

① 《中华人民共和国民事诉讼法》第125条规定:"人民法院应当在立案之日起五日内将起诉状副本发送被告,被告应当在收到之日起十五日内提出答辩状。答辩状应当记明被告的姓名、性别、年龄、民族、职业、工作单位、住所、联系方式;法人或者其他组织的名称、住所和法定代表人或者主要负责人的姓名、职务、联系方式。人民法院应当在收到答辩状之日起五日内将答辩状副本发送原告。被告不提出答辩状的,不影响人民法院审理。"

其二，可能导致被告开庭突袭。有些案件的被告在收到起诉状之后进行了全面的答辩准备，但故意不向法庭提交答辩状。其目的就是利用任意答辩制度，在开庭前故意隐瞒答辩观点，而在开庭时进行答辩，对原告的主张进行全面突袭。被告不及时答辩的行为希望使对方当事人在开庭时陷入措手不及的局面，从而获得对被告有利的诉讼状态。

其三，不利于促进诉讼。"兼听则明，偏听则暗。"对于被告没有及时提交答辩意见的案件，法官只有在开庭时才了解被告对案件的争议焦点，此举不利于审判人员事先精确设计审判思路，不利于促进诉讼。

2.强制答辩制对诉讼的促进

强制答辩制要求被告必须在法律规定的时间内就案件争议的实质问题作出响应。强制答辩制有利于双方当事人全面了解案件信息，便于法庭及时掌握案件争议焦点，确定审判思路，对促进和解及提高诉讼效率效果显著。诉讼程序可以影响和解比例，双方对信息进行全面交流，有利于对案件结果进行预估，从而在参照预估结果的基础上进行和解。[①]

《美国联邦民事诉讼规则》第8条规定了诉答文书的一般规则，对一方当事人提交的诉答文书，另一方当事人应进行抗辩，抗辩的内容包括否认或自认（承认）。对于一方必须回答的另一方在诉答文书中主张的事实，除关于损害赔偿的金额外，一方当事人在诉答文书中如果没有加以否认，即视为自认。第11条规定，诉答文书必须是基于合理认知的，不存在骚扰他人以及拖延诉讼、增加无谓诉讼费用等不正当目的。当事人的诉请必须严肃有据，对相关事实的否认不是盲目的，必须有相应的证据支持。否则，法院有权对律师、律师事务所、当事人作出适当的制裁。制裁可以是非金钱性的，也可以是法院要求支付罚款的命令。被制裁的当事人应承担对方当事人为此支出的律师费用以及其他合理费用，法院可以一并发出支付的命令。第12条规定，一般情况下被告应在收到传唤状和起诉状之日20日内答辩，如果当事人遗漏抗辩和异议，此后不能提出申请。[②]《德国民事诉讼法》第276条、第277条、第282条、第

[①] 理查德·波斯纳（Richard Posner）：《法律的经济分析》（第7版，中文第二版），蒋兆康译，法律出版社2012年版，第827页。

[②] 吴如巧编著：《美国联邦民事诉讼规则的新发展》，中国政法大学出版社2013年版，第178～187页。

283条规定了强制答辩制。① 其中第276条、第277条规定,被告应当在收到诉状后两周的不变时间内提出答辩,被告应提出必要的与适当的防御方法。第282条规定,被告应在法院指定的答辩期内就诉之合法性提出责问。当事人应当在言辞辩论前以书面方式通知对方当事人关于对主张的否认、异议、抗辩、证据方法和证据抗辩,以使对方当事人对此有必要的了解。第283条规定,当事人由于没有在指定期日内收到对方当事人提出的主张,可以申请另行给予期间进行陈述。被告可以不提出防御措施,也可以不出庭,但这些行为可能使其遭受败诉的风险。②《日本民事诉讼法典》对此也有相应的规定。其中第147~2条规定,裁判所以及当事人为了实现案件公正、迅速的审理,应当谋求诉讼程序有计划地进行。第156条规定攻击或防御方法应根据诉讼进行的状况适时提出。结合前条规定,此处的适时提出显然不是指为了诉讼突袭而进行的提出,应当指为了使案件得到"公正、迅速"的审理而及时提出。第162条规定裁判长可以决定当事人提交答辩状的期间,答辩状要记载特定事项的主张及证据。第163条还规定了对于特定事项,一方当事人可以向另一方当事人进行照会,要求对方当事人在一定期间内以书面方式就必要事项进行回复。对于当事人因故意或重大过失延时,以及超出规定日期提出攻击或防御方法的,第157条、第157—2条明确规定予以驳回。③《意大利民事诉讼法典》第166条规定,在首次开庭的20日以前,被告必须出席诉讼,此时被告应向书记室提交答辩状。第167条规定了答辩状的内容,被告应针对原告起诉时依据的所有事实提出所有答辩理由,说明其在诉讼中将要提交的证据和文件,并阐明自己的结论。根据第163条第3款第7项的规定,如果被告没有在指定期日内出席,将丧失答辩权。第171条也规定了如果被告未按时出席诉讼,将丧失答辩的权利。④ 我国澳门地区的《民事诉讼法典》也规定了促进诉讼进行的强制答辩机制。第403条规定被告应于获得传唤后30日内答辩。第405条规定,如被告不答辩,则视为承认原告起诉的事实。第407条至第410条规定,被告进行答辩时应全面答辩,即被告应在答辩时一并提出所有的防御行

---

① 《德国民事诉讼法》,丁启明译,厦门大学出版社2016年版,第67页。
② [德]奥特马·尧厄尼希:《民事诉讼法》,周翠译,法律出版社2003年版,第231页。
③ 《日本民事诉讼法典》,曹云吉译,厦门大学出版社2017年版,第52~56页。
④ 《意大利民事诉讼法典》,白纶、李一娴译,中国政法大学出版社2017年版,第62~67页。

为。被告应对原告起诉的事实予以逐条响应,如被告以不知悉某事实是否属实,而该事实是被告个人的事实或应知道的事实,则视为被告的自认。

上述国家和地区关于强制答辩的规定已经相当完善,包括答辩的内容,答辩的时限,未按要求答辩的法律责任,从功能上已经成为一个完美的死循环,值得我国立法借鉴。我国目前实行的举证时限、逾期举证的法律责任等制度,可以视为强制答辩制的子制度。

(四)对当事人滥用管辖权制度的规制

从主体上划分,滥用管辖权异议制度包括两种情形:一种是原告滥用管辖权制度,另一种是被告滥用管辖权制度。原告滥用管辖权制度主要包括规避级别管辖和地域管辖。被告滥用管辖权制度主要指被告滥用管辖权异议,提出没有事实及法律依据的管辖权异议申请。其主要目的是拖延时间,阻碍诉讼的进程。无论哪种情况,都是对诚实信用原则的违背。

有观点认为,原告不存在管辖权滥用的动机。因为如果原告滥用管辖权,只要被告提出管辖权异议,原告的管辖权主张就会落空。由于管辖权异议推迟了诉讼进程,鉴于原告是主动提起诉讼的一方,原告因不希望推迟诉讼而不存在滥用管辖权的问题。我们认为,动机不是认定滥用管辖权的依据,是否明知没有法律依据才是认定的依据。

1.原告恶意起诉不适格的共同被告

原告为了规避地域管辖,将不适格的住所地为其希望的管辖法院所在地的当事人列为共同被告,再根据我国法律规定的有数个被告的案件,任一被告所在地法院均有管辖权。原告据此向不适格当事人所在地法院起诉,从而获得其预设的管辖。在目前的法律框架内,这种方式很难破局,即使被告提出管辖权异议,因被告是否适格需案件审理后才能作出判断,被告的管辖权异议很难成立。

要解决这种滥用管辖权制度的行为,首先应改变诉讼费交纳的依据。目前诉讼费交费依据是案件类型诉讼标的,被告人数的多少与诉讼费的交纳标准没有关系。在实践中无论起诉一个被告,还是起诉数个被告,原告预交的诉讼费用金额完全相同。在这种收费模式下,容易诱使原告为获得地域管辖而起诉不适格的被告。同时,诉讼费收取标准与被告人数无关的规定也缺乏合理性,相对于一个被告而言,法院为办理人数众多被告案件所花费的成本高于前者。在诉讼费收取标准方面,建议每增加一名被告,诉讼费应作相应的调整,比如在原标准的基础上增加10%,以此遏制对不适格被告的起诉。

其次,由于原告起诉不适格被告,后者因参与诉讼而产生的费用(如误工费、律师费),立法应规定由原告予以赔偿。《德国民事诉讼法》第91条规定,败诉方应承担的诉讼费用应包括对方当事人为了达到伸张权利或防卫权利的目的而支出的必要费用,如差旅费,以及误工费、律师费。[①]《日本民事诉讼法典》第62条亦有类似的规定,即使胜诉方亦应承担因其不必要的权利主张或防御行为而使相对方产生的诉讼费用。[②] 原告对不适格的被告提起诉讼完全属于此类情况。

2.滥用管辖权制度的经济成本

被告是否提起管辖权异议是判断原告是否涉嫌滥用管辖权制度的一个重要因素。因为如果被告不提起管辖权异议,那么视为双方当事人就管辖达成合意,原告不存在滥用管辖制度的情形,这种情况不属于我们讨论的范畴。对于被告提起管辖权异议的案件,如果管辖权异议成立则无须收费,不成立的案件收费标准为人民币50～100元。从该规定可以推导出,即使原告滥用管辖权,原告依据现行立法无须为此付出成本。在2015年我国实行立案登记制之前,我国实行的是立案审查制,法院在立案之初将不符合管辖的案件排除在外。在2015年实行立案登记制之后,人民法院在受理案件时仅进行形式审查,只要原告的起诉符合《民事诉讼法》第119条规定的条件,人民法院即予以立案。此举削弱了人民法院对管辖的审查力度,为原告滥用管辖权提供了便利。如果不对原告滥用管辖制度的行为进行规制,势必引发大量的管辖权异议案件。在中国裁判文书网上搜寻的数据可以印证上述现象。在该网站全文搜索关键词"管辖",共搜到985971份民事裁定书。近10年管辖权案件的统计数据见下图:

[①] 《德国民事诉讼法》,丁启明译,厦门大学出版社2016年版,第19~21页。
[②] 《日本民事诉讼法典》,曹云吉译,厦门大学出版社2017年版,第25页。

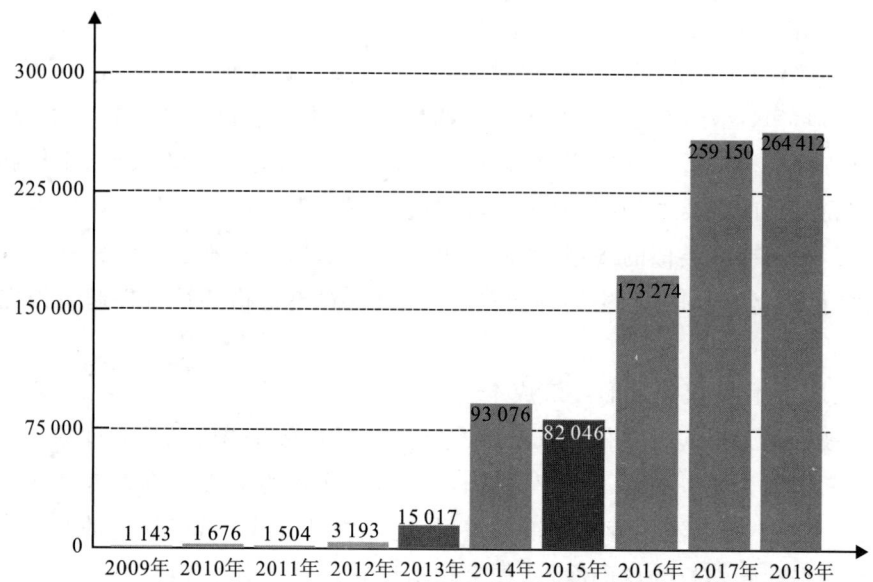

图 6-1　中国裁判文书网 2009—2018 年管辖权异议案件数量柱形图

由上图可见，2015 年后管辖权异议案件的数量呈突飞猛进的增长趋势。如何减少原告滥用管辖权制度的发生，必须从诉讼费用承担的金额角度进行考虑。

被告滥用管辖制度的典型表现是提起管辖权异议。无论异议成立与否，一旦被告提出管辖权异议，将会严重拖延诉讼进程。根据当前法院的工作效率，管辖权异议案件经一审、二审程序，所需要的时间少则 2~3 个月，多则半年以上。且即使被告的管辖权异议不成立，被告仅需承担 50~100 元的诉讼费用。如此低廉的诉讼费用标准，立法本意是为了便于当事人获得正确的管辖权，降低异议成本。考虑到该标准是 2006 年颁布的《诉讼费用交纳办法》中规定的，100 元的收费标准尚有其合理性，但在经济高速发展的十余年后，管辖权异议的收费标准就显得极不合理。被告利用管辖权异议制度所取得的收益，与承担的成本相比完全忽略不计，良好的愿望并没有获得良好的效果。为了节约司法资源，减少不必要的管辖权异议案件，管辖权异议案件诉讼费用的收取标准必须进行相应的调整。管辖权异议诉讼费用的交纳标准以案件诉讼费的 10% 为宜。

在诉讼费用的承担方面也应做相应的调整。被告管辖权异议成立，说明原告就管辖权运用存在错误,原告应承担上述10%的责任。被告管辖权异议不成立的,亦按上述标准承担责任。这样既可以规制原告,又可以规制被告,使原、被告均本着谨慎的态度确立管辖法院。

也有学者认为我国的四级法院两审终审制的管辖规定,促使当事人规避级别管辖。① 当事人认为更高级别的法院,在审理案件时的专业性及公正程度更高。特别是《法官法》第17条规定初任法官到基层法院任职,上级人民法院的法官逐级遴选,这使得当事人更希望在上级法院审理。

管辖权被滥用还有其他一些原因,比如地方保护主义,中国熟人社会的观念,同案不同判的现象等。这在当事人规避地域管辖时特别明显。至于规制措施,单纯以法院加强审查是不够的,辅之以本书建议的经济手段,可以提高对规避行为的遏制程度。

三、发挥诉讼费罚则对促进诚实信用原则适用的作用

诉讼费用的分担规则——诉讼费罚则对促进诚实信用原则的适用具有重要的影响,我国理论界以及实务界对此尚未形成足够的重视,没有充分发挥诉讼费罚则的重要作用。这是因为根据我国目前关于诉讼费的规定,诉讼费的交纳金额与案件的审理结果关系不大,诉讼费更大程度地体现的是国家与当事人之间的关系。现代国家均限制私力救济,国家出资设立法院垄断了纠纷处理权,为解决当事人的私人权利之争,当事人应负担由此发生的诉讼费用。② 在民事诉讼中,有很大一部分案件是基于财产关系的,是一种利益之争。国务院于2006年颁布的《诉讼费用交纳办法》规定了诉讼费的收费标准,以及诉讼费分担的依据等内容。该办法规定的内容与原、被告双方的经济利益有重要关联性,进行适当的设计有利于促进诚实信用原则的适用。笔者仔细研究该办法规定的内容后发现,该办法对促进诚实信用原则适用的内容规定不足,有些条款甚至发挥了阻碍作用。

(一)诉讼费用的属性

当事人提起诉讼,法院收取一定的费用是世界各国法院通行的做法。《德

---

① 宋平:《民事诉讼诚实信用原则与管辖权滥用之规制研究》,载《中国法学会民事诉讼法研究会2019年年会暨"民事司法智能化、信息化·公益诉讼"研讨会论文集》,2019年,第642页。

② 姜世明:《民事诉讼法(上册)》,台湾新学林出版股份有限公司2018年版,第564页。

国民事诉讼法》第91条第1款规定,败诉方应承担对方因诉讼而支出的必要费用,包括旅费、误工等。①《俄罗斯民事诉讼法典》第88条规定,诉讼费用包括国家规费和与案件审理有关的费用。国家规费的数额和交纳由俄罗斯联邦关于税、费的联邦法律规定。第94条规定与案件审理有关的费用包括支付给证人、鉴定人、专家和翻译人员的费用,当事人和第三人出庭的交通和住宿费用,代理人的服务费,以及一方恶意诉讼给另一方造成的损失。②

  关于诉讼费用的属性通说有"司法无偿说","国家无偿服务说","当事人自己负担裁判程序费说"和"当事人程序基本权利保障说"等多种学说。③ 德国法学家认为,诉讼费用的收取对诉讼活动的进行具有重要作用,以至于它能从一开始就影响权利的实现或使权利搁浅。诉讼费用确定得太贵,势必提高了当事提起诉讼的门槛,将当事人阻挡在了法院的门外,影响当事人对权利的保护。"零收费率"又容易引发诉讼浪潮。④ 诉讼是为了当事人的利益而进行的,所以当事人运用诉讼手段维护权益应向法院交纳一定的费用,作为对法院支出的捐助。在确定当事人向法院交纳诉讼费金额时,应注意到法院的经费来自于国家补贴,因此应确定合理的金额。既便于阻挡那些处于无效动机的诉讼,避免浪费宝贵的司法资源,又不能使合理的诉讼成为无法跨越的障碍。⑤ 这些学说都有一定的合理性,概括了诉讼费用的显著特点,但尚不够全面。根据法院征收一定诉讼费的事实,无偿说貌似没有依据。但根据诉讼费由败诉方承担的规定,符合胜诉方无偿说,且具有对败诉方制裁的作用。从诉讼费缴纳的金额而言,劳动争议案件收费标准为10元,非财产案件收费标准为每件50至100元。即使财产类案件,法院收费的比例非常低,且采取的是恒定金额及恒定比例制,没有考虑因经济发展带来的费用增加因素。而每一个案件无不是经年累月,耗费大量司法资源。相对于法院为诉讼活动支出的费用,当事人交纳的诉讼费用非常低廉。可见这种收费标准的制定主要是为

---

  ① 《德国民事诉讼法》,丁启明译,厦门大学出版社2016年版,第19页。
  ② 《俄罗斯民事诉讼法典》,程丽庄、张西安译,厦门大学出版社2017年版,第31~32页。
  ③ 常怡主编:《民事诉讼法学》,中国政法大学出版社2017年第4版,第224页。
  ④ [德]奥特马·尧厄尼希:《民事诉讼法》(第27版),周翠译,法律出版社2003年版,第487页。
  ⑤ [德]罗森贝克、施瓦布、戈特瓦尔德:《德国民事诉讼法》,李大雪译,中国法制出版社2007年版,第576页。

了便于人民群众以诉讼的方式维护合法权益,不是为了弥补国家为诉讼进行而支出的费用。负担说或者程序保障说均存在一定程度的片面性。法院向当事人征收一定的诉讼费用,具有发挥使当事人谨慎诉讼的作用,弥补国家因当事人提起诉讼而产生的费用,制裁败诉方的作用,国际对等作用。① 依据法院征收诉讼费的作用,诉讼费的属性是多重的,既有弥补国家支出的作用,又有制裁及遵循国际惯例的作用。合理设计诉讼费承担方式,可以平衡当事人利益,引导当事人诚信诉讼。从我国《诉讼费交费办法》规定的内容考察,该办法规定的是国家向当事人收取一定金额的费用,涉及的主体是国家与当事人之间,没有涉及当事人之间的利益关系。事实上,诉讼费的承担不仅关系到法院与当事人,还包括当事人之间的关系。因为如果诉讼费总额不变,一方承担多了,另一方必然承担少了。诉讼费用,是因当事人的诉讼行为而产生的费用,费用的发生涉及国家、受理法院、诉讼代理人、对方当事人。② 根据诉讼费收取的原因及标准、作用,诉讼费具有如下属性。

1.部分承担国家司法成本支出

国家设置司法机构审理民事纠纷案件,为此要支出大量的成本。包括基础建设,设备维护,人员工资等。这些成本由全体纳税人承担,列入国家公共财政支出。当事人到法院起诉,占用了司法资源,理应承担相关费用。审判机构的设置是国家管理的必要内容,司法成本不应由当事人全部承担。根据各国的收费标准,当事人实际上只是承担较小部分的成本。

2.惩罚性

各国法律均规定诉讼费用由败诉方承担。《德国民事诉讼法》第91条规定,败诉的当事人应当负担诉讼费用。③《日本民事诉讼法典》第61条规定,诉讼费用由败诉方承担。④《俄罗斯民事诉讼法典》第98条,法院应责成败诉方向胜诉方补偿案件的诉讼费用。⑤ 诉讼是原、被告均参与的,双方均占用了司法资源,但法律规定败诉方承担诉讼费用,胜诉方无须承担诉讼费用,这体

---

① 齐树洁主编:《民事诉讼法》,厦门大学出版社2019年第13版,第217页。
② [日]高木丰三:《日本民事诉讼法论纲》,陈与年译,中国政法大学出版社2006年版,第231页。
③ 《德国民事诉讼法》,丁启明译,厦门大学出版社2016年版,第19页。
④ 《日本民事诉讼法典》,曹云吉译,厦门大学出版社2017年版,第25页。
⑤ 《俄罗斯民事诉讼法典》,程丽庄、张西安译,厦门大学出版社2017年版,第34页。

现了对合法行为进行无偿保护的立法本意。败诉方是被法律所否定的,应承担由此带来的不利后果。

3.赔偿性

我国法律规定对于证人、鉴定人员出庭的费用,败诉方应予以承担。对于劳动纠纷、知识产权纠纷案件的律师费用,败诉方应予以承担。还有国家规定败诉方应承担胜诉方为诉讼而支出的所有合理费用,包括交通费、误工费,以及聘请律师的费用。这充分说明诉讼费用具有赔偿性。

4.司法救助性

司法救助是指对于经济困难的当事人,可以申请缓交、减交或免交诉讼费用。我国以及其他各国均设立了司法救助制度,这是司法文明的体现。我国法律规定司法救助只适用于自然人,有利于保障当事人请求司法救济的权利,使其不至于应经济困难而影响诉讼权利的行使,体现了司法的公平性和公正性。① 《日本民事诉讼法典》第82条规定,无力支付诉讼费用,或因支付诉讼费用而显著妨碍生活的人可以申请司法救助,但明显无胜诉可能性时,不在此限。② 司法救助的目标是为社会上的弱者提供更好的权利保护,不能因"较穷"就削弱法律对他们的权利保护。③ 英国第一部《法律援助法》是在1947年7月30日通过的,贫穷的、收入微薄的,甚至稍富裕的人都可以申请法律援助,无须自己承担费用。如果他们胜诉,那么可以将赔偿金装进自己的口袋,如果败诉,也不必付对方任何诉讼费。这个制度的社会价值就是通过法律援助制度,使很多人收回了债务或得到了赔偿。为防止这项制度被滥用,对于获得胜诉的当事人,应从赔偿款中向法律援助基金交纳部分费用。④

5.减少不必要诉讼的发生

合适的诉讼费金额既可以遏制不必要的诉讼发生,又不会让确有诉讼需要的当事人觉得高不可攀。如果没有把握好这种平衡,如果诉讼费用规定得过低,极其容易诱发诉讼浪潮。比如在劳动合同纠纷案件中这种现象就非常

---

① 齐树洁主编:《民事诉讼法》,厦门大学出版社2019年第13版,第225页。
② 《日本民事诉讼法典》,曹云吉译,厦门大学出版社2017年版,第29页。
③ [德]奥特马·尧厄尼希:《民事诉讼法》(第27版),周翠译,法律出版社2003年版,第487页。
④ [英]丹宁勋爵:《法律的未来》,刘庸安、张文镇译,法律出版社2000年版,第110~114页。

明显。为了降低劳动者提起诉讼的成本,行政法规规定劳动争议案件诉讼费用为人民币 10 元。这就使得用人单位在提起诉讼时交纳的诉讼费也是 10 元。面对如此低廉的收费标准,用人单位纷纷将案件从仲裁开始,一直打到一审、二审等所有程序权利用尽为止。浙江省杭州市余杭区人民法院审理的关于"李骁与浙江淘宝网络有限公司网络服务合同纠纷案",[①]后者向前者索赔人民币 1 元,该案具有一定的社会意义,但支出了大量经济成本,造成司法资源的极大浪费。

6.诉讼费用的"奖励性"

"奖励性"是指为促进诉讼的进行,对于有利于迅速解决纠纷的诉讼行为予以减、免诉讼费用。减少当事人的负担是对当事人变相的奖励,奖励无可争议地是刺激行为人服从的强大动因。[②] 我国法律规定调解、撤诉的案件减半收取诉讼费,就是鼓励当事人迅速解决纠纷,通过达成一致协议而放弃诉讼。《德国民事诉讼法》第 93 条规定,起诉并非因被告的行为引起的,如果被告对于原告的诉讼请求实时认诺的,诉讼费用由原告负担。第 95 条、第 96 条规定当事人延误辩论,或主张无益的攻防方法的,即使胜诉,亦应承担诉讼费用。[③]《日本民事诉讼法典》第 62 条、第 63 条也有与此相类似的规定。[④] 意大利的法律规定更为精巧,《意大利民事诉讼法典》第 91 条规定,如果一方当事人的调解建议获法庭采纳,那么另一方当事人承担在该调解建议提出后发生的诉讼程序费用。这对遏制无理由拒绝调解的行为行之有效。纵观各国关于诉讼费用"奖励性"的规定,都是通过减少当事人负担的变相"奖励"来促进当事人遵循诚实信用原则,及时息诉。对于鼓励诚信、禁止欺诈的诉讼目的,制裁和奖励两种措施均可以发挥重要作用。适当奖励有时可以发挥比制裁更有效的作用。犹如大禹治水,将堵、疏相结合,最终完成治水大业。制裁犹如堵,奖励犹如疏,通过制裁与奖励的结合,以此促进诚实原则的适用。

7.促进合并审理,节约司法资源

为促进诉讼,减少司法资源的占用,通过诉讼费杠杆的作用,可以促进当

---

① 李骁与浙江淘宝网络有限公司网络服务合同纠纷案(浙江省杭州市余杭区人民法院[2017]浙 0110 民初 7704 号)。
② [英]约翰·奥斯汀:《法理学的范围》,刘星译,北京大学出版社 2013 年版,第 25 页。
③ 《德国民事诉讼法》,丁启明译,厦门大学出版社 2016 年版,第 22 页。
④ 《日本民事诉讼法典》,曹云吉译,厦门大学出版社 2017 年版,第 25 页。

事人在同一程序内解决双方的纠纷。我国法律规定反诉案件的诉讼费减半收取,就是促进被告在本诉应诉的同时,一并提出反诉事宜。如此规定一方面可以减少当事人的负担,同时反诉案件合并审理还可以节约司法资源。我国台湾地区对于促进反诉的力度更大,在其"民事诉讼法"第77条之15规定:"本诉与反诉之诉讼标的相同者,反诉不另征收裁判费。"①

(二)从法经济学的角度认识诉讼费用

当事人进行诉讼,即使案件不涉及财产关系,都需要支出经济成本,包括诉讼费用,律师费,因参与处理案件而支出的时间成本等。其中对当事人诉讼行为影响最大的是诉讼费用,该费用是当事人支出的主要成本之一。根据法经济学的理论,诉讼费用是影响当事人诉讼行为的重要变量,是当事人在诉讼之前对于是否起诉的重要考虑依据。在劳动合同案件中,用人单位起诉率及上诉率高,就是因为向法院交纳的诉讼费用便宜,仅为人民币10元。如果实现区别收费,对用人单位按诉讼标的收取,那么会在极大程度上影响用人单位的诉讼行为。根据各国诉讼费收取比例,普遍来说当事人仅仅承担了诉讼成本中的很小部分,其他诉讼成本由国家负担。因此,诉讼费用中决定由当事人承担比例的大小将决定当事人的诉讼行为。诉讼费用高,当事人支出的成本就高,当事人提起诉讼时就更加谨慎,起诉的案件将变少。反之,诉讼案件就多。除了诉讼费用收取的比例之外,诉讼费由谁承担也是影响当事人诉讼行为的重要因素。国际通行的诉讼费由败诉方承担的惯例有利于鼓励原告起诉,便于促进被告积极履行义务,以免承担诉讼费的损失。②

我国立法关于调解、撤诉案件减半收取诉讼费用;前述德国法律规定的对于实时认诺案件的被告不承担诉讼费用;意大利民事诉讼法典规定的判决如果对调解建议予以采纳的,对于无正当理由拒绝调解的当事人承担提出调解建议后的诉讼费用,这些规定无不是通过经济手段调节当事人的诉讼行为,通过对促进诉讼的行为予以减、免诉讼费用,提高对调解、撤诉的吸引力,引导当事人的决策。

(三)诉讼费用分担的依据

根据我国《诉讼费收费办法》的规定,诉讼费用由败诉方承担,胜诉方自愿

---

① 《(我国台湾地区)基本六法》,台湾三民书局2017年版,第D16页。
② 冯玉军:《新编法经济学》,法律出版社2018年版,第449~451页。

承担的除外。实践中胜诉方自愿承担诉讼费用的基本偏少,在此我们不作讨论。以案件的胜诉或败诉作为诉讼费分担标准有其公正性,同时可以体现诉讼费用的制裁性,但没有能够全部发挥诉讼费用的引导作用。对于被告败诉的案件,在诉讼过程中被告的表现可能截然不同。有些被告败诉的案件,被告在案件审理过程中对于基本事实如实自认,法院查明情况后予以判决。还有些被告败诉的案件,被告在案件审理过程中百般抵赖,法庭经审理后认为其抗辩理由不成立,故而判决其败诉。按当前的立法规定,这两种败诉在诉讼费的承担上是一致的,遵循诚信的被告并没有比虚假陈述的被告得到任何的奖励。这种现象说明仅依据案件的胜败作为诉讼费的唯一分担依据不够合理。

民事诉讼的价值分为程序价值和实体价值。民事诉讼的程序价值包括公正和效率,实体价值包括正确认定事实及适用法律,以便实现实体公正。[①] 这两部分价值都是民事诉讼的价值,缺一不可。诉讼费以胜败作为分担的标准,该标准体现的是公正价值,没有能够体现效率价值。单纯以公正作为诉讼费的分担标准不全面、不科学,不利于促进提高诉讼效率。从公正和效率两个方面来共同确定诉讼费用的承担,可以实现诉讼费的分担标准与民事诉讼的价值相一致,更有利于实现诉讼的目的。即在原来仅将"公正"作为诉讼费分担标准的基础上,增加"效率"共同作为诉讼费的分担标准。当事人的诉讼行为有利于提高诉讼效率的,减少其诉讼费分担比例。当事人恶意拖延诉讼效率的,增加其诉讼费分担比例。

诉讼费的分担是民事诉讼的重要内容之一,诉讼费的分担标准应为实现民事诉讼的价值服务,唯有如此,才能更全面地发挥诉讼费分担机制的积极作用。

(四)发挥诉讼费积极作用的具体方式

1.诉讼费收费金额应考虑被告人数

目前诉讼费交费办法仅规定按案件类型和争议标的进行交费,诉讼费交纳金额与被告人数无关。如果原告起诉的被告不适格,根据目前的规定,原告无须承担任何法律责任,但却可以名正言顺地获得其理想的管辖权。因此,目前的法律规定不但难以遏制原告起诉不适格的被告,相反由于立法的疏漏给原告可乘之机。如果诉讼费的收费标准与被告人数相关联,每增加一名被告

---

① 齐树洁主编:《民事诉讼法》,厦门大学出版社 2019 年第 13 版,第 30~34 页。

应相应增加一定比例的诉讼费用,如此可以遏制原告滥用地域管辖权。

2.通过诉讼费分担规则鼓励诚信认诺

认诺是当事人在诉讼过程中遵循诚实信用原则的重要体现,认诺有助于提高诉讼效率。认诺包括原告的认诺以及被告的认诺,被告的认诺又称为自认。《德国民事诉讼法》第93条规定,原告的起诉行为应符合必要性,如果被告对于原告的诉讼请求实时认诺,那么诉讼费由原告负担。① 该规定以减少损失的方式鼓励被告向法庭如实确认原告起诉的内容,有利于提高诉讼效率,符合诚实信用原则适用的本质要求。

我国诉讼费交费办法中没有正确认识到认诺对于促进诚信的积极作用,有些规定还与此相反。《诉讼费用交纳办法》第35条规定,当事人在法庭调查后减少诉讼请求金额的,由其承担相应的诉讼费用。在法庭调查结束后,基于对事实的认识,当事人主动减少诉讼请求的金额,这是其诚信的具体表现。对于这种诚信行为司法实践应予以鼓励。法律规定相应诉讼费仍由其承担不尽合理。因为如果当事人不减少诉讼请求金额,法院判决最多也是承担同等金额的诉讼费。此时主动与否与责任承担毫无区别,即诚信与否与责任承担没有区别,本质上不利于鼓励诚信。之所以作出这样的规定与对诉讼费属性的认识有关。如果诉讼费被认定为弥补国家开支或者必要的程序保障,那么该种安排是合理的。但显然没有发挥鼓励诚信诉讼的作用。为发挥诉讼费对于当事人诚信诉讼的引导作用,对于主动减少诉讼费金额的,应退还其已经交纳的诉讼费用,而不是由其承担。

同理,在诉讼费收费办法中应增加设立被告对于原告的诉讼请求自认的部分,免予承担诉讼费用,仅就有争议的诉讼请求金额承担诉讼费用。比如原告起诉被告要求支付货款人民币100万元,被告答辩称仅拖欠货款人民币90万元,另外10万元的货没有收到。法院经审理查明后认为,原告确实提供了价值人民币100万元的货,被告由于统计错误,遂判决被告向原告支付货款人民币100万元。关于该案诉讼费用的承担有两种模式,一种模式是由被告全部承担,因为原告的诉讼请求全部获得支持,被告败诉,应承担相应的诉讼费用。另外一种模式认为考虑到被告承认了其中的90万,否定的仅仅是10万元,诉讼费全部由被告承担不能突出被告对90万货款自认的鼓励,因此,由被

---

① 《德国民事诉讼法》,丁启明译,厦门大学出版社2016年版,第20页。

告仅负担法院没有支持的10万元抗辩金额的诉讼费,其余部分免于收取。两者相比,后者更能体现对被告诚信诉讼的奖励。

该办法第36条规定,债务人对督促程序未提出异议的,申请费由债务人承担。提出异议的,申请费由申请人承担。申请人提起诉讼的,可以将申请费列入诉讼请求,这条规定同样存在上述问题。债权人提出督促程序,债务人未提出任何异议,而是如实承认,督促程序得以完成。无论从节约司法资源还是主观诚信,债务人的行为均应当得到肯定。对债务人免收申请费,而不是申请费由债务人承担,以此发挥诉讼费的奖励作用。

3.适当修改诉讼费收费标准

对于诉讼费收费标准中不合理的部分进行适当的修改,以使其平衡诉讼发生的作用。在劳动争议案件中,可以规定劳动者享受低廉的诉讼成本,用人单位按财产标准收费。这既体现了对劳动者的保护,同时并未增加用人单位的负担。

管辖权异议案件的诉讼费按100元计算的标准太低,异议成立的可以不予收费,异议不成立的,应按照案件诉讼费一定的比例承担费用(比如10%)。不管案件标的金额多少,一律按100元收取诉讼费用,该标准的制定欠缺合理性。

四、建立律师费转付制度

律师费转付是指胜诉方因诉讼发生的合理律师费由败诉方承担。律师费转付对于遏制不必要的诉讼,督促当事人主动履行义务,节约司法资源,减少守信一方的损失具有积极意义。

(一)律师费的法律属性

诉讼中产生的律师费是当事人因聘请律师参与诉讼而向律师事务所支付的费用,包括律师的报酬及因办理案件支出的差旅费用。虽然律师费因诉讼而产生,但律师费是否属于诉讼费用因不同的立法规定而不同。关于诉讼费用有广义和狭义之分,广义的诉讼费用是指当事人因诉讼而支出的所有费用,包括法院收取的裁判费用以及当事人为诉讼而产生的律师费、差旅费、误工费。狭义的诉讼费用仅指当事人为提起民事诉讼而向人民法院交纳的费用,不包括其他费用。①

广义的诉讼费以诉讼发生的原因进行定义,凡是因诉讼而发生的费用都纳入诉讼费用。狭义的诉讼费用从收费主体进行规定,即凡是法院收取的费用才是诉讼费用,其他主体收取的费用不是诉讼费用。以收费主体决定收费的性质欠缺合理性,从费用发生的原因进行定义更能体现款项的性质。立法采纳广义诉讼费用还是狭义诉讼费用直接决定了律师费是否转付。诉讼费用由败诉方承担是各国立法通例。采纳广义诉讼费用的国家,因律师费属于诉讼费用,而法律规定诉讼费用由败诉方承担,因此律师费转付顺理成章,无须专门另行规定。前述《德国民事诉讼法》第91条规定,诉讼费用包括当事人为伸张或防卫权利而支出的必要费用。《俄罗斯民事诉讼法典》第88条、第94条、第100条规定诉讼费用包括国家规费和与案件审理有关的费用,代理人的服务费属于诉讼费用,法院可以责成败诉方承担。对于采纳广义诉讼费用的国家,在案件审理过程中可以直接判决律师费转付事宜。采纳狭义诉讼费用的国家,律师费不当然转付,除非有特别的律师费转付的法律规定。

我国采纳的是狭义诉讼费用制,当事人向法院交纳的费用才称之为诉讼费用,其余的不属于诉讼费用。因此,我国未实行律师费转付制度。但我国又不是完全的狭义诉讼费用制,除案件受理费外,立法规定在诉讼中发生的证人、鉴定人、清算人员等的通讯、交通费用、住宿费、误工费等属于诉讼费用。在案件判决时,该费用可以一并处理,判决由败诉方承担。对于特定案件(知识产权、劳动合同纠纷、有律师费转付约定的合同纠纷)的律师费,法院可以判决由败诉方承担。

(二)律师费转付的积极意义

1.弥补胜诉方损失,体现法律的公平、正义

诉讼是一项专业的活动,没有受过专门训练的当事人根本无法自行完成诉讼行为,以及在诉讼中维护自己的合法权益。当事人进行诉讼必须委托专业律师进行代理,这必然产生律师费用。如果不支持律师费由败诉方承担,胜诉方的律师费就要自行承担,这势必出现"赢了官司输了钱"的不合理局面。

2.促进诉讼的进行

虽然法律规定了法官的释明义务,但无论如何释明,程序中的一些专业问

---

① 齐树洁主编:《民事诉讼法》,厦门大学出版社2019年第13版,第217页。

题当事人很难理解,更不用说作出正确决定。对于法庭开庭审理的案件,当事人如果没有专业律师的配合,即使面对简单的法庭询问(比如法官询问当事人是否申请法庭组成人员回避,对对方出庭人员是否有异议等),当事人由于不理解这些问题的含义而难以作出快速、准确的回答。即使勉强回答,因当事人的回复语焉不详,难以跟上法庭的审理节奏,可能会拖延法庭审理案件的时间。律师费转付制度的实施,可以促进当事人积极聘请律师代理诉讼,从而在专业律师的协助下促进诉讼的进行。

3.降低虚假诉讼案件数量

实行律师费转付制度,有利于遏制虚假诉讼。近年来,虚假诉讼案件甚嚣尘上。当事人提起虚假诉讼的动机,无非是为了获得非法利益。实行律师费转付制度以后,虚假诉讼的当事人不但面临被驳回诉讼请求的风险,还有可能承担对方的律师费用。如此,当事人可能承担更大的损失,因而不得不更加慎重,从而降低了虚假诉讼发生的概率。

(三)律师费转付应考虑的因素

律师费转付的意义毋庸置疑,为了防止该制度被滥用,在实践中要注意以下问题。

1."风险代理收费"的禁止

风险代理收费是指通过合同约定诉讼结果,如果达到约定的诉讼结果那么收取律师报酬,否则不收取律师报酬。相对于无论案件的判决结果如何,当事人都应当支付律师费的方式而言,这种收费的好处是律师费的支付与诉讼目的的实现相关联。当事人只有在实现诉讼目的后才支付律师费,否则无须支付律师费。对于风险收费,当事人在考虑是否进行诉讼时的变量只有一个,即实现诉讼目的的律师费。风险代理制会提高当事人提起诉讼的积极性。因为无论结果如何,当事人不会因为诉讼而亏本,最坏的结局是无所收益。相反,对于标准收费方式,当事人会认为没有实现诉讼目的,律师费的支出无疑又增加了负担。当事人一方面不愿承受如此的风险,另一方面觉得不甚合理。但风险收费的不利因素也是显而易见的,风险收费的比例一般较高,比标准收费的金额要高数倍以上。根据广东省律师收费标准的指导意见,风险收费最高达到争议标的额的30%。如果在实行律师费转付的制度下适用风险代理收费模式,无疑会引发律师为了获得巨额利益而挑词架讼,以及原告为给被告造成更大损失的恶意诉讼,极大增加诉讼案件数量,这与律师费转付制度设立的初衷相矛盾。因此,如果实行律师费转付,那么不适用风险代理的收费模式。在英国,"风险代理收费"模式曾经被视为是一种犯罪,英国法律不允许律师以胜诉才收取酬金的方式代理案件。①

2.律师费发生的必要性

这是律师费转付的前提,即律师费的发生是必须的。这要求当事人在委托律师起诉之前应穷尽其他诉前手段,比如诉前的通知,诉前的联调,原告不得无故拒绝协商。这些手段均无法使纠纷得以解决后,原告起诉要求转付律师费才是被允许的。参照德国的规定,如果原告起诉,被告实时认诺的,由原告承担相应的费用。被告部分认诺的,该部分的费用由原告承担。即及时认诺部分的律师费由原告自行承担,不适用转付规定。

3.律师费收取标准的合理性

律师费收取金额应与案件的难易程度,争议数额的大小、律师实际耗费的时间,律师的资质相匹配。必要时法庭可以对律师费的收取标准进行调整。

4.律师费分担的合理性

律师费转付制度并不是指一方发生的律师费全部由对方承担,而是应根据律师费发生的原因以及诉讼的具体情况进行分担。分担的份额与造成对方律师费发生的关联度相一致,具体标准可以参照诉讼费分担比例。

五、建立失信数据共享机制

习近平总书记在党的十九大报告中指出,大力推进诚信建设,要不断采取各类措施推进社会信用体系建设,诚信社会的建立需要各方的共同努力。2016年12月23日,国务院办公厅颁发了《关于加强个人诚信体系建设的指导意见》,将司法诉讼作为考虑诚信的重点领域,要求有关部门要加快建立和完善个人信用记录形成机制。

与社会生活中的失信行为相比,诉讼中的虚假行为更具有主观恶性。因为诉讼涉及司法权威,当事人在公堂之上虚假陈述,对司法没有丝毫敬畏之心,这样的当事人在其他场合更难遵守诚信。因此,对诉讼过程中的失信行为,应与国家诚信体系建立数据共享机制,将其纳入失信体系。

---

① [英]丹宁勋爵:《法律的未来》,刘庸安、张文镇译,法律出版社2000年版,第107页。

第二节　完善诚实信用原则对司法主体适用的保障机制

本节讨论的司法主体主要指法官、检察官。与当事人不同,司法主体与诉讼案件不具有直接的利益关系,因此对当事人有效的基于利益考虑的保障措施在此毫无作用。立法必须设计与法官、检察官职能相匹配的保障措施。

一、提升司法主体的道德荣誉感

(一)强化司法主体的职业道德修养

1.德的重要性

"夫聪察强毅之谓才,正直中和之谓德。才者,德之资也;德者,才之帅也。"[1]可见,德是才的统帅,是主导。德指挥人的行为,有才无德,才越大,危害越大。作为在民事诉讼中具有决定作用的法官、检察官,其职业道德显得尤为重要。只有具有崇高执业道德的司法主体,才可能在审判实践中恪守诚信,进而使民事诉讼遵循诚信。司法主体主导整个民事诉讼,如果司法主体恣意妄为,整个民事诉讼诚信规则大厦必然坍塌。因此,司法主体的职业道德是重中之重,直接关系到诚信原则的有效实施。无论当事人如何虚伪狡诈,只要司法主体明察秋毫、明辨是非,一定可以确保诚信原则的正确实施。特别是在具体的案件中,因每个案件都有其特别之处,如果司法主体没有司法为民的职业道德,机械地执行法条,裁决结果往往偏离立法本意。

2.加强对司法主体德行的考察

对司法主体德行的考察分为两个部分:首先,在遴选司法官员时应加强对其德行的考察,严把入门关。其次,在工作过程中加强对其进行考察,使其能够持续保持这种良好的职业道德状态。司法主体具有任、免双难的特点。法官、检察官被任命之后,出于司法主体稳定性的要求,除非犯了特别严重的错误,即使职业道德欠佳的人员进入司法队伍之后也很难清除出司法队伍。如

---

[1] 司马光:《资治通鉴》,天津人民出版社2016年版,第5页。

果不从源头严把入门关,司法主体在民事诉讼中的危害巨大。上文提及的司法任性、司法冷漠,在目前的法律制度下,大多无从处理,只能由其冷漠,任其任性。我国实行统一司法职业考试及法官员额制后,任职的法官、检察官的法律专业水平得到极大的提高。但在司法官员选任时,对职业道德的考核方面仍存在制度性的欠缺。我国大部分的法官、检察官都是通过公务员考试进行选拔的。许多是大学应届毕业生,由于没有工作经历,尚无法对其进行全面职业道德考察。2019年修订的《法官法》《检察官法》借鉴了大陆法系和英美法系的法官任职的条件,扩大了法官选拔方式,在原来的基础上增加了从执业5年以上、声誉良好的律师,以及从法学教育、法律研究人员中选拔法官。这种扩大法官选拔途径,特别是从有丰富法律经验的法律工作者中选拔法官的做法是一种进步。但后者仅强调职称以及研究能力、研究成果,没有强调道德,似乎又有所不足。就以对司法主体德行的考核方法而言,立法仅强调司法主体应具有良好的道德品行,但如何确认其是否具有良好的品行,立法并未规定具有可操作的办法。比较全世界各个国家关于法官选任的制度,美国法院新法官的年龄偏大。这是由于美国法官的任职条件是候选人必须具备多年的法律实践经验。美国联邦最高法院大法官菲利克斯·法兰克福在从事法学教学工作25年后才进入法院担任法官。① 中国司法界熟知的英国民事上诉法院院长丹宁勋爵(1899年出生)。他于1923年成为一名律师,直至1943年年底被任命为东北巡回法院的专员(非正式的法官职务),1944年3月成为高等法院遗嘱、离婚和海事分院法官(此时已经45岁),1948年10月晋升成为高等法院法官(49岁)。从律师到法官,丹宁勋爵经历了20余年的法律实践工作的历练。他取得举世瞩目的成就与他担任法官之前的工作经历密不可分。② 另一名中国法律界熟知的美国联邦上诉法院法官理查德·A.波斯纳(Richard Allen Posner,1939年出生),1962年毕业于哈佛大学法学院,直至1981年被里根总统任命为联邦第七上诉法院法官。此前他长期从事教学工作,在初次担任法官时已经43岁。

司法主体的职业道德不仅仅在选拔时予以重视,更重要的是在任职期间

---

① 齐树洁主编:《美国司法制度》,厦门大学出版社2010年第2版,第71页。
② [英]丹宁勋爵:《法律的正当程序》,李克强、杨百揆、刘庸安译,法律出版社2003年版,代中译版前言第3页。

的考察。落马的诸多官员经历相似:寒窗苦读,积极进取,位高权重,腐败落马。所谓腐败赶不尽,春风吹又生。我们不禁要反思,如何避免这种现象的重演?如何既保护国家的干部,又有利于社会主义事业?除把好入门关之外,司法机关应加强司法主体在任职期间的职业道德建设及考察。对司法主体应建立更通畅的考核机制,引入外部机构进行考察,不能仅由法院自行考核。在考核内容上,增强社会参与度,对于当事人、律师的意见构建一定的回馈管道,以便全面考核。

(二)建立制度性的司法荣誉体系

司法实践对社会生活的影响如此深远,有必要建立司法荣誉制度,对在司法实践中贯彻司法为民,实现司法公平、正义等有突出贡献的审判人员进行表彰。表彰的意义在于可以通过榜样的作用激发其他审判人员的正能量,同时可以让当事人更好地理解、接受法院的判决。当前表彰体系的制度性、影响力远远不够。上海市高级人民法院的邹碧华法官直至去世后其事迹才广为人知,不得不承认我们的表彰体系除存在上述问题之外,表彰的及时性尚存在不足。

1.司法荣誉制度建立的必要性

司法荣誉制度可以提升司法公信力,有助于促进司法职业群体各个成员共同遵守及效仿,从而提升群体尊容感,降低职业自治的成本。[①] 对司法主体表彰的内容应多元化。既突出对法律专业性的表彰,也兼顾对司法主体品德的表彰。对司法主体法律专业性的表彰,有助于促进司法主体法律专业知识的学习与提高。对司法为民理念的表彰,有助于司法主体减少司法冷漠,提升工作的主动性。

2.提升司法荣誉的影响力

提升司法荣誉的影响力有利于司法职业群体形成职业荣誉感。司法荣誉影响力的提升有赖于建立持续性、区域性的司法荣誉制度。持续性是指建立促进司法荣誉感的长效机制,应持续评比,不宜断断续续。司法荣誉感的建立短时间内不可能完成,必须通过每年度持续评比方可实现。区域性是指表彰对象既有各地区,也有全国范围的,便于扩大影响及全面重视。

---

① 李广德:《司法荣誉制度的法理逻辑与作用机制》,载《政法论坛》2018年第1期。

二、构建柔性监督机制

柔性监督机制是指对于司法主体的一般违法、违纪行为予以查处和诫勉的监督机制。柔性监督机制是相对于对司法主体违法犯罪的处罚而言的。后者处罚重,前者处罚轻。柔性监督是指处罚措施柔和,目的是提醒、预防。柔性监督通过对司法主体的轻微违法行为进行监督,能够预防其发生更大错误的可能性。我国历年查处了诸多司法腐败案件,这表明我国司法机关认真贯彻中央"八项规定"精神,严惩司法腐败,坚决清除害群之马。虽然清除了这些害群之马,但这些人员给司法系统、人民群众造成的伤害无法消除。一年之内如此多的法院干警被判刑,说明我们国家与法治文明国家的差距还是很大的。从成为司法官员到害群之马不是一蹴而就的,必然有其演变过程。"勿以善小而不为,勿以恶小而为之。"大恶是由小恶而起的。建立柔性监督机制可以防患于未然,通过对司法主体"为小恶"时的规制,避免其发生"大恶"。

《美国联邦宪法》第3条第1款规定,最高法院法官以及其他层级法院的法官在任职时必须行为良好。根据宪法的规定,惩戒联邦法官的法定标准有两种:一种是犯罪,一种是行为不当。前一程序难以启动。1980年通过的《司法理事会改革与司法行为及资格丧失法》(*Judicial Councils Reform and Judical Conduct and Disability Act*)第6条B款规定,任何人认为法官实施了有偏见的行为,都可以向上诉法院的书记官提交书面投诉。上诉法院的首席法官在对投诉进行审查后,若认为有滥用投诉权的行为,则驳回投诉;反之,即应命令调查。调查结果应书面呈送司法理事会。司法理事会如果认为法官确有不当行为,可以采取下列方式处理:可以私下责备或申斥,可以公开责备或申斥,或者命令在一定时间内对其不予分派案件,要求法官主动退休,提请国会考虑启动弹劾程序。提请程序比弹劾程序灵活,其作用在于法官担心被弹劾而更加注意管束自己的言行。上述程序类似于本书提及的柔性监督程序。弹劾多少法官并不是司法廉洁的表现,弹劾法官越多说明在法官选任及管理方面仍存在欠缺之处。良好的司法体系是减少或杜绝司法主体犯罪的发生。

厉声训斥律师的女法官显然是柔性监督的受益者。目前的开庭均有现场视频直播,有些法官尚未适应这种审理模式,仍似往常开庭模式。殊不知,往常的模式就已经行为不当,只不过目前有视频为证。如果这名女法官没有受到训勉,她可能还没有认识到随意打断律师发言的行为是司法专横的表现。

她会在这条司法官僚的道路上越走越远,直至犯下更大的错误。但目前的柔性监督具有偶然性,应从制度层面进行规范。

1.柔性监督的对象

柔性监督的对象是法官的不当行为,包括不作为或乱作为,这些行为还没有达到违法犯罪的程度。在司法实践中通常包括该立的案件不立,超标的查封,拒绝财产保全解封担保,迟迟不向上级法院移交上诉材料,不及时处理程序异议事宜等。

2.柔性监督的管辖

柔性监督的对象为司法主体,对司法主体进行监督不能由司法机关自行管辖,这样容易流于形式。柔性监督机制应当由其他第三方机构来进行管辖。考虑到司法的专业性,可以成立由司法主体、法学教育工作者、律师共同组建的专业委员会进行审查。

3.柔性监督的受理

目前的监督机制存在的最大问题是启动监督程序的难度太大,使得有些当事人为了达到监督司法主体的目的无所不用其极。"上海法官嫖娼门"事件,正是因为当事人认为与其相关的民事案件判决不公,多方投诉却没有达到理想的效果,不得已才耗费半年多时间,跟踪拍摄的结果。因此,柔性监督必须要有方便的受理途径。为防止监督权力滥用,对于这种投诉应进行初步审查,符合条件的再予查处。不能因为柔性监督而损害司法主体的职业独立性。

三、提高司法透明度

裁判文书公开是审判公开的重要举措。裁判文书公开对树立司法权威,提高执法水平,提升司法公信力具有积极的意义。暗箱操作必然滋生腐败与不公,阳光司法促进公平正义。但裁判文书公开是裁判后的行为,不能及时解决案件审理过程中的问题。实时公开案件审理过程中的信息,有利于促使司法主体恪守诚信。

(一)公开案件审理信息

当事人因纠纷起诉到法院,无不希望尽快得到处理。法律亦对相关时限作出明确的规定,但总不尽如人意。对于没有在法定时限内处理的案件,是真正的案多人少?还是另有隐情?如何获得当事人的理解?而信息公开,无论对于当事人还是法官均可以达到彼此了解的效果。此举有助于主审团队摒弃拖延的因素,有助于法庭按时处理法律事务。

公开的信息主要指程序性的内容,不包括审判秘密。具体包括主审团队名单及联系方式,案件的当事人,受理案件的时间,申请财产保全时间等。如果存在超出法定期限的情形,这种公示就会给审判团队带来一定的压力,以此督促审判人员对当事人的申请依法及时处理。

(二)公开回复内容

当事人与法官信息互动的管道不通畅,有些法官的电话长时间无人接听。出现这种情况一方面是因为法官事务繁忙,或者当事人提出的事由不尽合理,法官担心接听当事人电话会没完没了,索性不接工作电话。还有些情况是法官缺乏耐心,不能及时对案件作出解释。如果构建一个信息交换平台,这个平台的内容是公开的,当事人和法官都可以在这个平台上留言。这样既免得打搅法官的正常工作,法庭又可以根据实际情况及时回复当事人。

四、建立损害赔偿制度

有损害就应有赔偿,损害既是责任,也是督促司法主体为避免承担责任而诚信执法的警示牌。《意大利民事诉讼法典》第 60 条规定,书记员和司法官在下列情况下应承担民事赔偿责任:没有正当理由未在合理期限内完成相应的工作,或者出于故意或重大过失作出了无效的法律行为。

设立相关的赔偿制度可以促进司法主体在民事诉讼中依法履行职责,有利于促进司法主体恪守诚信原则。反对的观点认为"审判审判者"是个伪命题,这种观点值得商榷。任何人对于损害赔偿都不应具有豁免权,责任豁免只能助长司法不作为或乱作为。当然,在设计赔偿制度时应考虑到司法工作的特殊性,确保责任的设计具有保护性及督促性。设立司法主体赔偿制度应注意以下原则:

(一)赔偿的法定性

赔偿的法定性包括赔偿事由的法定性以及确定赔偿程序的法定性。参考意大利民事诉讼法典的规定,除非故意和重大过失,否则不承担任何赔偿责任。

如何认定司法主体的故意或重大过失?我们认为可以根据案件的具体情况,比如司法主体不审查当事人或代理律师提出的意见,或者明知有最高人民法院的指导案例却拒绝参照,这些情景足以认定存在故意或重大过失。此外,还可以根据司法主体是否存在选择司法的情形,判定是否存在故意或重大过失。对于相同法律关系的案件,若司法主体适用不同法律,并据此作出不同的判决,则明显存在故意或重大过失。

(二)赔偿金额的合理性

赔偿金额应与过错程度、损失金额相对应。赔偿金额既不能太少,太少不足以发挥惩戒作用;但如若过多,则可能超出司法主体的负担极限,产生新的不公。

(三)赔偿事宜的裁决

因为涉及司法主体的特殊性,对于赔偿事宜的裁决应由专门法院予以处理。德国设立的联邦职务法庭是专门处理联邦法官事务的法庭。

第三节 完善诚实信用原则对其他主体适用的保障机制

其他诉讼参与主体包括律师、证人、鉴定人等。这些主体的诉讼行为与诉讼结果不具有直接的利害关系,但其是否遵循诚实信用原则对于诉讼结果至关重要,应设计相应的适用保障机制,确保其遵循诚实信用原则。考虑到诚信原则的义务性,违背诚信义务的保障措施应为承担一定的法律责任。律师事务所与鉴定机构不是诉讼参与主体,但与律师、鉴定人的诉讼行为具有密切关系,故纳入本节一并讨论。

一、赔偿责任

我国立法规定了其他主体违背诚信义务的法律责任,包括警告、罚款、没收违法所得,责令停业整顿等,没有关于损害赔偿的规定。有观点认为其他主体违背诚信义务的损害赔偿可以由合同进行约定,比如滥用代理权是违反合同的行为,依合同处理即可。① 我们认为这虽然有道理,但是不全面。代理合同仅与委托人一方签署,与对方并没有合同法律关系,如果不设立损害赔偿机制,对方当事人的赔偿诉求缺少法律依据。对损害予以赔偿是权利保护的重要体现,有损害无赔偿是立法的缺位,必然推进损害行为的肆无忌惮。

(一)赔偿责任的主体

1.律师与律师事务所

在现代民事诉讼司法体系中,律师、法官与当事人三者是重要的参与主体,三者之间的关系应为相互作用、相互促进。律师作为法律制度的重要捍卫者及实践者,若不依法履行诚信义务,见利忘义,则对委托人、相对人乃至第三人将造成权利侵害,对于司法制度亦将造成伤害。律师作为在野法曹,应谨慎谦抑,切不可自尊自大,轻忽职务,徒务虚名及财货之利益,因其行为而至他人利益受损,则令其担负较重之民事责任,实甚为合理。② 英国对于律师因过失违反合同的处理更为严厉,既可以主张损失赔偿,也可以按过失罪对律师提起诉讼。③

在诉讼过程中,律师个人违背诚信义务应自行独立承担法律责任,不得以职务行为作为抗辩。律师的职责是为当事人提供法律服务,依法维护当事人合法权益。律师职责的内容不包括欺骗,欺骗是律师擅自实施的个人行为,不是律师的职务行为,因此应由个人承担责任。律师违背诚信义务既可能向对方当事人赔偿,又可能向委托人进行赔偿。前者属于侵权责任,后者属于侵权责任或违约责任。如果代理律师与委托人串通虚假诉讼,律师应与委托人共同向对方承担责任。如果委托人并未参与,那么由律师自行承担责任。律师在诉讼中混同与当事人的身份区别,对于事实问题擅自作出不合实际的陈述,这些行为都是不妥的。律师的代理活动不能仅从利弊出发,而是应当按法定义务履行职责。职责内容还包括"维护法律正确实施,维护社会公平和正义。"律师依法而不是违法维护当事人合法权益。事实问题,只有当事人才有资格陈述,除非当事人事先告知律师,或律师征求了当事人的意见,否则这种擅自

---

① 张卫平:《民事诉讼法》,法律出版社2018年第4版,第53页。
② 姜世明:《律师民事责任论》,台湾元照出版公司2004年第2版,"序",第1页。
③ [英]丹宁勋爵:《法律的训诫》,杨百揆、刘庸安、丁健译,法律出版社2001年版,第317页。

陈述都有违诚实信用原则。如果委托人以违约责任为由主张赔偿,委托人仅可以向律师事务所进行主张,不能直接向律师进行主张。因为委托人与律师事务所建立了委托合同关系,不是与律师建立的合同关系。在律师自行承担责任的同时,律师事务所应与律师共同承担责任,以充分体现对当事人的保护。值得注意的是,如果律师恪守诚信,即使给当事人造成不利后果也不应当赔偿。比如法庭对于案件事实的调查,有些事实对方并没有掌握,此时如果律师如实陈述,不应要求律师承担责任。

2.鉴定人与鉴定机构

前文已经探讨过在贯彻鉴定人责任的模式下更有利于鉴定的公正性。损害责任的赔偿更是如此,鉴定意见是鉴定人作出的,鉴定人应为自己的意见承担责任。鉴定人承担责任的前提是故意或重大过失违背诚信原则,作出虚假鉴定结论。即使鉴定意见不正确,只要不存在故意的前提,亦不应承担责任。

3.证人

我国民事诉讼法规定的证人包括自然人和单位。若证人在诉讼中违背诚信给对方造成损失,应承担赔偿责任。对于因一方的申请而进行作证的,该方申请人对证人的赔偿义务承担连带责任。

(二)赔偿责任的审理程序

赔偿责任的审理程序是指赔偿责任在同一诉讼程序中一并解决,还是另行起诉。如果没有立法作出特别规定,损害赔偿应当另行起诉,因为原告起诉时诉讼损害赔偿尚未发生。

如果通过立法规定在同一程序中一并解决,无疑更有利于对权利的保护以及节约司法资源。在同一程序处理赔偿事宜的,对赔偿责任判决不服的,可以提起上诉。

二、资格处罚

(一)资格处罚的含义

资格处罚是指针对具备特定执业资格的主体,在违背诚实信用原则时由主管部门对其执业进行限制或剥夺的处罚。为了加强管理,各国法律均规定对于律师、律师事务所,鉴定人、鉴定机构均适用执业许可制,相关人员或机构为了从事上述行业,必须符合相关条件及获得管理部门许可,否则是非法的,甚至是犯罪的。比如没有获得律师执照的人员以律师名义开展法律服务业务，可能会被行政处罚，也可能构成合同诈骗罪。

资格罚是必要的，资格罚有如下积极意义：

1.强大的威慑力

相对于赔偿、罚款责任而言，资格处罚更具有威慑力。因为前者具有可弥补性，经济损失可以在后期获利中得到补偿，特别在收益大于损失的前提下，甚至会出现故意违背诚信的行为。而后者具有不可恢复性，且终身不得再执业。这种处罚具有更大的威慑力。

2.净化诉讼环境，减少对民事诉讼的不利影响

资格罚由于限制或排除了执业许可，从而减少甚至杜绝了被处罚主体违背诚信的可能性，有利于使被处罚对象在违背诚信的主观心态方面有所收敛。因为这些主体的专业意见对法庭审判具有重要的影响。特别是鉴定意见，除非有证据证明鉴定意见错误，否则被采信的可能性高。非专业人士即使想反驳，都会由于不具备专业知识而无从下手。资格罚从根本上限制或取缔了这些主体的违背诚信的机会，从而减少对民事诉讼的不利影响。

(二)资格处罚的种类

资格处罚的种类分为资格限制罚和资格丧失罚。资格限制罚是指暂停执业资格，待暂停期限届满自动恢复执业资格。资格丧失罚是吊销执业许可，且终身不得再从事该职业。

对于律师的限制资格罚包括停止执业3~6个月，对于律师的资格丧失罚包括吊销执业证，且不得再重新申领，亦即终身不得从事律师职业。对律师事务所的资格限制罚包括停业整顿1~6个月。对于律师事务所资格丧失罚包括吊销执业许可证。对鉴定人和鉴定机构的处罚包括停止执业3个月到1年及撤销登记。资格丧失罚对于需要执业许可的行业来说是最严厉的处罚，这种处罚使被处罚的主体彻底丧失了执业机会，因此宜慎重对待。

立法关于资格处罚的种类递进过于跳跃，从1年以内的限制执业直接跳跃到吊销执业许可，在此之间缺乏有效过渡，不利于对于不同程度的行为进行处罚。立法宜对资格罚再进行细分，比如根据造成损失大小，是否主动赔偿，是否初次违法等情形分层次处理。

三、建立失信联动机制

国务院2014年发布的《关于印发社会信用体系建设规划纲要(2014—2020年)的通知》指出,加强司法从业人员信用建设,推进律师、公证员、基层法律服务工作者、法律援助人员、司法鉴定人员等诚信规范执业;建立司法从业人员诚信承诺制度。

(一)在申请执业许可时应进行诚信考察

律师、鉴定人员申请从事专业工作必须得到特别许可,在对这些主体申报执业许可申请时,应对其诚信度进行考察。对于有失信记录的人员根据情节及具体事项延缓或不予授予执业许可,以便从源头把好诚信关。

(二)建立失信数据共享制度

律师、鉴定人、证人在诉讼中的失信情况应与社会信用体系信息共享,一处失信,处处受制,促使行为人不敢贸然失信,以此促进诚信环境的建立。

结　语

　　诚实信用原则的确立犹如一座大厦完成了主体工程,要使大厦具备正常的使用功能还要装配电梯,供客人上下;要安装灯光设备,用来照明;要开设窗户,用来采光和挡风遮雨。通过本书的研究可以发现,诚实信用原则对于公正司法具有重要的意义。司法实践中的虚假诉讼行为亟待诚实信用原则予以规制,诚实信用原则最具有本土历史渊源,该原则之所以尚未发挥应有的作用,不是诚实信用原则不合时宜,也不是该原则水土不服,而是没有建立起保障该原则有效运行的配套机制。规则的匮乏造成诚实信用原则适用受限,或适用泛滥。前者,不利于对违背诚实信用原则的诉讼行为予以精准打击,后者会造成司法实践中适用诚实信用原则的混乱。无论哪种情况都不利于对民事诉讼诚实信用原则的适用。

　　进入21世纪后,随着对职权主义与当事人主义诉讼模式的反思,人们发现这两种模式均有不妥之处。职权主义的诉讼模式由法官全面主导案件的审理工作,容易滋生司法专横。同时,这种模式还增加了法官的工作负担,不利于综合调动各方的力量。诉讼是由当事人提起的,法院受理当事人的起诉以后,职权主义诉讼模式使得当事人仿佛置身事外,这与当事人提起诉讼的主动性不相符。当事人主义的诉讼模式任由原、被告双方自由对抗,法官居中办案。这种方式貌似公平,实质上并不公平。因为每个人所受的教育程度、经济条件、性格等都不相同,当事人名义上的平等并不能真正产生诉讼上的实质平等。当事人主义的诉讼模式还因冗长拖沓,费用昂贵而广受诟病。基于这种认识,协同型的诉讼模式应运而生。协同型诉讼模式要求法官、当事人相互协助,使案件得到迅速、公正的处理。自此,民事诉讼不再是任由当事人奋力厮杀、全面对抗的战场,而是为使案件得到公正处理相互合作的净土。比较这三种诉讼模式,前两种方式过于偏颇,职权主义过于忽视当事人在诉讼中的作用,当事人主义过于突出当事人在诉讼中的对抗地位,没有很好地平衡两者的关系。只有第三种诉讼模式符合统筹与兼顾的原则,因而是当今世界的潮流。

从各国民事诉讼法的具体条文中，可以找到这种协同型诉讼模式的烙印。《德国民事诉讼法》第138条规定了当事人对于事实说明的真实义务。当事人的真实义务不仅仅针对自己一方主张的事实，也包括对于对方主张的事实应如实予以陈述。当事人可以认可这些事实，也可以反驳这些事实，但必须基于真实。此处的真实义务已经突破了举证责任分配，当事人不能依据己方不具有举证责任而拒绝对于客观事实进行陈述。除非对于某种事实，当事人没有施行，又没有参与，才允许说"不知"。否则不能说不知道。这实质上要求双方当事人共同协助法院发现案件的真实情况。第139条规定的释明义务，要求法官和当事人应共同关注事实问题和法律问题，法官应提示当事人关注法律观点，以及法院调查事项的疑点。而不是在当事人没有关注这些问题时，法官简单、机械地予以驳回。这项制度的立法本意是协助当事人正确主张权利。《美国联邦民事诉讼规则》规定的证据开示与审前会议，极大地促进了诉讼的及时解决。证据开示和审前会议是为了在正式开庭审理前，通过向对方提交证据，协助双方了解事实真相，以便于各方明确权利义务，化解不必要的纷争。英国法律规定当事人有义务协助法院公正审理案件，保障当事人平等，节省诉讼费用，便利、公平地审理案件。

与民事诉讼法的其他基本原则相比，诚信文化在我国具有悠久的历史，最具有本土化元素。我国民事诉讼适用诚实信用原则最容易被我国司法所接受。民事诉讼的当事人追求的是利，诚实信用原则弘扬的是义。"不义而富且贵，于我如浮云"，"王何必曰利？亦有仁义而已矣"。当事人在民事诉讼中遵循诚实信用原则，类似于义与利的关系。当事人对利益的追逐必须在"义"的规制之下，符合"义"的"利"方能获得法庭的支持。难怪徐国栋教授认为"舍利取义"谓之诚信。诚实信用原则在民事诉讼中发挥着发现真实以及促进诉讼进行的作用。因此，配套制度应围绕这两个方面的内容进行设计。发现真实包含两层含义。一层含义是当事人在诉讼过程中不得弄虚作假，当事人应如实、全面陈述案情，提交证据。另一层含义是法官根据证据规则，对当事人陈述、证人证言、相关证据进行审核认定，以此发现真实。促进诉讼的作用包括设立各项法律制度，确保诉讼得以顺利进行，不因人为因素而拖延。

根据发现真实的第一层含义，如何防止当事人虚假陈述十分重要。基于诉讼的对抗性，当事人为了获得有利的诉讼状态，在陈述时，总是选择陈述对自己有利的事实，故意隐瞒对自己不利的事实，有些甚至作出虚假陈述。在宗教信仰人数较多的国家,为确保当事人陈述的真实性,立法往往规定教徒按照宗教仪式进行宣誓,宣誓词内容为确保陈述的真实性。这种通过宗教信仰促使当事人真实陈述的方式效果良好。当事人宣誓制度逐步得到这些国家立法的普遍采纳。证人作证宣誓制度与此类似。鉴于我国信仰宗教人员偏少,这种方式在我国不可行。

确保当事人真实陈述的方式有两种:一种是惩罚,一种是"奖励"。惩罚是指设立当事人违背诚实信用原则应承担的法律责任,通过法律责任的威慑力,使当事人不敢虚假陈述。为达到这种效果,有关法律责任应符合以下条件:

其一,法律责任的明示性。无知者无畏,宜通过立法使当事人明知这种法律责任。考虑到有些当事人并不清楚这些法律规定,在司法实践中还要通过审判人员的告知,让当事人签署保证书等方式使其充分知晓虚假陈述的法律后果。对于证人,还应当审查其证人能力。包括是否受过一定的基本教育,是否能够正确理解法庭的询问以及虚假陈述的概念,是否能够正确表达意志。所幸《民事证据规定》及时弥补了这方面的不足,在该规定的第96条,要求人民法院在认定证人证言时,应根据证人的智力状况、品德、知识、经验、法律意识和专业技能等的综合分析作出判断。这些要求规定得具体、细致,与证人证言的证明力大小紧密相关,为审批实践提供了可操作的依据。

其二,赔偿金额与造成损失的相当性。当前我国立法规定当事人虚假陈述仅仅承担司法罚款的法律责任是不全面的,当事人还应承担赔偿由于违反诚信而造成的所有损失。这些损失包括浪费司法资源的损失,以及给对方当事人造成的损失。司法罚款可以设置上限,当事人承担的赔偿损失金额不设置上限,应以造成的实际损失为计算标准。我国立法规定计算这两部分损失,既体现赔偿的合理性,也便于据此发挥威慑作用,促进诚实信用原则的适用。当事人虚假陈述的内容越多,造成的损失越大,所受到的惩罚也越大,由此产生的威慑力也越大。

实际损失包括直接损失和间接损失。在涉及错误查封、冻结财产的案件中,司法实践中支持的直接损失以银行同期贷款利率计算,这种计算方式偏低。如果一方当事人确实存在为弥补被查封、冻结的资金缺口而另行举债,应以举债而支付的利息作为直接损失。仅支持这些直接损害还不够,如果被冻结的资金是经营性的资金,赔偿损失的金额还应包括正常使用资金可获得的利润。间接损失还包括对被查封人商誉的影响。

其三,对诚信行为应予以"奖励"。这里讨论的"奖励"并不是指发放奖金,而是通过修正诉讼费的分担规则,减少诚信行为人的支出,因而是一种变相的奖励。奖励规则对于鼓励自认,减少不必要的对抗,可以发挥比惩罚更好的作用。

其四,刑事责任的全面性。虚假诉讼的刑事责任涉及当事人的自由,因而对当事人的威慑力最大,可以最大限度地发挥保障诚实信用原则适用的威慑力。构成虚假诉讼罪的要件是"为谋取不正当利益,以捏造的事实提起民事诉讼,妨害司法秩序或者严重侵害他人合法权益"。捏造事实的主体可能是原告、被告、证人、鉴定人、诉讼代理人等,立法规定应承担刑事责任的主体仅限于"提起民事诉讼"的一方——原告,不追究被告或其他主体的责任,这不利于全面打击犯罪行为,这种区别对待的正当性值得商榷。

参与诉讼的律师、鉴定人、证人,如果与当事人串通提起虚假诉讼,应与当事人共同承担责任。鉴于律师、鉴定人的执业许可的专门规定,对于其设立资格处罚更有威慑力。在诉讼中,应加强对律师的诚信管理。律师掌握法律专业知识,与当事人关系密切,普遍受到当事人的高度信任,律师对案件的观点容易影响当事人的诉讼行为。对于明显缺乏法律依据的案件,应如实向当事人说明。律师作为司法主体的后备力量,应具有与司法主体共同实现民事诉讼公正、效率价值的职责。对律师的处分等级宜再进一步细分。在现行的处罚措施中,比停止执业 6 个月以下更严厉的处罚措施为吊销执照,这种处罚等级跳跃的跨度太大,不利于根据不同的违法程度予以对等处理。鉴定中存在问题的主要原因是没有厘清鉴定机构与鉴定人在民事诉讼中的关系,民事诉讼中的鉴定责任应落实到鉴定人,这样才有利于权利义务的统一。

把脉拖延诉讼的各个环节,可以据此设计相应的促进诉讼进行的制度。

首先是对管辖权异议以及滥诉不适格的被告进行规制。通过立法,改变我国关于这两项制度诉讼费收取标准的法律规定,提高异议不成立以及起诉不适格被告应缴纳诉讼费的标准。

其次是设立强制答辩制以及与此相配套的制度。强制答辩制的实施可以极大地促进诉讼的进行,有助于纠纷的彻底解决。根据美国的经验,经过证据开示和审前会议的,有大约 95% 的达成和解或终结,[①]只有 5% 的案件进入下

---

① 齐树洁主编:《美国司法制度》,厦门大学出版社 2010 年第 2 版,第 310 页。

一个诉讼环节。强制答辩制要求被告在答辩期限内对原告的诉讼请求进行实质性响应,被告必须对原告主张的事实进行自认、否认或者另行主张其他事实。如果被告未在规定的期限内答辩,那么视为对原告诉讼请求的确认。鉴于强制答辩制中逾期失权规定的专业性,为确保强制答辩制的有效实施,应设立律师强制代理制与之相配套。我国《民事诉讼法》在诉讼代理方面已经限制了公民代理,实践中民事案件律师的代理率很高,全国律师已经超过 40 万人,[①]适用律师强制代理制的客观条件已经具备。律师强制代理制的实施又必然依赖律师费转付制度的设立。对于没有聘请律师的被告,应由法院为其指定援助律师进行代理,律师费按国家援助案件的标准收取(比市场价低得多,具体标准由政府决定),由国家建立的援助案件基金账户支付。如果被告在援助案件中获得胜诉,原告应按正常标准承担被告的律师费,鉴于被告并没有实际支付该款,原告支付的律师费用充入法律援助基金,以便维持基金的正常运作。如果被告败诉,其自行承担应支付给原告的诉讼费用(含律师费)。

这一系列制度的实施既可以化解纠纷,又可以遏制滥诉行为。因为在这种机制下,滥诉以及拖延诉讼不但无利可图,而且还要遭受巨额损失。基于人类趋利避害的天性,当事人通常会自觉地回归到诚信的轨道中来。犹如科技改变生活,互联网对人们的工作、购物、出行影响巨大。制度一样可以影响人类的行为,好制度使坏人变好,坏制度使好人变坏。

相对于单纯处罚当事人的虚假陈述,系列制度设立的优越性不言而喻。系列制度的实施促使当事人在提起诉讼时就要谨慎考虑主张事实的真实性。如果主张的事实不属实,不但诉讼请求得不到支持,还要承担对方为此支出的律师费等。对被告而言同样如此,被告收到原告的起诉文件后,如果原告主张属实,被告自认是上策。根据实时认诺由原告承担诉讼费用的规定,除应承担的责任之外,被告不因诉讼另行承担责任。如果被告一意孤行,拒不承认,那么可能因此承担更不利的后果。

如果双方的争议还存在不明之处,依据强制答辩制的规定,被告应对原告的主张进行实质性响应。原告收到被告的答辩后,双方的争议将真相大白,任

---

① 司法部:《2018 年度律师、基层法律服务工作统计分析》,司法部官网,http://www.moj.gov.cn/government_public/content/2019-03/07/634_229827.html,下载日期:2019 年 10 月 9 日。

何一方均清楚对方的观点,孰是孰非一目了然。此时双方均清楚各自的权利义务,在此基础上,协商处理成为最佳方式。否则,法院将按"拒绝调解方应承担因此而增加的费用"规则予以处理。

诉讼费收费机制对诚实信用原则适用的积极作用未能受到足够的重视。根据法经济学的观点,成本是决定诉讼行为的重要变量。对于遵循诚实信用的诉讼行为,应减少诉讼费用承担金额的规则,以此引导当事人自觉恪守诚信的诉讼行为。

无论当事人如何不诚信,只要司法主体恪守诚信标杆,即使当事人费尽心机也难以得逞。因此,司法主体对民事诉讼诚实信用原则的适用起决定性的作用。当事人不诚信,影响至多是个案,司法主体不诚信,影响的是批量案件。为确保司法主体恪守诚信,应严把司法主体的入门关,合格的司法主体不但应该具有专业知识,还应当具备符合司法主体任职条件的高尚道德情操。今后,应当对司法主体的终身职业保障、俸给制度进行完善,不断提升司法主体的职业使命感和荣誉感;完善人民陪审员参与民事诉讼的制度,建立陪审员与审判人员之间既有分工又有合作的工作模式,避免因权力集中而造成的司法腐败;推进阳光司法,克服司法主体官僚主义的弊端;建立柔性监督机制,保护司法主体。

改革开放以后,为适应社会经济发展的需要,国家立法机关对民事诉讼立法工作非常重视。立法机关于1982年颁布了《民事诉讼法(试行)》,后于1991年将之修改成为《民事诉讼法》。此后的2007年、2012年、2017年,立法机关三次对《民事诉讼法》进行了修改,使其内容不断完善。民事诉讼法立法工作取得的成就有目共睹。为了适应审判专业性的需要,我国还设立了知识产权法院、互联网法院、金融法院等专门性法院。

作为解决社会矛盾的民事诉讼,诉讼模式必须与不断发展的社会生活相适应。私力救济的盛行必然发生在公力救济不发达的时代。职权主义的诉讼模式是国家主义的产物。当事人主义的诉讼模式与个人主义、自由主义如影随形。协同型的诉讼模式与世界的融合、义务本位密不可分。丛林法则不适用于诉讼文明,内在的公平、正义才可以化解社会矛盾。

与此相关,基于以下因素,我国民事诉讼的全面立法工作必将迎来一个全新的局面。

其一是欠债太多。基于历史原因,现代意义的民事诉讼制度自我国改革开放后才得以施行。我国民事诉讼法的理论与实践虽然经过快速发展，但与其他具有几百年民事诉讼文化的国家相比，仍然具有先天性不足的特点。我国民事诉讼立法的研究和实践尚待进一步完善。

其二是司法改革的推动。为推进和保障司法改革的进行，中共中央为此专门成立了司法体制改革领导小组。2019年1月，中华人民共和国司法部颁发了《全面深化司法行政改革纲要（2018—2022年）》。中央关于当前司法改革的重点为：深化司法体制综合配套改革，完善审判制度、检察制度，全面落实司法责任制，完善律师制度，加强对司法活动的监督，确保司法公正高效权威，努力让人民群众在每一个司法案件中感受到公平正义。可以看出我国当前司法改革的力度和范围是前所未有的，包含的内容非常广泛。我国现行的《民事诉讼法》已经无法满足司法改革的需要，相关的立法完善工作必须提上议事日程。2019年12月，全国人大已经着手开展案件繁简分流的工作，这是深化诉讼制度改革的重要举措。当前已经在各地进行试点，试点期满后，将大规模修改民事诉讼法。

其三是人民群众对司法公平、正义的呼唤。我国实行改革开放以来，人民群众的物质文明程度和精神文明程度均得到极大的提高，从人类智慧本性出发，对公平、正义的呼唤乃是根植于每个人的血液，其中尤以司法公平、正义最深入人心。"努力让人民群众在每一个司法案件中感受到公平正义"正是对于人民群众呼唤的响应。

其四是不断增加的案件数量。根据最高人民法院官网公布的资料[①]，2017年、2018年全国法院每年受理案件的数量均超过2000万件。依靠传统的审判模式，无法按时审结数量如此庞大的案件，必须通过立法，完善民事诉讼的相关法律制度。

其五是科技的不断进步。人类社会已经进入信息化的时代，科技的进步可以为司法提供更快捷的技术服务。1999年10月20日，最高人民法院发布了《人民法院五年改革纲要》，明确将采用信息技术，建立在线审判（Online Dispute Resolution，简称ODR）作为司法改革的重点内容。此后，信息技术在审判机关逐渐得到运用，并在近年得到快速发展。我国于2017年8月18日

---

① 最高人民法院官网，http://gongbao.court.gov.cn/ArticleList.html? serial_no＝sftj，下载日期：2020年2月9日。

成立了杭州互联网法院,2018年9月9日成立了北京互联网法院,2018年9月28日成立了广州互联网法院。这三家法院的成立,标志着我国审判机关对于互联网技术的使用上了一个全新的台阶。互联网法院并不是简单的互联网＋审判的模式,而是运用互联网技术推动审判流程再造和诉讼规则重塑,是对传统审判方式的一次革命性重构。在互联网技术的使用下,审判活动超越了时间和空间的限制,可以实现异步、异地审判。在审判实践中,互联网技术在带来诉讼快捷、便利的同时,也产生了如何确保当事人在远程审判中恪守诚信的新问题。这些问题包括如何确认当事人的身份,传输的图像及文字的真实性、证据的真实性如何质证等。2019年10月在江西南昌召开的中国民事诉讼法学研究会2019年年会,会议主题即为"民事司法智能化、信息化",与会的专家学者就审判实践中使用互联网技术带来的相关问题进行了深入的探讨。大部分与会专家认为,互联网技术运用到审判实践中是一项积极的探索,其中存在的法律问题已经超越了传统的民事诉讼法理论,必须加强研究,尽快制定相应的法律规则。本人已经关注到这种现象,日后拟就诚实信用原则在ODR中的适用问题作进一步的研究。

　　诚实信用原则是民事诉讼的基本原则,贯穿于整部民事诉讼法,适用于民事诉讼的各个环节。诚实信用原则的适用对于实现诉讼的公正性以及提高审判效率具有巨大作用。为保障对该原则的适用,应建立一系列制度。这些制度的建立仅仅通过对《民事诉讼法》部分条文的修订是不可能完成的,为此,必须对《民事诉讼法》进行全面梳理,使《民事诉讼法》各项制度之间相互促进、有机协调,共同实现民事诉讼的价值。对此,我抱着热切的期待,希望通过自己的学习和研究,能够为民事诉讼立法工作尽绵薄之力。

参考文献

一、中文著作和论文集

1. 毕玉谦:《民事诉讼证明妨碍研究》,北京大学出版社 2010 年版。
2. 曹建明:《诉讼证据制度研究》,人民法院出版社 2001 年版。
3. 常怡:《民事诉讼法学》,中国政法大学出版社 2017 年第 4 版。
4. 陈永强:《私法的自然法方法》,北京大学出版社 2016 年版。
5. 邓世豹:《立法学:原理与技术》,中山大学出版社 2016 年版。
6. 董书萍:《法律适用规则研究》,中国人民公安大学出版社 2012 年版。
7. 范愉:《纠纷解决的理论与实践》,清华大学出版社 2007 年版。
8. 范忠信、郑定、詹学农:《中国式法律传统》,商务印书馆(香港)有限公司 2013 年版。
9. 冯玉军:《新编法经济学》,法律出版社 2018 年版。
10. 广东省"两建"工作领导小组办公室:《先行先试开拓创新》,广东经济出版社 2016 年版。
11. 何家弘:《中外司法体制研究》,中国检察出版社 2004 年版。
12. 何志辉:《外来法与近代中国诉讼法制转型》,中国法制出版社 2013 年版。
13. 胡建淼:《法律适用学》,浙江大学出版社 2010 年版。
14. 季卫东:《中国的司法改革》,法律出版社 2016 年版。
15. 江必新:《新民事诉讼法专题讲座》,法律出版社 2012 年版。
16. 姜世明:《律师民事责任论》,台湾元照出版公司 2004 年版。
17. 姜世明:《民事诉讼法(上册)》,新学林出版股份有限公司 2018 年版。
18. 江伟、肖建国:《民事诉讼法》,中国人民大学出版社 2015 年第 7 版。
19. 孔祥俊:《司法哲学》,中国法制出版社 2017 年版。
20. 李昌道、董茂云:《比较司法制度》,上海人民出版社 2004 年版。
21. 李贵连:《沈家本传》,广西师范大学出版社 2017 年版。
22. 李浩:《民事诉讼法学》,法律出版社 2016 年第 3 版。
23. 梁慧星:《民法总论》,法律出版社 2017 年版。

24. 黎晓平、蔡肖文:《澳门民事诉讼制度改革研究》,社会科学文献出版社 2016 年版。

25. 刘星:《古律寻义——中国法律文化漫笔》,中国法制出版社 2001 年版。

26. 林家祺:《民事诉讼法新论》,台湾五南图书出版公司 2014 年版。

27. 孟柯等:《孟子》,中华书局 2015 年版。

28. 全国人大常委会法制工作委员会民法室:《民事诉讼法立法背景与观点全集》,法律出版社 2012 年版。

29. 齐树洁:《民事诉讼法》,厦门大学出版社 2019 年第 13 版。

30. 齐树洁:《东南司法评论(2018 年卷)》,厦门大学出版社 2018 年版。

31. 齐树洁:《英国证据法》,厦门大学出版社 2014 年第 2 版。

32. 齐树洁:《美国司法制度》,厦门大学出版社 2010 年第 2 版。

33. 齐树洁:《台港澳民事诉讼制度》,厦门大学出版社 2014 年第 2 版。

34. 宋朝武:《民事诉讼法学》,厦门大学出版社 2015 年第 4 版。

35. 商鞅等:《商君书》,周晓露译注,上海三联书店 2014 年版。

36. 上海商务印书馆编译所编纂:《大清新法令(第一卷)》,商务印书馆 2010 年版。

37. 邵建东:《德国司法制度》,厦门大学出版社 2010 年版。

38. 沈德咏:《最高人民法院民事诉讼法司法解释理解与适用》,人民法院出版社 2015 年版。

39. 司马迁:《史记》,上海古籍出版社 2015 年版。

40. 宋平:《民事诉讼诚实信用原则与管辖权滥用之规制研究》,厦门大学出版社 2018 年版。

41. 苏力:《法治及其本土资源》,北京大学出版社 2018 年第 3 版。

42. 唐东楚:《诉讼主体诚信论——以民事诉讼诚信原则立法为中心》,光明日报出版社 2011 年版。

43. 田平安:《民事诉讼法原理》,厦门大学出版社 2012 年第 5 版。

44. 汤维建:《民事诉讼法学原理与案例教程》,中国人民大学出版社 2018 年第 3 版。

45. 王利明:《民法总则研究》,中国人民大学出版社 2003 年版。

46. 王利明、杨立新、王轶、程啸:《民法学》,法律出版社 2017 年第 5 版。

47. 王淑芹、曹义孙:《德性与制度——迈向诚信社会》,人民出版社 2016 年版。

48.王亚新:《社会变革中的民事诉讼》,北京大学出版社 2014 年增订版。

49.王亚新、陈杭平、刘君博:《中国民事诉讼法重点讲义》,高等教育出版社 2017 年版。

50.王泽鉴:《法律思维与民法实例》,中国政法大学出版社 2002 年版。

51.王振先:《中国古代法理学》,山西人民出版社 2015 年版。

52.魏大喨:《民事诉讼法》,台湾三民书局 2015 年版。

53.魏建国:《诚信建设与良法之治互动中的法治现代化》,法律出版社 2013 年版。

54.文正邦:《法哲学研究》,中国人民大学出版社 2011 年版。

55.吴汉东:《法学通论》,北京大学出版社 2018 年第 7 版。

56.吴如巧编著:《美国联邦民事诉讼规则的新发展》,中国政法大学出版社 2013 年版。

57.熊秉元:《正义的成本》,东方出版社 2014 年版。

58.徐国栋:《罗马法与现代意识形态》,北京大学出版社 2008 年版。

59.徐国栋:《民法基本原则解释:诚信原则的历史、实务、法理研究》,北京大学出版社 2013 年版。

60.许世宦:《民事诉讼法(上)》,新学林出版股份有限公司 2018 年版。

61.许士宦:《新民事诉讼法》,北京大学出版社 2013 年版。

62.徐伟、鲁千晓:《诉讼心理学》,人民法院出版社 2002 年版。

63.奚晓明:《〈中华人民共和国民事诉讼法〉修改条文理解与适用》,人民法院出版社 2013 年版。

64.徐向华:《立法学教程》,北京大学出版社 2017 年第 2 版。

65.杨建华:《民事诉讼法论文选集(上册)》,台湾五南图书出版公司 1984 年版。

66.袁发强:《海事诉讼法学》,北京大学出版社 2014 年版。

67.长孙无忌等:《唐律疏议》,岳纯之点校,上海古籍出版社 2013 年版。

68.瞿同祖:《中国法律与中国社会》,商务印书馆 2013 年版。

69.周枏:《罗马法原论》,商务印书馆 2016 年版。

70.最高人民法院民事诉讼法修改研究小组:《〈中华人民共和国民事诉讼法〉修改条文理解与适用》,人民法院出版社 2013 年版。

71.张晋藩:《鉴古明今——传统法文化的现实意义》,中国政法大学出版社 2018 年版。

72.张晓薇:《民事诉权正当性与诉权滥用规制研究》,法律出版社 2014 年版。

73.朱力宇:《立法学》,中国人民大学出版社 2015 年版。

74.张卫平:《法学研究与教育方法论》,法律出版社 2017 年版。

75.张卫平:《分析的力量》,法律出版社 2017 年版。

76.张卫平:《诉讼架构与程序——民事诉讼的法理分析》,清华大学出版社 2000 年版。

77.张卫平:《民事诉讼法》,中国人民大学出版社 2015 年第 3 版。

78.张卫平:《民事诉讼法》,中国人民大学出版社 2018 年第 4 版。

79.张卫平、齐树洁:《司法改革论评(第 21 辑)》,厦门大学出版社 2016 年版。

二、中文论文

1.蔡章麟:《民事诉讼法上诚实信用原则》,载杨建华:《民事诉讼法论文选集(上册)》,五南图书出版公司 1984 年版。

2.丁启明:《德国民事诉讼法百年发展评述》,载齐树洁:《东南司法评论(第 8 卷)》,厦门大学出版社 2015 年版。

3.董灵:《论合同法诚实信用原则的经济学基础》,载《广东社会科学》2006 年第 5 期。

4.韩波:《错觉抑或幻象:民事诉讼法诚信原则再省思》,载《暨南学报》2014 年第 3 期。

5.樊传明:《陪审员是好的事实认定者吗?——对〈人民陪审员法〉中职能设定的反思与推进》,载《华东政法大学学报》2018 年第 5 期。

6.胡媛:《陪审员职权的限缩与扩张》,载张卫平、齐树洁:《司法改革论评(第二十一辑)》,厦门大学出版社 2016 年版。

7.纪格非:《我国民事诉讼中当事人真实义务之重构》,载《法律科学》2016 年第 1 期。

8.蒋超:《三十年来中国法官违法犯罪问题:一个统计分析》,载《宁夏社会科学》2010 年第 4 期。

9.李广德:《司法荣誉制度的法理逻辑与作用机制》,载《政法论坛》2018 年第 1 期。

10.刘希平:《虚假陈述,当事人遭法院处罚》,载《公民与法治》2017 年第 4 期。

11.刘新平:《民事审判中法官自由裁量权的规制》,载齐树洁、张勤:《东南司法评论(2018 年卷·总第 11 卷)》,厦门大学出版社 2018 年版。

12. 栗明:《民事诉讼测谎意见证据地位的实证考察与理论泛思》,载《河北法学》2018年第5期。

13. 沈家本、伍廷芳:《奏进呈诉讼法拟请先行试办折》,载《大清新法令(第一卷)》,商务印书馆2010年版。

14. 孙邦清:《诉权论之展望》,载《民事诉讼法学的发展与走向:重点与展望》,中国政法大学出版社2018年版。

15. 苏亦工:《诚信原则与中华伦理背景》,载《法律科学》1998年第3期。

16. 沈丹丹:《当事人于上诉期间届满后对委托代理人的上诉行为进行追认的,不能视为当事人于法定上诉期间内提起上诉》,载杜万华:《民事审判指导与参考(总第66辑)》,人民法院出版社2016年版。

17. 沈毅龙:《论失信的行政联合惩戒及其法律控制》,载《法学家》2019年第4期。

18. 汤维建:《论民事诉讼中的诚信原则》,载《法学家》2003年第3期。

19. 吴泽勇:《不负证明责任当事人的事案解明义务》,载《中外法学》2018年第5期。

20. 杨秀清:《解读民事诉讼中的诚实信用原则》,载《河北法学》2006年第3期。

21. 杨秀清:《民事诉讼中诚实信用原则的空洞化及其克服》,载《法学评论》2013年第3期。

22. 张骐:《法治的"魂"与"形"——兼谈德治与法治的区别与关联》,载《华东政法大学学报》2018年第2期。

23. 张卫平:《民事诉讼中的诚实信用原则》,载《西北政法大学学报》2012年第6期。

24. 郑和斌:《诚实信用原则司法适用中存在的问题及克服——德国经验考察》,载《时代法学》2017年第2期。

25. 钟坤凡:《从比较中外律师管理体制中探索中介组织规范化的途径》,载《西南科技大学学报》2004年第1期。

三、翻译著作和译文集

1. 奥马特·尧厄尼希:《民事诉讼法》(第27版),周翠译,法律出版社2003年版。

2. 迪特尔·梅迪库斯:《德国民法总论》,邵建东译,法律出版社2013年版。

3.彼德罗·彭梵得:《罗马法教科书》,黄风译,中国政法大学出版社2005年版。

4.布赖恩·辛普森(Brian Simpson):《法学的邀请》,北京大学出版社2010年版。

5.柏拉图:《柏拉图全集(第一卷)》,王晓朝译,人民出版社2018年版。

6.E.博登海默:《法理学——法律哲学与法律方法》,中国政法大学出版社2010年版。

7.查士丁尼:《法学总论》,张企泰译,商务印书馆2016年版。

8.丹宁勋爵:《法律的训诫》,杨百揆、刘庸安、丁健译,法律出版社2001年版。

9.丹宁勋爵:《法律的未来》,刘庸安、张文镇译,法律出版社2000年版。

10.丹宁勋爵:《法律的正当程序》,李克强、杨百揆、刘庸安译,法律出版社2003年版。

11.道格拉斯·G.拜尔、罗伯特·H.格特纳、兰德尔·C.皮克:《法律的博弈分析》,严旭阳译,法律出版社1999年版。

12.盖尤斯:《盖尤斯法学阶梯》,黄风译,中国政法大学出版社2008年版。

13.高木丰三:《日本民事诉讼法论纲》,陈与年译,中国政法大学出版社2006年版。

14.高桥宏志:《民事诉讼法:制度与理论的深层分析》,林剑锋译,法律出版社2003年版。

15.高桥宏志:《重点讲义民事诉讼法》,张卫平、许可译,法律出版社2007年版。

16.哈特:《法律的概念》(第二版),许家馨、李冠宜译,法律出版社2015年版。

17.谷口安平:《程序的正义与诉讼》(增补本),王亚新、刘荣军译,中国政法大学出版社2002年版。

18.伊藤真:《民事诉讼法》(第四版补订版),曹云吉译:北京大学出版社2019年版。

19.罗纳德·德沃金:《法律帝国》,许杨勇译,上海三联书店2016年版。

20.罗森贝克、施瓦布、戈特瓦尔德:《德国民事诉讼法》(第16版),李大雪译,中国法制出版社2007年版。

21.孟德斯鸠:《论法的精神》(上),张雁深译,商务印书馆1997年版。

22.孟文理:《罗马法史》,迟颖、周梅译,商务印书馆2016年版。

23.理查德·波斯纳(Richard Posner):《法律的经济分析》(英文第七版,中文第二版),蒋兆康译,法律出版社 2012 年版。

24.森际康友编:《司法伦理》,于晓琪、沈军译,商务印书馆 2010 年版。

25.斯蒂文·沙维尔:《法律经济分析的基础理论》,赵海怡、史册、宁静波译,中国人民大学出版社 2013 年版。

26.松冈义正:《民事证据论(上、下册)》,张知本译,中国政法大学出版社 2004 年版。

27.薛波:《元照英美法词典》,北京大学出版社 2017 年版。

28.史蒂文·J.伯顿(Steven J.Burton):《诚信裁判》,宋晨翔译,中国人民大学出版社 2015 年版。

29.汤姆·坎贝尔(Tom Campbell):《法律与伦理实证主义》,刘坤轮译,中国人民大学出版社 2014 年版。

30.亚里士多德:《尼各马可伦理学》,邓安庆译,人民出版社 2010 年版。

31.亚历山大·汉米尔顿、约翰·杰伊、詹姆斯·麦迪逊:《联邦党人文集》,张晓庆译,九州出版社 2007 年版。

32.亚里士多德:《政治学》,颜一、秦典华译,中国人民大学出版社 2018 年版。

33.约翰·奥斯汀:《法理学的范围》,刘星译,北京大学出版社 2013 年版。

34.约翰·罗尔斯:《正义论(修订版)》,何怀宏、何包钢、廖申白译,中国社会科学出版社 2015 年版。

35.里卡尔多·卡尔迪利:《"善良之人"与"诚实信用"》,翟远见译,载强力:《罗马法与中国法的传承和发展》,法律出版社 2015 年版。

四、学位论文和会议论文

1.蔡泳曦:《论民事诉讼中的诚实信用原则》,2009 年西南政法大学博士学位论文。

2.丁启明:《民事诉讼当事人真实义务研究》,2018 年厦门大学博士学位论文。

3.杜丹:《论民事诉讼诚实信用原则》,2009 年中国政法大学博士学位论文。

4.黄维力:《民事诉讼诚实信用原则的适用范围》,2014 年中国政法大学硕士学位论文。

5.唐东楚:《诉讼主体诚信论》,2009 年湘潭大学博士学位论文。

6.巢志雄:《法国民事诉讼诚实信用原则的形成与发展》,载《中国民事诉讼法学研究会 2016 年年会论文集》,2016 年版。

7.宋平:《民事诉讼诚实信用原则与管辖权滥用之规制研究》,载《中国法学会民事诉讼法研究会2019年年会暨"民事司法智能化、信息化·公益诉讼"研讨会论文集》,2019年版。

五、中文报刊文章和电子文献

1. 艾民:《永州被处分法官缘于违反回避规定》,载《人民法院报》2014年8月27日第2版。

2. 包力:《当事人在法庭恶意虚假陈述被罚10万元》,广东法院网,http://www.gdcourts.gov.cn/web/content/40691-? lmdm=10769。

3. 包力:《伪造证据索要钱财拘留五日罚款一万》,深圳市罗湖区人民法,http://guanwang.szlhfy.gov.cn/html/2016/meitijujiao_0907/958.html。

4. 陈熊海:《深圳九个基层法院各有各精彩》,载《南方日报》2018年4月10日,第SC02版。

5. 崔岩、马云云:《当事人法庭上虚假陈述,法院当庭处罚原告3万元》,载《齐鲁晚报》2017年9月26日第B05版。

6. 曹建明:《最高人民检察院工作报告——2018年3月9日在第十三届全国人民代表大会第一次会议上》,最高人民检察院官网,http://www.spp.gov.cn/spp/gzbg/201803/t20180325_372171.shtml。

7. 晨迪:《2017年全市法院发出452份司法建议》,成都法院网,http://cdfy.chinacourt.org/article/detail/2018/03/id/3222425.shtml。

8. 《诚信诉讼须知》,广东省深圳前海合作区人民法院官网,http://www.szqhcourt.gov.cn/ssfw/ssfwDetail.aspx? cls=7&id=136。

9. 杜杏玲、邝小云:《肇庆深入推进诚信体系建设、为诚信充值让文明生辉》,中国文明网,http://www.wenming.cn/dfcz/gd/201712/t20171229_4541826.shtml。

10. 顾新兵、唐新文:《认定借贷关系不存在,判决驳回原告诉求》,载《人民法院报》2012年11月13日第3版。

11. 广东省高级人民法院课题组:《依法打击虚假民事诉讼切实维护司法权威》,载《人民法院报》2010年9月30日第8版。

12. 郝洪:《担当,是改革者必需的修行》,载《人民日报》2018年12月19日,第6版。

13. 黄洪连:《全省检察机关严查民间借贷领域虚假诉讼:"套路贷"的水又黑又深》,载《杭州日报》2019年1月4日第12版。

14. 湖南律师网：《警示两名律师因扰乱法庭秩序受到行政处罚》，http://www.hnlx.org.cn/d_shown.php?d=2&id=502。

15. 黄宏、徐露佳：《司法鉴定乱象惹人忧雾里看花到底谁是真》，浙江在线，http://zjnews.zjol.com.cn/system/2013/10/17/019649768.shtml。

16. 黄开祥：《伪造虚假证明提起诉讼骗赔偿，检察多元监督获支持效果明显》，湖北省黄石市人民检察院网，http://hs.hbjc.gov.cn/jcjx/201811/t20181122_1371523.shtml。

17. 黄柯杰：《鉴定人举报鉴定所造假揭露精神司法鉴定乱象》，网易新闻网，http://news.163.com/10/0510/15/66B5C711000146BC_mobile.html#。

18. 黄维力：《民事诉讼诚实信用原则的适用范围》，知网空间，http://cdmd.cnki.com.cn/Article/CDMD-10053-1014223675.htm。

19. 黄奕律师处罚案（广东省广州市荔湾区人民法院《决定书》，[2019]粤0103司惩1号）。

20. 黄奕律师处罚复议案（广东省广州市中级人民法院《复议决定书》[2019]粤01司惩复13号）。

21. 梁慧星：《时代呼唤科学完备的民法典》，载《人民日报》2016年6月15日第20版。

22. 黎纲要：《新形势下如何践行司法群众路线》，载《人民法院报》2011年8月24日第8版。

23. 林智仁：《"套路贷"里的套路》，载《中国青年报》2018年8月28日第6版。

24. 刘洋：《北京高院判决书署名现"法官助理"》，载《新京报》2014年9月19日第A12版。

25. 陆亮亮：《在民事诉讼中作虚假陈述，申请执行人被处罚》，载《吴江日报》2017年12月18日第2版。

26. 郎海江、翟一杉：《衡水检察机关立案公益诉讼案件575件》，河北新闻网，http://hebei.hebnews.cn/2019-04/03/content_7378289.htm?from=groupmessage。

27. 李丹：《当事人虚假陈述被开出10万元"罚单"》，浙江新闻网，http://zjnews.zjol.com.cn/zjnews/jxnews/201808/t20180807_7958794.shtml。

28. 李金键：《律师违反法庭纪律东莞开出首张训诫决定书》，广东法院网，http://www.gdcourts.gov.cn/gdcourt/web/content/7465-?lmdm=10769。

29. 刘海波、史隽：《浙江检方2018年办理虚假民事诉讼案件872件，民间借贷超六成》，文汇报官网，http://www.whb.cn/zhuzhan/jjl/20190103/234100.html。

30.刘沛:《代理律师依法履职,法官违法作出训诫》,天涯小区论坛网,http://bbs.tianya.cn/post-law-760337-1.shtml。

31 刘曦阳:《长沙县法院现首份法官助理署名判决书》,长沙法院网,http://cszy.chinacourt.gov.cn/article/detail/2016/05/id/1998865.shtml。

32.卢志勇、王均宇:《厦门中院:改革裁判文书》,中国法院网,https://www.chinacourt.org/article/detail/2002/11/id/23377.shtml。

33.聂凯:《民事诉讼虚假陈述妨碍司法?罚!》,广西法院网,http://gxfy.chinacourt.org/article/detail/2018/09/id/3518942.shtml。

34.念楼:《因虚假陈述,市中院首次对个人开10万元罚单》,新浪网,http://wx.sina.com.cn/news/fm/2016-05-21/detail-ifxsktkp9091361.shtml。

35.彭波、朱战缘:《虚假诉讼为何屡打不绝》,载《人民日报》2019年5月23日第11版。

36.乔木:《"抖音"晒老赖,这个可以有》,法制湖南网,http://www.fzhnw.com/Info.aspx?ModelId=1&Id=368811。

37.《强制答辩须知》,广东省深圳前海合作区人民法院官网,http://www.szqhcourt.gov.cn/ssfw/ssfwDetail.aspx?cls=7&id=135。

38.任慧娟:《珠海中院开出"顶格罚单"100万元》,载《人民法院报》2015年4月2日第3版。

39.任维东、李汝健、马培贵:《最高法院院长肖扬指出:迟到的公正不是公正》,人民网,http://www.people.com.cn/GB/shizheng/252/7638/7639/20010131/386307.html。

40.山东枣庄市陈氏机械有限公司虚假陈述被罚款案,山东省宁津县人民法院[2019]鲁1422司惩号)。

41.邵克:《广东高院响应法官批"律师水平不够":法官已道歉,对其诫勉》,澎湃新闻 https://www.thepaper.cn/newsDetail_forward_3525965。

42.司法部:《2018年度律师、基层法律服务工作统计分析》,司法部政府网,http://www.moj.gov.cn/Department/content/2019-03/07/613_229828.html。

43.搜狐网:《最奇葩律师回避申请:大学时与法官互为情敌,难保法官追忆旧恨,报复代理人!》,http://www.sohu.com/a/282195400_120065925。

44.孙莹:《"e代驾"司机拼车出事故,约车平台逃避责任被罚100万》,央广网,http://china.cnr.cn/xwwgf/20160528/t20160528_522262289.shtml。

45.唐颖：《虚假诉讼，每人罚款2000元》，载《检察日报》2013年2月28日第6版。

46."套路贷"团伙覆灭：层层设套数字游戏中垒高债务，中央电视台新闻网，2018年8月4日，http://news.cctv.com/2018/08/04/ARTIO1txFMEeq4NW3PnTWi1D180804.shtml。

47.唐风：《高通苹果意外和解：放弃所有诉讼，签订6年专利协议》，新浪科技网，https://tech.sina.com.cn/it/2019-04-17/doc-ihvhiqax3313928.shtml。

48.腾讯网：《真相了！长沙雨花区检察院的〈函〉与当事律师的情况说明》，https://new.qq.com/omn/20180805/20180805B19ZKC.html。

49.《腾讯安全2018上半年互联网金融安全报告》，腾讯安全联合实验室，https://slab.qq.com/news/authority/1755.html。

50.《同一个案件，两个结局》，央视网，http://tv.cntv.cn/video/C10326/bed84d6dbb04406ea61b497806028c58。

51.王静静：《承德市检察院抗诉一起虚假诉讼案》，载《河北法制报》2018年8月24日第1版。

52.王阳：《将虚假诉讼参与人列入失信名单》，载《法制日报》2019年5月30日第4版。

53.王海燕：《鉴定人为何不愿出庭？司法"罗生门"怎么破？上海人大调研司法鉴定》，上海观察网，https://www.jfdaily.com/news/detail?id=87629。

54.王姝：《傅政华谈"律师参与虚假诉讼"："有一起查处一起，有一起严厉追究一起"》，新京报网，http://www.bjnews.com.cn/news/2018/10/25/514090.html。

55.王淑静：《司法部出台公证执业"五不准"措施》，中国长安网，http://www.chinapeace.gov.cn/2017-08/14/content_11425534.htm。

56.网贷黑名单列表，网贷天眼网，https://www.p2peye.com/platform/wenti/。

57.许接英：《建筑公司拒不执行判决，被"顶格"罚款100万元》，载《南方工报》2018年10月31日第12版。

58.夏炀、李井方：《全国虚假诉讼罪大数据报告》，王亚林刑事辩护网，http://www.ahxb.cn/c/14/2018-11-13/5463.html。

59.徐中和、王洪：《当事人法庭上虚假陈述，法院责令当庭赔礼道歉》，重庆法院网，http://cqfy.chinacourt.org/article/detail/2017/05/id/2864928.shtml。

60.姚卫华:《伪造"穿越"合同上海一公司悔过并被罚》,载《人民法院报》2019年6月12日第6版。

61.张洋:《人民日报:"套路贷"不是贷,是犯罪》,载《人民日报》2018年7月4日第10版。

62.章宁旦:《广东检察3年查实106宗虚假诉讼案》,载《法制日报》2018年7月12日第3版。

63.张军:《最高人民检察院工作报告——2019年3月12日在第十三届全国人民代表大会第二次会议上》,最高人民检察院官网,http://www.spp.gov.cn/spp/gzbg/201903/t20190319_412293.shtml。

64.张军:《最高人民检察院关于人民检察院加强对民事诉讼和执行活动法律监督工作情况的报告》(摘要)——2018年10月24日在第十三届全国人民代表大会常务委员会第六次会议上,最高人民检察院官网,http://www.spp.gov.cn/zdgz/201810/t20181026_396684.shtml。

65.赵毅:《仅凭发票不能作为已付款凭证》,河北法院网,http://www.hebeicourt.gov.cn/public/detail.php?id=15638。

66.周强:《最高人民法院工作报告——2019年3月12日在第十三届全国人民代表大会第二次会议上》,新华网,http://www.xinhuanet.com//politics/2019-03/19/c_1124253887.htm。

67.《最高人民法院公报》,中华人民共和国最高人民法院网,http://gongbao.court.gov.cn/ArticleList.html?serial_no=sftj。

六、外文论文

1. Ali Cem Budak, Res Judicata in Civil Proceedings in Common Law and Civil Law Systems with Special Reference to Turkish and English Law, *Civil Justice Quarterly*, 1992, No.11.

2. R. Wasserstrom: Lawyer as Professionals: Some Moral Issues, *Human Right*, Vol.5, 1975.

3. Ronald Dworkin: *A Matter of Principle*, Harvard University Press, 1985.

七、本书所引用的法律、法规列表

1.《澳大利亚联邦证据法》,王进喜译,中国法制出版社2013年版。

2.《澳门民法典》,赵秉志总编,中国人民大学出版社1999年版。

3.中国政法大学澳门研究中心、澳门政府法律翻译办公室编:《澳门民事诉讼法典》,中国政法大学出版社1999年版。

4.《德国民事诉讼法》,丁启明译,厦门大学出版社2016年版。

5.《德国民法典》,陈卫佐译注,法律出版社2019年版。

6.《俄罗斯民事诉讼法典》,程丽庄、张西安译,厦门大学出版社2017年版。

7.《法国新民事诉讼法》,罗结珍译,中国法制出版社1999年版。

8.《中华人民共和国民事诉讼法》(2017年修正)。

9.《中华人民共和国法官法》(2019年修订)。

10.《中华人民共和国检察官法》(2019年修订)。

11.《中华人民共和国仲裁法》(2017年修改)

12.《意大利民事诉讼法典》,白纶、李一娴译,中国政法大学出版社2017年版。

13.《英国民事诉讼规则》,徐昕译,中国法制出版社2001年版。

14.《日本民事诉讼法典》,曹云吉译,厦门大学出版社2017年版。

15.《美国联邦证据规则》,王进喜译,中国法制出版社2012年版。

16.《澳大利亚联邦证据法》,王进喜译,中国法制出版社2013年版。

八、本书引用的案例表

案例1:上海欧宝生物科技有限公司、辽宁特莱维置业发展有限公司、谢涛企业借贷纠纷案,案号:最高人民法院[2015]民二终字第324号。

案例2:上海欧宝生物科技有限公司、辽宁特莱维置业发展有限公司企业借贷纠纷案,案号:辽宁省高级人民法院[2010]辽民二初字第15号。

案例3:黄裕洪、绍兴狮子山狩猎场有限公司合同纠纷管辖权异议案,案号:浙江省高级人民法院[2015]浙辖终字第234号。

案例4:浙江中成建工集团有限公司与陈中林建设工程分包合同纠纷再审案,案号:最高人民法院[2014]民申字第718号。

案例5:潘连华与浙江省人民政府、嘉兴市人民政府建设工程施工合同纠纷案,案号:最高人民法院[2017]最高法民辖终120号。

案例6:朱忠民与田礼芳、仝太银民间借贷纠纷调解案,案号:江苏省徐州市云龙区人民法院[2014]云民初字第2253号。

案例7:曹一帆、陈寅岗、韩世平诈骗案,案号:上海市第二中级人民法院[2017]沪02刑终1182号。

案例8:乌鲁木齐鑫新房地产公司清算组、乌鲁木齐市公房售后物业管理服务中心合资、合作开发房地产合同纠纷执行审查案,案号:最高人民法院[2018]最高法执监108号。

案例9:广西嘉美房地产开发有限责任公司与杨伟鹏商品房买卖合同纠纷再审案,案号:最高人民法院[2013]民提字135号。

案例 10：郑娟华、林祖阳虚假诉讼案，案号：福建省福州市中级人民法院[2017]闽 01 刑终 864 号。

案例 11：北京首创投资担保有限责任公司与安力博发集团有限公司等公证债权文书执行案，案号：北京市西城区人民法院[2015]西执异字第 02329 号。

案例 12：窦存平与嘉峪关市瑞华冶金材料有限责任公司、殷耀文等买卖合同纠纷再审案，案号：最高人民法院[2016]最高法民申字第 1901 号。

案例 13：陈明彪、赵胜虚假诉讼案，案号：贵州省绥阳县人民法院[2017]黔 0302 刑初 25 号。

案例 14：北京葡立药业有限公司与山西中远威药业有限公司申请执行仲裁裁决案，案号：山西省晋中市中级人民法院[2015]晋中中法执异字第 9 号。

案例 15：山东枣庄市陈氏机械有限公司虚假陈述被罚款案，案号：山东省宁津县人民法院[2019]鲁 1422 司惩号。

案例 16：张国滔与梁伟钊、范燕群民间借贷纠纷案，案号：广东省佛山市中级人民法院[2014]佛中法民一终字第 2766 号。

案例 17：神华销售集团有限公司、黑龙江省龙源电力燃料有限公司买卖合同纠纷案，案号：最高人民法院[2018]最高法民终 134 号。

案例 18：北京佳程公司与香港佳程公司、香港佳程公司北京代表处等企业借贷纠纷案，案号：最高人民法院[2015]民四终字第 11 号。

案例 19：营口中心医院企业借贷纠纷再审案，案号：最高人民法院[2018]最高法民申 126 号。

案例 20：渝万公司、盛创公司建设工程施工合同纠纷再审案，案号：最高人民法院[2018]最高法民申 423 号。

案例 21：宁波广天赛克思液压有限公司、邵文军与宁波广天赛克思液压有限公司、邵文军侵害商标权纠纷申请再审案，案号：最高人民法院[2014]民提字第 168 号。